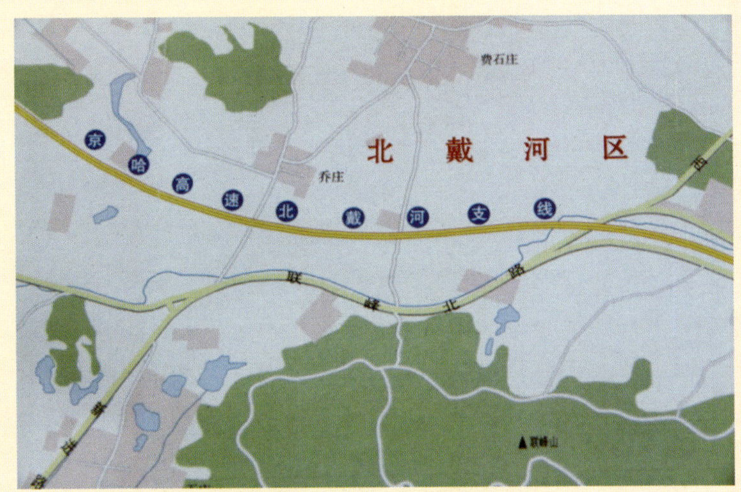

图 1　费石庄村区位图

图 2　京沈高速引线从费石庄村穿过

图 3　高速口进村道路

图 4　调研组师生与费石庄村委会全体成员及包村干部座谈

图 5　费石庄村党支部书记、村委会主任侯亚东

图 6　经济学院刘永佶教授与费石庄村原党支部书记李思孝、中共北戴河区委常委办公室主任、包村干部赵启伟亲切交谈

图 7　调研组师生与村委会全体成员合影

图 8　调研组师生与村委会成员合影

图 9　桃树环绕的费石庄村

图 10　通往桃园的道路

图 11　村中的道路

图 12　旋耕机

图 13　生产工具

图 14　农药桶

图 15　拖拉机

图 16　村民常用载货车

图 17　大货车

图 18　七月的桃子熟了

图 19　梨树

图 20　玉米

图 21　养殖业——貉子

图 22　养殖业——小尾寒羊

图 23　养殖业——猪

图 24　丽军批发部

图 25　玉丽商店

图 26　金果园水果店

图 27　旅游业——春季赏花

图 28　旅游业——夏季采摘、纳凉

图 29　旅游业——垂钓

图 30　村民的文娱活动

图 31　农闲时村民的文化生活

图 32　村民的健身场所

图 33　海北路小学

图 34　北戴河第三中学（原拨道洼中学）

图 35　费石庄村妇女讲习所美丽女性大讲堂

图 36　民居（一）

图 37　民居（二）

图 38　二层小楼

图 39　专访费石庄村原党支部书记李思孝

图 40　专访费石庄村党支部宣传委员范海丰

图 41　专访费石庄村党支部组织委员李立丰

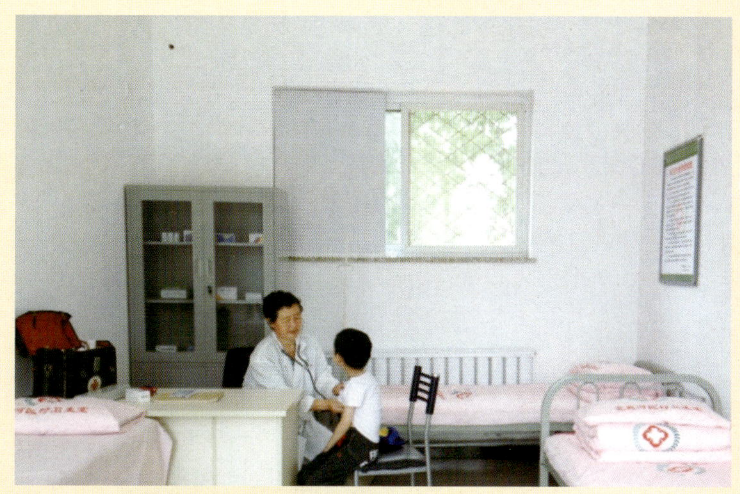

图 42　费石庄村卫生室医生刘艳芝

图 43　专访费石庄村红白理事会会长樊志民

图 44　专访费石庄村文艺骨干李丽芝

图 45　入户调查（一）

图 46　入户调查（二）

图 47　入户调查（三）

中国民族经济村庄调查丛书

费石庄村调查

（汉族）

王玉芬　刘云喜　赵启伟　主　编

马　琴　副主编

·北 京·

图书在版编目（CIP）数据

费石庄村调查：汉族／王玉芬，刘云喜，赵启伟主编．
北京：中国经济出版社，2018.3
（中国民族经济村庄调查丛书）
ISBN 978－7－5136－5107－3

Ⅰ.①费… Ⅱ.①王… ②刘…③赵… Ⅲ.①农村调查—秦皇岛 Ⅳ.①D668

中国版本图书馆 CIP 数据核字（2018）第 038517 号

责任编辑　余静宜
责任印制　马小宾
封面设计　华子图文

出版发行　中国经济出版社
印 刷 者　北京九州迅驰传媒文化有限公司
经 销 者　各地新华书店
开　　本　710mm×1000mm　1/16
印　　张　26　　彩插　1
字　　数　411 千字
版　　次　2018 年 3 月第 1 版
印　　次　2018 年 3 月第 1 次
定　　价　68.00 元
广告经营许可证　京西工商广字第 8179 号

中国经济出版社　**网址** www.economyph.com **社址** 北京市西城区百万庄北街 3 号 **邮编** 100037
本版图书如存在印装质量问题，请与本社发行中心联系调换（联系电话：010－68330607）

本书写作分工

主　编	王玉芬　刘云喜　赵启伟
副主编	马　琴
第一部分	刘云喜　赵启伟　马　琴　张德政　段艳芳　郭德启 贺　痴　刘江荣　洪泽鑫　王军磊
第二部分	刘云喜　赵启伟　马　琴　石　越　刘学鹏　彭　翔 肖丹萍　拓俊杰　王爱洁　陈晓蕊
第三部分	刘云喜　赵启伟　石　越　刘学鹏　彭　翔　肖丹萍 尹伯卿　王爱洁　陈晓蕊　吴桂林

总 序

村庄，是农民的聚居地，也是农民生产和生活的社会形式。村庄形成于农业文明时代，在中国最为典型和普遍，迄今为止依然是中国基本的社会单位。所有中国人，或是生于长于村庄，或是父祖辈来自村庄。村庄是中华民族的根基，是我们走向现代化的立脚点和必须改变其内容和形式的地方。认知中国的现实和历史，一个重要环节，就是了解村庄。

中国的民族经济，包括以下层次：一是以中华民族为主体的经济，二是中华民族五十六个民族的经济，三是少数民族地区的经济。不论从哪个层次研究，都必须涉及村庄这个基本单位。以往的民族经济研究和行政管理研究，对于村庄的关注，主要体现在总体性的统计及对策方面，鲜有对某一村庄的专注的系统调查。这种情况使我们所从事的理论探讨总显得有些飘浮，言不及义，大而不当。反思许久，不能不下决心从小处做起，将村庄调查作为根基，扎实去做。恰“985”项目实施，经费有所保障，故组织本创新基地近百名教师带200余名博士、硕士研究生和高年级本科生，结15个调查组，计划利用六七年的暑、寒假，从五十六个民族中各选一二个典型村庄，深入调查，总共百余村，每村一书，为中国民族经济三个层次研究，为政府行政决策提供基础资料。

百村，不及中国村庄的万分之一。我们的村庄调查虽只是抽样性质，但却是探根摸底，力求深入、真实、详细。2008 年夏，各组分赴河北、内蒙古、宁夏、云南、广西调查点，历经一个月左右的时间，获得原始资料。因为首次调查，困难颇多，思路和方法也要不断调整，秋、冬写作时又各自补充调查。时间虽短，但师生与村官、村民情谊颇深，既为调查提供了条件，又对后续补充予以协助。各地党、政机构对调查全力配合，无此，则调查难以进行。这套丛书，实为共同努力之成果，并有赖于中国经济出版社黄允成社长、孙岩主任的鼎力支持，得以出版。本调查还要持续数年，望读者批评指正，我们会继续努力。

劉永佶

2009 年 3 月 18 日

前　言

美丽乡村建设对于农村是一项重大而深刻的社会变革，是适应和引领经济发展新常态的重要举措，是推进供给侧结构性改革和统筹城乡发展的有效途径，是国家工程，更是惠民工程。

北戴河区原下辖海滨镇、戴河镇2个镇，25个行政村。2015年10月，牛头崖镇18个村划入。目前，全区共有3镇，43个行政村。北戴河区将美丽乡村建设作为加快社会主义新农村建设的重中之重，依托独特的暑期优势、京津周边绝无仅有的区位与环境优势、世界知名度优势、作为城市转型升级核心推动力的文化优势，在城乡一体化基础之上，坚持以文化为切入点，推进社会主义核心价值观建设，打造有高度的乡村文化与旅游产业，潜移默化地实现农民生产生活方式和精神面貌的转变，并力求逐步做成示范。农村面貌日新月异，农村经济健康发展。自2013年全省美丽乡村建设启动实施以来，全区43个村已全部被列入省美丽乡村建设重点村。3年来，北戴河区先后有10个村获评省级美丽乡村。

费石庄村是北戴河区近郊农村风貌保持最好的村庄之一，共285户685人，村庄总占地1750亩，耕地面积1478亩，其中桃树占果树总量的90%以上，是北戴河美丽乡村建设最有代表性的村庄之一。2015年费石庄村成功入选中国特色村、河北省美丽乡村。

费石庄村在发展过程中，始终把握“村”这一核心，将保持农村特色与现代发展思维有机融合，放大“村”的优势，在传承中发展，警惕简单城镇化对乡村文化的破坏，真正将其建设成美丽、生态、文明、富裕、和谐的现代新村。为此，费石庄村将不断挖掘桃文化内涵，发展乡村旅游产业，把村庄美景、乡村田园、山区生态等要素串联起来，打造新的乡村旅游目的地。发展文化艺术产业，以文化为切入点，融入艺术元素，建设乡村艺术区。发展高端农业产业，大力发展精品农业、设施农业、休闲观光农业、花卉苗木产业等，促进土地集约高效利用、推动规模种植，不断提高农业经济效益和农民收入水平。促进第一、第二、第三产业融合发展。将农产品加工业、新品种研发、乡村旅游、农村电商等各个产业深入衔接和高度融合。

美丽乡村建设要放在全面建成小康社会的大背景下来审视，以创新、协调、绿色、开放、共享的新发展理念来引领，解放思想，大胆探索，不断实现跨越。费石庄村作为新农村建设的典型，我们对村庄基本情况进行总体梳理，必将为美丽乡村建设提供有益借鉴。

赵启伟
2016 年 11 月 16 日

目　录

第二部分　农户

第一部分　村庄

一、费石庄村庄概况

（一）秦皇岛市概况

秦皇岛市，因秦始皇东巡至此求仙而得名，是河北省省辖市，中国首批沿海开放城市之一，北方重要的对外贸易口岸。秦皇岛市地处河北省东北部，南临渤海，北依燕山，东接辽宁省葫芦岛市，西近京津，位于最具发展潜力的环渤海经济圈中心地带，是东北与华北两大经济区的接合部。西南距石家庄 483 千米，西距首都北京 280 千米，距天津 220 千米。

秦皇岛市现辖海港区、北戴河区、山海关区 3 个城市区，抚宁县、昌黎县、卢龙县、青龙满族自治县 4 个县，以及秦皇岛经济技术开发区、北戴河新区。共 75 个乡镇、18 个街道办事处、2287 个村民委员会。

全市总面积 7812 平方千米。2013 年末，全市常住人口 304.52 万人，较 2012 年末增加 2.36 万人。人口出生率为 10.99‰，死亡率为 7.08‰，人口自然增长率为 3.91‰，比 2012 年下降 0.5‰。辖区内有汉族、满族、回族、朝鲜族、蒙古族、壮族等 43 个少数民族成分，少数民族人口主要集中在青龙满族自治县，抚宁县西河南村是河北省唯一的朝鲜族聚居村。

秦皇岛市的气候类型属于暖温带，地处半湿润区，属于温带季风气候。因受海洋影响较大，气候比较温和，春季少雨干燥，夏季温热无酷暑，秋季凉爽多晴天，冬季漫长无严寒。辖区内地势多变，但气候影响不大。

秦皇岛市位于燕山山脉东段丘陵地区与山前平原地带，地势北高南低，形成北部山区—低山丘陵区—山间盆地区—冲积平原区—沿海区。北部山区位于秦皇岛市青龙满族自治县境内，海拔在 1000 米以上的山峰有都山、祖山等4座。低山丘陵区主要为北部的山间丘陵区，海拔一般在100~200米，集中分布于卢龙县和抚宁县，该区是秦皇岛市甘薯、旱粮及工矿区。山间盆地区位于秦皇岛市西北和北部区域的抚宁、燕河营、柳江三处较大盆地，该区是粮食作物的主产区。冲积平原区，主要在海拔0~20米区域，分布在抚宁县和昌黎县，该区域有海洋养殖业、葡萄酒加工业、旅游业等有发展前景的综合性产业，是重要的农业经济区。沿海区，主要分布在市辖三区和抚宁、昌黎两县。

2013年总体经济保持平稳增长。据初步核算，2013年全市实现生产总值1168.75亿元，比上年增长7.0%。其中，第一产业增加值为171.46亿元，增长4.4%；第二产业增加值为447.57亿元，增长6.5%；第三产业增加值为549.72亿元，增长7.9%。从对全市经济的贡献情况来看，第三产业贡献率最高，第二产业特别是工业的低速增长是制约全市经济发展的主要原因。三次产业之比为14.7∶38.3∶47.0。按常住人口计算全市人均生产总值为38530元，增长6.3%，按现行汇率计算折合6221美元。①

（二）北戴河区概况

北戴河区系秦皇岛市辖区。位于渤海湾北岸中部，河北省东北部，地理坐标于北纬39°47′48″~39°53′17″，东经119°24′08″~119°31′58″之间。东北与海港区毗连，北、西部与抚宁县接界，东西最长11.20千米，南北最宽10.15千米，总面积70.14平方千米，海岸线20.13千米。区政府驻地东北距秦皇岛市中心19千米，西距首都北京约279千米。

2010年北戴河区总人口为68890人，辖1个省级经济技术开发区——北戴河新区，2个镇（海滨镇、戴河镇）25个行政村，2个街道办事处（东山、西山）11个社区居委会。

北戴河境内的戴河和新河两条河流分别在西部和东部入海。戴河上有三源，东源为沙河，发源于抚宁县蚂蚁沟村；西源主流为西戴河，发源于抚宁县北车厂；西源支流名为渝河，发源于抚宁县聂口北。戴河在河东寨村西南注入渤海，全长35千米，流域总面积290平方千米，流经北戴河区13千米，

① 以上信息来自秦皇岛市政府门户网站。

北戴河境内流域面积为32平方千米。新河发源于抚宁县栖云寺山东麓，流经甘各庄、蔡各庄，从赤土山北入海。全长15千米，14千米流经北戴河区，总流域面积为77.5平方千米。

北戴河地处中纬暖温带，属半湿润、季风型大陆性气候，受我国东部沿海季风环流的影响，海洋性特征明显，多风、湿度大、雨量适中，四季分明，春温、夏凉、秋暖、冬寒。年平均日照时间在2700～2850小时；年平均气温8.8℃～11.3℃；盛夏日平均气温22℃～25℃；年平均降水量650～750毫米。由于濒临渤海，空气湿度较大，年平均湿度在65%左右；全年以偏西风为最多，春季风速最大，有风无尘，秋季次之，盛夏平均风速较小。北戴河的空气清新，富含负氧离子，全年日照充足，气压稳定，气候十分宜人。

北戴河海岸线全长21.09千米，东起黑河口，西至戴河口，沿岸分布着平均15米宽的绵软沙滩，北戴河海域宽阔，水质洁净，风浪较小，年平均水温12℃。

北戴河境内分布着丰富的植物资源和动物资源。植物有海生植物、入药植物、木本植物。海生植物常见的有海白菜、龙须菜、昆布、海菊花等；入药植物主要有麻黄、防风、苍耳子、薄荷等210种；木本植物有46科188个品种，主要有油松、刺槐、杨、柳、栎等，较为珍稀的桑橙、牡丹、梧桐、爬地柏、垂条柏等。动物有海生动物、野生动物。海生动物有7个种类40多种，以对虾、梭子蟹最为著名；野生动物有8个种类450多种，其中最为丰富的是鸟类资源。良好的生态环境，使北戴河成为鸟的天堂，鸟类共有20目61科412种，其中，国家一级保护鸟类12种，国家二级保护鸟类52种。北戴河作为中国最早的候鸟保护区，每年都吸引了大量的中外观鸟爱好者，被称为“观鸟的麦加”。

宜人的气候，清新的空气，水碧、滩宽、浪缓的大海，峰峦叠秀绿树成荫的青山，为北戴河人民提供了良好的生态环境，并构成北戴河特殊的区位优势。从20世纪中叶起，中共党和国家领导人便开始来北戴河办公休息。他们在这里商讨国内外大事，接见外国党领导人、国家元首、外交使团，以及中国的知名人士和劳动者中的优秀代表，几乎所有中央领导人都曾来过北戴河。到20世纪末，北戴河已成为中国夏天的政治中心。

独特的区位优势构成北戴河经济社会发展的基础。2013年，北戴河区委、区政府提出了全区“1234”工作思路[①]和“两个率先”[②]的宏伟目标，开创了全年工作坚持两条线作战，一手抓暑期服务、一手抓经济发展，两条战线并行并重、互促互进的战略格局，确立了“百年胜地、美丽之冠”的城市定位和“美丽乡村、幸福家园”农村改造提升定位，选定了实施项目建设、城市提升、全民创业、城乡一体化4大攻坚年活动的发展路径，确定了唱响改革开放创新主旋律、建设美丽实力幸福北戴河的发展主题，并将其作为中国梦在北戴河的具体化。

2013年北戴河区全年引进内资34.7亿元，增长27.3%，实际利用外资2085万美元，完成市定引进外资2000万美元目标。全年接待中外游客703.8万人次，景区实现门票收入9091万元，同比分别增长2.6%和10.8%。全年完成地区生产总值39.5亿元，同比增长5%；全部财政收入完成8.88亿元，增长0.8%，其中公共财政预算收入完成4.96亿元，增长17.7%；全社会固定资产投资完成46.6亿元，增长13.9%。城市居民人均可支配收入、农民人均纯收入达到27400元、12020元，分别增长10%和12.3%；2013年12月底城乡居民储蓄存款余额62.5亿元，增长7.8%。[③]

（三）戴河镇概况

调研组所考察的费石庄村隶属于北戴河区戴河镇。戴河镇，位于北戴河区北部，距区政府11千米。东邻海港区和海滨林场，西、北与抚宁县接界，南与海滨镇接壤。交通便利，京哈铁路、205国道横过其境，海北路、北宁路纵贯其间，京哈高速公路引线穿过西境，北戴河火车站坐落于镇内西北。镇政府驻地在海北路北口西侧。

1956年8月建戴河乡，由原太平庄乡、车站乡所辖的村庄组成。1958年

---

① “1234”工作思路：牢牢把握暑期工作一条主线，着力改善发展环境、生态环境“两个环境”，认真做好总部经济、城乡一体化和“三个试点”三篇锦绣文章，统筹推进基层基础、民生改善、安全稳定、党的建设四项重点工作，奋力开创富民强区新业绩，为在全市率先实现城乡一体化和率先全面建成小康社会奠定坚实基础。

② 两个率先：在全市率先实现城乡一体化、率先全面建成小康社会。

③ 以上数据均出自2014年1月北戴河区《区委常委会工作报告——在区委十一届五次全体（扩大）会议上》。

8 月被撤销乡的建制，并入海滨人民公社。1961 年 7 月改为拨道洼人民公社。1984 年 4 月人民公社解散，恢复戴河乡的建制。1988 年 5 月由戴河乡改称戴河镇。1996 年 1 月蔡各庄乡被撤销建制，其所辖 6 个行政村被并入戴河镇。

戴河镇现辖西古城村、太平庄村、西坨头村、东坨头村、费石庄村、乔庄村、拨道洼村、杨各庄村、车站村、北戴河村、朱庄村、苏庄村、蔡各庄村、谢李庄村、甘各庄村、崔各庄村、小薄荷寨村、大薄荷寨村 18 个行政村，1 个车站社区居委会，1 个社区家属委员会，总面积 37. 142 平方千米。

2013 年以来，北戴河区围绕项目建设、城市提升、全民创业和城乡一体化开展四大攻坚年活动，戴河镇高度重视此项工作，以实现镇域城市化为目标，以统筹城乡发展为主线，以美丽乡村建设和农村面貌改造提升行动为载体，整体推进加快农村生产、生活方式转变，在很大程度上改善了村民生活水平。

1. 推进城乡产业发展

一是调整农业产业结构。围绕“一退、三种、四转化、四特色”的总体目标，逐步取消镇域内传统大田作物种植，制定“南果北菜”的发展策略，规划铁路以北蔬菜种植、太平庄花卉苗木种植以及崔各庄—费石庄果树种植 3 大基地，大力发展高效经济作物，提高农民收入。截至目前，戴河镇已顺利取消镇域内主要迎宾线路及主干道路沿线两侧可视范围内大部分单茬玉米等传统大田作物的种植，并代替种植速生杨、果树，暖棚等 115 亩，新增种植雪桃、榛子、板栗 200 亩，新建温室大棚 45 个共 80 亩，高效蓝莓种植基地 300 亩，发展家庭农场 1 个，农村经济合作社 4 个。

二是大力推进民宿业发展。在大力调整农业产业结构的同时，紧紧围绕镇情实际积极探索民宿业发展的长效机制，依托乡村旅游协会，严格执行准入制度，提高从业人员的个人素质和服务水平。截至目前，家庭旅馆已达 288 家，实现旅游收入 800 多万元，先后有 6 家民宿被市旅游局评为“市级乡村旅游示范点”，一家民宿荣获“河北省四星级农家乡村酒店”称号，镇辖西古城村多次被评为省、市两级民宿示范村。民宿业的飞速发展不仅大大增加了农民收入，还有效解决了农民工的就业问题，在民宿业的带动下，戴河镇成功实现劳动力转移近 900 余人，民宿业发展较好的西古城村人均收入达 1. 3 万元，大大提高了村民的生活水平。

2. 加强基础设施建设

一是推进村改项目进程。以火车站片区改造为契机，对车站、杨各庄、拨道洼、谢李庄、西坨头、西古城等村进行整体拆迁改造，拆除原有老旧民宅，并在原址建设基础设施齐备的新型村民住宅楼。截至目前，西坨头、西古城等村的旧村改造工程已接近尾声，建成5+1住宅楼70余栋，2~3层别墅100余栋，人居环境得到显著改善。车站、杨各庄、拨道洼等村拆迁任务已基本完成，建设完成居民安置房2200余套、商业安置房100余套，拆迁户得到了较为妥善的安置，生活环境、生活质量也得到了显著改善。

二是完善农村道路建设。在文明生态村取得成绩的基础上，戴河镇以农村面貌改造提升行动为契机，采取上级拨款补助与本村自筹资金相结合的方法，全面推开镇所辖村的硬化、亮化工作。经过镇、村共同努力，全镇各村共硬化道路4.3万米，安装线杆742根、路灯1242盏。全镇各村民住宅小区内实现全部硬化，西古城、西坨头、费石庄、车站等村基本完成了村域内道路的硬化，村民出行的主要路段也实现了全面亮化。

三是全面改善农村环境。全面推动所辖各村开展四清、四化、五改工作，发动村干部、党员以及村民代表率先行动起来，对自家房前屋后进行清理，并组织人员对公共地带进行集中清理，各村累计清运生活垃圾、建筑垃圾等16万余吨，村容村貌有了一定的改善。注重日常保洁工作，结合各村实际建立农村环境管理长效机制，指导各村明确专人负责生产生活垃圾的处理问题，充分发挥各村垃圾转运站的作用，确保垃圾日产日清、随产随清，保证村容整洁；同时，将小薄荷寨、杨各庄等村的垃圾转运站建设事宜列入2014年为民办实事范围内，力争早日建成并投入使用。

四是加强水利设施建设。作为农业大镇，戴河镇高度重视水利设施建设工作，在镇域范围内选址新打机井6眼，扩建塘坝2座，维修蓄水闸2座，大大提高了农业的抗旱减灾能力。同时，为提高镇域内主要排洪沟的泄洪能力，保证海水水质，戴河镇对戴河、新河部分河段及10条排水沟进行清淤、护岸、护底，拆除河道两侧旱厕6个、临建房屋230平方米，清除树木140余棵；对崔各庄、大薄荷寨、费石庄等村水系、水塘进行清漂除淤，并垒砌水坝、护坡，将原有的垃圾河、脏水坑变成了清水漫流、水清岸绿的新景观。

3. 优化公共服务水平

一是全力推进就业服务。紧紧围绕镇情实际及“全覆盖、低失业、高和谐”的总体目标，大力开发公益岗位，充分发挥小额担保贷款的积极作用，积极推进劳动保障工作的开展。截至目前，该镇实现劳动力转移900余人，初审通过小额担保贷款申请 31 人，办理失业登记 80 人，为村民提供了更多的就业机会、更优的创业条件。

二是大力开展法制教育。针对不同人群，该镇采取不同形式开展了多次普法宣传活动。一方面通过召开会议培训的形式，加强对干部职工、先进民企和青少年学生法律法规知识的培训，不断提高法律法规意识，树立了遵纪守法的良好风尚；另一方面利用民贸集市广泛开展普法宣传活动，下发《普法星火月刊》及宣传单、宣传册“六五普法宣传材料”等5000余份，接待群众法律咨询 200 余人次，书写宣传标语 30 余幅，法律观念深入人心。

三是创新社会服务管理体系。在镇域内实行网格化社会管理，将全镇共划分为 126 个服务网格，设置网格长 126 名，楼（户）长 434 名，信息员 126 名。通过网格服务管理系统，共排查化解各类矛盾纠纷 230 起，协助整改治安隐患及复杂场所 1 处，清理收缴违禁反宣品 30 份，协助有关部门完成了敏感时期关键节点的重点人稳控、邪教防范、重点部位值守、铁路护路等中心工作。网格化社会服务管理在全镇取得了非常积极的社会效果，得到了广大群众的认可和支持。

2014 年戴河镇镇政府工作的总体要求是：深入学习贯彻党的十八大和中共十八届三中全会精神，坚持以科学发展观为指导，以开展群众路线教育实践活动为动力，牢牢把握“稳中求进”主基调，突出项目建设、城市提升、全民创业、城乡一体化四大攻坚任务，团结带领全镇上下，负重奋进，锐意进取，为实现“两个率先”奠定坚实基础。①

（四）费石庄村概况

费石庄村，隶属于北戴河区戴河镇，距镇政府东南 2.2 千米。位于联峰山北侧，东邻崔各庄，北接北戴河北部新城，南靠高尔夫球场、乔庄葡萄酒堡，京哈高速公路引线和 205 国道在村庄南北穿过，交通比较便利。

费石庄村的地貌以构造剥蚀平原（准平原）为主，地势低缓起伏，高度

① 以上信息出自戴河镇人民政府于 2014 年 3 月发表的《2013 年戴河镇政府工作报告》以及北戴河区文明办 2014 年 6 月发表的《北戴河区戴河镇多措并举全力推进城乡一体化建设》。

在海拔 10 米以下，表面微向南倾斜，地坡 1°~3°。土层深厚，质地适中，多数为沙土质。

根据 2014 年 2 月费石庄村委会的户籍人口统计情况，全村共有 285 户 684 人，其中党员 49 人，五保户 4 人，残疾人 16 人。费石庄村的民族成分比较单一，汉族人口占全村人口的 96% 以上，是一个典型的汉族村庄。村中的少数民族人口情况为：满族 22 人，蒙古族 1 人。根据村干部的介绍，村中的少数民族人口并不是祖祖辈辈世居于此的，而是因为婚嫁或水库移民安置等原因由邻近县市陆续迁徙至费石庄村定居的。

根据戴河镇统计站的经济统计数据，2013 年底费石庄村总占地面积 1750 亩，其中农用地面积 1675 亩。农用地按具体用途又分为耕地 50 亩、园地（即果树地）1424 亩、林地 60 亩、其他农用地（即农田水利设施、田间道路和生态观光农业用地）141 亩。

费石庄全村大部分农户以种植果树为主要经济来源，重点以桃树为主，杂以其他果木，其中桃树占果树种植总量的 90%，达到 7 万多棵。费石庄村从 4 月末到 11 月初，均有鲜果上市，因此是附近小有名气的桃树种植专业村，享有“世外桃花源，秀美费石庄”的美誉。除了从事果树种植业的农户，村里还有一些农户从事粮食作物（玉米、大豆和花生）的种植。另外还有少量农户从事养殖、经商、运输、外出务工等行业。

相比于周边大力发展民宿旅游业、设施农业或集体制、股份制企业的村庄，费石庄村的产业结构依然以附加值低的传统果树种植业为主，村民除果品收入外其他增收渠道狭窄，因此全村的经济发展水平在整个戴河镇排名靠后。根据戴河镇统计站的数据，在戴河镇的 18 个行政村中，2012 年费石庄村的农村经济总收入排名倒数第 3，农民人均纯收入排名倒数第 1。而根据费石庄村村委会提供的最新数据，2013 年费石庄村农民人均纯收入增长势头喜人，同比翻了一番，达到创历史新高的 8431 元。但即便如此，对比整个北戴河区当年的农民人均纯收入的平均水平 12020 元，仍有不少差距。[①]

费石庄村近年来总体经济发展水平的具体情况如表 1－1 所示。

---

① 根据国家统计局公布的数据，2013 年全国范围内农村居民人均纯收入的平均水平为 8896 元。从中可以看出，虽然费石庄村在北戴河区内属于低收入水平的村庄，但在全国范围内来说，费石庄村却应归入中等收入水平的村庄。

表 1－1　　**费石庄村 2009—2012 年经济统计数据汇总**　　单位：万元

项目＼年份	2009	2010	2011	2012
农村经济总收入	246	251	264	274
村集体经营收入	26	26	26	0
农民家庭经营收入	220	225	238	274
农民人均纯收入	2650	2738	3095	3431
农业收入	75	75	88	98
运输业收入	85	85	85	91
服务业收入	60	60	60	60
其他收入	26	31	31	25

数据来源：戴河镇统计站。

2012 年 1 月，费石庄村党支部委员会和村民委员会换届选举工作全部完成，侯亚东当选为村党支部书记兼村民委员会主任，刘颖（女）当选为党支部副书记（大学生村官，不占职数），李立丰当选为党支部组织委员，范海丰当选为党支部宣传委员，范海平当选为村委会委员（治保主任）、范昌滨（女）当选为村委会委员（妇女主任）。另外还有戴河镇镇政府调研员李素芬（女）在村内挂职，任村党支部（第一）副书记。

新一届村“两委”[①] 成员上任之后，在上级领导的大力支持下，在全体党员、村民的通力配合下，村“两委”班子成员精诚团结，克服了工作中的诸多困难，使费石庄村的物质文明建设和精神文明建设一年上一个新台阶。

2012 年主抓基层建设年活动。当年，作为省定基层建设年活动的重点村，在上级党委和政府的正确领导下，在驻村工作组的帮助协调下，费石庄村以“强班子、促发展、惠民生、保稳定”为主题，积极筹措资金、争取项目，投入资金 400 余万元，重点实施了道路硬化、村民饮水、村容环境整治、农村清洁、河塘河道整治、绿化美化、“两室”扩建、“绿道”建设等工程，村庄环境面貌发生了翻天覆地的变化，进一步密切了新形势下党群干群关系，夯

① 费石庄村党支部委员会和村民委员会。

实了党的执政根基。

2013年主抓农村面貌改造提升行动。当年，费石庄村全面动员、全民参与，积极开展环境整治、基础设施配套、公共服务提升和生态环境建设工程，一幅秀丽的田园风光逐步展现。

一是依托地理环境、区位优势、农家风情等要素，制定具体详尽的村庄产业发展规划和整治办法。通过区旅游局和市规划设计院的指导设计，费石庄村投资300多万元在田间果园中铺设5千米彩色水泥路，以“费氏石匠善刻磨盘”的村名典故建设磨盘广场、休闲木屋、桃林观景台、市场木棚等配套设施，深入发掘田园风情的独特内涵，开展“绿道”旅游服务项目。于村庄入口处设立显示村落名称的村庄石一处，在村内与高速引线口均设有明确的服务指示标识。方便村民生产作业之余，提高游人进村采摘游玩的吸引力，为发展“生态环境友好型的乡村旅游特色村”扩充文化底蕴、奠定经济根基。

二是开展“四清四化”，从细节入手实现村庄整体面貌焕然一新有变化。彻底清除村内街道、房前屋后、村庄周围、公共场所的各类垃圾杂物近2万立方米，有针对性地解决村庄杂、乱、脏、差的现状。把村内11个垃圾点改造提升为既环保美观又长久耐用的防风防雨垃圾箱，为全村284户农户每家配发垃圾桶。配备10名专职保洁员每天进行环境清洁，建立健全长效保洁机制，做到专人清扫、日堆日清、常态化管理。费石庄村投资100余万元对村内13段道路3000余延长米进行水泥路面硬化，完成荷兰砖地面铺设2000平方米，彻底改变过去“晴天一身土、雨天两脚泥”的脏、乱、差局面。在道路两旁进行绿化、美化，费石庄村栽植宿根花卉8万余株，灌木植物1万余株，树木3000多棵，绿篱3000多米，搭配环村经济带的1000多亩大片果林，形成“村在绿中、人在画中”的印象。投资40余万元，在村内各主要街道路口安装路灯22盏，清理标语广告8处，粉刷墙面8万平方米，完成135延长米丰富多彩的文化墙建设。投资26万元修建的2640平方米户外露天活动广场，连同在村中超市旁铺设的400平方米彩砖小广场和村民中心院内的600平方米活动场地，多样篮球筐、乒乓球台、健身器材等，开辟充足的文娱空间供村民使用。

三是按照一村一特色、一户一格局的要求，对农户进行改居改厕。围绕打造更加宜居的生活环境，促推农户实现坡屋顶改造、厨房改造和新能源利用。费石庄村投资108万元对270座农户老式旱厕进行改造，开展干净、美观的双瓮式水冲厕所进院工作，拆除掉临街院外厕所百余所。投资25万元清理村内多年杂草丛生、脏乱不堪的泥坑，将之打造成供人垂钓观赏的雅致池塘；投资 40 多万元清理河塘河道中经久沉积的淤泥垃圾，修建 700 延长米排污沟渠，地埋式双瓮污水收集罐可以起到分散处理农户污水的作用，能同时保障村庄环境和水体质量；购置 1 台 24 小时变频供水设备，为农户铺设 1000 米供水管道，保障村民全天都有水用。依托妇联组织开展的“美丽庭院”创建活动，更是倡导广大妇女充分发挥自身作用、投身清洁活动，以“五美”标准达到村容村貌整齐洁净、街头巷尾干净通畅。

四是推行事务代办便利村民，扩建村民中心，完善公共服务设施。经过对“两室”进行扩建，费石庄村投资 125 万元建起 400 平方米的高标准村民中心，内设大小会议室、“两委”成员办公室、图书阅览室、多功能活动室等配套齐全。原场地经过整合利用，60 平方米的标准化卫生室在此落地，100 平方米的幸福院也与村民中心融为一体，床铺、灶具、风扇、电视、象棋等用品设施齐备，院内活动场地达到 600 平方米。村民来此读书、看报、打球、跳舞的日渐增多，成为名副其实的综合型服务阵地。百姓都说他们有了好去处，业余生活更加丰富。与此同时，在区文化局的帮助下，费石庄村还设立了专门的乐器储藏室，收纳了秧歌服装、舞蹈道具和包括电子琴、二胡、锣鼓在内的许多乐器。并为文化站点负责人配备了电脑、打印机等办公设施，方便了工作人员的资料收集和村民对网上舞蹈影像的浏览学习，强化了精神文明创建内容。

2014 年主抓费石庄村第二轮土地承包工作。村“两委”精心筹划建立土地承包工作领导小组，充分发扬民主集中制，既充分征求了广大村民的意见，又通过反复审慎和推敲在群众意见的基础上制定了科学合理的方案，圆满完成了第二轮土地承包工作。全村未发生一起因第二轮土地承包而集体上访的事件，无论是上级政府还是广大村民均对村民委员会所做的第二轮土地承包工作表示十分满意。

（五）村庄的起源

1. 建村情况及村名由来

根据费石庄村老支书李思孝的回忆，村民们对费石庄村的建村情况和村名来源并没有进行过深入的考究。不过值得庆幸的是，20 世纪 80 年代初，新中国进行了史无前例的第一次全国地名普查。这次普查的对象包括全国农村人民公社、生产大队以上的行政区划和驻地名称，城市中的街巷名称以及主要的山峰、河流、湖泊、岛屿等自然地理名称。普查的内容包括地名的来源、含义、历史变迁和地理位置等。

当时遵照国务院的统一部署，从1981年3月开始，秦皇岛市政府成立了地名领导小组办公室，抽调了具有一定专业知识和技术的业务骨干，深入基层广泛发动群众，用了1年多的时间，对包括费石庄村在内的全市所有村庄（当时仍叫生产大队）的名称现状和来历进行了调查研究。调查结束后，秦皇岛地名办公室于1983年12月将全部调查成果汇编成《秦皇岛市地名资料汇编》一书。

根据《秦皇岛市地名资料汇编》前言中的记载，当时的地名普查工作人员一方面查阅了《史记》光绪版以及民国版《临榆县志》，另一方面在基层广泛收集碑文、石刻、家谱、族谱等材料，将二者结合起来进行系统研究。这种调查方法就是由我国著名历史学家王国维提出的“二重证据法”，即将文献分析与考古证据结合起来研究，通过“纸上之材料”与“地下之新材料”的互相印证来还原和辨明历史原貌。

通过这样的调查研究，地名普查工作人员为费石庄村最后编撰的词条内容如下：

“费石庄位于戴河公社驻地东南偏北2.2公里处。地处半丘陵，多为砂土质。有586人，均为汉族。耕地面积673亩。为费石庄大队驻地。

据查，明朝永乐初年（1403—1405年），费氏石匠一家从山东奉诏迁此立庄，取名费石匠庄，后简称费石庄。”①

可以看出，上述官方说法过于简洁，并且当初的地名普查工作人员到底是依据何种史料或出土文物证据做出的这一论断，由于没有更多的文字材料遗留下来，我们也就无从得知了。因此，这种说法并不能让希望了解更多历史细节的人感到满意。

要真正对费石庄村的起源做出有根有据的判断，就必须给出考古学分析和历史文献分析两方面的证据。

就考古学方面来说，一是需要搜集全村现存的文物，二是需要相应的考

---

① 秦皇岛市地名办公室，编．秦皇岛市地名资料汇编．秦皇岛市地名办公室，1983：339－340.

古学专业人士和科学仪器来分析这些文物，这显然已经超出了调研组的能力范围，因此这里只能存而不论。

就文献分析来说，依据官方的永乐初年建村的说法，调研组必须查阅自明代以来的地方志，看是否有对应的确切记载。

现在的北戴河区所管辖的范围和行政级别大体相当于明代的山海关和清代的临榆县。经查阅《山海关历代旧志校注》，调研组发现山海关现存最早的地方志是嘉靖版的《山海关志》。此版志书记载了当时在山海关城西南七十里的联峰山，但对于联峰山脚下的村庄费石庄却并无记载。[①]“费石庄”三字首次在山海关旧志书中出现是在乾隆版的《临榆县志》中，书中指出费石庄村距离临榆县城七十里，仅此而已。[②]而光绪版《临榆县志》中给出的信息则稍微多了一点，不仅指出费石庄村在临榆县城以西六十五里处，还指明费石庄村由马坊地方经营。[③]民国版《临榆县志》则给出了更加详细的信息，指出临榆县共分八个区，费石庄村属于第二区（共六堡）中的马坊堡管辖，在县城西南方向六十五里处。[④]

看来，通过山海关的旧志书，我们只能将费石庄的历史前推至清乾隆年间。必须寻找其他文献来证明费石庄村起源于明永乐年间。很庆幸，明代比山海关更高一级的政府部门——永平府（行政级别大体相当于现在的秦皇岛市）也有地方志，而重要的证据就在万历版的《永平府志》中：

“靖难师兴，永民残于东兵过半。文皇登基，诏永并里社、召流民，山后逃回者几何，复迁南方民实之，抚我者宜如此。”[⑤]

上文中的“文皇”指朱棣，这是明世宗嘉靖帝给明成祖永乐帝追封的“启天弘道高明肇运圣武神功纯仁至孝文皇帝”的简称，再结合“靖难”二字就更好理解了。事实就是，时为燕王的朱棣在1399年发动了起兵夺取皇位

---

① 山海关旧志校注工作委员会，编．山海关历代旧志校注［M］．天津：天津人民出版社，1999：45.

② 山海关旧志校注工作委员会，编．山海关历代旧志校注［M］．天津：天津人民出版社，1999：234.

③ 山海关旧志校注工作委员会，编．山海关历代旧志校注［M］．天津：天津人民出版社，1999：527.

④ 山海关旧志校注工作委员会，编．山海关历代旧志校注［M］．天津：天津人民出版社，1999：871.

⑤ 董耀会，主编．秦皇岛历代志书校注(第三卷)［M］．北京：中国审计出版社，2001：52.

的“靖难之战”，这场统治阶级内部的夺权战争一开始就是在北平的周边地带打响的。结果激烈的战乱给永平府的百姓造成了人口减半的惨烈后果。成功夺取皇位后的朱棣迁都北平，为了恢复北平周边的经济以保障首都卫戍部队的财政供给，朱棣决定从山东、山西、南京等地通过行政手段抽调人口充实北平及周边，即采取“移民实边”政策。关于这一政策，1999 年秦皇岛市地方志编纂委员会编写的《秦皇岛市志：简本》中的大事记一栏也有所记载：

“明永乐二年（1404）是年，开始实行大规模移民实边政策。明朝由山西、山东等地迁至卢龙、抚宁、昌黎县落户建庄达 1400 个。”①

很明显，正是在这一历史背景下，费石庄村的先祖费石匠一家就奉诏从山东迁到了现在的费石庄村。

当然，何以断定费石匠一家是从山东而不是从山西或南京迁徙而来，仅从地方志中无法得出如此具体的信息。此类信息恐怕还是得从村中的碑文、石刻、家谱、族谱等文物上来获得证明。关于这一方面的证据，希望眼下正在开展的第二次全国地名普查（2014 年 7 月至 2018 年 6 月）的工作人员届时能够在费石庄村内深入地挖掘一下，从而最终在村庄起源问题上做出令人满意的完整解答。

2. 村内主要姓氏

虽然费石庄村起源于费石匠一家，但历经 600 多年的变化，虽然如今村内费姓一族依然人丁兴旺，但其在村中的人数已经比不上李姓、范姓和张姓。另外王姓、杨姓和侯姓等家族的人数亦不在少数。表 1－2 列出了村内人口数最多的前十大姓氏的情况。

表 1－2　**费石庄村十大主要姓氏**

姓氏	李	范	张	费	王	杨	侯	刘	单	蔺
人数	108	85	57	53	52	36	35	28	17	16
占全村总人口的比率（%）	15.8	12.4	8.3	7.7	7.6	5.3	5.1	4.1	2.5	2.3

数据来源：根据 2014 年 2 月费石庄村委会的户籍人口统计数据整理而成。

① 河北省秦皇岛市地方志编纂委员会，编．秦皇岛市志：简本［M］．北京：方志出版社，1999：397.

以上十大姓氏人口总数为487人，占全村总人口的比率为71.2%。可以看出，费石庄村并不存在占全村人口1/4以上的大姓家族。这种家族比较分散的情况对于实现村民民主自治来说是一个比较有利的条件。

（六）村庄的变迁

1. 行政管辖的变化情况

依据《山海关历代旧志校注》，对费石庄村自明朝永乐初年建村到新中国成立前夕的行政管辖变化情况可以简单梳理如下：

明朝时期，隶属于永平府山海卫。

清乾隆二年（1737年）山海卫改为临榆县，依旧属永平府管辖。清光绪四年（1878年）临榆县在农村设地方33个，辖全县512个自然村，费石庄村当时由马房地方经营。

“民国”十四年（1925年），临榆县划分为八区，费石庄村属于第二区（共六堡）中的马坊堡管辖。

依据费石庄村老支书李思孝的口述，以及北戴河区政府编纂的两本地方志《北戴河志》[①] 和《北戴河志：1988—2003年》[②]，对费石庄村从解放至今的行政管辖变化情况可以作如下梳理：

1948年11月，中国人民解放军攻克临榆县全境，费石庄村的劳苦大众翻身得解放。

1949年，费石庄村建立基层党组织，重点吸纳新中国成立前受地主压迫剥削较深的贫苦农民加入中国共产党。

1950年，费石庄村建立农民代表委员会，负责村内的土地改革及其他行政事务。

1953年2月，费石庄村由临榆县划归秦皇岛市海滨区管辖。

1954年2月，海滨区改称北戴河区，并建立7个乡，费石庄村与临近的其他5个村（太平庄、东坨头、西坨头、乔庄、古城）共同隶属于太平庄乡。

---

① 秦皇岛市北戴河区地方志编纂委员会，编．北戴河志［M］．天津：天津人民出版社，1994.

② 秦皇岛市北戴河区地方志编纂委员会，编．北戴河志：1988—2003年［M］．北京：方志出版社，2008.

1956年8月，太平庄乡和车站乡（辖拨道洼、车站村、杨各庄、大苏庄、小朱庄、北戴河村6个村）合并为戴河乡，费石庄村改由戴河乡管辖。同年，原太平庄乡所辖6村成立海涛高级农业生产合作社，费石庄村成为海涛高级社中的1个生产队，费石庄村农民代表委员会被撤销。

1958年8月，戴河乡被撤销，北戴河区全部农村地区组建成海滨人民公社。海滨人民公社下辖10个生产大队，原海涛高级社改为海涛生产大队，费石庄村改名为费石庄生产队，经济职能和行政职能合二为一。

1958年10月，北戴河区全区所有农村和城镇地区全部合并为一个公社，即北戴河人民公社。原海滨人民公社改称海滨人民分社，费石庄生产队隶属其中。

1959年12月，海滨人民分社被撤销。

1960年1月，费石庄等14个村庄和国营园艺场合并组建为北戴河农场，隶属于北戴河人民公社。

1960年9月，北戴河农场被撤销建制，改为海滨分社。

1961年7月，北戴河人民公社被撤销，恢复北戴河区人民委员会。全区所有农村全部重组为3个人民公社，3个人民公社分别名为蔡各庄、拨道洼和海滨。费石庄隶属于拨道洼人民公社，并由过去的生产队升格为生产大队。与费石庄同属拨道洼人民公社管辖的生产大队还有11个，分别是车站、大苏庄、小朱庄、北戴河、杨各庄、东坨头、西坨头、拨道洼、太平庄、乔庄、古城生产大队。

1968年1月，史无前例的“文化大革命”进入行政体制改革阶段。依照“踢开党委闹革命”的“文革”指导思想，北戴河区已经瘫痪的党组织和区人民委员会全部改组，按照“三三制原则”（军队代表、造反派代表和革命派干部各占1/3）组建北戴河区革命委员会，接管“文革”前区党政机构的全部职能。费石庄生产大队亦组建了革命委员会，革委会主任一人接管原生产大队大队长和村党支部书记的双重权力，村民称之为“一元化领导”。

1971年，北戴河区恢复因“踢开党委闹革命”而瘫痪的党组织，费石庄生产大队亦恢复村基层党组织的组织生活，革委会主任开始同时兼任村党支部书记。

1976年8月，成立秦皇岛市郊区，拨道洼人民公社由北戴河区划归秦皇岛市郊区，费石庄生产大队也在其中。

1981 年 3 月，党政合一的“革命委员会”体制被撤销，费石庄生产大队重新分设党支部书记和生产大队大队长 2 个职位。

1982 年 4 月，拨道洼人民公社改名为戴河人民公社。

1984 年 4 月戴河人民公社解散，恢复戴河乡的建制。费石庄生产大队同时也复名为费石庄村。原生产大队的行政职能移交给新成立的村经济管理委员会（简称村管委会）行使。村管委会成员由村党支部直接任命。

1984 年 6 月，撤销秦皇岛市郊区建制，戴河乡重归北戴河区，费石庄亦然。

1987 年，费石庄村管委会成员由过去的村党支部直接任命改为村党支部提名候选人，然后由村民代表投票选举，任期为 3 年。

1988 年 5 月，戴河乡改为戴河镇。从那时起至今，费石庄村隶属于北戴河区戴河镇的情况便稳定下来，不再有任何变化。

1990 年 11 月，费石庄村管委会改名为费石庄村村民委员会。

1999 年，费石庄村第五届村民委员会换届选举。村民委员会成员的选举方式在这一年发生了革命性变化。依据全国人大于 1998 年 11 月制定的《中华人民共和国村民委员会组织法》，村党支部不再负责村民委员会成员的候选人提名，选举权和被选举权扩大到全村所有未被法律剥夺政治权利的、年满 18 周岁的村民身上。村民委员会全部成员都由村民自己公推直选出来，村民把这种选举方式称为“海选”。从此以后，费石庄村民委员会的选举方式不再发生变动。

综上所述，自新中国成立以来，尤其是在 20 世纪，由于不断受到风云变幻的政治浪潮的冲击，费石庄村行政管辖的变化情况在外人看来简直可以用“眼花缭乱”四个字来形容。表 1－3 将费石庄村自新中国成立以来的行政隶属情况按年代顺序做了整理。

表 1－3 **费石庄村的行政隶属情况**

年　份	行政隶属
1949 年 10 月—1953 年 2 月	临榆县
1953 年 2 月—1954 年 2 月	秦皇岛市海滨区
1954 年 2 月—1956 年 8 月	北戴河区太平庄乡

续表

年　份	行政隶属
1956 年 8 月—1958 年 8 月	北戴河区戴河乡
1958 年 8—10 月	北戴河区海滨人民公社海涛生产大队
1958 年 10 月—1959 年 12 月	北戴河人民公社海滨人民分社海涛生产大队
1960 年 1—9 月	北戴河人民公社北戴河农场
1960 年 9 月—1961 年 7 月	北戴河人民公社海滨分社
1961 年 7 月—1976 年 8 月	北戴河区拨道洼人民公社
1976 年 8 月—1982 年 4 月	秦皇岛市郊区拨道洼人民公社
1982 年 4 月—1984 年 4 月	秦皇岛市郊区戴河人民公社
1984 年 4—6 月	秦皇岛市郊区戴河乡
1984 年 6 月—1988 年 5 月	北戴河区戴河乡
1988 年 5 月至今	北戴河区戴河镇

虽然费石庄自新中国成立以来的行政隶属情况变动非常频繁，但经过研究可以发现，费石庄村行政管辖状态发生实质性变化的次数并不多，归纳起来有 4 次：

第一次是在 1956 年成立海涛高级农业生产合作社之时。这标志着费石庄由普通行政村体制转变为生产队体制。

第二次是在 1961 年 7 月，费石庄由生产队升格为生产大队。

第三次是在 1984 年 4 月。由于人民公社体制解体，费石庄村由生产大队体制恢复为普通行政村体制。

第四次是在 1999 年底。通过全村“海选”村民委员会成员，费石庄村从过去的普通行政村体制转变为村民民主自治体制。

在梳理清楚费石庄村行政管辖的变化情况后，我们进一步梳理了在那些逝去的岁月里，曾经带领费石庄村村民一起书写历史的历任村级党政干部的基本情况。表 1－4 是对费石庄村自新中国成立后历任党政“一把手”的情况汇总。

表 1－4　　费石庄村历任党政一把手情况汇总

年　份	村级行政组织	党支部书记	村民委员会主任（生产队队长/生产大队大队长）
1949 年 10 月—1950 年		李集荣党代表	
1950—1955 年	农民代表委员会	李集荣党代表	
1956 年—1958 年 8 月	生产队管委会	范柱春	
1958 年 8 月—1961 年 7 月	生产队管委会	范柱春	郭玉凤
1961 年 7 月—1965 年	生产大队管委会	蔺志田	赵建平
1966—1967 年	生产大队管委会	何成祥	蔺志奎
1968 年 1 月—1981 年 3 月	生产大队革委会	何成祥、蔺志奎	
1981 年 3 月—1984 年 4 月	生产大队管委会	蔺志奎	李永顺
1984 年 4 月—1987 年	经济管理委员会	李印和	樊志民、李永顺、李思孝
1988—1990 年	经济管理委员会	李印和、李思孝	李思孝
1991—1993 年	村民委员会	李思孝、李永顺	李德泉
1994—1996 年	村民委员会	范木安、李永顺	侯占滨、樊志民
1997—1999 年	村民委员会	费志平、李永顺、李素娟	范木祥、范木海
2000—2002 年	村民委员会	李德泉、李思孝	范木海、何宝华
2003—2005 年	村民委员会	李思孝	范木祥、李立军
2006—2008 年	村民委员会	范成林、李思孝、杨文	侯亚东
2009—2011 年	村民委员会	蔺亚杰	侯亚东
2012—2014 年	村民委员会	侯亚东	

在梳理清楚历史之后，我们对费石庄村现行的党政组织及其相互关系、运行机制进行重点描述。图 1－1 是费石庄村级党政组织结构。

从图 1－1 可以看出，费石庄村级党政组织的相互关系和运行机制如下：

村民会议是集合全体村民个体权利为公共权利的机构，是村民代表会议和村民委员会的权力之源，也就是本村的最高权力机构。村民会议由本村 18

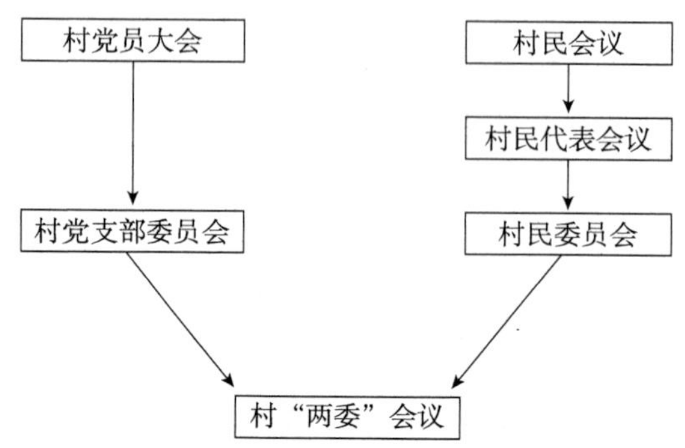

图 1－1 费石庄村级党政组织结构

周岁以上有民事行为能力的村民组成，一般每年召开一次，由村民委员会召集并主持。若有 1/10 以上村民联名或 1/5 以上村民代表联名提出议案，村民委员会也应召集召开会议；特殊情况下也可由村党支部或上级政府负责召集。

村民会议的主要议题有：(1) 选举、补选和罢免村民委员会成员；(2) 讨论通过本村经济、社会发展规划和年度计划；(3) 讨论通过本村《村民自治章程》和《村规民约》；(4) 讨论否决和改变村民委员会、村民代表会议的不适当决议；(5) 讨论通过“两委”会议、村民委员会会议、村民代表会议提交的其他重大事宜；(6) 行使法律、法规规定的其他职权。

村民代表会议是村民会议的代议制组织，在村民会议闭会期间代行村民会议的职能。村民代表会议由村民委员会主持，一般每季度召开一次，也可根据需要随时召开。费石庄村按村里的居住区划片，设置了 15 位村民代表，其人选由村民会议选举产生。

村民代表会议的主要议题有：(1) 讨论、修改《村民自治章程》和《村规民约》，并提交村民会议讨论决定；(2) 讨论本村经济、社会发展规划和年度计划，提交村民会议通过；(3) 讨论通过村务监督小组、民主理财小组的设置和人员组成；(4) 讨论通过重大经济项目，兴办各种公共福利项目的立项和建设承包方案；(5) 审查通过救济款项的发放，本村享受误工补贴的人数及标准；(6) 讨论通过村建道路等公益事业的经费筹集和使用方案；(7) 审议通过村民委员会的工作报告和财务预决算报告；(8) 讨论通过村级建设规划、宅基地发放和计划生育指标分配方案；(9) 审查其他关系全村村民利益的事项。

村民委员会是村里常设的基层民主自治机构，其全体成员并不由上级镇政府任免，而是由村民会议直接选举产生，任期三年一届。村民委员会会议原则上每月召开一次，也可根据工作需要随时召开。会议由村民委员会主任负责召集并主持，主任因故不能出席，可委托副主任召集并主持。会议须有2/3以上村民委员会成员到会方可举行。会前，村民委员会主任要主动向村党支部报告，经党支部同意后方可召开。

村民委员会会议的主要议题有：（1）研究本村集体经济发展、经济结构调整、农民增收的具体实施办法和经济交往中的各类合同，并提交村“两委”会议讨论研究；（2）研究村集体和财务管理的具体实施意见，研究村务、财务公开的落实情况，并提交村“两委”会议、村民代表会议讨论研究；（3）研究宅基地、计划生育指标分配方案，以及违规处理情况，并提交村“两委”会议讨论研究；（4）研究决定对村民的教育管理、民间纠纷的排查处理；（5）制定、修改本村《村民自治章程》和《村规民约》，并提交村民代表会议和村民会议讨论决定；（6）研究征兵、拥军优属、救灾、兴修水利、移民搬迁等问题，并提交村“两委”会议讨论；（7）研究讨论其他村级组织的人员安排、调整、任免意见，并提交村“两委”会议或村民代表会议讨论决定；（8）讨论决定其他需要向党组织请示报告的问题；（9）讨论办理村“两委”会议、村民代表会议、村民会议决定事项。

村党员大会是本村全体党员基层党组织生活中最重要的部分。村党员大会由村党支部负责组织，村党支部书记召集和主持，全体党员参加，每季度至少召开一次，必要时随时召开。提交村民代表会议或村民会议研究决定事宜，必须先提交村党员大会讨论。提倡实行党员大会和村民代表会议联席制。

村党员大会的主要议题有：（1）讨论决定党支部任期工作目标和年度工作计划；（2）讨论审查村党支部委员会的工作报告；（3）讨论决定党员发展三年规划，通过民主测评确定年度发展对象，对预备党员的吸收和转正进行表决；（4）讨论通过对党员的评议、鉴定、表彰、奖励及纪律处分和组织处置；（5）选举村党支部委员会和出席上级党代表大会代表；（6）讨论通过加强党的自身建设的有关制度、决议；（7）讨论审议村“两委”会议研究提出的需提交村民代表会议或村民会议通过的初步方案；（8）讨论决定支部委员会提交的有关议题。

村党支部委员会是中国共产党在农村的基层组织，是村各项工作的领导核心。其全体成员是在上级党委的监督和指导下由村党员大会选举产生的，任期三年一届。村党支部委员会会议每月至少召开一次，由村党支部书记主持，书记因故不能出席可委托副书记或一名委员主持。会议须有2/3以上党支部成员到会方能举行。

村党支部委员会会议的主要议题有：（1）研究决定贯彻党在农村的路线方针政策和上级党组织及本村党员大会决议的具体实施意见；（2）研究向上级党组织报送的重要请示、报告和有关重要事项；（3）研究发展党员相关工作以及对党员的教育、管理、监督工作，修改本村《村民自治章程》和《村规民约》；（4）研究提出本村经济建设和社会发展总体规划、年度计划，解决运行中的重大问题；（5）研究提出精神文明建设、综合治理、计划生育、社会公益事业等规划；（6）研究提出村级组织干部培养、调整、配备、民主选举、经济待遇以及对村干部和村办企业管理人员的教育、管理、监督工作；（7）研究村级重大财务收支情况；（8）研究讨论提交村“两委”会议的所有议题；（9）研究讨论村民委员会请示报告的重大事宜。

村“两委”会议是村党支部委员会和村民委员会的联席会议，一般每月召开一次，也可根据实际需要随时召开。会议由村党支部、村民委员会班子成员参加，参加会议人数须超过应到会人数的2/3方可举行。会议由村党支部书记或由书记委托副书记或村民委员会主任召集并主持。

村“两委”会议的主要议题有：（1）贯彻落实上级党委、政府有关决议、指示的实施办法；（2）讨论全年经济发展和各方面工作的长远性规划、年度工作计划及措施；（3）研究和讨论重大建设项目和经济项目；（4）讨论重大财务支出、集体资产的使用和处置以及各类承包、租赁、拍卖等经营方式和实施方案；（5）讨论和研究村级组织有关工作人员的选拔、任用、调整和奖惩；（6）研究制定村级组织各项工作制度，村“两委”班子成员的工作分工；（7）关于精神文明建设中的重大问题；（8）讨论和研究计划生育、宅基地指标分配和村务、财务公开等群众关注的热难点问题；（9）其他重大事宜。

2. 经济发展总体变化

由于费石庄村级经济史方面的史料极度缺乏，对于新中国成立之前费石庄的经济情况，我们只能采纳清朝和民国时期的地方志对当时的临榆县广大农村地区经济的普遍描述：

“大抵有田者少，佃人之田，岁纳租粮，丰年则于纳租外仅可自给，一遇荒歉，种田者既鲜盖藏，为佣者亦无由食力，哀鸿遍野，良可矜怜。然性多愿谨，虽至冻馁而不为非，则尤可悯焉。”①

“以全县地供全县民，半载尚不敷用”②。

从旧志书的描述来看，新中国成立前临榆县的农村经济发展水平相当低，粮食产量连自给自足都无法保证。一遇到灾荒，佃农甚至无法交地租，只能以乞讨为生或外出逃荒。

而比天灾更能摧毁经济发展的是人祸。依据《北戴河志》的记载，民国初期的两次直奉战争、民国中期日本侵略军的野蛮统治以及民国晚期国民党反动政府对农村地主、恶霸的大力支持，都对临榆县农村地区的经济发展产生了严重的破坏性影响。到 1949 年，整个临榆县农村地区粮食亩产仅 50 千克，人口死亡率高达 13.1%，用“水深火热”来形容新中国成立前临榆县农民的生活一点也不过分。

至于新中国成立后费石庄经济发展的总体变化，我们依据费石庄村老支书李思孝的口述，以及北戴河区政府编纂的两本地方志《北戴河志》和《北戴河志：1988—2003 年》，按照年代顺序记录如下：

1950 年费石庄村在李集荣党代表和农民代表委员会的领导下进行了土地改革，将过去属于村里少量地主、富农的土地平分给了每一个村民。在费石庄村占主导地位数百年的地主剥削制度被废除，村民们的生产积极性空前高涨。

1953 年村里开始发展互助组。

1954 年村里成立了两个初级农业生产合作社，一个叫“南社”，一个叫“北社”。南社由何成祥领导，一共 18 户参加，专门种地。北社由李集荣、范芳春领导，参与的农户更多，社里有马车队，除了种地还从事运输业。此外还有一些村民没有入社，坚持单干。

1955 年村里的粮食开始统购统销，由国家统一规定施行定产、定购、定销（以下简称“三定”），到队以后到户。当时各村按用粮标准分三个等级：

---

① 山海关旧志校注工作委员会，编. 山海关历代旧志校注［M］. 天津：天津人民出版社，1999：530.

② 山海关旧志校注工作委员会，编. 山海关历代旧志校注［M］. 天津：天津人民出版社，1999：876.

余粮户口粮标准每人每年 365 斤，自足户口粮标准每人每年 328.5 斤，缺粮户口粮标准每人每年 288 斤。

1956 年整个太平庄乡所辖 6 村联合起来成立海涛高级农业生产合作社，费石庄村成为海涛高级社中的 1 个生产队，全村所有村民全部入社。高级社里的干部发现费石庄村的土质适于种植果树，便请来昌黎县果树研究所的专家为社员们专门做指导，开始在村中种植苹果树、梨树、少量桃树及杂果。虽然当时费石庄村的农业依然以种植玉米、花生、大豆、高粱、红薯为主，但这一经济决策对费石庄村日后的产业结构却产生了深远的影响。

1958 年“大跃进”和人民公社化运动开始，对费石庄村域经济的影响表现为两个方面：一是大量的青壮年劳动力被抽调到秦皇岛市的炼钢厂、焦化厂去“大炼钢铁”，村里只留下一些年老体弱的农民，劳力不足，致使 1958 年秋收粮食丢、烂严重。二是办公共食堂，不再向各家农户分配口粮，而是全村人都集中到公共食堂免费就餐，美其名曰“组织军事化、行动战斗化、生活集体化”。这些极“左”政策都对村域经济的健康发展产生了严重的不利影响。

其后的数年村里又是天灾不断。1959 年七八月村里连降暴雨，发生严重洪涝灾害，农作物受损严重。1960 年和 1961 年连续两年春夏雨水稀少，旱情严重。1962 年 8 月遭受历史上罕见的大风雹灾，个别地带雹子厚度达 15 厘米，最大雹粒直径 7～8 厘米，村里农作物受到毁灭性打击，粮食大面积减产。村民的生活水平剧烈下降，很多人都吃不饱肚子。

面对国民经济严重的困难局面，中央于 1960 年开始纠“左”，到 1961 年更是全力制止各地的“一平二调共产风”。北戴河区遵照中央指示，于 1961 年解散了各村公共食堂，调整社队规模，并将基本核算单位下放到生产队。费石庄转而隶属于拨道洼人民公社，并由过去的生产队升格为生产大队。从生产队体制转变为生产大队体制，大大扩展了费石庄村级行政组织的自主权限。这一阶段费石庄村级行政组织在生产计划、多种经营、水利建设、农用机械的管理使用、收益分配等方面的自主权大大扩大，为其在经济上的快速发展创造了良好的政治环境。

1961 年费石庄升格为生产大队后，大队内又建立了两个生产队，单独核算自负盈亏。两个生产队各自充实农业生产，扩大小麦旱稻种植面积，又适度种植了一些桃树、苹果树，走以副养农的道路。据费石庄村老支书李思孝回忆，当时村里两个生产队的分红率在整个北戴河区都排在靠前位置，又在全区农村中率先安装了电线电灯，很受外村人羡慕。

1963 年村里开始进行以“清账目、清仓库、清工分、清物资”为内容的社会主义教育运动，亦称“粗线四清”。1964 年开始以“清组织、清思想、清政治、清经济”为内容的“细线四清”。当时经过“四清”工作组的严格审查，费石庄村的村干部被证明在经济上是清白的，除了少量多吃多占的情况，没有一个贪污腐败分子。

此外，值得一提的是 1950—1966 年费石庄村的扫除文盲运动。新中国成立后费石庄村的劳动人民在政治上、经济上翻了身，文化上也产生了要打破旧社会地主阶级的文化垄断、摆脱文盲之苦的迫切要求。顺应广大村民的迫切需求，村里从 1950 年就办起了扫盲识字班，一直到“文革”才停办。扫盲识字班的工作方针是：不忙多学，小忙少学，大忙放学。到 1966 年扫盲识字班停办时，全村 14 ~40 岁的青壮年绝大多数摘掉了文盲帽子，村干部全部摘掉了文盲帽子，一般能识 1000 ~1200 字，能写简单书信和便条。同时在扫盲运动的基础上创建了费石庄初级小学，由老学究费鸣岐任校长，面向全村所有适龄儿童，打破了旧社会地主阶级的子女独占教育资源的局面。村级教育文化事业的腾飞大大提高了村民们的文化精神素质，并对村域经济的发展起到了不可估量的推动作用。

1968 年，费石庄生产大队组建了革命委员会，革委会主任一人接管原生产大队大队长和村党支部书记的双重权力。同时村里旧有的两个生产队被取消，全村以大队为基础进行统一核算，村民称之为“一元化领导”。

从 1968 年 1 月到 1981 年 3 月，由于村干部领导有方，干群关系密切，革委会体制下的费石庄村集体经济走上了迅猛发展道路。据费石庄村老支书李思孝回忆，当时费石庄大队下设农业队、果树队、渔业副业队、工程队、车组等多个基层集体经济组织，村域经济可谓是全面发展、全面开花。全村所有坡地都建成梯田（大寨田），成为区里“农业学大寨”的先进单位。小麦种植面积扩大，并开始种植水稻。费石庄村成为秦皇岛市第一个有汽车、拖拉机、打麦机的大队；第一个建有百头猪场的大队；使用除草剂和农用机械耕地，粮食产量创历史新高，不仅不吃国家返销粮，还向国家年交“红心粮”3000 斤，全村的口粮标准达到北戴河区的最高线，每人每年供给 414 斤；村民的年终分红率跃居全市第 1 名。掀起兴修水利的群众运动，村民的劳动白天算工分，晚上和节假日算义务劳动。以战天斗地的革命热情挖水库、打机井，劈开欢喜岭、斩断小土山，铺设地下管道、引水上山灌粮田，从根本上改变了费石庄村旱不能灌，涝无法排的历史旧貌。总而言之，这一时期是费石庄村村域经济的鼎盛时期。

1982 年遵照中央要求进一步加强和完善农业生产责任制的指示，费石庄不再进行大队统一核算，而是分为 3 个生产队进行单独核算，包产到生产队，原生产大队的果树队、车组等经济组织全部一分为三下放。各生产队都开始减少粮食作物的种植，增加果树的种植。

1983 年根据中央 1 号文件《当前农村经济政策的若干问题》中的精神，费石庄村开始实行家庭联产承包责任制。即把村里的土地（含果树）由集体统一经营改为分户经营，按人口分到各户，农户自己耕种，自己收获。村里的生产性固定资产，包括农用机械、交通工具、池塘、采石场、大牲畜以及各种渔副业摊子等都作价卖给农民。村民的劳动成果，除去交纳国家的农业税、征购粮以及集体的提留、统筹外，剩余全是自己的。村民把这一制度俗称为“包干到户”“大队分家”。当时村里和各农户签的土地承包合同期限是 5 年。

1986 年，国家提出了以“科技兴农”为宗旨的“星火计划”。河北省林业厅、科委下达了果树优质增产，保鲜加工、低产园改造、山区综合技术开发等“星火计划”项目。当时的村委会抓住时机承接“星火计划”项目，大力支持农户发展果树生产。村委会一方面请外地专家进村办农业科技讲座，另一方面组织村民外出参观学习外地先进经验技术，同时还为农户提供良种树苗，实行产前、产中、产后服务。各家农户也主动算经济账，逐步减少粮食作物的种植面积，开始改种市场效益好的果树（以苹果树为主）。

1987 年，考虑到果树的生产周期和群众利益，村委会将土地承包合同直接延长了 25 年。

到 20 世纪 80 年代末，村委会又利用村集体的收入完善村里的水利设施建设，使村里的果树全部能够浇上适时水。此时费石庄村的果树种植面积在村内已经获得了压倒性优势，费石庄村成为一个果树种植专业村。当时一方面村民的果品销售收入不断攀升，另一方面国家开始重视征收农林特产税和教育附加费，两方面因素相结合使费石庄村成为当时戴河镇里的纳税大户。

20 世纪 90 年代，村里的苹果树种植业进入了瓶颈期，原因有二：一是苹果树的种植技术和病虫害防治要求都比较高，自 1983 年果树实施家庭承包经营后，一些懂技术的村民家中的苹果树得到良好发展，但另一部分不懂技术的村民家中的苹果树则病死较多，产量下降；二是忽略了苹果品种的超前选择，主要栽培的都是一些传统品种，如红星、金冠、国光、胜利等。而临近县市的红富士、王森、乔那金等优良苹果品种陆续结果上市，使本村产的苹果失去了市场竞争力。为了克服瓶颈期，村委会适时提出以种植桃树为主的更新改造计划，全村开始逐步改种桃树。到 20 世纪末 21 世纪初，费石庄村已经由过去的苹果树种植专业村转型为桃树种植专业村。

21 世纪的前十年，随着整个北戴河区旅游业的大发展，周边很多村庄通过大力发展民宿旅游业或集体制、股份制企业而步入了经济发展的快车道，而费石庄村的经济发展则进入了一个缓慢增长的低谷期。这里面的原因是多方面的，一是由于缺少集体经济来源，村庄发展进展慢，立竿见影改变难；二是由于农业产业结构单一，村民除果品以外增收渠道窄，而且受制于区里的土地规划，产业结构调整的方向也受到诸多限制；三是由于 20 世纪 90 年代以来，历届村党支部书记和村委会主任的关系不够融洽，尤其是 2000 年村委会成员由村民“海选”产生之后，二者的关系更是难以理顺。有的村委会主任强调，自己是全村选民选举产生的，村里的事理应由自己说了算；而有的村党支部书记则认为，村里的事如果不是党支部书记说了算，党在基层的领导核心作用就丧失了。历届村“两委”班子为此时不时发生内讧，各定各的调，各唱各的戏，针锋相对。① 1991—2011 年的 20 年间，费石庄村“两委”班子能够完整干满三年（一届）而不更换村支部书记或村委会主任的，只有 2009—2011 年这一届村“两委”班子。

2012 年 1 月，费石庄村党支部委员会和村民委员会换届选举工作全部完成，侯亚东当选为村党支部书记兼村委会主任。通过支书、主任“一肩挑”，长期困扰费石庄村的村“两委”班子内讧问题得到了顺利解决。村“两委”班子成员如今同心协力，各负其责，政通人和。而随着基层建设年活动的开

① 发生这种对峙情况的一小部分原因是村干部的个人品质问题，但更大程度上则是由于现行村委会和村党支部的权力来源不同造成的。村委会成员由全体村民任免，而村党支部成员的任免现阶段则在很大程度受上级党委意志的控制。前者对下负责故不愿得罪选民，后者对上负责故不愿得罪上级机关，因此一旦村里的公共事务超出了上下皆大欢喜的界限，就很可能会发生村支书与村委会主任对峙的局面。

展以及包村工作组的进村帮扶，北戴河区委、区政府等上级机关也对费石庄村的发展给予了大力支持。费石庄村的经济从 2012 年起已经走出低谷开始迅速爬升，与周边村庄的经济差距正在迅速缩小。

通过近年来上级各有关部门及领导的决策部署和关心帮助，村“两委”班子结合区位优势，确立打造“生态环境友好型，乡村旅游特色村”的村庄整体发展规划。通过因地制宜对村内大片桃树进行利用开发，费石庄村投资 300 万元打造“绿道”项目，于田间铺设彩色路面 5000 余延长米（宽 3.5 米），实现与拨道洼“绿道”的道路连接，形成封闭式环形景观带。并建设磨盘广场、休闲木屋、桃林观景台、小市场、停车场等旅游附属设施，在旅游局的具体帮助下，设立“绿道”指示标识，吸引游人前来采摘参观。

下一步，费石庄村“两委”还计划加大投入，结合“绿道”项目在全村打造林果采摘体验区、休闲农业观光区、生态休闲垂钓区、民俗民居观光区、旅游度假服务区五大板块体系，以优质的旅游资源吸引全国各地的游客来费石庄赏桃花、品桃果，从而大大拓宽村民们的增收渠道，最终实现农民致富、农业振兴、农村发展的良好前景。

立足费石庄村域经济的当下，展望费石庄村域经济的未来，目前的情况可以称得上是“坚冰已经打破，航路已经开通，道路已经指明”。调研组深信，费石庄村域经济的振兴将指日可待。

二、经济制度

（一）土地制度的变迁

1. 土地制度基本理论

土地制度就是人们所享有的土地所有权、土地占有权①和土地使用权及其相互关系。表 2－1 列出了土地制度内容的权利体系。

---

① 传统的土地制度理论忽视土地占有权，经常将土地占有权与土地所有权混同。针对这种情况，刘永佶教授对独立的土地占有权在中国土地制度中的重要地位做了大量极富说服力的论证工作，详见刘永佶．农民权利论［M］．北京：中国经济出版社，2007.

表 2－1　　　　土地制度内容的权利体系

权利种类	定义	特点	与其他权利的关系
土地所有权	土地所有者依法对自己的土地所享有的占有、使用、收益和处分的权利	1. 排他性：同一土地上只能存在一个所有权，而不能并存两个以上的所有权 2. 弹力性：土地所有权中的占有、使用都能与所有者发生全部或者部分的分离，但所有者仍保留对于土地的部分收益权和最终处分权	土地所有权作为最完全的物权，是其他一切土地物权的源泉，并可向下直接派生出独立的土地占有权
土地占有权	土地占有者依法占有土地的权利，即其在事实上控制土地的权利	1. 非排他性：同一块土地上可以存在多层的土地占有权，即在事实上形成对土地的层层控制 2. 弹力性：土地占有权中的使用权能与占有者发生分离，但占有者仍保留对于土地的事实控制	土地占有权既可以包含在土地所有权中，又可以从土地所有权中独立出来，并且还可向下直接派生出独立的土地使用权
土地使用权	土地经营者对土地依法加以利用的权利	1. 排他性：同一土地上只能存在一个使用权，而不能并存两个以上的使用权 2. 非永久性：独立于所有权之外的土地使用权在出让时必须预定其存续的时限	土地使用权既可以包含在土地占有权中，又可以从土地占有权中独立出来

中国的土地制度，自秦始皇开始，就实行土地国家所有制，即以皇帝的名义专享土地所有权，“六合之内，皇帝之土”，官僚地主和自耕农只拥有土地所有权派生的占有权。新中国成立时的土地改革，所针对的只是土地占有权的重新分配。

因此，我们在描述费石庄村的土地制度变迁时，关注重心将不放在土地所有制上，而是放在费石庄村土地占有制的变化情况上。

2. 封建地主占有制——1950 年土地改革前费石庄村的土地制度

自明朝永乐初年建村到 1950 年土地改革前，费石庄村的土地制度为封建地主占有制。

这种土地制度的具体情况是：少量的地主控制了村里绝大多数土地的占有权，另有一些自耕农，也占有村内的一部分土地，自种自收，自给自足，但这些自耕农人数很少。村内剩余的大部分农民则无地占有，只能向地主租借一块土地的使用权来耕种以养活全家，并每年将自己的劳动产品的相当大一部分拿出来给地主交地租，这种人即为佃农。地主除了拿出其占有的一部分田租给佃农耕种，还会保留一块土地自己经营，这块土地就是地主的庄园。但地主不会自己下地劳动，而是雇用一批贫苦农民替其劳动，这些农民就是雇农，即纯粹以出卖劳动力为生的农民。此外，所有的土地耕种者都必须向官府缴纳农业税，这是因为官府（国家）拥有土地的所有权，因此有权向土地占有者及土地使用者行使国家土地所有权中的收益权职能。

在封建地主占有制这一土地制度中，地主、自耕农、佃农和雇农的土地权利的内容和相应地位差异明显，这种差异就构成了封建地主阶级剥削农民阶级的经济基础。

封建地主剥削佃农的手段主要是地租。民国时期临榆县农村地区流行的地租分为两种：一是活租（也叫“伙分”），按年成好坏增减，租地者每年收获后，要拿出五成交租（也叫“对半分”）。纳税后所剩无几；二是死租（也叫铁板租），租种土地前把租额定死，不管年成好坏，收获多少，所交地租不变，年底如数交清。若遇荒年，全部收获都交地租往往还不够，这样欠租又变成了高利贷，或卖工顶债，或卖儿卖女还债，惨象叠生。

地主剥削雇农的手段主要是雇工。雇工分长工（长年雇用）和短工（农忙季节雇用，有季工、月工、日工），地主以微薄的工资雇用贫苦农民，让农民为其从事农田生产，饲养牲畜和家务劳动。地主对雇工主要采用压低工价，延长工时，限定一个雇工年承担劳动不少于 30 亩地，有病歇工自负和另加杂务活，以及物价上涨工资不增，降低伙食标准，取消“犒劳”等办法进行剥削。

高利贷是地主剥削农民的辅助手段，但剥削率相比前两种手段而言是最高的。一般做法是，地主将剥削来的大量钱财和粮食储存起来，待春季青黄不接或灾年歉收时，乘机向农民放高利贷进行盘剥，大发灾难财。放贷形式主要有3种：放钱、借粮、押当。1920—1946年借贷利率一般为年息3分，也有月息3分的，或年息、月息为4分、5分、6分不等。1944年后，由于物价飞涨，利率竟达100%以上。有的到期无力偿还，就变成“利生利”，“驴打滚”的“阎王债”。借粮“小出大进”，即借给贫苦农民口粮时用小斗小称，收回时用大斗大称。多数为春借1斗秋还1斗3升，有的多达1斗5升。借贷时要有保人，并以房产土地作抵押，逾期不还，则以抵押顶债。高利贷的残酷剥削，使许多勤劳善良的贫苦农民过着牛马不如的生活，或外出闯关东逃荒，或卖儿卖女，苦不堪言。

3. 个体小农占有制（1950—1953年）

1950年土地改革后到1954年费石庄村发展初级农业生产合作社之前，费石庄村的土地制度为个体小农占有制。

中国共产党领导的土地改革，是20世纪中国社会大变革中的重大历史事件，具有承前启后的历史作用。承前，就是继承了集权官僚制的土地制度中的土地国家所有、对农民“均配土田”即土地占有权的制度，但废除了专制皇帝，废除了官僚的勋田、禄田、职田及地主对土地的占有权，由代表包括农民在内的全体劳动者的人民政府进行全面、彻底的均配土地占有权。

当时整个临榆县农村地区土地改革的方案是：首先成立农民代表委员会，发动佃农、雇农算剥削账，剥削率达到30%以上的划为地主、富农。其次对地主家多余的土地实行没收政策，对富农家多余的土地实行征收的政策。然后全村土地按人口平分，烈属、军属每人多分半亩，渔民少分，地主和农民同等分地，换言之，分配土地的原则是“耕者（占）有其田”。方法是先由农民代表委员会讨论，提出分配方案，然后向群众公布，征求意见，最后定案。

土地改革的完成，彻底消灭了统治费石庄村数百年的官僚地主占有制，费石庄村的每个村民都获得了一小份土地的占有权，农民自种自收，除向国家交纳农业税外，全部归自己所有，这样也就建立起了土地的个体小农占有制。个体小农占有制的确立，使党和政府的权威和组织动员能力空前提高，为后来的进一步以合作化运动为主的社会主义改造奠定了基础，同时也为合作化向集体化的转变提供了条件。

4. 个体占有合作使用制（1954—1955年）

土地的个体小农占有制建立之后，很快暴露出其缺陷。由于个体农民分散经营，人单力薄，工具简陋，加之有的农户不懂种田技术，生产的发展受到了限制。这种小农经济的束缚，不仅限制了农村经济的发展，而且还导致两极分化的现象发生。时隔不久，就出现有的农户因天灾或疾病而贫困破产，有的则利用投机买卖开始兼并土地。

面对这种两极分化的苗头，从1953年开始，北戴河区党委贯彻中央的精神，在农村地区大力开展农业合作化运动，在广大农村中迅速掀起了办社高潮，初级农业生产合作社如雨后春笋般纷纷建立起来。

1954年费石庄村里成立了2个初级农业生产合作社，一个叫“南社”一个叫“北社”。南社由何成祥领导，共18户参加，专门种地。北社由李集荣、范芳春领导，参与的农户更多，社里有马车队，除了种地还从事运输业。此外还有一些村民没有入社，坚持单干。

在1954—1955年的初级社阶段，费石庄村占主导地位的土地制度是个体占有合作使用制（以下简称合作制）。这种土地制度的具体情况是：入社的农民仍保留自家土地的土地占有权，但要把土地占有权派生的土地使用权交给合作社，合作社将每个社员上交上来的单个土地使用权联合为公共土地使用权，然后由合作社进行统一使用。社员上交的土地使用权按照土地亩数、好坏入股，秋收后参与分红。

这样的合作制基本保持了土改后农民对土地的个人占有权，个人占有土地的情况被合作社记录在案，这对于农民来说，是比较放心的，如果要退社，还可以收回或大部分收回其入社的土地。更为重要的是，合作制能够提供较大的积累，从而增加生产资料，改进工具和技术，逐步实现机械化，为工业化和城市化创造条件。

合作制的优越性在理论上是明白的，但在现实中却需要经过一个比较长的时间才能显现出来。对于这一点，那些在合作化中坚持单干而显得落后的富裕农民，可能比贫困农民的认识更为深刻。贫困农民在合作化中的积极性，一是因为他们没有或很少有要保守的财产，二是急于通过合作化摆脱贫困境地。而富裕农民的观望，则在于一是有一定财产恐怕受损害，二是怕入社后现有的境况会变坏。他们对合作制的要求比贫困农民要高，一旦合作制显现出其在工业化和城市化方面的优势，他们是会积极参加，而且也能发挥较大作用的。

可惜的是，这个进程被迅猛而来的集体化的政治浪潮打断，尚处在观望状态的富裕农民也在没有充分自觉的情况下，被强制性地纳入了集体制。

5. 集体占有制第一阶段（1956—1957 年）

1956 年整个太平庄乡所辖 6 个村联合起来成立海涛高级农业生产合作社，费石庄村成为海涛高级社中的 1 个生产队，全村所有村民全部入社。

按一般的说法，中国的农业合作社包括初级社和高级两个阶段，因此，这两个阶段农业合作社的土地制度，都应该归于合作制。这种认识其实是不确切的，其关键在于没有从土地占有权的变动上进行分析。

从费石庄村当年的实际情况看，在海涛高级社中，土地分红已经被取消，各家各户原来的土地入股情况也不再被记录，而是全部抹平统一归生产队集体，实行统一核算。虽然名义上依然规定社员有退社的自由，但实际在当时行政集权体制的高压之下，费石庄村是以整村的方式在行政上直接并入海涛高级社的。虽然当时有一部分农民不愿入社，但在强大的政治思想工作及社会潮流的裹挟下，也只能随大溜了。

从加入海涛高级社至今，不论后来费石庄的行政管辖发生怎样的变化，费石庄村的土地制度在占有制上都已经定型为集体占有制。也就是说，与之前的农户个人拥有土地占有权的情况不同，从加入海涛高级社起，费石庄的村民就丧失了他们对土地的占有权，这些占有权被转给了集体。不论控制土地占有权的集体的行政级别后来发生怎样的变化，集体控制土地占有权的情况都是一直没有变的。而在 1956 年之所以实现这种转变，其原因就在于土地所有权是国家的，因此国家能够无偿地将土地占有权从农民手中收回，然后再转交到集体手中。

因此，1956—1957 年费石庄村的土地制度是集体占有制。但相比后来的情况，高级社阶段费石庄村的土地制度又自有其特点，因此这里列为集体占有制第一阶段。这个阶段的特点，是费石庄生产队而不是海涛高级社拥有村里土地的占有权。虽然当时海涛高级社是由 6 个村联合组建的，但各村之间的土地边界依然是清晰的。

这样一种生产队集体占有制没能维持多长时间，在随后迅猛而至的人民公社化浪潮中就马上发生了变化，由此进入土地集体占有制的第二阶段。

6. 集体占有制第二阶段（1958—1960 年）

1958 年 8 月 29 日，中共中央发布关于在农村建立人民公社问题的决议，北戴河区 30 日撤销乡的建制，全区所有农村成立一个人民公社——海滨人民公社。海滨人民公社下辖 10 个生产大队，原海涛高级社被改为海涛生产大队，费石庄村改名为费石庄生产队，经济职能和行政职能合二为一。同年10月，北戴河区全区所有农村和城镇全部合并为一个公社，即北戴河人民公社。

这一阶段，是“一平二调共产风”刮得最严重的一段时间。北戴河人民公社一成立，就以公社为经济核算单位，除生产资料全部公有外，一部分生活资料也实行公有，无偿调用各大队、各生产队的劳力、物资和土地，各生产大队、生产队之间的土地界限都变得模糊。受苏联集体农庄模式的影响，当时的干部们普遍认为，共产主义就是要消除个人的物权，个人的物权消除了，再消除小集体的物权，小集体的物权消除了，再消除大集体的物权，等到所有个人和集体的物权都被国家收走后，中国就算实现共产主义了。因此“一大二公”“一平二调”是“跑步进入共产主义”的最佳手段。事后再审视，这种漠视个人权利的苏联版本的“共产主义”和马克思所提倡的重视个人权利的“自由人的联合体”的“共产主义”相差不啻天渊。

因此，1958—1960年费石庄村的土地制度是集体占有制的第二阶段。这一阶段的特点是费石庄生产队失去了土地占有权，土地占有权被北戴河人民公社拥有。

7. 集体占有制第三阶段（1961—1982年）

1961年7月，北戴河人民公社被撤销，恢复北戴河区人民委员会。全区所有农村全部重组为3个人民公社，3个人民公社分别名为蔡各庄、拨道洼和海滨。费石庄隶属于拨道洼人民公社，并由过去的生产队升格为生产大队。费石庄生产大队内又建立了两个生产队，单独核算自负盈亏。据费石庄村老支书李思孝回忆，费石庄升格为生产大队时，原来闹“共产风”时平调到其他村庄的土地最后也没有还给费石庄，费石庄村今日的全村土地面积和边界就是在那时基本成型的。

1962年3月，按照中共中央《关于改变人民公社基本核算单位问题的指示》，在人民公社中实行“三级所有，队为基础，以生产队为基本核算单位”。这样一来，此刻拥有土地占有权的就是费石庄大队内的两个生产队了。

但这种状态并没有持续太长时间。1968年，费石庄生产大队组建了革命委员会（以下简称革委会），革委会主任一人拥有原生产大队大队长和党支部书记的双重权力。同时村里旧有的2个生产队被取消，全村以大队为基础进行统一核算。村民称之为“一元化领导”。因此，1968—1981年，拥有土地占有权的是费石庄生产大队。

1982 年遵照中央要求进一步加强和完善农业生产责任制的指示，费石庄不再进行大队统一核算，而是分为 3 个生产队进行单独核算，包产到生产队。这一年拥有土地占有权的又变成费石庄大队内的 3 个生产队。

综上所述，1961—1982 年是费石庄村土地集体占有制的第三阶段，这一阶段的特点是：当村里有生产队时，土地占有权归生产队；当村里没有生产队时，土地占有权归费石庄生产大队。

8. 集体占有制第四阶段（1983 年至今）

1983 年根据中央 1 号文件《当前农村经济政策的若干问题》的精神，费石庄村开始实行家庭联产承包责任制。即把村里的土地（含果树）由集体统一经营改为分户经营，按人口分到各户，农户自己耕种，自己收获。当时的口号是“交足国家的，留够集体的，剩下全是自己的”。

据费石庄村老支书李思孝回忆，当时村里具体的决策经过是：

首先是大队书记去拨道洼人民公社学习领会了中央的文件精神后返回村里并召集了大队长、3 个生产队的队长、村里有丰富种地经验的老农以及果树队的技术人员一共 20 多人，开会讨论如何坚决执行中央下达的推行家庭联产承包责任制的行政命令。那是一场异常漫长的会议，连续开了好几天，对本村“大队分家”的具体方案进行了极为谨慎细致的研究。

最后大伙讨论出来的方案是：全村农用地分为果树地、白地（即无庄稼的地）和稻田地三大类。第一，果树地中有 5000 多棵果树，先分为好大树、次大树、小树三种，然后每一棵好大树和次大树再按果树质量（即成色）细分为 10 等，即 10 成树、9 成数、8 成树……，小树则按棵数清点总数，然后全部标上号码，按人头抽签均分，确保每人分到的好大树成色总和、次大树成色总和以及小树棵数总和是完全相等的。第二，白地先分为两类，一类是责任田，另一类是自留地。[①] 再进行抽签均分，每人分得白地 0.96 亩，其中责任田 0.79 亩，自留地 0.17 亩。虽然每个人分得的田亩数是平等的，可土壤质量不同，实质还是不公平，怎么办？好办！先测算全部白地的土壤质量，按好坏程度分为一、二、三、四、五等。再将土壤质量和农业税的纳税义务

① 责任田就是必须计入农业税征税范围的田，而自留地则是人民公社时期农户用来搞家庭副业，即在房前屋后养自家家禽、种果木蔬菜的小块地，农户在自留地上收获的农产品，不计入分配产量，不抵口粮，不计征购，归农户自己支配。

挂钩，谁分到的白地土质越好，要缴的税就越多。第三，稻田地作为农户的口粮地，在当时粮食统购统销政策背景下是用来保证农户能有一定数量的生活口粮，因此也不用缴税。但当时也按质量分成了好、坏两类来抽签均分。每人分得好稻田 0.08 亩，次稻田 0.09 亩。

这样分下来，可想而知全村的土地细碎化到了何种程度！全村每家每户少的分得 5 块不同地段的小块地，多的分得八九块不同地段的小块地。虽然耕种起来极为不便，但全村却没有人有意见，因为只有这样的绝对平均主义的方案才能做到既没有一个人吃亏，又没有一个人占便宜，才能做到社会和谐。

1983 年“大队分家”时和农户签的承包合同期限是 5 年。1987 年合同到期时，考虑到果树的生产周期和群众的利益，村委会将土地承包合同直接延长了 25 年。

第一轮土地承包合同于 2013 年到期后，费石庄村民委员会于 2014 年 4 月顺利完成了第二轮土地承包工作。第二轮土地承包的具体方案是：第一，再分配的原则是，不再测算果树地的果树成色，不再细分土壤质量等级，在把全村土质最差的土地（50 余亩）留作村集体的机动地之后，其余土地全部按质量近似相等的白地均分，人均 1.5 亩地；第二，再分配的方法是，在原承包合同的基础上，以民意为导向，采取两种方法双管齐下同时进行。若农户同意要一块地的，原承包地统一交回另行抓阄，分得一块地；若农户同意要两块地，自选保留原承包地中的大田地或果树地的任意一块地外，采取多退少补的方法，另抓阄再分一块，共分两块地；第三，绝对禁止各农户出于某种“绝不能让别人占便宜”的狭隘心理在第二轮分田之前偷偷将自家原承包地上的果树砍伐掉。

可以看出，相比第一轮土地承包的绝对平均主义方案，费石庄村的第二轮土地承包采用的是一种运气平均主义方案。所谓绝对平均主义，就是要确保每个人分得的土地价值、农作物价值以及果树的价值完全相等。而所谓运气平均主义，就是在每个人分得的价值有差距但差距还能够容忍的情况下，只要保证运气是公平的就行了。换言之，在抓阄过程中，每个人都可能抽到价值相对高一点的田，也都可能抽到价值低一点的田，但只要每个人抽中的概率是一样的就足够了。

从第一轮土地承包到第二轮土地承包，从绝对平均主义方案到运气平均主义方案，其方案的进步性是显而易见的。现在费石庄村一户最多三块田，最少的只有一块田。地块的集中使得农户的田间管理和劳动效率得到了显著提升，也为将来发展合作制经济奠定了良好的基础。

按照通常的看法，费石庄村 1983 年推行的家庭联产承包责任制是对人民公社体制的大逆转。这种看法，从行政体制的层面看是对的，因为随着经济职能的剥离，政社合一的人民公社体制已经被家庭联产承包责任制架空了，到 1984 年各地的人民公社纷纷解体也是顺理成章的事。但具体到土地制度上，这种流行的看法则不能成立。因为只要仔细观察就可以发现，家庭联产承包责任制的创新之处在于，村集体将其所拥有的土地占有权中的土地使用权独立出来，分配给村民个人承包。这的确是自 1956 年费石庄农村土地集体占有制建立以来从未发生过的事情，但既然作为发包方的村集体依然拥有土地占有权，那么 1983 年费石庄村所推行的“家庭联产承包责任制”其实并没有逆转之前人民公社时期的土地集体占有制，而只不过是造成了集体占有制的第四阶段的开端。

与集体占有制的前三个阶段相比，集体占有制第四阶段最大的特点就是土地使用权分配到个体农民，因此本阶段土地制度的完整称谓也可叫作“集体占有个体使用制”。或者进一步把所有权也加进来，就叫作土地的“国家所有集体占有个体使用制”。这一土地制度自 1983 年开始，截至目前依然是费石庄村现实的土地制度。

现行中国农村土地的“国家所有集体占有个体使用制”，从表面上看兼顾了国家、集体、农民三方的利益，但实际依然是脆弱的小农经济。进入 21 世纪以来，日益突出的“三农问题”恰恰证实了小农经济的局限性。为了 21 世纪中国的工业化和城镇化，必须克服阻力，对现行的中国农村土地制度予以改革和完善。

（二）经济管理制度

1. 人民公社解体之前的费石庄村经济管理制度

（1）劳动力管理制度

初级合作社时期，生产规模小，劳动力少，由社长直接安排劳动力。

高级合作社时期，劳动力由村里的生产队长支配。劳动实行工分制，即根据每个人的劳动态度、劳动能力和技术水平通过群众评议的方法确定每个人一天劳动的工分数，生产队会计记工，每天公布一次。

人民公社化初期，取消评工记分的管理办法，劳动力由北戴河人民公社、海涛生产大队调配，采用全大队劳动力集中劳动的办法。

1962 年后调整了公社管理体制，劳动力由费石庄生产大队和大队里的生产队安排，恢复评工记分，并适当采取包工计件的办法，使劳动效率有所提高。

直到 1983 年之前，劳动力一直集中管理，严格控制劳动力外流。如有外地招工指标会由人民公社下达任务，生产大队研究确定人选。

（2）生产计划管理制度

合作社期间，生产计划是在国家计划的指导下，根据本社队的具体条件来制定的。

人民公社化初期由北戴河人民公社统一安排生产计划，生产大队和生产队没有自主权。

1962 年以后贯彻“三级所有、队为基础”的原则，生产计划的制订：在完成拨道洼人民公社下达的指令性生产计划后，费石庄生产大队和大队里的生产队可以根据自己的需要和具体情况安排作物的种植计划。

（3）财物管理制度

农业合作化后，财物集中管理。初级合作社时期，每社 1 名库房保管员，2 名会计，一切资金支出和物品使用都经社长批准。重大开支由社委会或社员大会讨论决定。高级合作社时期，村生产队设仓库保管员 1 名，会计 2 名，日常开支和物品使用由主管生产的高级社社长和村生产队队长审批。社队的重大开支由社委会或社员大会讨论决定。

人民公社化初期，财物由北戴河人民公社统一管理，统一调配使用。

1962 年执行“三级所有，队为基础”的管理体制后，费石庄生产大队和大队里面的生产队都建立了财务管理制度，变公社一级核算为三级核算。财务用民主的管理方法，重大开支由社员大会讨论决定，每年结算后向全体社员公布账目，接受群众监督。

2. 现行的费石庄村经济管理制度

（1）村庄土地管理制度

家庭联产承包责任制在土地权利上的“两权分离”，实际是土地占有权与土地使用权的分离。由于通行的理论和法律忽略了农村土地也归国家所有这个基本点，将农村土地误称为“集体所有”。但恰恰在现行的土地管理制度上，充分证明了“农民集体”并不具有土地所有权所派生的管理权能，这个权能只属于国家。

首先切不可将国家对农村的行政管理权和经济管理权二者混淆。国家对农村的行政管理权的主要范围是营造安全有序的经济环境，保障农村企业和其他经济主体在市场上合法、有序经营，而不可能深入到企业或其他经济主体内部进行直接干涉。但在现实中，国家却直接深入到名义上“土地集体所有”的村集体内部，貌似越俎代庖地做了只有土地所有权者才有资格做的经济管理事务。这些事务具体表现在如下方面：第一，国家禁止村集体随意转让名义上属于“村集体所有”的土地所有权；第二，国家没有征得村集体的同意，就对名义上属于“村集体所有”的土地建立了高度细致严格的土地用途管制制度；第三，国家通过行政命令推行家庭联产承包责任制，命令村集体将土地使用权承包给个人时，名义上是村里土地的“所有者”的村集体只能听任国家指挥而没有权利坚持不分田，而且承包的期限长度（30年）也只能听任国家规定而不能自作主张；第四，国家从1986年开始建立了国土资源管理部门，对名义上属于“村集体所有”的土地也纳入国土资源管理的范畴（“国土”二字，恰恰证明农村土地也是国家所有的土地），未经国土资源部门批准，即便是村里土地名义上的“所有者”的村集体也不得随意处置村里的土地，违者将被国土资源部门给予行政处罚甚至追究刑事责任。

现行费石庄村的土地管理制度是一种三层管理权制度：

第一层是国家对农村土地的行政管理权。

第二层是国家对农村土地的经济管理权，具体到费石庄村的土地，是由秦皇岛市国土资源局、北戴河区国土资源分局来行使国家的经济管理权。

第三层是费石庄村集体拥有的，从其土地占有权中派生出来的，对村民个人的土地使用权进行管理的管理权。

在这三层管理权制度中，国家对土地的管理权是基本的、主要的和主导的，费石庄村集体的管理权，只限于行使土地占有权派生、管理土地使用权，处理占有权与使用权之间的关系。

这样三层结构的土地管理权，其运作机制必然是行政性的，即国家以行政权和土地所有权所派生的管理权为主导，并以行政方式，通过层层行政机构（国土资源部—河北省国土资源厅—秦皇岛市国土资源局—北戴河区国土资源分局），自上而下地进行管理。这种管理机制是集权式的，因而能从上而下全面贯彻国家对土地管理的法律、法规和政策。但这个机制又集中体现了依然保持集体占有制的农村土地制度的矛盾，因而暴露出诸多弊端。

（2）村庄集体财务管理制度——村财镇代管制度

由于自20世纪90年代开始，费石庄村“两委”班子长期闹内讧，没有建立起一套科学、透明、公开的财务管理制度，村级集体财务长期以来混乱不堪。2012年以侯亚东为村党支部书记兼村委会主任的村“两委”新班子上任之后，本着对村民负责，对村集体长远发展负责的态度，下决心兴利除弊。村“两委”在戴河镇镇政府的指导下，立即着手清理了多年来混乱不堪的账目，将清理后的账目交给镇农经站代管，并定期公开村内财物收支情况。经过全体村民代表共同商议，由具有财会资质的李丽玲担任村内报账员工作，财务工作专人专管，既防止了再度出现财务混乱状况，又保证了村民的知情权、监督权。

因此，费石庄村目前实行的是规范的村财镇代管制度，这一集体财务管理制度从21世纪初开始北戴河区戴河镇就在镇所辖的各行政村中进行推广了，但在费石庄村得到规范确立的日期则应该从2012年开始算起。

“村财镇代管制度”是指经过村民会议或村民代表会议讨论同意，在不改变村集体资产所有权、使用权和债务债权的前提下，将村集体财务委托给镇农经站代管，镇农经站统一进行村级会计核算，强化镇人民政府对村级财务的监督权的一种财务管理制度。

推行“村财镇代管”工作，有利于加强村集体资金的有效监督管理，规范村级会计基础工作，提高村级财务管理质量；有利于推进村务公开工作，增强广大农民参政议政能力，促进农村基层民主建设；有利于强化村干部廉洁自律意识，从源头治理腐败，有效控制村级债务增长，确保农村集体资产和资金的安全，确保基层政权稳定和村级组织的正常运转；有利于维护好、实现好、发展好最广大农民的根本利益，促进社会主义新农村建设。

依据2014年5月中共北戴河区纪委发布的《北戴河区村财镇代管工作实施细则（试行）》，费石庄村的村财镇代管制度的主要内容如下：

第一，总原则。

实行“村务公开、民主管理、成员受益”原则。

第二，机构人员设置。

戴河镇人民政府依托戴河镇农经站设立村财镇代管委托代理服务中心（以下简称镇“代理中心”），具体负责代管工作。镇“代理中心”设中心主任一名（镇农经站站长兼任）、管村会计一名、现金会计一名。管村会计负责对村集体财务和资产、资源建账、记账、核算和监督管理工作。现金会计，负责管理代管的村集体资金，记录存款日记账，监督、核算代管的村集体资金的收入、支出情况。

费石庄村村内原会计、出纳岗位全部取消，只设置一名报账员，负责办理村级财务收支业务，保管备用金，管理财务收支票据，记录现金日记账、内部往来明细账和资产、资源台账，以及村集体资金、资产、资源管理业务的其他事项。

村报账员的人选应选择年富力强、懂业务知识的人员担任，由村党支部、村委会商议提出，经村民代表会议讨论通过后，向镇“代理中心”推荐，报镇人民政府批准聘任。村书记、主任及其直系亲属，不得担任村报账员。

第三，代管内容。

一是资金管理。资金范围包括村集体的原有积累，财政补助收入，发包收入，直接经营收入，资产、设施租赁收入，对内、对外投资的利润收入，国家征用土地的补偿收入，变卖集体财产收入，国家有关单位拨入的资金，借入资金，外来投资以及其他收入。同时要建立报账凭证制度、票据使用管理制度、备用金管理制度、财务预决算管理制度。

二是收入业务管理。村集体收入现金时，必须使用秦皇岛市农业局统一监制的农村集体经济组织统一收据，由村报账员开具、收取，并在业务发生当日将款项及时存入银行账户。上级部门下拨到村的专项资金、补助资金均由镇财政所出具财政往来专用收据，将资金拨入镇政府银行账户，再由镇政府审核后下拨到村，并由村报账员开具农村集体经济组织统一收据。村报账员应认真核对集体收入现金及库存现金账款，做到日清月结，如实记录现金日记账、村民往来明细账和资产、资源台账，真实反映集体资金收入情况，并及时持相关资料到镇“代理中心”进行报账审核。

三是支出业务管理。坚持量入为出、精打细算的原则，严格遵守开支审批制度和程序。村集体的管理费用支出以及其他小额零星支出由镇“代理中心”进行管理，村会计初审，现金会计复审的二重审核制度。村集体的所有经济业务开支须经镇“代理中心”主任审核，由主管镇财务的镇领导审核批准，再交由现金会计办理。

第四，报账程序。

村报账员应在每月村级“民主理财日”后的3日内分类整理好原始凭证，填制《北戴河区村财镇代管报账审批单》，加盖村集体印章及村务监督委员会①印章，并经村支书和村主任签字后，到镇“代理中心”办理报账手续。镇“代理中心”工作人员按规定权限逐级审核签字盖章，并以村为单位编制总账和明细账，按月份编制《资产负债表》《收入支出表》等会计报表，并按要求编制各村《村级财务公开表》，年终打印账本。

第五，财务公开和民主理财。

每月25日为村级“民主理财日”，村报账员应将当月村级各项财务收支提交村务监督委员会进行审核。每月10日是“财务公开日”，镇“代理中心”按照公开标准和要求编制相关财务报表交村报账员，村报账员负责将上月发生的财务事项，在村务公开栏内公开，接受群众监督。经济业务不频繁的村，可以一季度公开一次。对工程项目和重大事项，以及群众关注的事项应单独公布。

每年1月10日和7月10日为村“民主议政日”。村“两委会”对村集体全年或半年的财务收支、财产、债权债务、收益分配情况，向村民代表会议报告，接受民主评议、监督。

第六，责任追究。

有关责任人员违反国家有关规定以及相关规章制度，未履行或者未正确履行职责，造成农村集体利益受损的，经调查核实和责任认定，应当追究其责任。

责任追究对象包括村党支部书记、村委会主任，村级报账员，村务监督委员会主任及成员，镇“代理中心”人员，镇主要领导、分管领导，镇主管部门、相关单位负责人及相关责任人。

---

① 根据2010年最新修订的《中华人民共和国村民委员会组织法》第32条规定，“村应当建立村务监督委员会或者其他形式的村务监督机构，负责村民民主理财，监督村务公开等制度的落实，其成员由村民会议或者村民代表会议在村民中推选产生，其中应有具备财会、管理知识的人员。村民委员会成员及其近亲属不得担任村务监督机构成员”。费石庄村现行的村务监督机构叫作民主理财小组，小组长为李思孝。

责任追究形式包括告诫、组织处理、纪律处分、追缴违纪资金和移送司法机关。这些追究形式可以并处或单处。

下面抄录戴河镇村财镇代管委托代理服务中心所记录的 2013 年费石庄村村级财务的 3 张会计报表于此。

表 2-2 **费石庄村 2013 年村集体资产负债简表** 单位：元

资产	年初数	年末数	负债及所有者权益	年初数	年末数
流动资产	619128.14	430978.25	负债	1123628.85	1477231.25
固定资产	1980151.44	2744124.39	所有者权益	1475650.73	1697871.39
资产合计	2599279.58	3175102.64	负债及所有者权益合计	2599279.58	3175102.64

数据来源：戴河镇农经站。

表 2-3 **费石庄村 2013 年村集体财务收支简表** 单位：元

收入项目	本年累计数	支出项目	本年累计数
经营收入	0.00	电话费	800.00
发包收入	12000.00	办公费	44690.00
农业税附加返还收入	0.00	差旅费	440.00
投资收益	0.00	折旧费	32768.12
补助收入	1102000.00	书刊费	216.00
其他收入	0.00	其他支出	817265.22
收入合计	1114000.00	费用合计	896179.34
全年收支差额 217820.66			

数据来源：戴河镇农经站。

表 2-4 **费石庄村 2013 年村集体收益及收益分配表** 单位：元

本年收益项目	金额	收益分配项目	金额
一、经营收入		四、本年收益	217820.66
加：发包及上交收入	12000.00	加：年初未分配收益	870802.38
投资收益		调整上年	

续表

本年收益项目	金额	收益分配项目	金额
减：经营收入		五、可分配收益	1088623.04
管理费用	78914.12	减：1. 提取公积公益金	
二、经营收益	-66914.12	2. 提取应付福利费	600.00
加：农业税附加返还收入		3. 外来投资分利	
补助收入	1102000.00	4. 农户分配	
其他收入		5. 其他	
减：其他支出	817265.22		
三、本年收益	217820.66	六、年末未分配收益	1088023.04

数据来源：戴河镇农经站。

（3）农户的家庭经济管理

“家庭联产承包责任制”对人民公社体制的主要改变，在于通过“承包”土地使用权使集中于集体的农民劳动力所有权得以重归农民本人，这是一次实质性的释放，也是“联产承包责任制”能够得到一部分农民拥护，并能在短时间内提高农业产量的重要原因。

通过对土地的“集体所有，家庭经营”，农民的劳动力所有权从集体中释放出来，农民成为以家庭为单位的劳动者，从而使得农户的家庭经济管理的重要性浮出水面。

农户的家庭经济管理是指农户以家庭成员劳动力为主，利用家庭自有生产工具和资金，在家庭所承包使用的土地上，独立自主地按照市场需求安排生产计划，并以家庭为单位进行成本收益核算。农户的家庭经济管理除了传统的农业生产，还包括各种非农业性的合法经济管理，如个体手工作坊、个体商贩、个体运输户以及外出打工等。

农户的家庭经济管理具有以下优点：

第一，在生产计划方面，家庭成员比较容易达成对目标的一致性认同，从而能够在生产中团结互助，齐心协力。

第二，在经营决策上，由于家庭关系天然的亲和力，比较容易发挥民主协商机制，从而充分调动每个人的积极性和聪明才智。

第三，在劳动组织上，家庭成员可以按照劳动能力强弱分工，各司其职，各显其能，并且不太容易产生偷懒行为。

第四，在物质利益分配上，家庭内部往往采用按需分配的分配模式，从而能照顾到家庭内所有成员的需求，并且构成了人们头脑中的共产主义思想的一种萌芽。

当前农户家庭经济管理的最大缺点就是“小、分、散”，由于素质技能水平不同，各农户的家庭经济管理水平差异巨大。如果相关部门不及时对家庭经济管理水平较为落后的农户予以专门的技术指导和帮扶，长期的时间累积效应将导致农村内部富裕农户和经济困难农户的两极分化，结果容易造成社会心理失衡，为社会主义新农村建设埋下不和谐的隐患。

以上是关于农户家庭经济管理的一般性描述，至于费石庄村典型农户的家庭经济管理的具体内容和差异性，本书的第二部分即农户部分将有专门的描述。

三、种植业

费石庄村是一个以农为本，兼营其他的传统汉族村庄。在费石庄村，农业是村里的支柱产业，由农业生产生活方式，衍生出其他行业。费石庄村的农业生产以家庭为单位，基本上可以自给自足。“2013 年费石庄村总农户数为 285 户，其中纯农户 268 户，非农兼业户 17 户，总人口 655 人，劳动力人口 523 人，其中从事家庭经营人数为 459 人，从事第一产业人数为 459 人，外出务工人员 64 人，常年外出务工人员 64 人，务工人员主要在乡外县内就业。”①纯农户占费石庄村农户的 94%，他们的收入主要来源于桃树种植，在农闲的时候村民才会就近打工。费石庄村民的经济活动主要集中于第一产业和第三产业，第三产业为第一产业服务，本村内的服务业提供农业不能提供的产品，小农式的生产生活，使得费石庄村产业间不能完成良性循环和互动，有一部分村民从事商贸和运输，市场需求来自北戴河区其他地方的旅游和短途运输。

（一）土地

土地是费石庄村民的主要资产，是他们获取经济收入的重要渠道。费石

① 费石庄村 2013 年度农村经营管理情况统计年报表：农村经济基本情况统计表，戴河镇统计站。

庄村地处丘陵地区，适合种植果树。目前，“费石庄村集体所有的农用地总面积1675亩，其中耕地50亩，归村所有，园地1424亩，家庭承包1424亩；林地60亩，家庭承包60亩地。农户经营耕地面积在10亩以下的户数为285户。家庭承包耕地面积1474亩，家庭承包户数206户”①。其中，园地主要是种植果树的土地，桃树种植占90%，其他果树种植数量很少。谷物种植在费石庄村已经成为一种附属性质的、为了充分利用土地而从事的种植活动。

费石庄村地处丘陵地带，农作物种植经济效益低，农民收入不高。在新中国成立之后费石庄村就一直在摸索果树种植，1984年，费石庄村最终成为果树种植专业村。到2014年，费石庄村土地承包合同到期，分地小组在对土地进行丈量时打出地块1050余亩。按分地方案，符合分地资格者每人分得土地1.5亩，剩余土地50亩，作为村集体的土地，分别是：高速南20余亩、桃李沟约6亩、北后岭10余亩、东沟下约6亩、吴老坟4亩，均为下洼地。这50亩土地分两种方案进行出租，一种是1年期，一种是30年期。租金是村集体经济的主要收入，一亩地的租金为每年2000元。

费石庄村新一轮土地承包办法

费石庄村新一轮土地承包以国家相关法律法规为准则，以关注民生符合村民意愿为根本，以最大限度减少村民经济损失为出发点，通过民主集中等程序，村新一轮土地承包工作，采取如下方法措施：

高速路南（原果树地）村集体留作机动地（其中涉及几户大田地除外）。

1. 以原合同为依据，也就是说在原合同的基础上，以民意为导向，采取两种方法双管齐下同时进行：（1）同意要一块地的原承包地统一交回另行抓阄，分得一块地；（2）同意要两块地的自选保留原承包地中大田地，果树地任意一块地外，采取多退少补的方法，另抓阄再分一块，共分两块地。

2. 以户为单位，每人按1.5亩计算，期限30年，符合分地条件的村民核定时间截止为2014年2月21日。

3. 离婚后户口没迁出的，不享受村民待遇，将不符合分地条件的人员名单在公开栏公示，核准时间2014年2月21日。

4. 各户带户口本到村委会报名登记，表示本户意愿，拟采取哪种分地方

① 费石庄村2013年度农村经营管理情况统计年报表：农村经济基本情况统计表，戴河镇统计站。

法，登记时间截至2014年2月23日17时，望广大村民积极配合。

费石庄村委会

2014年2月21日

表3－1　　费石庄村2013年底基本情况统计

农村户数（户）	农村人口（人）	农用地面积（亩）	其中（亩）					个体经营户	其中(户)		法人单位数量	行政区域面积（亩）	从业人员	其中（人）		
			耕地面积	果树面积	林地面积	养殖水面	其他面积		其他经营户	超市批发				农林牧渔	建筑业	服务业
285	655	1675	50	1424	60	0	141	6	3	3	2	1970	475	407	68	0

数据来源：戴河镇统计站。

据费石庄村委会主任侯亚东介绍，费石庄村的农用地不在国家18亿亩基本耕地面积范围之内，村里的土地使用比较灵活，受国家政策限制小。可以利用土地发展多种经营，充分利用费石庄村的地理位置发展旅游观光、民俗、农家菜、垂钓等旅游业。费石庄村果树种植面积占农用地面积的85%，村里种植的果树春季满山桃花，夏季绿树成荫，秋季硕果累累，可以充分利用桃林的优势发展旅游、采摘。

（二）生产工具

生产工具是劳动者在生产劳动过程中直接对劳动对象进行加工的物件。生产方式的变革引导着生产工具的变化，在生产方式的不同发展阶段，生产工具也不相同，针对不同的作物种植需要使用不同的生产工具，生产工具是人类生产能力的一个衡量标准。费石庄村以桃树种植为主，粮食作物种植面积较少，使用的生产工具主要有：旋耕机、拖拉机、锄、铲、铁锹、农药喷雾器、树枝剪、手锯、短梯、环剥刀、柴油三轮车、电动三轮车、货运汽车、电动自行车。费石庄村的旋耕机全部是小型的，主要完成农田的耕、耙作业，旋耕机具有碎土能力强、耕后土地平坦的特点，在费石庄村得到了一定范围的应用。在集体经济时期，费石庄村是秦皇岛市第一个拥有拖拉机的生产队，拖拉机在农业生产中可以用来犁地、运输等，现在费石庄村村民用拖拉机从果林里运输水果、喷洒农药等。费石庄村主要种植桃树，围绕桃树的种植、栽培而使用的生产工具成为费石庄村主要的生产工具，主要有树枝剪、手锯、短梯、环剥刀等。在除草和平整果林时，果农使用铁锹、锄、铲比较多，平时下地、出行使用电动自行车，到桃园摘桃子、去海滨或者其他市场卖桃子的时候使用电动三轮车。货运汽车主要是费石庄村三户运输户使用的生产工具，他们从事短途运输。

费石庄村的生产工具是传统与现代的结合。其原因在于他们采用的生产经营方式和种植作物、果树的选择，在家庭联产承包责任制下，小农式的生产不会给使用大型农机具提供有效的市场，而桃树种植的个体性也难以推行机械化生产，如果树的修剪、果林的维护等，都需要个体化的经营管理，难以推行机械化作业。在果林中种植的小片谷物，劳动强度和耕作面积根本不需要农业机械，只有农药喷洒、桃树灌溉、桃树品种管理上可以进行集体规划，充分发挥集体力。在这样的生产经营模式和作物种植上，只能根据实际情况的需要来选择生产工具。

（三）桃树种植

桃树在我国种植广泛，是广受人们喜爱的一种果树。“桃的果肉含有丰富的营养物质，每百克可食部分含糖 7 ~ 15 克，有机酸 0.2 ~ 0.9 克，蛋白质 0.4 ~ 0.8 克，脂肪 0.1 ~ 0.5 克，并含有维生素 C3 ~ 5 毫克，维生素 B1 0.01 ~ 0.02 毫克，维生素 B2 0.02 毫克。桃仁中含油 45%，可榨取工业用油。”[①] 桃树有早结果、早受益，生长周期长的特点，土壤适应性强，管理容易，在我国北方各地均有种植。

费石庄村多坡地，种植粮食产量低，地形和土壤适合果树种植。村民主要从事桃树种植，收入主要来自销售自己家里承包地里种植的桃子。新中国成立前后，费石庄村村民主要种植谷物，传统的农业以种植玉米、花生、大豆、高粱、红薯为主。由于村里坡地居多，农业灌溉不便，农业产量低，农民收入不高。针对粮食作物种植产量低、农民收入不高的实际情况，费石庄村民根据本村土地的实际情况，历年来多次尝试种植不同品种的果树，对果

① 于长年，菁菁．桃树栽培技术问答［M］．天津：天津科学技术出版社，1989：15.

树种类及品种进行摸索和实践，最终确立种植周期短、收益高的桃树。费石庄村产的桃香甜可口，在北戴河区远近闻名。1983 年包产到户之后，老百姓看到果树收入高，就逐渐选择种植桃树。桃树栽培 3 年后就可以结果，5 年便可大量销售，相较其他果树收益快，而且桃树相对好管理，费石庄村地处山坡丘陵地带，土质适合桃树生长，桃树结果口感好，收益周期短，这是费石庄村选择桃树种植的一个重要原因。

从新中国成立到 1954 年成立高级社（太平庄海涛大队），费石庄村因地制宜，统筹土地适宜发展。针对费石庄村地处丘陵，适于果树种植的有利条件，费石庄村开始规划种植苹果树、梨树、少量桃树及杂果，经济收入逐年攀升，人民生活逐年提高。随后费石庄村成为市果树示范园，仅苹果树就达 5000 多棵。费石庄村从 1954 年开始栽培苹果树、梨树，从昌黎果树研究所购买树苗，有德浦、瑞士梨、日面红等品种。1962 年开始栽培桃树，当时从昌黎果树研究所、山东、新城购买树苗。1968 年起，生产队体制改革，实行生产大队一元化领导，统一核算分配，（时任书记何成祥）下设农业队、果树队、渔业副业队、工程队、车组等基层组织。实行多种经营，全面发展，这是费石庄村的鼎盛时期。村里所有坡地全部建成梯田（大寨田），劈开欢喜岭，斩断小土山，铺设地下管道，引水上山灌粮田，自此农业开始有了种植水稻的历史。在原基础上扩大了果树种植面积，春节不休息，义务挖井，解决吃水难问题。在计划经济时期，村里产的水果统一送到秦皇岛市北戴河车站水果收购站，收购站制定标准规定，主要依据是水果的含糖量、成色等划分标准，制定不同的收购价格收购各地送过来的水果。当时村里的苹果品种主要有红元帅、黄元帅、红星、国光等。现在村里的苹果树几乎没有了，只有个别家庭还有苹果树，数量也非常少。

1982 年生产队体制变动，由一元化生产大队统一核算变为 3 个生产队，分别单独核算，大队果树队、车组下放。在此期间，各生产队分别调整，发展了果树生产。农业也进行了调整，重视发展大面积水稻生产，科学种田，大田作物产量也大幅增加。水稻种植时间为 1968 年到 1984 年，村里有 100 亩水稻，包产到户后就没有人再种植水稻了。1983 年全村有 580 人参加分地，实行家庭联产承包责任制，坚持了 31 年。其间，落实国家“星火计划”，村集体支持农户发展果树生产，采取请进来、走出去、学习交流经验技术、提供良种种苗、实行产前产中产后服务，成立经济合作社。加快水利建设步伐，铺设管道，全部果树均能浇上适时水。全部土地栽植果树，科技兴农，满足人们的需求，短、平、快地发展桃树，成为果树专业村，形成了一套管理经验。在上级的重视下，经济收入不断攀升，成为全镇纳税大户。

为适应市场的需要，费石庄村村民不断更新改良新树种及各种品系，形成规模生产。村民李立彬，思想活跃、勤学好强、敢于创新，带头改变传统种植观念，率先搞设施农业，建大棚2个，经济效益可观。从4月末到11月初，均有鲜果上市。有樱桃、早熟桃、中熟桃、晚熟桃品系，蟠桃、油桃、杏、李子、葡萄等品种，苹果、梨也各显特性。整个村庄春季是一片花的海洋，夏季呈绿色世界，秋季红果累累，遍地是丰收的景象。果树种植不仅能增加农民收入，满足暑期市场供应，又能使游人心旷神怡，享受自然风光的陶醉，引起共鸣。

费石庄村桃树种植面积为1040亩，一亩地里大概能种50棵桃树，一棵桃树产桃销售的平均毛利润为5000元左右。除桃树种植之外，一些农户家里还种有李子、苹果等果树，由于种植户比较分散，李子树、苹果树直接在桃林里种植，所以栽培数量只能估算一个大概的数字。村里李子树几百棵，一棵李子树销售收入在1000元左右，苹果树500~600棵。桃子各种品种平均销售价格在每斤3~5元，由于桃不便于储存和长途运输，费石庄村离北戴河区中直机关较近，且产的桃口感好，所以中直机关的桃子基本上都来自费石庄村。目前，费石庄村的村民每年到桃成熟的季节，每家每户每天下午4点以后到自己地里摘桃（因上午摘桃子会蔫，不容易卖），第二天一早去海滨销售。桃子的销售模式以个体零散销售为主，村民一般使用电动三轮车将桃子运到海滨及附近市场上销售，有时候晚上九点多才能回村，非常辛苦。

（四）费石庄村桃树的品种与管理

1. 费石庄村桃的品种

1984年以后费石庄村就变成了水果专业村，以桃树种植为主。费石庄村种植桃树的品种多样，不同品种的桃可以分季节上市。大体上可以分为毛桃和油桃两大类。

（1）毛桃

毛桃的主要品种有：

①春雪。“春雪”是美国选育的早熟桃新品种，1998 年山东省果树研究所从美国引入。该品种早熟、硬度大、色艳、味甜、耐储运、丰产，是露地、保护地栽培的早熟优质桃新品种。树姿开张，1 年生枝黄褐色，新梢绿色、光滑、有光泽。叶片淡绿色，大披针形，叶尖渐尖，叶基楔形。叶缘钝锯齿，叶脉中密，蜜腺肾形。花大型，粉红色，雌雄蕊健全，花粉多。果实圆形，大型果，平均单果重 215 克，最大 450 克。缝合线浅，茸毛短而稀，两半较对称。果皮浓红色，底色白色，不易剥离。果肉白色，近核处无红丝，汁液多，肉质硬脆，可溶性固形物含量 12.5%，去皮硬度 12.5 千克/平方厘米，纤维少，口味甜、香气浓。黏核，核小，扁平，棕色。果实耐储运，货架期 7~10 天，0℃条件下可储存 2 个月以上。树势强健，萌芽率高，成枝力强，长、中、短枝均能结果。易成花，自然坐果率高，具有早实丰产的特点，无采前落果现象。[①]

②大久保。“大久保”分“早久保”（8 月中旬成熟）和“晚久保”（8 月底成熟）两种。此品种是华北栽培的主要品种，果实大而圆，产量高，口感好。

③“北京二号”（在北京买的树苗），一般 7 月初成熟。

④“庆丰”（费石庄村的树苗主要来自于昌黎果树研究所、北京果树研究所购买的树苗），又名“北京 26 号”。“为北京农林科学院于 1964 年以大久保 X 阿木斯丁杂交育成，1975 年定名，是一个优质的大果型早熟品种。品种特点：果实长圆形，基帮稍大，果个较大，平均单果重为 130~150 克，大者 200 克，果顶稍凹，刚开始结果时有部分果顶稍突起。梗洼较深而中广。树势健壮，树姿半直立。果枝上花芽着生节位较低，花粉多，坐果率高，花芽抗寒力强，丰产。[②] 7 月中旬成熟。

⑤“早凤王”，7 月下旬成熟。“早凤王”是河北省固安县农民中专实验林场 1987 年发现的垛子 1 号芽变，1995 年鉴定命名。1993 年引入昌黎果树研究所。果实近圆形，平均单果重 240 克，最大 620 克，果顶圆平，梗洼较浅，

---

① 本介绍来自河北省昌黎果树研究所种苗有限责任公司网站，http：//www.clzmgs.com/User_ Doc/26438/Products/6374/20115201507068121264381.htm，费石庄村的桃树种植技术和树苗很多来自于昌黎果树研究所，在本文中使用的品种及技术介绍主要结合村民口述和昌黎果树研究所的网站介绍信息而得。

② 于长年，菁菁．桃树栽培技术问答［M］．天津：天津科学技术出版社，1989：9.

缝合线浅。果皮底色白，果面深粉红色，50% ~70%着红色条纹，美观艳丽。果肉白色，色素多，果肉为溶质，味甜，可溶性固形物含量11.2%，品质好。成熟期7月下旬，耐长途运输。树势强，半开张，丰产，花芽较抗寒，是早熟大果型品种。生产中需配授粉树，但对授粉树的品种要求不严格。①

⑥白凤。“白凤”一般在8月中旬成熟。

⑦“绿化久”系列。“金宝”（开红花），又名“燕红”，1954年北京果园自然实生中选出。原代号“绿化9号”，1978年定名。果实近圆形，稍扁。果顶平，平均单果重200~240克，最大达480克。果皮底色绿白，70%着暗红色晕，果皮厚，成熟后易剥离。果肉乳白色，阳面红色，近核处紫红色。充分成熟时柔软多汁，味甜，可溶性固形物12%，品质优。粘核，耐储运。果实发育期140天，9月初成熟。树势稍强，树姿半开张。花芽着生节位为第4节。花粉多，坐果率高，丰产。花芽耐寒力强，适应性强。缺点为采前稍有落果。②

⑧颐红（开白花）。“颐红”为北京颐和园育成，1980年正式定名，是一个优良晚熟品种，品种特点，果树扁圆或圆形。果型极大，平均单果重357克，最大果达到516克，果实大小较整齐，果顶圆，微凹无明显突尖。梗洼深广缝合线浅或中深而明显，两边对称。果面茸毛较多，果面底色浅绿色，果面全面深红，或有深红条斑。果实完熟后能剥皮，果肉乳黄或有红色条斑，近核处有红色，果肉在空气中褐变慢。树势较强，幼树直立性强。中、长果枝结果为主。花芽着生节位低，第二节即为花芽，丰产性好。③ 除此之外，还有绿化久（白花）、金宝，它们一般九月初成熟，颐红和绿化久相继隔十几天成熟。

⑨北京晚蜜。“北京晚蜜”为极晚熟桃。北京地区及北戴河区9月底成熟，果实发育期165天左右。果实近圆形，果顶圆。平均单果重230克，大

---

① 本介绍来自河北省昌黎果树研究所种苗有限责任公司网站，http://www.clzmgs.com/User_ Doc/26438/Products/6426/20111191528497930264381.htm，费石庄村的桃树种植技术和树苗很多来自于昌黎果树研究所，在本文中使用的品种及技术介绍主要结合村民口述和昌黎果树研究所的网站介绍信息而得。

② 本介绍来自河北省昌黎果树研究所种苗有限责任公司网站，http://www.clzmgs.com/User_ Doc/26438/Products/6424/20111191527314220264381.htm。

③ 于长年，菁菁，桃树栽培技术问答［M］．天津：天津科学技术出版社，1989：13.

果重420克，硬溶质。风味甜。果皮底色淡绿，完熟时黄白色，果面1/2或更多深红或暗红晕，粘核。可溶性固形物含量14.5%，可溶性糖8.51%，可滴定酸0.29%，维生素C含量11.98mg/100g。不裂果。蔷薇形花，花粉多。树势强健，树姿半开张。花芽起始节位1~2。各类果枝均能结果，丰产性强。1999年通过北京市农作物品种审定委员会审定。[①]

⑩瑞蟠2号。“瑞蟠2号”为早熟白肉蟠桃。北京地区7月中旬成熟，果实发育期90天。果实扁平形，果顶稍凹入。平均单果重150克，大果重220克，硬溶质，口味甜。果面1/2玫瑰红晕，粘核，不裂顶。可溶性固形物含量8.5~13.0%，可溶性糖9.67%，可滴定酸0.37%，维生素C含量19.04mg/100g。蔷薇形花，花粉多。树势中等，树姿半开张。花芽起始节位1~2。各种类型一年生枝均能结果，丰产性强。1999年通过北京市农作物品种审定委员会审定。[②]

最晚成熟的桃子是国庆红，“十一”成熟。从5月大棚桃“春雪”上市开始，一直到11月，费石庄村皆有不同品种的桃果上市。

（2）油桃

油桃的主要品种有：

①中油5号。中国农业科学院郑州果树研究所桃育种课题组育成，平均单果重220克，最大果重335克；果实近圆形，果顶微凸，缝合线中深；果实底色绿黄，完熟时黄白色，全面着红色，果皮不易剥离。汁多味甜，可溶性固型物含量12.7%。粘核，耐运输。昌黎、北戴河地区6月底至7月初果实成熟，果实发育期约70天，与同期成熟油桃相比，单果重方面有明显增加，是发展保护地及陆地油桃栽培的理想品种。[③]

②红油桃。6月底成熟。

③黄油桃。7月、8月分别成熟。

现在费石庄村还有2户设施农业，用大棚种植桃树，从5月就开始产桃，

---

① 本介绍来自北京市农林科学院林业果树研究所网站，http://www.lgs.baafs.net.cn/Detail.aspx?T=AT&I=2872&ID=3223671c-a9b6-418f-b1c1-3e5664351d7a.

② 本介绍来自北京市农林科学院林业果树研究所网站，http://www.lgs.baafs.net.cn/Detail.aspx?T=AT&I=2860&ID=a18eb9fa-47d0-4bf3-87ba-a92489bfa1b7.

③ 本介绍来自河北省昌黎果树研究所种苗有限责任公司网站，http://www.clzmgs.com/User_Doc/26438/Products/6374/201152015051784422643 81.htm.

一直到 11 月都可以卖桃。桃树种植占 90% 以上的耕地，10% 左右的耕地种植核桃树、李子树、杏树。

费石庄村的粮食作物种植面积较小，主要以种植玉米、花生、红薯、黄豆、白豆、小豆（红小豆、绿小豆、白小豆）为主。其中有一部分粮食作物是间作在桃树林里，有的桃树砍了之后，村民就在桃树林里种植一片玉米、大豆、大葱，充分利用土地。花生种植，原来用传统的种植方法，现在采用地膜种植，一直用到花生收获，运用地膜比传统的种植方法使得花生产量提高，且成熟得较早，地膜可以保持水分和温度。

表 3－2　**费石庄村 2011—2014 年农作物春播面积统计**　单位：亩

年度	农作物播种面积	大豆	薯类	花生	玉米
2011	45	5	0	20	20
2012	45	5	0	20	20
2013	54	6	0	24	24
2014	54	6	0	24	24

数据来源：戴河镇统计站。

2. 桃树的管理

桃是喜光性小乔木，芽具有早熟性，萌芽力强，成枝力高。新梢在一年中多次生长，可抽生 2～3 次枝，幼年旺树甚至可长 4 次枝，干性弱，中心主干在自然生长的情况下，2 年后自行消失；层性不明显，树冠较低，分枝级数多，叶面积大，进入结果期早，5～15 年为结果盛期，15 年后开始衰退，桃树寿命的长短，与选用的砧木类别、环境条件和栽培管理水平有较密切的关系。桃属浅根性树种，根系大部分为水平状分布。根系的扩展度大于树冠的 0.5～1 倍，深度只及树高的 1/5～1/3，吸收根分布在离土表的 40 厘米以内，其中 10～30 厘米分布最旺。桃的根上有明显的横形皮目，说明特别需土壤通气，空气在土壤中的含量要求达 10%，空气含量在 5% 以上根才能生长。空气含量在 2% 以下，生长差，甚至会窒息死亡。桃的侧芽（腋芽），有单芽与复芽之别，单芽有叶芽与花芽，顶芽为叶芽。复芽有双复与三复，三复中间一般为叶芽，也有无叶芽的，同一枝上的芽饱满程度，单芽、复芽的数量与着生的部位是有差异的，这与营养、光照状况有关。叶芽在春季萌发后，新梢即开始生长，在整个生长过程中，有 2～3 个生长高峰。第一个生长高峰在 4 月下旬至 5 月上旬，5 月中旬逐渐减弱。第二个生长高峰在 5 月下旬至 6 月上旬，同时在该段时间新梢开始木质化，6 月下旬新梢的生长明显减弱。但幼树及旺树上的部分强旺新梢还出现第 3 次生长高峰。除此之外的新梢逐渐进入老熟充实、增粗生长阶段，10 月下旬进入落叶休眠阶段。

根据桃树的自然属性和生长特点，农户需要对桃树进行管理，以促进桃子的品质，在费石庄村主要有 2 种桃树种植方式，一是大棚桃，二是大田桃。大棚桃的管理需要根据桃树的品种和生长习性进行精细管理，创造桃树生产结果的条件，产出的桃提前上市，经济效益较高。大田桃的管理较大棚桃简单，在桃树生长结果的周期内要注意控制树的长势，注意病虫害的防治等。

（1）大棚桃种植

大棚的主要根据是温室效应原理，合理采光时段理论，利用太阳光的热量，在不加温的条件下，应用所设计的温室，使桃树不受低温危害和光照不足而影响正常生长发育，所以温室的结构及材料都要紧紧围绕提高采光、储藏、保温几个问题考虑。

大棚桃管理的总原则是“前促后抑”。前后的时间点为每年的 7 月 15 日，早期控制桃树的长势，不能让桃树生长过旺，后期主要让桃树的营养成分用在结果上面，需要控制树势，吸收的营养成分主要用于开花结果，由营养生长转向生殖生长。7 月 15 日之前主要促进桃树长出树势来，7 月中旬控制树势，这是管理大棚桃的关键。7 月中旬打控果树的药：生长调节剂。还需要注意病虫害防治，打杀虫杀菌的农药，一般半个月到 20 天打一次农药。

育闭即重新修剪一次，要在每年的 5 月底前修剪完毕，以促使桃树长出新枝来，这样桃树的坐果率会比较高，因为没经过结果的桃树枝才能结果。等大棚里的桃果销售结束后，在 7 月中旬到 10 月底，就要开始准备大棚塑料和草帘子，将大棚封闭盖好，这时桃树开始进入休眠期（气温在 7.2℃以下进入休眠期），这期间主要让桃树长新枝，10 月底至 11 月初，当温室外的气温较高的时候，应该尽可能降低大棚内的温度，桃树的休眠时间是 650 个小时，休眠时间专指气温在 7.2℃以下时的温度，有电脑软件专门计算休眠期，费石庄村的农户在网上有网友，他们互相交流种树心得，果农一般可以根据多年种植经验摸索出休眠的时间段，而且每年都不一样。休眠期过后，就要对桃树进行修剪，将不符合坐果的树枝剪掉，提高结果的效率，在此期间还应该注意对果树进行浇水、施肥、打药。每天控制大棚的温度，开花之前的温度控制在12℃～20℃，花期的温度控制在22℃～28℃。在花期需要对果树授粉，一般分为两种，一种是人工授粉，另一种是租蜜蜂授粉两种情况，授粉期大概半个月。授粉结束后，根据桃树生长的情况，定期对桃树进行施肥、浇水、打药杀虫（杀卷叶虫），施肥主要是用农家肥，当开始结果的时候，要对果树进行疏果，以保证每棵桃树都能结出优质的桃子，当桃长到一定程度的时候，需要对受桃子重量压迫的树枝进行固枝，起到支撑的作用。这时候桃树的浇水、施肥都要控制，此时温度就不用刻意去控制了。要想增加效益，产量不用太高，而是需要提高单棵果树的品质。

费石庄村村民王小东种植大棚桃1.3亩，总计2个棚，种植的品种是春雪桃和黄油桃，一个大棚的建设需要投入2.5万～3万元成本。2005年王小东开始建立第一个桃树棚，至今一直种植春雪桃，共有300株；第二个棚是2014年开始种植桃树，种植的品种是黄油桃，共175株。由于在周边地区有大棚桃种植成功的例子，所以王小东开始着手学习大棚桃种植技术，以提高农业产出的经济效益。在大棚里种植，春雪桃5月就可以上市了，2013年大棚桃每斤售价为10元左右，2014年每斤售价为12元。王小东家里的桃都是由他亲自开着电动三轮车到市场上去销售。春雪桃平均每棵树能产桃子15斤，可以连续生产9年。春雪桃主要销往海滨的东山，如春花路市场、摩角市场路。据王小东介绍2013年每棚桃的销售收入为41000元，2014年销售收入为31000元。他新建的种植黄油桃的大棚，是因为考虑到市场上黄油桃比毛桃销售前景好。王小东家的桃树品种主要是来自昌黎县刘李庄自己培育的树苗，此外还有卢龙县，从东北葫芦岛、锦州引进树苗。王小东从15岁就已经开始接触桃树，他的大棚桃种植技术主要是从盛鑫农场技术员那里学习的，再加上自己看的一些资料，订阅杂志，成功、失败的经验都有。除了大棚桃，王小东家里还有20亩地，主要种植桃树，品种主要有油桃、中油五号、中油四号、晴朗等。毛桃品种主要有：春雪、春蜜、京春、庆丰、京红、早凤王、大红桃、久保、白凤、绿化久、京艳、北京晚蜜，据他介绍，壮年桃树，每棵能产100～200斤桃子，桃树的寿命大概在30年，每亩种40～50棵，产量在4000～5000斤。王小东家种植大田桃树计17.5亩地，一年毛收入13万元。

（2）大田桃管理

大田桃的管理主要从冬天开始集体浇水，接着进行修剪，清园（捡树枝），春天返青的时候再浇一次水，费石庄村近几年春天只浇一次水，主要用水库（费石庄村北沟水库）里的水，一亩地水费 15 元。在费石庄村，一般春天都是集体放水浇田，2014 年进行第二轮土地承包，没有浇地。费石庄村桃树近 3 年效益比较理想。

3 月初对桃树进行施肥，农户家里主要使用农家肥，有牛粪、鸡粪等；3 月底，给桃树打硫黄杀菌剂；4 月底打花前药，防治蚜虫、卷叶虫；5 月开花的时候进行花期授粉，主要是人工授粉；之后开始打农药，称为花后药，主要防治蚜虫、卷心虫，当桃树坐果后，要对结果太密的树进行疏果，然后再打一次农药；接着就要给桃子套袋，主要是防止桃生裂果；等桃快熟的时候开始解袋，解袋前后需要夏剪，称作徒长枝，即让营养长在桃果上面，不要让营养流失到长树枝上面，解袋后，等桃子上颜色，就可以上市销售了。桃树摘果之后，一般不用特别管理，只要除去果园的杂草即可，秋天卖完桃后要对桃树施农家肥。晚熟的桃树要多打 1 ~2 次药，老化的树枝必须用立柱给顶起来，防止树枝折断。在桃树的管理过程中，从惊蛰开始到落叶之前一直需要防止红顶天牛。平时桃园涝了就得排水，有些土地需要平地，费石庄村大部分桃林都在梯田半坡上面，浇水主要靠下雨。到了冬季，开始修剪果树，有空就修剪，4 月全部修剪完。大田桃不存在生长空间不够的问题，不需要像大棚桃那样进行二次修剪。

四、养殖业

新中国成立后，费石庄村主要养殖牛、马、骡子、驴，主要用于拉车耕地，随着农业机械化的推进，这些农用牲畜逐渐被拖拉机淘汰，村民也不再养殖这些牲畜。现在村里有养羊户潘学海，养殖小尾寒羊 50 只。村里有几户养貉子的农户，2013 年以前有养猪场，国家给补贴，由于费石庄村在北戴河区的规划中，属于绿化带，养殖业对环境污染较大，戴河镇对费石庄村养猪不再扶持，不再鼓励发展。北戴河区不支持发展养殖业，主要是保护环境，发展乡村旅游，引导村民朝民宿、农家院方向发展，费石庄村是北戴河区规划中的绿化带，不宜鼓励发展养殖业。

表 4－1　　**费石庄村养殖业（存栏）情况**　　单位：头、只

年度	猪	母猪	山羊	绵羊	家禽
2011 年 12 月	30	15	5	5	0
2012 年 12 月	80	60	4	4	3500
2013 年 12 月	75	60	0	0	1780
2014 年 06 月	61	50	0	0	1560

数据来源：戴河镇统计站。

表 4－2　　**费石庄村养殖业（出栏）情况**　　单位：头、只

年度	猪	绵羊	家禽	山羊
2011 年 12 月	20	40	1500	0
2012 年 12 月	56	45	1800	0
2013 年 12 月	5	0	0	0
2014 年 06 月	14	0	0	0

数据来源：戴河镇统计站。

表 4－3　　**费石庄村养殖业（产量）情况**　　单位：公斤

年度	山羊肉	绵羊肉	禽蛋	禽肉	牛奶	猪肉
2011 年 12 月	0	300	5000	2000	0	1500
2012 年 12 月	0	500	7000	2300	0	5000
2013 年 12 月	0	0	25000	0	0	375
2014 年 06 月	0	0	15000	0	0	900

数据来源：戴河镇统计站。

表4－1、表4－2、表4－3没有涵盖费石庄村貉子和小尾寒羊的养殖，覆盖面是村里的家禽、家畜的存栏及出栏情况，这是小农经济自给自足的特点之一。农户家里饲养家禽、家畜可以供自己家里肉类、蛋类的需求，在市场上购买的比较少。貉子和小尾寒羊的养殖是适应北戴河区大市场的需求而提供的商品，费石庄村的产业发展单一，无法进行产业间、行业间的经济循环，服务业的发展，也是为农业的发展提供便利，与外部的经济交往限于农畜产

品的销售。

（一）貉子养殖

貉子又名狸、土狗、土獾、毛狗、貉子，是哺乳纲、食肉目，犬科。貉子皮的外形像狐，但比狐小，体肥短粗，四肢短而细，尾毛蓬松，背毛呈黑棕或棕黄色，针毛尖部黑色，背中央掺尽可能较多的黑毛梢，它具有针毛长、底绒丰厚、细柔灵活耐磨，光泽好，皮板结实，保温力很强的特点。貉略小于狐，被毛长而蓬松，嘴尖细，四肢细短。前足 5 趾，第一趾短，行走时短趾悬空，四趾触地。后肢狭长，后足 4 趾。成年体重 6～7 千克，体长 45～65 厘米，尾长 17～18 厘米。个别貉体重可达 10～11 千克，体长 82 厘米，尾长 29 厘米。不同季节，貉的新陈代谢程度不同，体重也会随之变化。貉具有很高的经济价值，其主要产品貉皮属大毛细皮，具有坚韧耐磨、柔软轻便、保温美观等优点，是制作大衣、皮领、帽子和皮褥等裘制品的优质原料。

费石庄村有 3 家养殖貉子的农户，养殖规模在 2000 只左右，其中单志明是养殖大户，总计养殖 1200 只貉子。貉子属于杂食性动物，养殖 6 个月就可以出笼。在费石庄村，养殖貉子主要用于销售皮毛，每年小雪以后，农户将貉子皮销售给收购人员，根据皮毛的成色定价，一只貉子的饲养成本在 230 元左右，只要销售价格超过 300 元就可以获利。貉子繁殖力强，长到 70 天就可以作为种貉。每年夏季买种，每年 2 月给貉子配种，一般一年一胎，一只母貉每胎可以繁殖 1～14 只貉子，一般的母貉都能下 7～8 只貉子，且一只母貉的生育年限有 6 年左右的时间。费石庄村的貉子养殖户，养殖貉子的时间比较长，其中单志明养了 25 年。据王永生介绍，原来村里养貉子的农户比较多，前几年由于貉子皮市场价格波动较大，貉子养殖成本难以收回，很多农户纷纷放弃了貉子养殖，只有几家坚持了下来。

据村里貉子养殖户王永生介绍，现在养殖貉子的特点是风险大、效益好，貉子皮的售价受市场价格波动影响大，一只貉子皮根据不同的年份，售价能从 300 元一张到 700 元不等，价格波动很大。貉子皮主要是小雪之后，有人到村里来收购，然后出口到俄罗斯。现在村里有 3 户养殖貉子，单利民家有 1200 只，李立军家养殖 80～100 只。2007 年、2008 年是貉子皮市场低谷时期，市场供给大于需求，导致每张貉子皮的销售价格下降到了 100 元，而一只貉子的养殖成本就要200元左右，很多村民投入的成本没有收回来，从那时开始费石庄村的貉子养殖户就逐渐减少了，直到现在只剩下3户。王永生说，今年貉子皮的市场行情价格在300～500元，貉子皮定价主要看皮的成色，绒的厚度怎么样。由于貉子养殖量大，每天排泄物多，因此，养貉子要特别注意卫生，每天都需要清理貉子粪，否则笼子周围会散发出臭味，影响农户家里以及村里的环境卫生。在费石庄村的养殖户家里，可以看到一个个长、宽分别为50厘米，高35厘米左右的铁笼子，一个挨着一个排成一排，貉子在笼子里生长，有的母貉里面还有几只小貉子，铁笼的外边放着一排食料盒子。铁笼子离地面大概50厘米，是悬空的，以便清理貉子的粪便。

每年的2—4月是貉子的繁殖期。小雪之后，农户一般要留80～100只的种貉，其他的貉子都要销售出去，一只母貉一般能下10只小貉子，而一只母貉子有8个乳头，如果下的崽太多，也不容易成活。每年2月开始配种，貉子的孕育期为60天，成活率在95%左右，4月10日前后就开始下崽，50天后分屋，即把大貉子和小貉子分开饲养，再过20天，就要对貉子进行防疫注射，主要防治的是瘟热和肠炎两种疾病，用的药是水貉犬瘟热活疫苗和水貉细小病毒性肠炎灭活疫苗，养殖户自己给貉子的腿注射药。到了小雪至大雪之间就开始打皮，那时村里会来收购貉子皮的商贩，他们将貉子打死带走，只要貉子皮的价格能卖到300元，养殖户就能挣钱。王永生说自从他养殖貉子以来，貉子皮的价格一只最高曾卖到1250元。饲养貉子有专门的饲料，是一种颗粒状的饲料，一只貉子随着身体长大，一般每天吃3两到半斤饲料，饲料是养殖户到市场上购买的，一般的价格每斤是2.70元左右。养殖貉子投入的人力不算特别多，貉子皮分为两种颜色，白色的一张600元左右，花色的一张500元左右，王永生养殖500只貉子，一年收入约10万元。

（二）小尾寒羊养殖

小尾寒羊，是牛科、羊亚科下动物类，是我国肉裘兼用型绵羊品种，具有发育快、早熟、繁殖力强、性能遗传稳定、适应性强的特点，被国家定为名畜良种，被人们誉为中国“国宝”、世界“超级羊”及“高腿羊”。并被列入《国家畜禽遗传资源保护目录》。它既是农户脱贫致富奔小康的最佳项目之一，又是政府扶贫工作最稳妥的工程，也是国家封山退耕、种草养羊、建设生态农业的重要举措。

小尾寒羊体形结构匀称，侧视略成正方形；鼻梁隆起，耳大下垂；短脂尾呈圆形，尾尖上翻，尾长不超过飞节；胸部宽深、肋骨开张，背腰平直。体躯长呈圆筒状；四肢高，健壮端正。公羊头大颈粗，有发达的螺旋形大角，角根粗硬；前躯发达，四肢粗壮，有悍威、善抵斗。母羊头小颈长，大都有角，形状不一，有镰刀状、鹿角状、姜芽状等，极少数无角。全身被毛白色、异质、有少量干死毛，少数个体头部有色斑。按照被毛类型可分为裘毛型、细毛型和粗毛型 3 类，裘毛型毛股清晰、花弯适中美观。

费石庄村养殖小尾寒羊的农户只有潘学海一家。现在养殖规模控制在 50 只左右，潘学海从 1983 年开始养羊，到现在已经有 31 年，最初只有 15 只羊，他用这 15 只羊，逐年繁殖，规模最大的时候达到 80 ~ 100 只。潘学海养小尾寒羊主要是每年下羊羔，等羊羔饲养长大后就整只销售，家里一般一年只吃一只羊，现在整羊卖，每斤 10 元。由于养殖小尾寒羊近 31 年，潘学海根据自己的养殖实践，结合一些报刊书籍，对于养羊的技术已经非常熟悉，羊一般得什么病他都能防治。

2013 年以前，潘学海养的羊基本上都是放养，在农村面貌改造提升中，为了保护村容村貌，羊逐渐由放养改成圈养。圈养需要注意羊舍的建造，应选在地势干燥、排水良好，向阳的地方，羊舍地面一般都要高出地面 20 厘米以上。总的要求是坚固、保暖和通风良好。羊舍的面积可根据饲养规模而定，一般每只羊要保证 1.0 ~ 2.0 平方米。每间羊舍不能圈很多羊，否则很不好管理，而且还会增加羊群得传染疾病的机会。羊只多时，为方便饲养管理，应设饲养员通道，通道两侧用铁筋或木杆隔开，羊吃料和饮水时，从栏杆探出头采食或饮水。羊舍的高度视羊舍的面积而定，如果是封闭羊舍，高度要考虑阳光照射的面积。应该尽量满足羊对各种环境卫生条件的要求，包括温度、湿度、空气质量、光照、地面硬度及导热性等。

五、其他产业

费石庄村是一个以农为本的村庄，小农式的生产生活方式在费石庄村占据主导地位，在费石庄村，适应小农生产生活的商业也呈现出规模小、种类少、向村外发展的特点。费石庄村的服务业主要有 3 类，一是商铺，村里有 2

家小型超市，村民在北戴河区海滨设摊卖水果蔬菜；二是货运，有3辆货车，进行短途运输；三是建材厂，主要在北戴河区承包一些外墙粉刷、保温等工程。

（一）商业

1. 费石庄村里的商店

费石庄村里有2家零售商店。这两家商店占地面积分别在30多平方米，主要销售日用百货、烟酒糖茶、水果蔬菜、米面粮油、饮料零食，在商店里还可以交电话费，主要满足村民的日常生活需要。潘学玉的商店是从2007年开始从自己妹妹手里接过来经营的。据她介绍，小商店每天平均的销售额在400～600元，纯利润10%左右。这家商店从1985年就已经开始经营了，有将近30年的历史，潘学玉一家人轮流经营，商店的收入一般是谁经营谁获利。2013年以前商店大概占地15平方米，2013年在原有店面的基础之上又建了一个约25平方米的店面，店面总计30多平方米，现在有6个货架。

2011年赵宪安开的商店叫玉丽商店，主要经营日用百货、蔬菜、粮食、烟酒糖茶、充话费。这家商店有6个货架，摆放各种商品，3个冰柜，1个大的立式陈列柜，在夏天销售冷饮和雪糕。店里进货一部分是打电话告诉卖家所缺的货物，由卖家送到店里，一部分是自己从鑫丰进货，玉丽商店的经营模式为批发加零售。这个店经营2年了，基本每天都要进货，商品种类和价格基本固定，蔬菜价格随季节变化而有浮动，商店的流动资金约10万元，平均月收入在2000～3000元，商店里的货物主要供应村民消费，这家店主要由赵宪安一家人管理。

费石庄村的丽军批发店，由范秀丽和孟志军夫妇经营，孟志军是费石庄村的女婿，由于批发货物需要大的仓库储存货物，所以来到岳父家存放货物，这里每天都需要有厢式货车收发货物，岳父家的房子和院子加起来约占地1亩，在房子和院子里堆满了范秀丽的货物。批发店专门从事水、饮料、方便面等食品的批发，一般不零售商品。现在批发店面临的主要问题是存放货物的库房不够用，规模无法继续扩大，进货发货的车进出院子都不方便，只能从屋里和院子里往外搬运，然后送到货车上。范秀丽夫妇于2002年开始创业，已经有10余年的经营历史。刚开始经营批发零售的小超市，现在专门做批发，当时的规模较小，约有10万元的流动资金，近5年逐渐转型做批发超市，货源直接是厂家送货，现在还代理雪花啤酒，店面里除了范秀丽夫妇，还雇了4位司机，有4辆送货车，主要往北戴河和南戴河送货。从2002年开始创业买了2辆货车，之后在2012年和2014年又各买了1辆货车，由于经营商店12年，在海滨已经有很多熟客，一提丽军批发店海滨的很多店都知道。由于货物比较多，现在车站的车库都开始存放丽军批发店的货物了。他们现在面临的主要问题是弟弟结婚需要用家里的房子，他们的货物必须从家里搬走，他们缺少库房。目前，丽军批发店的流动资金为200万元左右，一年收入20万~30万元，据范秀丽介绍，他们每年都会往批发店投资，一些账目也记不太清楚了。雇用的司机每个月的工资是4000元。现在批发市场竞争压力大，利润逐年降低，他们不打算再扩大商店规模，因为扩大规模需要投入更多的资金，还要给工人开工资，成本太高。现在批发店有客户100多家，常年供货，订单属于业务订货，店里专门有一个业务员跑业务，因为现在市场竞争激烈，尤其是价格方面的优惠，使得客户并不是很稳定，需要专门的业务员来跑业务，如果不跑业务，就没有订单。

2. 费石庄村民在海滨开店

海滨是北戴河区旅游的重点地区，大部分游客都会到海滨游览。这里游客流量大，商品需求量大，市场繁荣，商贸活动频繁。费石庄村里有几户村民就在海滨卖水果蔬菜和旅游用品，销售对象是疗养院和游客。费石庄的果农也会到海滨销售自产的桃子，费石庄的桃子在这里也比较出名。

村民范海峰家在海滨开了2家蔬菜水果店和1家旅游用品店。从2013年开始做批发销售，现在批发和零售都经营。从范海峰的父亲开始，一家人一直在海滨经营蔬菜水果，主要的供给对象是海滨的疗养院，到2013年又开了1家店，主要销售旅游商品，店面是范海峰在网上租的，占地30平方米，租金每年4万元。这家店面是在网络上竞拍到的北戴河区国资办出租的店面，国资办联系拍卖公司，公开拍卖3年的使用期，给拍卖公司佣金，范海峰恰巧就拍到了这家店面。蔬菜店的进货渠道有2个，一是北戴河区本地产的蔬菜，二是从北京新发地或者山东进货，主要供给疗养院和当地居民。旅游用品店的商品有纪念品、拖鞋、干海货、泳衣等，店面在食堂路批发市场。要经营好蔬菜店，需要每天凌晨2点起床去进蔬菜，晚上10点才能睡觉休息。范海峰家的商店在每年的6—9月都会雇用2个店员，每个月工资2000元，因为这段时间是北戴河的旅游旺季，店里比较忙，需要有人帮助他们经营商店。范海峰家的商店流动资金在50万~60万元，主要是自己投资。

在海滨还有一家水果店是村民范文浩经营的，叫金果园水果店，占地大概25平方米，据介绍这家店已经经营10年时间了，店面在食堂路，水果店的水果主要供应疗养院、当地居民及游客，经营的水果主要有桃子、樱桃、香蕉、西瓜、草莓、梨、葡萄、荔枝等，范文浩一家现在在海滨已经购买了商品房居住。

（二）运输业

费石庄村没有自己的运输业，只有3家经营短途货运的农户。他们的货车长度分别是8.6米、9.6米和13米的挂车，这三辆货运车一般往返于天津运送货物。范志伟家的货车长9.6米，主要往天津送木头，回货都是零散的客户，没有固定的货物。货运的收入和车的长度有关，他们三户有一家从事货运10多年了，费志伟从事货运2年，另一户从事运输3年时间，基本都是自己经营。货物都是自己在网上找的，找到货站，然后看看有什么需要运送的货物，与顾客熟悉了之后，货物运送就能固定了。据范志伟介绍，他跑一趟天津来回的运费在4000~5000元，运输成本1600~1700元。费志伟的货车是2014年5月刚买的，车价18万元，是自己筹资买的。一般4~5天就会去一次天津，然后在家休息1~2天。如果没有货物需要运送，则会在家休息更长的时间，他一般是自己开车，没有雇用司机。货运的年收入一般在10万元左右。这3家运输户都是短途运输。

（三）建材厂

北戴河亚东建材商店是由费石庄村民委员会主任侯亚东经营的一家集建材销售与承包外墙保温粉刷工程于一体的建材厂。侯亚东于1974年出生，是费石庄村民委员会主任兼党支部书记，一家3口人，妻子赋闲在家，儿子上学。家里的收入主要来源于他的建材厂，他从2011年开始从事建筑行业，起步阶段主要经营涂料厂，2014年将涂料厂改成建材厂，属于个体工商户，不需要注册资金，主要经营外墙涂料、砂石料、水暖建材配件。据侯亚东介绍，该建材厂的运营资金在 200 万元～300 万元，年利润 20% 左右，厂房在村里占地 4 亩。建材主要销往工地，自己承包一些外墙保温、外墙粉刷，有工程的时候就组建工程队，规模最大的时候有 100 人。他在北戴河、黑龙江都承包过工程，一年有 6 个月的时间都是在做一些外包工程，每年从 5 月开始一直到 11 月止。该建材厂的经营理念是以质量求生存，以效益求发展。现在要承包工程，一般都是自己先垫钱后算账，工程款有的当年返还，有的 3 年返还，建材厂的生意随着房地产业的发展有所变化，从 2000 年开始，他们就从秦皇岛市第三建筑公司分包一些外墙粉刷和保温的工程，并与他们建立了长期的合作关系。建材厂在承包工程的时候才会在工程所在地招收一些建筑工人，男性一般月工资在 6000 元左右，都是短期的工人，随着工程结束，合约也就终止了。

表 5－1　**费石庄村 2009—2013 年民营企业主要指标**　单位：万元

年度	企业个数	从业人员	营业收入	利润总额	上缴税金	劳动者报酬
2009	12	639	13836	166	241	1245
2010	9	1740	28751	706	592	3373
2011	8	820	14354	－729	544	4313
2012	7	1017	14727	－1095	299	2272
2013	6	687	14683	－881	643	4686.3

数据来源：戴河镇统计站。

从 2009 年开始，费石庄村民营企业的数量逐年减少，从业人员有一些大的浮动，基本和企业的规模及数量成正相关关系，营业收入逐年增加，上缴税金也呈上升趋势，劳动者报酬翻了 3.7 倍。费石庄村没有内部的产业循环，村内市场容量有限，这些民营企业主要针对外部市场提供服务和商品，受外部市场冲击比较大。村里的民营企业规模本来就很小，在外部市场的冲击下，很容易关闭。2009—2012 年，费石庄村的农民家庭经营收入从 220 万元增加到 274 万元，逐年呈递增趋势，农民纯收入从 2650 元增加到 3431 元，增加了 1.29 倍，其他行业也呈逐年增加的趋势，总体波动比较小。

表 5－2　　费石庄村 2009—2012 年底基本情况

年度	户数（户）	人口（人）	农用地面积（亩）	耕地面积（亩）	园地面积（亩）	林地面积（亩）	农村经济总收入（万元）	村集体经营收入（万元）	农民家庭经营收入（万元）	农民人均纯收入（元）	农业收入（万元）	运输业收入（万元）	服务业收入（万元）	其他收入（万元）
2012	281	640	1675	50	1424	60	274	0	274	3431	98	91	60	25
2011	279	630	1675	50	1424	60	264	26	238	3095	88	85	60	31
2010	250	610	1675	50	1424	60	251	26	225	2738	75	85	60	31
2009	226	610	1675	50	1424	60	246	26	220	2650	75	85	60	26

数据来源：戴河镇统计站。

（四）费石庄村产业发展存在的问题

费石庄村产业发展的特点是以农为本，兼营其他。在农业生产、生活方式占主导地位的费石庄村，其产业发展呈现出以农业发展为中心的特点。费石庄村没有工业，村里的商贸也仅仅是为小农式的生产、生活提供一些便利，其提供的服务是家庭生产经营不能提供的部分。在费石庄村围绕农业发展的产业发展模式存在以下几个问题：

第一，村民从事林果种植，增收渠道少。村民种植的桃树只是用于销售，桃林资源发掘不够，区位地理优势没有发挥出应有的旅游观光效应，而且存在产业的行业结构单一，桃果的深加工没有发掘出来。村民个体种植桃树，品种种植分散，影响桃树的品质。个体小农式的经营需要在果树种植和经营方面投入大量的劳动力，这从某种程度上限制了费石庄村村民的进一步发展，大部分时间和精力被束缚于果林的维护、桃子的销售上，从事其他行业的人员人力有限。在果林的管理方面，个体化生产难以体现出规模效益，尤其是在灌溉、打农药、桃树的品种选择方面，存在一些缺陷。

第二，村集体目前只有 50 亩地，经济来源主要依靠出租这 50 亩土地的收入，集体经济没有发展起来，村庄进一步建设存在较大困难。依靠小农式的生产无法产生规模效益，没有集体经济的支持，村里的水利设施及其他基础设施建设只能依靠国家政策扶持，村庄本身的潜能没有发挥出来。

第三，服务业的发展滞后。费石庄村的服务业严格来说只有 2 家商店，供应本村村民的日常生活消费；在海滨的商店、短途货运以及建材厂在本村是发展不起来的，因为小农式的自给自足的生活方式不能使这些服务行业发展起来，它们的业务只能向外扩展。依赖外部市场必然受制于外部市场的竞争，很多行业受外部市场竞争冲击很大，现在生存下来的商户也是在向外扩展的过程中脚踏实地地一点一滴地积累，逐渐建立了良好的客户关系之后才能继续生存下来。

在中国的农村地区，费石庄村只是其中的一个代表，它所存在的这些问题是由其特有的生产方式决定的。在小农式的生产中，以家庭为经济单位的生产生活，使得村民们拥有勤俭持家的优良品质，在生活用品方面，基本可以自足，这就导致农村商业不会很发达，其他行业难以发展起来。农民的主要生活来源是种地，在土地上精耕细作就成了每个农民必须做的事情。果树种植的经济收入高于粮食种植，所以在费石庄村外出务工人员并不是很多，他们更多的是在自己的土地上经营果林、改善品种，借助于北戴河区的旅游优势，在夏季销售桃子。费石庄村的果树发展依赖于外部市场，受北戴河区旅游季节性影响，在旅游旺季，很多商户收入就高一些，旅游淡季，商户收益低，村庄经济没有内生循环机制，经济发展还需要和周围村庄进行联合，共建和谐有序的经济发展机制。

（五）费石庄村产业发展思路

费石庄村民以种植果树为生，桃类为主要品种。村庄地势较低且果丰林茂，又有“桃花源地费石庄”的美称。桃树种植是费石庄村的支柱产业，又是它的一大亮点。2013 年，费石庄村面临新一轮的土地承包分配，村“两委”干部以此为契机，把握机会、创造财富、发展特色、富裕乡亲，推动设施农业建设，在 1424 亩果林基础上做文章，提出了两个发展思路：一是发展乡村旅游经济，开办农家旅馆，实现果品采摘村内销售，在已有的桃林种植资源上，发展桃的深加工，充分利用桃树资源；二是培育大棚果品生产，打破节气规律令村民四季都有水果销售。此外，考虑到目前北戴河区不断向前发展的乡村旅游和自身良好的生态环境、便捷的交通优势，以及临近乔庄葡萄酒堡的地域特点，管好土地，用好资源，开展特色果品种植，不仅可以借势分担客源，激活农村经济，还能吸引游人前来参观进行果品采摘，丰富群众增收渠道。

费石庄村的桃林不仅可以观光旅游，而且也可以充分利用桃树资源，如桃花、桃果、桃叶，甚至榨汁之后的桃渣都可以成为深加工的原料。借鉴北京平谷地区先进桃园管理经验，以桃文化为基本点，可以开发出以桃木、桃花、桃叶、桃根、桃核等为载体的桃工艺品，面向市面销售。此外，还可以经过生物技术萃取提炼桃花精油，制成桃花软胶囊，研制桃花酒、桃花茶等系列食品，深度开发桃系列健康产品，促进形成产业化发展。充分发挥桃林的优势，以乡村自然风光、优美田园景观、原生态乡村文化为背景，结合本村的区位优势和特色产业，将费石庄村打造为集生态休闲、观光采摘、旅游度假、运动健身于一体的具有欧洲风情小镇特色的新型“美丽乡村”、精品“美丽乡村”，实现人与自然和谐共处的美好生活。

在坚持市场导向的原则，坚持科技创新的原则，坚持农民自愿的原则，坚持规模发展的原则基础之上，经过对村内现有 2 个果树大棚的调查了解，村两委和几位村民代表感到发展大棚经济效益明显、收入可观，对于果品的错季上市时节好掌控，能够实现增收，适宜推广。加强设施农业建设，大力推广发展大棚经济，挖掘温室效益，发挥采摘经济，促进果品推陈出新，营造特色小产业，形成优势产业片区，同时加大科技共管力度，选择品种适宜、品质高、周期短、耐病害、群众易接受的大棚桃。实现促进本地劳动力就业，保障农民收入。预计初步建成 10 个果品种植大棚，达到 10 亩的种植规模，形成白桃、油桃、黄桃和蟠桃等四大种植系列。如果能取得较好的经济效益，预计将带动更多的村民参与种植，带动更多的村民致富。

以桃树种植发展带动费石庄村产业的内部循环，建立服务业，构建合理的产业结构，形成稳定、有序、开放的市场。桃树种植产业链的延伸和旅游业的发展，势必带动费石庄村对于生产性服务业和生活性服务业的需求，商贸业的发展、小额贷款等金融服务也会根据产业发展的情况逐步扩大规模，这样费石庄村及其周边地区就可以形成一个小型的产业循环格局，为进一步开放奠定物质基础。在夯实基础性主导产业的基础之上，费石庄村需要进一步打破小农式的生产生活方式，成立合作经济，形成规模效应。合作制经济可以充分利用村里的土地优势，集中灌溉、打药、桃树品种培育等；可以充分发挥劳动力的优势，分工协作；可以利用集体经济，发挥费石庄村桃的品牌优势；可以解决村集体经济收入，能发挥费石庄村自身的力量进行基础设施建设，为产业发展提供有力保障。

费石庄村根据自身的特点，利用区位优势，建立旅游观光的绿道项目，目前已经建成一部分。绿道项目是利用该村村域内交汇的青龙山、尖山、马鞍山三条山脉，以生态为基底，并广泛借鉴了其他城市的成功经验，打造了一条桃林风光观光道路。该条绿道南起京沈高速引线村庄入口处，北至拨道洼永洪水库后绕村回至京沈高速引线入口处，全长 7 千米，是一条完整的环形封闭型绿道。其中：新修林间道路 8 千米，内设接待站 5 处、瞭望台 2 处、垂钓中心 80 亩、木栈道 800 平方米、卫生间 4 处、磨盘广场 20 亩等公用设施，总投资约 800 万元。截至目前，绿道项目涉及的基础设施建设已经基本完成，2014 年暑期可投入试运营。绿道片区建设有休闲木屋、桃林观景台，停车场、小市场、公厕等多处观赏景观及服务设施。沿着绿道可以骑行或步行至桃林深处，春季赏桃花、夏秋季采摘，既能赏美景，又可品果香。通过设立“绿道”指标标识，改造永洪水库渔家饭庄整体环境，建设了环湖 300 米木栈道。游客在“绿道”不仅可采摘参观，还可以林中小憩，远离尘嚣。充分体验“品特色菜肴，住乡村旅店，享农家院热炕”的田园生活。“绿道”的建设大大拓宽了集采摘、观光、餐饮、住宿、垂钓、休闲于一体的生态旅游产业。

按照绿道三期总体规划：一期工程主要实现“绿道”基本旅游功能；二期工程将林间绿道延伸至整个村庄，带动农民增收；三期工程将“绿道”向北延伸至三座水库，增加水边休闲内容。下一步，费石庄村将继续加大投入，完善旅游服务站与游客接待中心的主体服务功能，完善停车场路面结构，安装路灯照明设施，推进费石庄村北的水库节点延伸功能建设，拓宽采摘、观光、餐饮、住宿、垂钓、休闲等的旅游增收途径。开发茶室等建设，在位于高速引线口的市场木棚处增加一处非永久性建筑类型的接待餐厅，实现经济价值。

结合费石庄村“绿道”项目，根据区域特点和村情实际，因地制宜利用现有桃林，打响果品采摘特色品牌，发展乡村旅游产业。依托第二轮土地承包机遇，改变农户种植管理分散、果品质量难以保障的情况，对桃园实施规模化管理。更新老旧果树品种，选择质量上乘口感俱佳的特色果品培优发展，打响费石庄桃果专业村的金字招牌。在村内设置游客接待中心，由村委会统一加强管理，进一步规范乡村旅游农家院，夯实产业格局，提升总体形象。搞好生态农家游、“绿道”特色游，吸引游人采摘和拍客、画家等进行户外写生，推进村庄发展景观化，地域特色鲜明化，文化发展成果化。发掘以休闲垂钓和体验原生态为主的“渔趣”人家。探索以休闲疗养为作用的天然氧吧功能。实施果树挂牌管理，突出树龄、果实、类型、口感等特点。划分片区，形成种类繁多的单一品种桃园。依托现有资源及区位优势，开展桃树多种经营，延伸产业链，夯实产业基础，为第三产业发展提供基本平台，建立本村及周边地区的产业微循环，构建公平、公正、竞争、有序的市场。

六、农业科技、教育

（一）农业科技

科学技术是劳动者素质技能的集中体现，是社会发展的根本推动力。近些年来，随着农业技术的不断更新和科学技术的日新月异，农业科技在农业生产中的重要性日渐突出，在现代农业的发展过程中，农业科技发挥着重大的作用，只有不断发展农业科技，及时把科技成果转化为生产能力，才能提高农业的综合生产力，确保农业生产稳定健康、有序地发展。而在费石庄村，农业科技在农业生产中的重要作用也是极为明显的，费石庄村总占地面积1750亩，其中果林面积1424亩，占整个耕地面积的90%以上，主要以桃类品种为主，辅之以少量的苹果树、梨树，粮食作物种植面积不足10%，以玉米、大豆、花生、红薯为主。不同种类的种植品种有不同的种植技术以及不同的病虫害防治技术，下面简要介绍桃树和主要粮食作物的种植技术和病虫害防治技术。

1. 果树种植

（1）桃树种植技术

① 主干形。主干型桃树品种是近几年才兴起的一种新的桃树栽培树形，这种结构的树形，其结构简单，便于管理易于修剪，而且成形快，结果较早，一般今年栽种明年便可结果，产量也比较高，因此，相对于其他树种来说，这种树形投资较小，效益较高，越来越受到广大果农的喜爱，成为很多果农

的首选品种。

该主干树形属小冠树形，是骨干枝最少、结果枝最多的树形之一。其树体结构大概为：干高50厘米左右，树高2米左右，冠径1.0~1.5米。在中央主干上，四面八方、均匀分布20~30个侧生分枝，分枝角度均为80°~90°。与此同时，在主干上距地面40厘米内，在西南方向留一个牵扯枝，其粗度为主干的1/5~1/3，上面长着10~15个侧生分枝。这种树形适于密集栽培，一般为1×2米结构，即株距1米左右，行距2米左右，亩栽能够达到333株左右，有利于实现集约栽培，提高土地利用率的效果。在该树形的生长过程中，其树高不能长过2米，如果超过2米则必须及时进行剪枝，以达到更好地控制树冠上强、稳定树势的功效。

② 三主枝自然开心形。这类树形配备大、中、小三类型枝组，更有利于结桃，一般情况下4年即可结果。主干高45~50厘米，上面分为3个枝杈，第一侧枝偏右，距主干20厘米左右；第二侧枝都偏左，距主干40厘米左右。以此达到保持主干平衡，互不压枝的效果。栽种这种树形时，间距一般保持在4×5米左右，即株距4米，行距5米。三主枝自然开心形一般过了盛果期就必须马上淘汰，正常情况下，15年之后桃树便会进入衰退期，有些管理不善的可能10年就得淘汰，管理得当的最多20年也必须淘汰了。在日常管理中，要及时进行剪枝，剪枝的关键在于平衡树势，既要保持当年平衡，又要顾及来年平衡，使各个枝组平衡生长，满足桃树对光照的需求。

据老书记李思孝回忆，在费石庄村，三主枝自然开心形树形较多，曾经最老的树是1954年前后栽种的，当年栽种此品种的间距为9×11厘米，即株距9米，行距11米，但在近些年的树种变换中，这些老树都被淘汰了。现在，整个村子中这种树形最老的是1968年前后栽种的苹果树，至今仍被保留着。

③ 杯状形。这种树形，一般干高为60~70厘米，由3个主枝构成，3个主枝齐头向上生长，没有多余的侧枝和枝组，都是条形结果结构，因此，可以相对密集栽种。杯状形的树冠开张，可以充分利用阳光，枝条发育充实，花芽分化良好，有利于生长结果，而且果实色泽艳丽，品质优良。树干也比较低，树冠小，便于各种管理。但这种树形结果面积相对较小，产量较低；3个主枝邻接，生长势力相等，开张角度大，主枝易劈裂，主枝上的分枝少，主枝也有受到日光直射，易遭受日灼伤害的不足。

④ Y字形。该树形是密植桃园和大棚栽培的主要树形，是桃树标准化栽

培的首选树形。这种树形的干高为30~50厘米，全身只有2个主枝，主枝间的夹角大约为45度，每个主枝上配备5~7个大、中型结果枝组，树高一般为2.5~3米。这种树形在栽种时可适当缩短行距，相对密集的种植，可以更好地提高土地的利用率；树冠透光均匀，可以吸收充足的阳光，因此，这类树形的果实分布合理可溶性固形物含量及可溶性糖分高，果品质量优异，产量丰富。①

（2）桃树病虫害及其防治技术

桃树在种植生长过程中，除了要根据不同的品种注意使用不同的栽种、剪枝技术，还有一个重要的内容就是其生长过程中的病害以及虫害的防治问题，只有二者兼顾，才能保证桃树的正常开花、结果，保证桃果的质量以及产量。下面简要介绍桃树的主要病害、虫害及其防治技术。

①病害

桃树的病害主要有褐腐病和白粉病两种，这两种病害的发生可能会造成桃树毁灭性的损失。20世纪90年代中期以来，随着科学技术的发展与进步，对这两种病害的防治技术也不断更新，改变了60年代单纯药物的防治办法，多采用综合防治措施，选用抗病毒品种果树，改革耕作、施肥制度，清除病原体，依气象等具体情况制定不同的防治方案。

第一，褐腐病。褐腐病又叫菌核病，是由真菌引起的桃树上的重要病害之一。褐腐病的病菌生长在果树上，每年春天随着气温的升高会导致病菌的传播，主要会危害桃树的花、叶片、枝干和果实，以果实最为严重。花受害引起花腐，表面着生灰色霉层，枯死后不脱落。嫩叶受害从叶缘开始变褐，很快扩展至全叶，枯萎、不脱落。枝干受害是由病花、病叶柄蔓延而至，形成椭圆或梭形褐色凹陷病斑，边缘明显，常易流胶并有灰色霉层形成，当病斑环切时，上部枝梢枯死。果实从幼果至成熟期均可受害，但越成熟受害越重，初期病果出现褐色圆斑，迅速扩大使全果变褐软腐，即烂桃、烂果，表面产生轮纹状排列的灰褐色绒状霉层，腐烂病果易脱落，或干缩变成深褐或黑色僵果，挂在树上至翌年也不落。

桃果如果侵染了褐腐病，不能随便乱扔，因为一扔便会导致病菌再次进入树种，在树种中迅速传播扩散，进一步加剧桃树的病害。只能把染病的桃

① 根据李思孝口述及“百度百科”关于桃树的品种及病虫害防治整理。

子集中起来，深埋处理；也可以采取一些药剂防治，如目前使用效果较好的戊唑醇防治。

第二，桃白粉病。桃树白粉病是最耐干旱的真菌病害，一般在温暖、干旱的气候条件下发生严重，在日光温室中尤其是苗期很容易蔓延。该病主要危害桃树的叶片，表现为害叶，影响光合作用，减弱树势。幼苗发病重于成树，发病初期叶背出现白色小粉斑，扩展后呈近圆形或不规则形粉斑，白粉斑汇合成大粉斑，布满叶片大部分或整个叶片，病重时叶片正面也有白粉斑。发病后期叶片褪绿，皱缩。除叶片之外，该病也会不同程度地影响枝条，导致果实轻。

防治桃白粉病，可以采用人工方法，剪掉桃树染病部分，集中起来进行深埋；也可采用药剂防治办法，如打多菌灵等。

②虫害

桃树种植易，但桃树抗病虫害能力弱，最易受蚜虫、蚀心虫、卷叶虫等的危害。对于虫害主要防治方法是药物喷杀。20 世纪 90 年代以来，北戴河区内果农多采用高效低毒农药，费石庄村也是如此，如氨基甲酸酯类、菊酯类、特异性昆虫生长调节剂、微生物源杀虫剂等。六六六、滴滴涕、甲拌磷（3911）、对硫磷（1605）等农药早已禁用。

第一，蚜虫。危害桃树的蚜虫常见的有几种，即桃赤蚜、桃粉蚜、桃瘤蚜和小麦二叉蚜。蚜虫每年春季一般多在 4 月下旬到 6 月中旬当桃树发芽生叶时陆续发生，在早春 4 ~5 月繁殖最快，聚集在桃树树枝和幼叶上，用细长的口针刺入组织内皮吸收汁液，被害后的桃叶呈现小的黑点、红色和黄色斑点，使叶逐渐苍白卷缩，甚至脱落。既影响花芽的形成，又可削弱树势，严重时可导致整棵桃树死亡。

对于蚜虫的防治办法，可采用药剂防治，如 10% 吡虫啉可湿性粉剂 3000 倍液，或 10% 氯氰菊酯乳油 2000 倍；也可采用药剂涂茎防治法，如以 40% 氧化乐果乳油 7 份，加水 3 份配成茎液，用毛刷将药液直接涂在主干周围约 6 厘米宽度。如树皮粗可先将树皮刮除后再涂药；还可以采用打孔施药法，在树上打孔，既用针，在枝干上由上而下刺 45°的斜孔至木质皮，再用 9#注射针每孔注入 50% 甲胺磷乳油 1 毫升，施药后 2 ~3 天即可灭。[①]

① 根据费石庄村文化辅导培训记录整理。

对于费石庄村的果农来说，2014 年最头疼的事恐怕要数防治蚜虫了。早春天气干旱、少雨，利于蚜虫繁殖生长，蚜虫灾害特别严重。通常年份只要开花前和开花后各打一次药，一般使用一遍净或吡虫啉 4～5 袋（1.5 元/袋）便可解决问题，2014 年每家每户几乎打了 5～8 次药，用了 12 袋一遍净都没有打下去，而且还得在打药时配合其他药一起使用。蚜虫灾害不仅导致桃果减产、桃质下降，而且还在无形中增加了果农的生产成本，对于只能维持基本生活的果农来说可谓是雪上加霜。

第二，食心虫。食心虫的种类很多，主要有浅色的梨小食心虫、深红色的桃小食心虫以及筋骨为白色、身体有两条黑道的白小食心虫，又名桃白小卷蛾。食心虫一般多发于 5 月初开花时节，该虫繁殖较快，危害较大。食心虫从危害桃梢开始，随着危害数量的增多，逐渐变成蛾子，然后产卵、孵化演化为肉虫，到了肉虫阶段便会开始吃果，危害整个桃树的果实。

对于食心虫的防治，人工办法只能是将虫子捏死然后烧掉，或者可采用保险一点的办法，将染虫枝叶折掉；也可采用药物防治的办法，使用国家规定的、不危害食品安全的菊酯类农药进行防治。

第三，卷叶虫（也叫卷叶蛾）。主要有苹果小卷叶虫和褐卷两大类，卷叶虫一般发生在 4 月下旬，刚出小叶就卷上了，一年要有三四代，到后期就不严重了。该虫容易在两果之间的空隙间生存，先危害桃树的叶片然后到果实。卷叶虫不往桃果里面钻，主要是啃皮，啃成地图状，侵害桃表皮的生长。

对于卷叶虫的防治，可使用人工办法将卷起的叶用手掐掉深埋，也可使用药剂防治，如菊酯类药物或杀虫剂等。

2. 粮食作物种植

（1）粮食作物品种及种植技术

费石庄村以果树种植为主，粮食作物相对较少。主要粮食作物有玉米，包括黏玉米、传统的黄玉米；大豆，包括黄豆、白豆；小豆，有红小豆、绿小豆、白小豆；还有花生，有红皮花生和黑花生；以及少量的红薯种植。在调研过程中我们看到，村里的粮食作物种植主要采用间种和套种的方式，一般生长在桃树种植的间隙或边缘地带，只有少数的连片种植，这种种植方式，可改善整个群体结构，充分利用光、肥、水、气，以达到增产的目的。据李思孝老书记讲述，费石庄村的花生种植比较有特色，每年 4 月下旬，会采用塑料地膜覆盖花生，等到花生苗长出之后，通过在地膜上挖洞来保持花生的正常生长，这样的花生种植技术可以使花生的生理代谢活动加强，生育进程加快，提前进入结果期，饱果期的时间相对延长，从而提高花生的饱果率、出仁率等，以达到花生稳产、高产的效果。

（2）粮食作物病虫害及其防治技术

在北戴河区，粮食作物发生的病虫害，主要有玉米的纹枯病、大小斑病和玉米螟等。玉米的纹枯病和大小斑病可采用人工方法和药物方法及时进行防治，而玉米螟其病害多发生在六七月，正处于旅游季节，不宜用药，如不能及时防治，会造成很大的损失。

3. 农业技术培训

农业技术培训是农业科技成果和实用技术应用于农业生产的重要途径，是全面落实科学发展观，提高农业科技创新和成果转化能力，促进农业科技进步，提高农业综合生产力的重要手段和组织保证，是发展现代农业、保障农产品稳定供给的前提和基础。农业技术培训，不仅包括对农业技术推广人员的培训，农村干部的培训也不容忽视，最重要的还是对农民个人的培训，这是提高农业生产科技含量的必然要求。对于费石庄这个以果树为生的村庄来说，农业技术培训显得尤为重要，果树的选苗、栽培、施肥、病虫害防治等，样样都是一门技术，任何一个环节的失误都可能会给果农带来不可挽回的损失。因此，加强农业技术培训对于费石庄村未来长远的发展来说是至关重要的。

据李思孝老书记回忆，过去政府和生产大队会经常请一些来自山东、石家庄以及市里或区里的林果类权威专家到村里来讲课、对村民进行培训，后来市林业局、区林业站以及镇里村里也陆续开始组织一些技术培训班，每年会有1~2次，请专家进行现场技术培训，介绍关于品种栽培、农药使用、各个时期的剪枝技术以及病虫害防治等相关方面的知识。在近几年的技术培训中，关于品种栽培的内容逐渐少了，因为村民基本上都已经掌握了栽培技术，而主要是以修剪枝和病虫害防治为内容，有秩序、有侧重地安排、展开。

2014年，针对费石庄村果树修剪与病虫害防治，由北戴河区林业局、科协、戴河镇农业综合服务站联合组织开展了以专家授课与现场观摩相结合形式的培训。市果树技术推广站的相关人员为果农重点讲解了桃树发展趋势及栽培技术，为了增强培训效果，技术人员还深入到果园，选择不同的树体结构进行现场示范，讲解果树田间管理、常用修剪方法及病虫害防治知识，并与果农探讨果树生长旺盛、缓慢等实际问题的修剪方法。通过理论知识与实际操作结合的培训方式，使果农比较全面地掌握了科学栽培果树技术。除此之外，北戴河区林业局、戴河镇农业综合服务站（农服）工作人员还先后将一些优质桃、核桃树苗免费发放给费石庄村村民。[①] 这些都为推动费石庄村林果产业持续、健康发展，促进果农增收致富创造了有利的条件。

在对费石庄村的调研中，我们发现，村民们对农业科学技术讲述尽管不专业，但了解还是比较多的，多数都是在农业活动过程中所获得的一些经验之谈，但很少会有人有心把这些记录下来。据李思孝老书记回忆，在他当果树队长时，曾经很详细地总结过桃树的种植技术，但因后来村委会搬迁，这些资料也都丢失了，所以现在村里几乎没有任何关于种植技术的资料。如果村民们在种植过程中遇到了问题，一方面可以请教村里其他有经验的村民，另一方面也只能去找专家解答，这给果树的种植与管理带来诸多不便。事实上，广泛的直接经验是科学技术发展的基础，村民们是农作物种植与病虫害最直接的接触者，也是最直接的防治者，实践出真知，所有农作物的种植与防治技术也都是从最直接的经验中总结出来的。专家的一些技术讲解固然重要，但是就如每一种病害会表现出诸多不同的形态一样，每一种形态都是一个特殊，专家的介绍不可能面面俱到，只能对村民讲解最一般的知识，村民们在日常管理中还要根据植物的生长与病变的特殊情况不断实践。因此，村里除了要重视农业科学技术的推广，更应该充分认识到农民经验的重要性，定期组织村民进行经验交流，大家互相讲讲自己遇到的问题及采取的相关措施，并把这些记录整理下来，长此以往，村里日后农业技术的发展与推广才可能会变得更加有效。

（二）教育

教育是一个国家、一个地区兴旺发达的根本动力，教育的发展水平决定了这个国家和这个地区的发展潜力。对于一个村庄的发展而言，教育的发展是实现农村现代化、提高农民素质技能、增加农民收入的必要途径，也是解决农民问题的关键所在。费石庄村作为中国大多数农村中并不特殊的一个组

① 根据戴河镇农业部门提供的资料整理。

成部分，具有中国大多数农村所具有的普遍特征——教育发展水平相对落后。从村委会所提供的2014年费石庄村最新人口资料来看，村里总人口共计685人，其中，学龄前儿童111人，文盲半文盲8人，小学文化129人，初中文化320人，高中文化74人，中专文化21人，专科文化11人，本科文化7人，技术学校毕业4人。从费石庄村村民文化程度分布比例图（见图6－1）可以看出，初中学历人数占总人口的46%，小学学历人数占总人口的19%，从总人口中去除学龄前儿童，高等学历在总人口中占比较小，村民的整体文化素质偏低。但从费石庄村分年龄段学历水平（见表6－1）可以看出，近些年，随着经济社会的不断发展，村民对教育的重视程度也不断加深，中青年中也有一些人参加了大学本科、专科的教育，还有一些进入了中专、技术学校获得专业技能的培训，高等学历人数越来越多，占比也有逐年扩大的趋势。

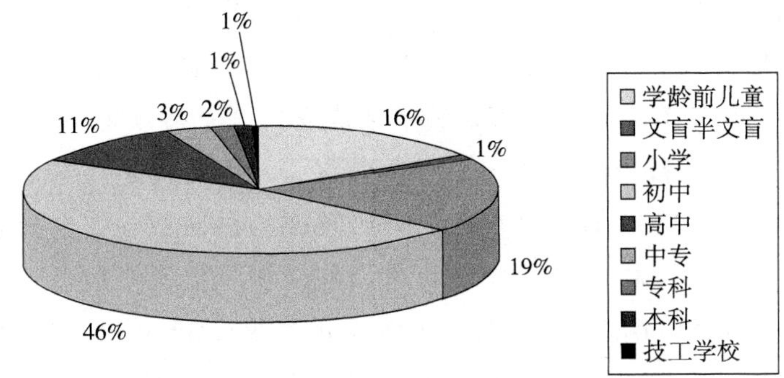

图6－1　费石庄村村民文化程度比例

数据来源：费石庄村民委员会提供。

表6－1　**费石庄村分年龄段学历水平**　单位：人

学历＼学龄段	0～25岁	26～50岁	51～75岁	76～100岁	总计
学龄前儿童	111	0	0	0	111
文盲半文盲	0	0	4	4	8
小学	19	20	77	13	129
初中	46	179	92	3	320
高中	1	42	31	0	74

续表

学历＼学龄段	0～25岁	26～50岁	51～75岁	76～100岁	总计
中专	7	13	1	0	21
专科	2	9	0	0	11
本科	1	6	0	0	7
技工学校	1	3	0	0	4
总计	188	272	205	20	685

数据来源：费石庄村民委员会提供。

1. 幼儿园、小学教育

费石庄村自存在以来，经历了大大小小的历史事件，其教育体制也随之有所改变。据费石庄村李思孝老书记以及拨道洼小学老校长回忆，新中国成立前，费石庄村没有自己的学校；新中国成立后一直持续了10多年，村民大多数靠上夜校、扫盲班学习认字、背九九乘法，政府发了一些识字课本，也有自己编的课本，老师都是由本村学识比较高的村民担任，白天老师在村里的大树下讲课教学，村民在下地劳动之余前来学习，晚上村民到夜校进一步充实自己；到1953年前后，在村子东面成立了费石庄小学，由5间教室和一个操场构成，起初学校有1～5个年级以及学前班，后因学生人数有限，1978年，学校改为1～4个年级，主要有2名老师进行教学，采取每个人教两个年级的复式教学模式，随着村里学生人数的减少，教师资源的匮乏，到1994年，费石庄小学只剩下1～2两个年级，高年级的学生一般都提早到拨道洼就学。这样的状态一直持续到1996年，费石庄村大多数老教师退休，后续的新教师资源缺乏，而拨道洼小学却面临着教师多、学生少的困境，在这样的情况下，费石庄初级小学的两个年级以及一个学前班一起并入拨道洼小学，当时约有30个费石庄村的学生进入拨道洼小学。后来，拨道洼小学先与车站小学合并，于1999年正式改名为海北路小学，随后太平庄小学、北戴河小学、坨庄小学也陆续合并过来，形成了现在规模的海北路小学。

至今，费石庄村本村内没有设幼儿园和学校，据李思孝老书记回忆，2003年开始村委会曾经腾出一间办公室办了一个幼儿班，有一个老师，但2009年之后也因经费原因而停办，现在学生大多都去海北路小学（原拨道洼小学）、北戴河三中（原拨道洼中学）上幼儿园、小学、初中，也有少许到稍远的海滨就学，比较分散。海北路小学有一个附属幼儿园，据海北路小学的曹校长回忆，幼儿园开始有2个学前班，小班学生5岁左右，大班学生6岁左右，现在幼儿园扩大为7个学前班，分3个层次：小班接收3～4岁的儿童，中班接收4～5岁的儿童，大班接收5～6岁的儿童，费石庄的学龄前儿童大多都在这里上幼儿园，也有少部分花钱上私人幼儿园。

幼儿园之后的小学教育主要就集中于海北路小学，学校北临205国道、京沈铁路，西临美丽的戴河，占地18000平方米，建筑面积4405平方米，学校现有18个教学班、7个学前班，在校学生699人，学前幼儿232人。在职教师99人，其中研究生1人，大本学历51人、大专学历36人，中师学历11人，教师资源丰富，队伍年轻化。学校学制过去为“5—4—3”制，从1994年、1995年入学的学生开始，采用全国统一的“6—3—3”学制，小学教育由5年制改为6年制。周围戴河镇的10个自然行政村的学生都在这里就读，包括费石庄村的适龄儿童，60%的学生上学、放学要独自穿过公路。对于费石庄村的学生来说，学校距村约1000米，学生一般都走读，学校不管饭，早上送去中午接回来，下午送去晚上再接回来，现在家长也比较重视小孩的教育问题，再忙也要保证孩子按时上学，而私人幼儿园，中午提供“小饭桌”，可以不回去吃饭，对于家长来说相对比较方便。

2. 初中教育

小学毕业以后，费石庄的学生大多进入北戴河三中接受初中教育。北戴河三中创办于1956年，原名为拨道洼中学，1984年正式定名为北戴河第三中学，1997年7月北戴河第五中学并入，1995年9月之前，归秦皇岛市教育委员会直属，1995年9月之后，隶属于北戴河区文化教育局。北戴河第三中学地处北戴河区戴河镇的拨道洼村和杨各庄村之间，占地77.5亩，1996年以前学校的教室、办公室等全是破旧的平房，教学设施也不齐备。1996年以后，市政府、区政府向北戴河三中投资370万元，建筑了办公楼和教学楼、阶梯教室，建筑面积达到7722平方米，使北戴河三中的教学条件有了质的飞跃。目前整个学校共有教学班6个，学生229人，专任教师77人，本科及以上学历71人，其中高级教师20人，中级教师42人，市级骨干教师3人，教师队伍优质化，教学质量也在不断提高。学校坚持“育人为本、发展为要、质量为先、特色兴校”的办学理念，先后被评为“综合实践活动课程全国先进单位”“河北省中小学创新教育研究示范学校”“省综合实践示范校”“省勤工俭学先进学校”“市教学管理先进单位”“市综合实践活动先进单位”“市语言文字工作先进单位”“市级先进工会”等荣誉称号，在河北省初级中学中位居前列。

表 6－2　　**海北路小学、北戴河三中班级、学生变动情况**

学校/年份	海北路小学				北戴河三中	
	幼儿园		小学			
	班级数(个)	学生数(人)	班级数(个)	学生数(人)	班级数(个)	学生数(人)
2009	4	184	18	553		510
2010	8	231	18	699	12	446
2011	7	207	19	704		357
2012	5	175	18	743		261
2013	6	175	19	744	6	229

数据来源：海北路小学、北戴河三中档案室提供。

3. 高中教育

北戴河三中除有初中之外，以前还有高中部，1992 年北戴河三中高中因生源不足，被市教委撤销。现在戴河镇没有设高中，费石庄村的学生一般上到高中阶段就不能就近就读，只能到北戴河区或秦皇岛市的高中继续深造，如北戴河一中和秦皇岛市一中，除此之外，秦皇岛市还有一些中职中专可供学生选择。从费石庄村村民文化程度比例图中可以看出，村民中接受中职中专教育的人数比较多，在调研采访过程中，很多村民说出了其中的原因，主要是中职中专毕业后有些专业有包分配工作的优待，因此，很多村民即便可以考入普通高中，也会为了工作而选择中职中专，放弃高中毕业后进入大学的机会，这也是费石庄村大学生较少的原因之一。

费石庄村尽管从始至终只有过一个小学，现在甚至连这个唯一的学校也被淘汰于历史的洪流中，但这并没有影响费石庄村众多人才的出现。从李思孝老书记的回忆中我们了解到，这个小村庄曾经培养过一些大学生以及一位在国防科技部研究原子弹的科学家；从海北路小学的资料中我们也看到，学校的很多优秀教师便是土生土长的费石庄人。费石庄人并没有因地域偏僻和教育的落后而受到牵制，而是积极投身于各个工作岗位，为国家、为社会的发展做着自己力所能及的贡献。

4. **费石庄村教育存在的问题及启示**

从费石庄村学校的演变及整个戴河镇教育体制的变迁来看，尽管费石庄村的受教育水平相对于一般城市来说还比较落后，但是相比较中国大多数农村来说，费石庄村村民的受教育条件还是比较好的。从外部条件来看，费石庄村内现在虽然没有属于村民自己的学校，但是戴河镇的学校离村子相对较近，小学、初中就读也十分方便；从内部环境来看，海北路小学和北戴河三中，其教学模式、软硬件条件、教学质量、教师队伍在整个秦皇岛市内甚至河北省内都属于比较先进的。近些年来，随着经济社会的发展，村民对教育的重视程度也不断提高，在教育上的投入也不断增加，村里接受高等教育的人数也越来越多。但是作为中国普通农村中的一员，费石庄村也具有一般农村的一些共性，尤其在教育上也存在一些问题。

首先，从整个费石庄村村民的学历情况来看，大专及以上学历不足2%，其中大部分为初中学历，甚至小学学历、文盲半文盲在村中比例还很大，所以，费石庄村村民的学历水平也具有中国农村的一般特性，村民的文化素质技能相对比较低。虽然村里也有不少村民接受了中专及职业技术学校的教育，这在一定程度上也体现了费石庄村民对职业技术教育的重视，但是大多数人的初衷并不在于获得专业技能的培训，更多的目的在于寻找一份可以摆脱农活的工作，如果这样的目的在毕业之后不能实现，他们便会再次回到家乡从事农业生产。这种受教育观念，不可避免地会束缚其生产力水平的提高及生产关系的变革，而生产力水平低下、生产关系落后，又会使农民处于小农生产和小农意识中，阻碍其观念的更新，长此以往恶性循环，会对整个村庄以及每个人的发展造成非常不利的影响。

其次，从费石庄村村民的受教育条件来说，尽管小学教育、初中教育比较完善，而且村民也可以充分享受便捷的教育资源，但是到了高中阶段，学校比较分散，区里的、市里的学校离村子都比较远，这无形中增加了村民的受教育成本，除学校的正常开支外，其交通成本、住宿成本对以小农为生的村民来说，是一笔不小的费用，很多经济条件比较贫困的家庭便难以支付，导致村民的高等教育水平低下，不利于推动村庄的长远发展。

最后，在调研过程中，我们看到在秦皇岛市和北戴河区有很多职业技术学院，费石庄村也有很多村民现在或曾经就读于这些学校，对于提高农民的职业技能固然会有不同程度的作用，但是对于长期从事农业生产的农民来说，农业技术的进步是其最根本、最迫切的技能需要，而在整个区内、市内专业性的农业学院显然还比较少，难以满足农民对生产发展、提高农业技能的需求。

总而言之，生产力是劳动者素质技能的社会表现，生产力发展的根本是劳动者素质技能的提高与发挥，劳动者的素质技能是由身体素质、技能素质、文化精神素质构成的，[①] 而所有这些素质技能的培养与提高都与教育的发展密切相关。因此，大到一个国家的发展，小到一个村庄的发展其根本都在于劳动者素质技能的提高与发挥，而这其中的关键就在于教育。对于费石庄村这个特殊个体来说，外部教育环境的优化固然重要，如就近高等学府的设立，更具专业性的、更符合农民需求的农业技术学校的建立等，但更重要的还在于村民自身，要根据自己的实际情况改变自身的教育观念，提高接受高等教育的人数，广泛参与专业技能的培训，只有这样，才能在每个人素质技能的提高与发挥中推进整个村庄生产力的大飞跃。

七、文化习俗

文化是一个民族、一个地区日常生活的写照，是生活在该民族、该地区人们精神风貌的体现。费石庄村以汉族村民为主，只有 1 户满族移民以及少数外来的满族媳妇。所以，整个村庄以汉文化为主，兼有自己的一些地方特色。

（一）传统节日

费石庄村的节日文化以中华民族传统节日为主，如春节、元宵节、清明节、端午节、中秋节等，除了节日基本的风俗礼仪，村民们也会参与北戴河区、戴河镇组织的一些活动，以及根据自己的实际情况组织一些慰问、文艺演出，以

① 刘永佶．中国政治经济学主体 主义 主题 主张［M］．北京：中国经济出版社，2010.

尽可能地丰富村民的节日生活，满足村民日益多样化的文化需求。

1. 春节

春节是中华民族一年中最盛大的节日，也是费石庄村最隆重的日子。据李思孝老书记讲述，从每年的腊月开始，村里家家户户就要开始为春节的到来作准备。如费石庄流传的民谚所述：二十三过小年，即腊月二十三村民要清扫房屋；二十四写大字，即腊月二十四村民要写对联；二十五做豆腐，即腊月二十五村民会在家里准备过年的豆腐，在留足水豆腐的前提下，其余的晾成冻豆腐；二十六砍年肉，即腊月二十六村民赶集买年肉；二十七宰年鸡，即腊月二十七宰鸡准备过年；二十八糊窗户，即腊月二十八要贴窗花，过去要在木窗户框上糊上纸再将窗花贴在窗户纸上，现在几乎没有这种木框糊纸窗户，村民便将窗花直接贴在玻璃上；二十九蒸粘包，粘包也俗称粘饽饽，有红豆馅和白豆馅的，做好之后放在缸里冻起来，有时煎着吃有时蒸热了吃；大年三十吃团圆饭，一般三十中午吃团圆饭，儿子家的人可以在家吃，嫁出去的姑娘离家再近也不能回来；大年初一拜大年，村民走街串巷互相拜年；大年初二请姑爷，老姑爷要陪着新姑爷。

除了这些基本的风俗习惯，费石庄村还有自己的一些特有礼仪。如在三十之前村委会务必要召集村民、烈军属、复员退伍军人及转业军人召开座谈会，一是对军人及其家属表示慰问，顺便拜个早年，二是要总结一下过去一年的工作，让大家提提意见，以便来年做得更好。开完座谈会后，村委会工作人员会热热闹闹地敲着锣打着鼓给军属挂灯、贴对联，有时候也会给一些慰问金，大概每人 200 元。三十之后，每年的初一务必首先要给烈军属、五保户拜年，同时还要对村里有名望、有社会地位、有贡献的人重点走走，买一些小礼物，如茶杯、暖壶等，对于爱写、爱算的村民也可以送个本子、笔等。

过去村里过年相对比较热闹，村民们会组织踩高跷、扭秧歌等演出以示庆祝，而且在正月二十五，俗称填仓节（给仓龙过生日）时，村民们会在做好的粘饽饽上插上香，摆上供品以庆祝来年丰收，现在这样的活动逐渐少了。不过每年的腊月二十九到正月初五（俗称破五），以及初十、十五、二十五在村委会或旁边的马路边上都会有锣鼓表演；北戴河区、戴河镇也会组织一些如“春节灯会”等活动，让村民自己做花灯、点花灯、共同赏花灯，以此继承弘扬优秀民俗文化传统，丰富人民群众的精神文化生活，与广大民众一起共同营造节日的欢乐气氛。

2. 元宵节

与其他地区一样，费石庄村在正月十五也是吃元宵，家家户户挂灯庆祝。过去还有放鞭炮的习俗，近些年，因中央政府提出节约过节，鞭炮量也逐年减少了。北戴河区以及戴河镇的相关部门会在这一天组织一些演出活动，如秧歌会演、幸福灯会等。

3. 清明节

清明节是人们祭祖和扫墓的日子，每年清明节一到，费石庄村都会组织小学生去离村较近的烈士陵园给烈士扫墓，以此来缅怀革命先烈，培养学生的革命精神和爱国热情。对于普通村民来说，清明节也要去自家的祖坟看看，扫扫墓，为已逝的亲人、祖先庄重地送上自己的思念与敬意。

4. 端午节、中秋节

承袭汉族文化，端午节村民自家包粽子吃；中秋做月饼，赏月，吃团圆饭。

（二）宗教信仰

费石庄村的村民几乎没有什么宗教信仰，村里没有寺庙，据李思孝老书记回忆，以前村里有一个小庙，后因年久被拆掉了。村里有一些做生意的人可能会在家供财神以保佑生意顺利、兴旺，还有个别的村民因家里的一些特殊情况会供观音，以保佑家人平安、健康。

在平日里，村民在农闲时喜欢去就近的联峰山。联峰山位于北戴河海滨风景区西部，距费石庄村公交仅两站地，村民到此游玩也相对比较方便，联峰山内有两座寺院——观音庙和如来寺，观音庙在东联峰山山腰上，又名“广华寺”，观音寺正殿三间，内供观音立像，另有两尊木雕男女童像侍立两旁；如来寺离观音寺不远，建寺早于观音寺，寺院比观音寺略小，寺院的山门里供奉的是“大肚能容，容天下难容之事；开口便笑，笑世上可笑之人”的弥勒佛，如来寺正殿供奉的是佛祖释迦牟尼，也就是我们所说的如来佛祖。村民一般在联峰山游玩的过程中会到观音庙和如来寺参拜，祈求农业丰收、家人健康，一般从家里自带香火上山。

到了每年的三月初三，费石庄的村民会到抚宁县的天马山请香祈福。天马山位于秦皇岛市抚宁县城北 10 公里处，属燕山余脉，因顶峰有巨石似云中奔马而得名。村民们到天马山主要是为了参拜太和宫中的真武大帝，真武大帝是道教神仙中赫赫有名的玉京尊神，它能驱妖辟邪、惩恶扬善，在道教及百姓的心中有着重要的地位；太和宫左、右两侧还有两个配殿，左侧是财神殿，右侧是药王殿，对面阁内供着吕祖和观音，人们在拜完正殿之后，也会根据自己的需要到两侧的配殿中请香，如学医的会着重拜药王师，做生意的会更倾向于拜拜财神。通过这些方式，村民们希望为自己未来的生活盼一个好兆头。

除了联峰山和天马山，近几年，费石庄的村民偶尔还会到新建的慧集寺去参拜。慧集寺是集发民俗展馆的一部分，坐落于集发观光园东南侧，东临联峰山西景区，南邻南戴河风景区，寺中主殿供奉着释迦牟尼佛、药师佛、普贤菩萨、观世音菩萨、文殊菩萨以及十八罗汉。在慧集寺内经常会举办一些文化庙会活动，村民们一边游玩一边上香拜佛祖，以示对佛陀的尊敬与感激。

总而言之，费石庄村的村民们没有宗教信仰，只是偶尔会上香、拜佛。在采访一些年长的村民时，他们也有人提到，以前周边也会有人到费石庄来宣传一些宗教思想，其中也不乏一些邪教成分在内，但村民们没有人接受。特别是在“法轮功”盛行的时候，费石庄村也没有一个人参与其中，这在一定程度上体现了费石庄村民们较高的思想觉悟。

（三）饮食特色

民以食为天，世界上任何一个国家、一个地区都有其传统的饮食文化与其他文化共同在历史中轮回。特别是在地域辽阔的中国，每一个地区都有自己与众不同的饮食习惯和味觉倾向，随着历史的发展，这些精妙的饮食技艺也逐渐被发展成了一种习俗、一种文化。费石庄村地处秦皇岛市北戴河区的戴河镇，距南戴河、北戴河较近，这里的人们因此也具有这个地域人的共同偏好——喜食海鲜，但是费石庄人也有自己的拿手好菜，而且花样十足，如每年必做的大酱、远近闻名的蒸（炒）焖子、色香味俱全的花生小豆腐，还有炒瓜子、咸菜八爪鱼等。

1. 大酱

大酱是北戴河区的一大特色，味道与韩国的大酱汤类似。据村医刘艳芝介绍，村里的大多数妇女都会做酱，特别是年长一点的，几乎人人都会做，现在年轻人因工作繁忙，会做酱的比较少了。做大酱一般在每年的阴历十月，待黄豆收获了以后，选好做酱的日子，将黄豆先泡一夜，第二天早上，将黄豆放在大锅中煮熟后取出，用刀剁碎或用机器均匀搅碎成黄豆泥，把黄豆泥弄成方块形状或圆形的酱坯，将酱坯放在面板上晾干到有一层硬皮形成，然后用包装纸包起来，放在纸箱子里发酵。一般发酵一个冬天，第二年过了春节，在阴历二月的十五、十六左右，把包好的酱坯放在外面开始晒，一直到晒硬了，就可以在把包装纸扒下去的同时把酱坯发酵产生的绿毛刷掉，之后放到水里再泡，因为酱坯已经晾硬了，用水一泡之后就可以把绿毛及酱坯上的一切不洁之物都刷下去了，刷干净之后将原有的酱坯再切成小方块，然后再晾半天左右就可以放到缸里了。

对于酱坯放到缸里的时间，过去也是很有讲究的，一般要挑个赶集的日子或是星期天，而且要晚上放进去，即用开水将盐化成盐水（这里的盐一般用大粒盐，不用精盐）并去掉盐中的沉淀物，保持一斤豆半斤盐的比例把酱坯放进缸里，最后整个缸中的水要超过酱的高度。这个放酱坯的过程，还有一个讲究，就是要保证一层酱一层瓜子（即腌大萝卜）的结构，如果不放瓜子就会被叫作“寡妇酱”。

酱坯放入缸中之后，要用白布盖上，在白布的中间要缝一块红布，传说这样可以起到辟邪的作用。这样放 3 天左右，就可以用枣木棍做的酱耙子开始打酱，此时酱缸要放在太阳底下晒，这时形成的酱即可食用，但只能生吃或者蘸着吃，如果煮熟了吃可能会有毒，吃的人很可能会拉肚子。每天要用酱耙子打酱，早晚各一次，把酱发酵过程中生出的沫状物打除，酱也因此会变得很细，大约一个月之后就可以随便吃了，不仅提味还有解毒的功效。

2. 焖子

在费石庄人的餐桌上，蒸焖子也算是一道必不可少的家常菜。我们从调研中得知，村里有一户人家就是专门卖焖子的，听村里人说：“他们家的焖子做得很香、很正宗”，因此，生意也相当红火。焖子要做得香、做得好吃，其工序是非常重要的。首先，要准备好肉馅，在肉馅中放入植物油、香油、葱、姜、酱油、盐等调料，把红薯粉和肉馅搅和在一起用调料腌上并将其放进盆里；其次，用烧开了的骨头汤（必须是鸡肉和有骨髓的大骨头煮的汤，这样做出来味道会更加鲜美）一边冲一边搅和，冲的过程很关键，一定要冲匀、搅匀，冲好了会呈现白色，如果冲淡了就会是红色，味道也会受到影响；最后，将冲好的食料倒进合适的深盘中，放入蒸锅中蒸熟，为了较好较快的蒸熟，不要把要蒸的焖子弄得太厚，在蒸之前可以适当地加点鸡蛋液，也可以随口味放点香油、味精、酱油等调味，一般蒸半小时到 40 分钟便可食用了。如果觉得蒸着麻烦，也可以在冲完之后直接炒着吃，炒焖子要适当地多放点肉进去，炒得快比较好熟。

3. 花生小豆腐

这道菜食料简单，主要是由花生和白菜构成，制作过程也相对容易。首先，把花生炒熟了，将花生米倒入搅拌机内，一边磨豆一边加水，多次搅拌直至打细均匀，这样做出来的黏乎乎的酱就是花生小豆腐的主要原料了；其次，切好大白菜备用（最好是白菜心和白菜叶，不要白菜帮），在锅中放入油、葱花、花椒面，加入大白菜进行翻炒；最后，倒入主要原料之一的花生小豆腐同时放入盐，慢慢炖制，在炖的过程中要不断地用勺子翻，以防煳锅，大概 15 分钟之后，美味的花生小豆腐就做成了。

4. 炒瓜子、咸菜八爪鱼

在夏天的费石庄村，家家户户都会在自家的院子或者地里种上各种各样的蔬菜，除了日常食用的新鲜蔬菜，他们还喜欢把菜腌一下再吃，特别是芥菜，腌的咸菜也俗称“腌瓜子”。鲜菜腌完之后可以根据自己的口味做成各种各样的新菜种，如芥菜腌一下或者可以直接把鲜芥菜擦成丝，泡一下，和肉炒在一起吃，俗称“炒瓜子”。除此之外，咸菜与海鲜也是绝配，能够起到很好的提鲜作用。把咸菜切成丝放在清水中泡一会儿，去除其中多余的盐分，然后把八爪鱼洗净去肚，切成段，配以葱、姜调味，放在油锅中翻炒，便做成美味的“咸菜八爪鱼”。

一方水土养一方人，北戴河区的地理、气候环境造就了这里独特的饮食文化。除了以上介绍的几种家常菜，还有很多特色的小吃，如漏粉、八爪鱼炖肉等，美味佳肴不胜枚举，这不仅反映出村民们的饮食偏好，也体现了该村丰富的饮食文化。

（四）居住环境

从高处远远眺望费石庄村，红红的屋顶错落有致，葱绿的果林，整齐的菜田，宽敞的绿道，幽静的田园风光映入眼帘；走进村内，家家户户二层小楼，庭院内花朵齐放、整洁美丽，偶见的老房子也不乏陈年韵味，为稍显现代的村庄增添了一股历史气息。穿梭在村里的街巷中，呼吸着新鲜的空气，感受着周围浓浓的乡村情，让人不免对常年生活在这里的村民们心生羡慕之情。

纵观整个费石庄村，其优美的环境很大一部分得益于建筑的特色，在村中存在着新旧交杂的三代房屋。村里很多人评价说："这个村过去在当地也是比较富裕的，后来落寞了一些，但近几年又到了历史发展的转折点"，因此，在费石庄村没有过去常见的农村土房。第一代房屋是过去砖木结构的平房，屋子四周的墙壁是由青灰色的砖砌成，屋顶先是由横梁竖坨搭成，然后在檩子和椽子的支撑下铺上薄苇席和泥稻草，在泥稻草的上面用炉灰和石灰打出浆，撒上水泥抹平房顶，这样材料比水泥要轻，房子不仅不容易裂，而且还有防风防水的功效；第二代房屋是砖混结构的平顶房，没有木头，屋顶与房屋一体，由钢筋和水泥浇筑而成；2010—2011 年，在城乡一体化的推动下，北戴河区原本打算把费石庄村和东坨头村都搬迁到拨道洼，村民们为了在搬迁后获得更多的补偿，开始在自家的宅基地上盖楼房，有的人家拆了原有的旧房重盖的，有的在原来的基础上加盖一层，这样就形成了费石庄村的第三代房屋，屋顶与第二代房一样，是由钢筋和水泥浇筑的一体结构，屋顶用红色彩钢板盖上，一栋栋红色屋顶的二层小楼屹立在费石庄村家家户户的庭院内。北戴河区冬天海风强，为了保温，新楼的室内多数还是土炕，只有少数年轻人用床。第三代房的高度正好遮掩了第一、第二代房屋，使整个费石庄总体看起来现代化十足。

费石庄村在村庄建筑整体改造的基础上，注重村庄面貌的"四化"，即绿化、亮化、净化、美化，围绕"布局合理、环境优美、生活便利、安居乐业"的总目标，费石庄村村委会领导班子带领全村村民为改善居住环境做了大量的工作，如村中庭院、道路的绿化亮化；厕所的改制及污水的处理；垃圾箱、垃圾站点的建设及管理等。到目前为止，村里各家的庭院整齐干净、布局合理美观，庭院中、庭院周边、房前屋后种满了花草树木；村里的道路也进行了硬化绿化，道路周围栽植绿化宿根花卉 7 万余株，品种有鸢尾、玉簪、福禄考、金娃娃、假龙头、三七景天、八宝景天等，栽植灌木共 1 万余株，包括卫矛、蔷薇、连翘、红王子锦带、月季、卫矛球、丁香球等多个品种，同时还配备机械车辆，有专门的水车定期进行浇灌；2013 年，费石庄村投资 22 万元配置了路灯照明设施，根据村内实际情况，村主街道每 50 米安装一盏标准配备照明设施，村里设立专人进行日常电力的维修管护，街道路灯照明设施的安装使用大大方便了村民的夜间出行；为了更好地处理村里的生活污水，费石庄村计划为全村每家每户安装双瓮式污水净化池，双瓮厕所一套为两组四个瓮体，污水从厕所进入一个瓮缸，经过冲水之后，在瓮里分离了，达到一定高度流到另一个瓮里，抽的时候从另一个瓮抽出，这个双瓮和化粪池性质是类似的，双翁全部埋于地下，既节省了空间也更加卫生方便，对于抽出的污水，村里有专门的抽污车，定期进行抽污排污处理，通过双瓮式的改造，实现了对村民生活污水的集中处理；污水处理是一方面，另一方面还有生活垃圾的处理，费石庄村对垃圾箱、垃圾站点多次进行外观美化，并根据实际情况对站点的数量及位置及时进行调整，实现垃圾处理无死角。除这些整体性的改造之外，费石庄村还非常注重村庄的一些细节美化，如文化墙的建设、村庄标识的建设、村民休息娱乐场所的建设等，通过这些措施，一幅秀丽的田园风光图逐渐在费石庄展现，堪称“世外桃源，秀美费石庄”。

表 7－1　**费石庄村农村生活垃圾处理情况**

年份	户数（户）	人口（人）	垃圾箱（点）	垃圾转运站（个）	保洁人员（人）	垃圾车（辆）	专职管理人员（人）	保洁经费（元／月）
2012	274	627	20	1	1	1	1	2000
2013	285	667	11	1	1	1	1	2000

数据来源：根据费石庄村委会资料整理。

（五）风俗习惯

各个民族都有自己的习俗文化，虽然仪式的准备及其程序不断变化，但是主要内容并没有太大的出入，并且一直流传至今。各地区的风俗习惯也是中华民族几千年文化文明史中的一部分，它涵盖了各家各派丰富的思想理念。从目前情况来看，费石庄村的风俗习惯在原来的基础上又有一些时代的新变化。

1. 婚俗礼仪

（1）“文革”之前

据李思孝老书记回忆，“文革”之前结婚大多讲究门当户对，父母之命，媒妁之言。先是媒人来跟双方父母说媒，男女双方不认识也不见面，没有任何感情基础，婚事不管成不成都得谢谢媒婆，如果婚事成了便给媒婆两个肘子（猪的前腿叫蹄膀，后腿叫肘子），如果婚事没成也要根据实际情况给媒婆点东西；媒婆提完亲，父母同意后，约定时间订婚，订婚主要是媒婆在场、直系亲属参与，一家长辈坐下来商榷订下婚事并商量有关彩礼事宜，彩礼要有福被（最少两套褥子两套被子，富裕的人家会准备四套褥子四套被子，俗称“四铺四盖”），福被的四个脚要塞上枣、栗子以表达早生贵子的美好愿望，还有人家会适当地给点钱，还有嫁妆（根据情况有钱的人家做丝绸的，没钱的人家做布衣），从里到外至少两身衣服，男方得准备房子，正室在正房，剩下的二房、三房等从东开始划分，等级最低的在北房，北房阳光难以射入，条件较差。

婚前事宜准备就绪，结婚仪式开始。新郎官坐八抬大轿去接新娘，轿子每一角两个人，新娘坐在轿子里，喇叭在前吹着欢欢喜喜的曲子，轿子在后面跟着，外庄的人一般从村里的主干道走到家门口，本村的也要从主干道走一遍，一是展示自己结婚了，二是走光明大道也意蕴着生活会越来越好。男方领着花轿到家门口，新娘下轿，直傧（现在叫傧相）喊“新人到”，男方亲属出来迎亲，媒人走在前，新娘在后，道路上要铺红毡一直到头院，红毡尽头要放火盆，一是传说有辟邪作用，二是象征生活越过越红火；进入屋内，拜天地：一拜天地，二拜高堂，夫妻对拜，送入洞房；在洞房内新郎掀开新娘的盖头，这时男女双方才真正见面，感情也得在婚后慢慢培养。正中午开席，外宾喝酒席，新娘、新郎出来认亲敬酒，酒席一般在自己家办，持续一般2个多小时，有时候两拨，大多数一次结束，大户人家酒席多，小户人家酒席少，村里人一般都要邀请到，来的人都要送份子钱，遇到乞丐也得客客气气的，好好招待，不能破坏气氛，乞丐通常会给唱支歌说点贺词以示祝福。

结婚第二天，女方要回娘家再办一次婚礼，请娘家人吃饭。一般姑爷一桌，老姑爷要陪新姑爷，父子不能同席，每桌基本上都是平辈。过去属于男权社会，男女双方在地位上十分不平等，也会有过不下去而导致离婚的情况，离婚要写休书以示婚姻的结束。

过去结婚还有一些忌讳，如男女一方家里有丧事，一年以后才可以办婚礼，否则属于犯天条上天会惩罚；家里有白事的人不能随便走动，否则会冲了别人家喜事；还有怀孕、要生孩子的孕妇不能去参加喜事，也不能随份子钱，这些忌讳至今仍在沿袭。

（2）“文革”时期

这一时期主张移风易俗，勤俭办婚事，因此，仪式相对比较简单。据费石庄村红白理事长樊志民回忆，他在 1967 年结婚，当时自己没有钱全都靠生产队，红白喜事允许先预支 50 元，因为他妻子也是费石庄本村的，所以两家各预支了 50 元，一共 100 元，就把所有事情都办了。两三元钱买了一个洗脸盆，两三元钱买了一个暖壶，最贵的就是 13 元买了块哔叽，在当时算是很贵的，条件好的才能给被面。结婚没有什么仪式，就是叫家里人吃个饭。亲戚朋友要先给礼金，这样可以预算有多少人要来，来的客人一般都是给东西，价值三元左右，关系不错的给五元左右的东西，嫡系亲属有些给被面（缎面的）花十几元钱，在当时算是最重的礼。村医刘艳芝也说，她是在“文革”后期从抚宁县嫁过来的，当时结婚没有仪式、很简单，用自行车将新被褥带到了婆家，也没有什么彩礼。

（3）改革开放后

“文革”之后的婚礼又有了新的变化，如婚事不再吹喇叭而改为放鞭炮，彩礼嫁妆的花样也更加丰富多彩了，新床对面的墙上一般会贴上“金屋人间传二美，天上银河渡双新”象征喜庆美好的对联。费石庄村自由恋爱的少，大多数还是经过介绍认识的，与本村内结婚的比较少，和外村结婚的比较多，还有少数的网恋。据费石庄村党支部副书记李素芬介绍，以前相亲一般有媒人介绍两人见面，现在男女双方不直接见面了，而是选择互相交换 QQ 号，聊得投缘才见面，如果不投缘则不见面，省得见面尴尬。结婚之前要先订婚，商定彩礼，本村的彩礼比外村要少，一般 1 万 ~ 2 万元，以前会给被面之类的，现在都直接给钱。订婚之后，要会亲家，双方父母见面，找个直系的亲戚陪着，两方父母商议选择一个黄道吉日举行结婚仪式。现在村里很多人的子女都在外面工作，工作地点比较远的一般不回来办婚事，近一点的有的也会选择回来办婚事。

按照村里的习俗，结婚当天，新郎一早起来去接新娘，新娘家比较远的，早上 5 点多车队就要出发去接；近的 7 点多钟出发，证婚人要全程陪同新郎。婚车回来时，新娘会带着陪嫁品，如 4 件套、8 件套的被褥等（大件的电器会提前送过来），新娘有几个包裹，新郎家要派几个人出门去迎回来，新郎的父母出门迎亲，跟新娘的亲戚一一握手。随后，证婚人主持新娘改口叫爸妈，新郎的父母要提前准备好改口红包，一般为 10001 象征万里挑一；新郎和伴郎伴娘团为新娘摆好婚纱，新娘挎着婆婆进入新房，在新房的床上要撒上红枣、花生、桂圆、莲子等吉祥果品，代表着“早生贵子”的美好祝愿；新娘坐在福被上吃点东西，与新郎合影表现夫妻俩的恩爱之情，与此同时，女方家里人也会看看男方的新房，吃点水果、点心、干果，看完之后一起合个影。在家待大概半小时，车队再次出发去海边和一些有意义的地方拍外景，等到中午 11 点多婚车到达饭店。

以前村里的婚宴都在家请厨子做饭，现在都在饭店举行。费石庄的村民一般在牛头崖、北戴河镇政府附近、蔡各庄的葡萄园、海滨等地方办婚礼，牛头崖有 3 个饭店，去那里办婚礼的人比较多，现在婚礼的花费每桌 800 元是最便宜的，不包括酒水、烟、花生、瓜子，根据自己家的情况进行选择。等婚车到达饭店，开始放礼炮，礼炮一般摆成"心""一箭穿心"的图案；礼炮完毕，新郎、新娘进入饭店，换礼服准备仪式，礼服一般好几套；到中午 11：58 分（选 58 的意思是我要发，发家，日子过得红红火火），婚礼准时开始，主持人主持婚礼（主持人要自己请，费用有 600 元、800 元、1000 元等），新郎登场，单膝跪地迎接新娘并送花，两位新人互相交换结婚戒指，拜天地喝交杯酒，给父母敬礼，然后由父母代表讲话致辞，仪式 20 多分钟。到下午 1 点多钟宾客基本上就散场了，整个婚礼也就结束了。

2. 丧葬礼仪

（1）"文革"之前

据李思孝老书记和红白理事长樊志民回忆，"文革"之前是土葬，要做棺木，在棺木上从左往右要贴上对联："金童前引路，玉女送西方，横批：自在堂"贴在棺木的前面，繁体的"寿"字贴在横批之下。人死了之后，家人一边念叨着让死者安息，一边为其穿上衣服，穿好衣服后入殓。装殓时死者嘴里要含点钱，棺材里先铺上纸，把衣服放进去垫在下面，按照"男左女右"的规则摆放，顺着棺材的北边放个扁担以镇邪；棺材前面放长明灯，灯不能灭，一般用碗，里面放点油将棉花捻点燃；棺材下边放土坯，暗示人死离开土炕了；死者心脏的位置放片瓦以压邪气。

棺木一般放三天也有的放七天出殡，守孝不离人。放棺材的这三天之内还要上小庙去送魂，费石庄村以前有一个小庙，后来被拆了。出殡的前一天傍晚，要举行一个仪式，闺女要扎纸牛，儿女各扎金银宝库一个，里面装满纸钱，除此之外闺女还要做祭品，车马牛以及赶车的人（男的是马车，女的是牛车）、陪葬的小人等，其他亲属送花圈，这些东西在这个仪式上都要烧了，先烧一个金银宝库，烧东西要朝着西面，意喻死者上了西天。

第三天上午出殡，有钱的人家32人抬杠（把棺材放在木头做的架子上），直系儿孙都跪在杠上，一起抬着，一般的人家16人抬杠，一角4人，机动预备两个人，棺罩用黑色的布盖上，写上“寿”字。出门首先要摔盆，与死者诀别的意思，摔盆要使劲最好一下子摔碎了。摔完之后才出门，沿街道走一圈，俗称“走街”，在走的过程中要一路撒纸钱（就是过去讲得买路钱）然后再走到坟地。出殡时两个人背材，后面有两个人捧材，旁边还得安排几个人过材帮忙，一般5~6个人不固定。儿子扛野魂帆，没儿子的由继承财产的直系亲属扛，棺木要在中午12点之前下葬。埋葬时，儿子及相关亲属先要在坑里铺上黄纸，铺完纸后执宾主持让亲人到后面哭，儿子始终站在前面，埋葬时儿子第一锹，然后儿子跪在后面，埋的差不时多，儿子将野魂帆插在坟上，拔三下，不能即时倒了以示吉利。停灵时，要进行上香和遗体告别仪式，姑爷必须磕头，在该有的称谓后喊三声：“一路走好”。亲人们把白布做成的代表其辈分的衣服剪下来扔在坟里，不能带回家。死者生前喜欢什么就埋什么，如金银首饰等陪葬品。最后烧纸，一路撒大钱。

棺木下葬之后的第三天，要圆坟，亲人们撮一些土把坟弄得圆点，搭个“井”字意味着换了新房子，用红线拴个大钱意味着房子上梁大吉，圆坟时把另一个金银宝库烧了。

（2）“文革”结束后

据费石庄村红白理事长樊志民介绍，20世纪70年代，秦皇岛市民政部门建起了火葬场，开始实行火化。现在费石庄村民办丧事大都去抚宁县的火葬场，去抚宁县较快，而且价格较低。人过世后要放三天，第三天上午火化。闺女、侄女等要做蒸祭，一般用面做，一个闺女一个祭，有的侄女也做，闺女做的祭要从家里搬着桌子到村口接，同时要有喇叭和哀乐伴奏，接到供桌上，祭要摆成塔状。祭放三天，第二天下午揭祭，揭祭农村叫上香，凡是跟死者有关的直系亲属都上香，死者为大，磕三头拜三拜，平辈也上香但不磕头；吹喇叭的、抬桌子的都要给点喜钱（暗示白事不白，报丧的也给点钱别空口）；其他亲戚要买点心或蒸几个祭，3斤、5斤都可以，但只能是单数，上香的时候摆放，磕完头、上完香之后回礼回一半，直接回给送祭的亲戚，糕点不打开，剩下的就可以直接拿去吃了；祭奠仪式结束后，凡是在场的村民都可以来抢祭，但祭尖必须留下。

与过去一样，现在也是在火化前一天下午，举行一个仪式，把纸扎的车马人及各种现代化的陪葬品如楼房、彩电、冰箱等都烧了。正常死亡第三天上午出殡，灵车在前，亲属跟在后，时间要尽可能早，12 点之前入土；如果是意外死亡，就直接火化了，把骨灰盒摆放三天。如果是夏天，租一个冷冻的棺材花 400 ~500 元，停尸三天，也有的两天就入葬了。出殡当天上午找人挖坑打墓，原木棺材要早一天，打墓一般要打两个人的地方，老两口哪一个去世了，另一个去世后可以跟老伴合葬在一起，下一辈要给上一辈顶角，埋在一起，现在少了，而且土地重分还得迁坟，费石庄村这次重分土地 80% 以上的坟都得迁。火化完直接到墓地，下葬之后亲属都跪着，把孝服都脱了，线都拉开，绑腿布条都得埋进坟里面，程序基本上和过去一样，仪式没有以前烦琐了。仪式要在 12 点以前结束，但如果堵车耽误了也没办法，入土以后没有仪式，土坟坑先用砖砌，抹上水泥，并用水泥板盖上顶，再上土。所有事情结束后，回到饭店吃饭，饭店一般在北戴河、杨庄、蔡各庄等地方都有，费石庄村以前交通不方便，所以村里没有饭店，以前人们都请厨师在自己家做，现在一般都在饭店，白事的花费在每桌 400 ~500 元。

（六）民间技艺

费石庄村虽不大，但是人才辈出。除了正常上学出类拔萃的人才，村里还有一些掌握民间技艺、具有特殊才能的村民。据李思孝老书记介绍，费石庄村的郭向东从小拜师学唢呐，后来组建了一个班子，不仅在费石庄，蔡各庄、崔各庄也有班子。附近村民家里遇到红白事的都会请他去吹，现在红事吹的少了，一般都是白事。需要几个人就请几个，一般请四个人，两个人吹喇叭，两个人敲锣打鼓，多的请八个人。

还有民间医生张春民，拥有自家祖传的民间验方，专治黄疸性肝炎，乙肝、丙肝、大小三阳。张春民治病用的药都是自己配的，价格合理，因为治疗效果比较好，一传十，十传百，不仅附近的人找他看病，很多外地的患者也专程前来，最远曾经把药邮寄到韩国，在当地具有很高的知名度。

（七）休闲娱乐

新中国成立前，北戴河没有专门的文化管理机构，文化设施很少，1918

年以后，分别由公益会、自治区管理局、风景区管理局负责，费石庄村基本也没有文化活动。新中国成立后北戴河区成立了文化管理机构，新建了文化宫、文化馆、广播站、电视转播台、书店、俱乐部等设施，文化活动逐步开展起来。每年春节各村文艺爱好者组织起来举办秧歌，逐村巡回演出；逢年过节还盛行打迎春鼓、举办灯会等；在平日的空闲时间，组织群众开展讲故事活动，最初人们只是讲些在当地流传的民间传说和神话故事，到了20世纪60年代初，民间故事爱好者开始讲述革命故事和英雄传奇，以此来培养群众的爱国热情和革命精神；还会请外地一些知名艺术家进行音乐舞蹈剧的表演等。

费石庄村除了参与北戴河区组织的一些文娱活动，村委会也在本村内组织形式多样的文艺活动。最为著名的就是村里的小剧团，演过很多经典剧目，而且得过不少奖项。1950年为配合春节庆功、推销公债、和平签名、“七一”生产竞赛、抗美援朝等一系列政治、经济活动的开展，北戴河分别在秦皇岛第二中学（现北戴河一中）、小学系统和4个农村建立了6个业余剧团，费石庄的小剧团就在这种条件下应运而生。在小剧团成立之后，经常在区里、村里进行演出，丰富村民们的业余生活。1962年，区委区政府还抽调戴河村、费石庄村等农民业余剧团的部分演员与秦皇岛市文化馆合作，以话剧《飞向海洋》代表河北省农民业余演出队参加全国文艺会演，并在北京怀仁堂为党中央领导人演出，受到好评。后因“文化大革命”，各种业余剧团被“毛泽东思想文艺宣传队”取代。①

据李思孝老书记回忆，20世纪60年代，北戴河区文化宫开始组织村民们看电影，费石庄村也定期有专门放映人员过来。村民在地里干了一天活，晚上吃完饭，会到固定场地看一场露天电影。这样的娱乐活动持续了很久，中间曾经有一段时间停止了，但后来伴随着下乡活动，露天电影又开始了，一直到现在都没有停过。除了北戴河区的活动，戴河镇也经常请一些文艺团体到费石庄村进行现场演出，使村民们的闲暇时间更加丰富充实。

随着时代的发展、社会的变迁，戴河镇、费石庄村文化活动的场地、设备逐渐完善，活动形式也日益丰富和多样化。2009年，在北戴河区委、区政府的支持指导下，在戴河镇党委、政府的直接领导下，戴河镇综合文化站正

---

① 秦皇岛市北戴河区地方志编纂委员会．北戴河志［M］．天津：天津人民出版社，1994：527－530.

式建成，文化站总投资200万元，建筑面积达到了600多平方米，建有文体娱乐室、文化多功能厅、图书阅览室、电子阅览室、设备储藏室、文化站长室等，镇文化站每天上午9点至晚上9点，12小时对村民开放。费石庄村委会也建有自己的室内文化活动室，配有农家书屋、乐器室、体育器材室以及相应的活动设备室等，并有专人管理，开放时间为每天9：00～11：00，18：00～21：00；在室外，村内还建有2640平方米的户外露天文化活动广场。这些场所、设备的建立和发展，提升了村民日常的文化氛围，丰富了村民每天的文化生活。

表7－2　**费石庄村文化活动室建设情况**

功能室 情况	多功能厅	农家书屋	培训室	乐器室	管理人员办公室
面积（平方米）	100.32	15	70	10	12
设施设备	网络电视一个、会议桌椅一套	图书2000册，桌椅5套，书架2套	电脑一个、投影仪一个、幕布一个、音响一个	乐器橱1个，锣、鼓、钗、腰鼓、镲各一个，秧歌等演出服	桌椅一套

数据来源：根据费石庄村委会资料整理。

在良好的环境设施支持下，费石庄的村民们平日自发开展起了形式多样的文体活动，组成了自己的文化活动队和锣鼓队，节假日村委会也会组织村民们进行相关活动以娱乐健身、烘托村庄节日的气氛。据村里的文艺骨干李丽芝介绍，夏天农活太忙，一般没有时间组织活动，活动都是在10月秋收完之后。大多都是村干部组织村民们开展活动，偶尔也有积极参与活动的村民进行组织，村委会的广播站会通知大家活动内容、时间和地点，人多时就在村委会的院里进行，人少时就在村委会室内进行。

从2009年开始，退休的、不下地的村民就开始经常组织扭秧歌，村里的妇联主任带头，参与者多数是年长的老人，到了过年、过节的时候，戴河镇会组织一些秧歌会演，北戴河区还组织村里的秧歌队到海滨、集发参加比赛，为了服装整齐，村党支部书记侯亚东自己花钱为大家买服装带头支持活动。秧歌队发展到后来，很多年轻人就不爱参加活动了。据李丽芝回忆，2010年她在二八一医院住院时，看见有人在疗养区的大厅里跳交谊舞，特别喜欢，回来就向大家提议学习跳舞，村委会的干部特别重视这件事，大学生村干部刘颖特意带着一些文艺骨干到二八一医院去学习，开始是录音后刻成磁带用录音机播放，后来录音机坏了，村委会又把 DVD 机拿来让大家用，刘颖刻成盘让大家看着学，晚上六点半到八点之间大家就不约而同地赶来跳舞，时间长了，用村民的话来说“跳得有点上瘾了”，下午也开始跳，学得人多了就在外面跳，一曲学完，村干部又从电脑上找新的广场舞让大家看着学。从村里的文化活动记录上，我们也看到，村委会多次组织村民们学习广场舞，如《无花果》《海鸽子》《莲花传》等曲目。广场舞发展起来后，每年的春天、秋天北戴河区都会在西古城村的小剧场组织一次广场舞比赛，调动了村民文化活动的积极性。

党的十八大之后，村委会干部积极响应政府全民健身的号召组织支持村民活动，政府及相关部门也为村里配备了音响等设备。在充分利用村里现有文化资源的基础上，村委会组织开展了以节庆文化、广场文化和家庭文化为重点，健身强体、寓教于乐、独具特色的文娱活动，如与辖区学校共同组织的社区学习教育活动、寒暑假的健身实践活动等。村民们的活动热情也不断高涨，不仅积极参与活动，而且自己主动组织一些力所能及的活动，充分体现了费石庄村与时俱进、积极向上的精神风貌。这些活动的展开，不仅丰富了村民的日常生活，提高了村民的文化教育素养，而且为村庄未来文化的发展增添了新的活力。①

八、社会保障政策

社会保障制度是目前世界上绝大多数国家普遍实行的保障全体公民基本生存权利为目的的社会救助制度，特别是针对贫困人群，是社会保障体系中最基本的项目，也是政府调节社会分配、实现社会公平的有效手段。一般来说，社会保障主要由社会保险、社会救济、社会福利、优抚安置等部分构成。新中国成立后，我国就开始逐步探索完善社会保障制度，但主要是针对城市居民，近几年，中国农村的社会保障发展迅速，不仅有针对贫困农民的最低生

① 根据费石庄村委会资料整理所得。

活保障制度，也有解决农民因病返贫和养老困难的农村合作医疗制度和社会养老保险制度，还有一些地方性的其他险种，这些保障不仅维持了农民的基本生活水平，而且在一定程度上提高了农民的生活质量。我们从费石庄村的调研中得知，目前村里的社会保障主要有社会救济项目的五保户供养、社会保险项目的新型农村合作医疗、社会养老保险以及新推出的计生保险和助老御险，社会福利项目的一些残疾人福利和计划生育福利等。

（一）社会救济

提到费石庄村，很多村民对它的评价为："这个村不富，但也不穷。"费石庄村相对于附近北戴河区的其他村庄来说，显得并不富裕；但如果单独看费石庄村，村里也没有特别穷的人家。因此，现在村里没有低保户，只有4个五保户。据李思孝老书记回忆，2008年是村里第一年实行最低生活保障制度。当时，村里有12个低保户，现在低保户没有了，只剩下4个五保户，都是因为身体的某些残疾造成了家庭的相对贫困。

村里对于五保户的供养，主要按照国务院颁布的、2006年3月1日起实施的《农村五保户供养工作条例》的要求进行，其供养对象主要为老年、残疾或者未满16周岁的村民，无劳动能力、无生活来源又无法定赡养、抚养、扶养义务人，或者其法定赡养、抚养、扶养义务人无赡养、抚养、扶养能力的，可享受农村五保供养待遇。其供养内容主要包括：供给粮油、副食品和生活用燃料；供给服装、被褥等生活用品和零用钱；提供符合基本居住条件的住房；提供疾病治疗，对生活不能自理的给予照料；办理丧事事宜等；同时对农村五保供养对象未满16周岁或者已满16周岁仍在接受义务教育的，应当保障他们依法接受义务教育所需费用；农村五保户供养对象的疾病治疗，应当与当地农村合作医疗和农村医疗救助制度相衔接。供养的形式可采取在当地农村五保供养服务机构集中供养，也可在家分散供养，分散供养的农村五保供养对象，可以由村民委员会提供照料，也可以由农村五保供养服务机构提供有关供养服务，农村五保供养对象可以自行选择供养形式。

对于供养的标准，条例规定不得低于当地村民的平均生活水平，并根据当地村民平均生活水平的提高适时调整。在戴河镇，原来散养五保户每年的补助为每户4100元，现在提高为每户5300元；原来集中供养每年的补助为5300元每户，现在也提高为每户6600元；具体供养资金由地方政府财政预算中安排，鉴于费石庄村没有村集体经营收入，费用主要由上级政府予以补贴。

（二）社会保险

1. 新型农村合作医疗

为了减轻农民大病医疗负担，提高农民健康水平，有效缓解因病致贫，因病返贫，促进农村经济发展和社会稳定，北戴河区结合自己的实际情况，实施了新型农村合作医疗。新型农村合作医疗实行个人缴费和政府财政资助相结合的筹资机制，据村里的村医刘艳芝介绍，新农合从2007年在村里实行，开始为每年每人20元，到2011年提高到每人30元，2012年又提高到每人50元，2014年又变化为每参合农民筹资总额390元，其中农民个人需缴纳70元，国家、省、市、区四级财政补助每参合农民每年320元。其中五保户、低保户个人交纳资金由区民政部门全额缴纳。到今年为止，费石庄村参与农村新型合作医疗的共计603人，227户，占总人口的85%以上，农民的“看病难，看病贵”问题在一定程度上得到了缓解。

新农合补偿的基本模式为：门诊统筹+住院统筹。按照北戴河区2014年新型农村合作医疗实施方案，门诊统筹不设起付线，门诊费用补偿比例为40%；实行个人封顶，每人每年累计补偿封顶额为60元，可分成报销，不设日封顶；单次补偿金额按照：单次门诊费用×补偿比例计算得出实际补偿金额。而一般住院统筹补偿分4个级别：区级医疗机构起付线为400元，报销比例为70%；市级医疗机构起付线为1200元，报销比例为60%；省级医疗机构起付线为2000元，报销比例为50%；省外三级及以上医疗机构起付线为4000元，报销比例为40%；四个档次的封顶线均为10万元。对于同一参合农村居民同年度因不同疾病再次住院或同一年度在同级定点医疗机构再次住院的，需再次扣除起付线费用（终末期肾病、恶性肿瘤放化疗、白血病、血友病、精神病需要多次住院连续治疗的病人除外）；新生儿出生时不在缴费时限内，随其参合父母享受新农合待遇，发生的补偿费用与其父母其中1人合并计算；新生儿免缴当年参合费用，不统计为当年参合人数，各级财政不追加补助资金，精神病市级住院起付线为800元。

表 8－1　2014 年北戴河区新型农村合作医疗补偿范围及标准

项目 \ 补偿		起付线（元）	报销比例（%）	封顶线（元）
门诊补偿			40	60
住院补偿	区级医疗机构	400	70	100000
	市级医疗机构	1200	60	100000
	省级医疗机构	2000	50	100000
	省外三级及以上医疗机构	4000	40	100000

数据来源：根据戴河镇政府数据整理。

除此之外，新农合还有对住院分娩和一些特殊慢性病患者的补偿，正常住院分娩在国家住院分娩补助项目补偿的基础上，新农合按每例 300 元的标准给予补助；特殊慢性病患者可持《合作医疗证》《慢性病医疗证》到镇级以上定点医疗机构门诊就诊，个人先行垫付医疗费用，其起付线为 100 元，报销比例为 50%，封顶线为 1000 元，其中终末期肾病、恶性肿瘤放化疗、白血病、血友病、精神病，比照住院病人补偿办法予以补偿；特殊慢性病患者每年集中补偿一次。新型农村合作医疗基本已经覆盖了农民医疗保障的方方面面。据村医刘艳芝介绍，费石庄村条件相对比较好，村民生病了一般都去医院看，有一些年轻人偶尔会到村卫生室看病，村民常看的也只是一些简单病，如感冒发烧、肠胃病等，村民身体普遍较好，但也有 10 多个糖尿病患者，生病了就去北戴河人民医院、二八一部队医院、秦皇岛市的医院看，在这个过程中新农合就发挥着重要的作用。以前都是看完病后拿着单子去新农合部门报销，报销手续烦琐、时间长。现在看病收费的时候就直接报了，特别方便。可见，尽管新农合保障水平有待提高，但也在一定程度上缓解了费石庄村民因病致贫、因病返贫的程度，特别是便利的报销程序，深得村民拥护。

2. 社会养老保险

2011 年，为了保障城乡居民的老年生活，北戴河区开始推行城乡居民社会养老保险，凡是在北戴河区内，具有本区户籍、16 周岁以上（不含在校学生）、未参加城镇职工和机关事业单位基本养老保险的居民，都可以在户籍地自愿参加城乡居民社会养老保险。到目前为止，费石庄村共有 200 多人参加社会养老保险，享受待遇人数为 131 人，虽然参保人数仅占到总人数的 50%

左右，但是这一比例正呈现逐年提高的态势。

社会养老保险主要由个人缴费和政府补贴构成，保险费缴纳标准为每人每年100～1000元10个档次，参保人自主选择缴费档次，多缴多得，参保人缴纳的保费全部记入个人账户；政府对缴费期内按年缴费的参保人给予补贴，补贴标准为每人每年30元，政府对重度残疾人员按照最低缴费档次，由政府为其每年代缴81元养老保险费。保费一直交到60周岁就可以按月领取养老金，到年龄领取的养老金为基础养老金和个人账户养老金两部分，基础养老金的标准为每人每月55元，对缴费年限超过15年的参保人适当加发地方基础养老金，缴费每增加一年其基础养老金每月增加6元，最高增加30元；个人账户养老金的月计发标准为个人账户全部储存额除以139。对于2011年底前年满60周岁、未享受城镇职工和机关事业单位基本养老保险待遇的具有本区户籍的老年人，办理参保手续后，不用缴费，可以按月领取基础养老金。

养老，是社会成员生产与发展中的客观需求，人类生存的自然规律表明，任何一个完整的人生都必然经过出生、成长、衰老、死亡的过程，当一个人步入老年后，就可能部分或者全部丧失劳动能力而需要他人的供养。社会养老保险的推行，改变了长久以来在农村形成的家庭养老、土地养老的观念，而且按照基础养老金和个人账户养老金相结合的原则，实施以个人缴费、集体补助和政府补贴的缴费方法，每月保证农民55元的基础养老金，虽然谈不上从根本上解决农民的养老问题，但是却有效地化解了农民的养老困境，有利于提高农民的生活水平，其辐射意义和影响作用却是极为深远的。

3. 计生家庭意外伤害保险

为了提高市内计划生育家庭抵御意外风险的能力及保障福利水平，引导群众自觉实行计划生育，本着“群众自愿、协会协调、投保受益”的原则，2013年由秦皇岛市计生协与中国人寿保险股份有限公司秦皇岛分公司联合开展了秦皇岛市计生家庭意外伤害保险保障服务。符合国家计划生育政策的夫妇及其子女，自出生满28日至65周岁的身体健康者，均可作为被保险人，且被保险人数不超过4人。计划生育家庭意外伤害保险的保费最初为每户30元，意外身故或残疾保险金额为45000元（家庭平均保额），意外住院治疗为6000元（家庭平均保额）；2014年保险费用改为每户60元，保险金额与2013年一样；如果遇到一人一户的特殊情况，2014年只需交30元，意外身故或残疾保险金额为3万元，意外住院医疗为2000元。该保险的所有资金来源主要由计划生育家庭自费缴纳，也可以使用独生子女父母奖金自愿缴纳。对于45周岁以上独生子女身故家庭的父母，所缴纳保费由政府财政全额负担。

对于这一保险项目的推行，村民们的参与度远没有新农合和社会养老保险高，费石庄村2013年仅有10人左右参保，2014年增加到20人左右。在调研的过程中，正好赶上了这项保险的缴费时间，凡来村委会缴费的村民大多是抱着花钱买平安、以防万一的心态，而这也从反面体现出大多数不买保险人的侥幸心理，大多数人都认为风险发生的概率太低，买保险多半是浪费，能不买就尽量不买。这种心态的普遍存在，充分反映了农民的保险意识淡漠。

4. **助老健康御险**

除了以上几种已经实施的险种，近期助老健康御险也开始进入费石庄村。随着中国社会老龄化速度的不断加快，老龄人口在总人口中所占的比重越来越大，而老年人又是一个容易受到意外伤害的群体，一些服务机构在为老年人提供交通、旅游、家政、文化体育场所等服务时面临的风险较大。针对这一现实情况，河北省贯彻落实中共十八届三中全会强调的："要充分发挥商业保险在社会保障中的作用"，开展了"助老健康御险"活动，作为养老保障体系的补充，以期实现减轻政府和家庭的负担，提高老年人生活质量的目标。

助老健康御险的投保范围为年龄在55～80周岁的身体健康者，保险期限为1年，费用为每人每年40元，分为意外身故或伤残保险责任，即因意外伤害造成的死亡或伤残，保险金额15000元，若被保险人伤残则按伤残比例给付伤残保险金，若被保险人死亡则扣除伤残保险金后给付死亡保险金；意外医疗保险责任，即因意外伤害造成的医疗费用，保险金额6000元；猝死责任，即由于潜在疾病、身体机能障碍或其他非外来性原因所导致的、在出现急性症状后发生的突然死亡，以医院的诊断或公安、司法机关的鉴定为准，保险金额2000元。

表8－2　**费石庄村社会保险历年参保人数**　单位：人

类型／年份	新型农村合作医疗	社会养老保险	计生保险
2011	588	341	
2012	553	344	

续表

类型 年份	新型农村合作医疗	社会养老保险	计生保险
2013	577	347	10
2014	603	350	20

数据来源：根据戴河镇政府相关部门数据整理。

（三）社会福利

1. 城乡医疗救助制度

2013 年，为进一步健全社会救助体系，完善城乡特困群众医疗救助工作制度，依据秦皇岛市人民政府关于建立城镇特困居民医疗救助制度的实施意见，结合北戴河区实际情况，北戴河区政府开始推行实施城乡医疗救助。

城乡医疗救助制度是政府拨款和社会各界自愿捐助等多渠道筹资，对患大病的城乡特困群众实行医疗救助的制度。医疗救助对象是指持有北戴河区常住户口，因患病难以自付医疗费用而影响到居民基本生活的人员，包括：城乡居民最低保障对象、农村五保供养对象和城市居民中无劳动能力，无收入来源，无法定赡养、抚养、扶养的人员（简称城市“三无”人员）。

医疗救助实行住院救助为主，资助参合、二次救助为辅的方式，缓解城乡特困群众就医方面的困难。医疗救助对象因患大病经农村合作医疗或城镇居民医疗保险补偿后个人负担医疗费用过高，影响家庭基本生活的，剔除参加农村合作医疗或城镇医疗保险按规定领取的补助金后，医疗救助的额度按照本人全年符合规定的医疗费用的 50% 支付，每人全年医疗救助支付额度累计不超过 1 万元；经民政部门确认的农村五保户及城市“三无”人员当年符合规定的医疗费用，剔除参加农村合作医疗或城镇医疗保险按规定领取的补助金后，按实际个人负担医疗费用的 70% 申请医疗救助，每人全年累计救助资金不超过 1 万元；对医疗费用在 5 万元以上的医疗救助对象给予二次救助，二次救助时，可报销范围内金额扣除首次救助金额，具体救助标准为：符合救助条件的，自付费用在 5 万元至 10 万元的一次性给予 1 万元救助，自付费用在 10 万元以上的，一次性给予 2 万元救助。城乡医疗救助制度与新型农村医疗合作保险相结合，减轻了人们的患病负担，保障了贫困者的基本生活。

2. **残疾人福利**

残疾人福利是指国家和社会在保障残疾人基本物质生活需要的基础上，为残疾人在生活、工作、教育、医疗等各方面所提供的设施、条件和服务。残疾人是平等的社会成员，但因为残疾使他们成为社会的弱势群体，通过残疾人福利等形式加强对残疾人的关爱和照顾，有助于这个群体真正成为社会平等的成员。秦皇岛市、北戴河区、戴河镇都有相应的残疾人联合会，代表残疾人的利益，经常会组织各种形式的残疾人活动，为本区域内的残疾人提供生活上的照料、经济上的资助等。费石庄村共有残疾人 17 人，有先天的也有后天因病致残的，年龄最大的已有 80 多岁，都不同程度地享受一些优惠待遇。

（1）残疾人生活补贴及社会保障优待。为切实保障残疾人的基本生活权益，北戴河区、戴河镇残联不仅定期为区内的残疾人提供生活补贴，以扶持救助特困残疾人，而且还为参加基本养老保险和基本医疗保险的残疾人提供优惠，以期提高残疾人的基本生活水平。在生活补贴上，区内符合条件的贫困重度残疾人每人每月发放 100 元补贴。在社会保障上，对年龄在就业年龄段（男：16～60 岁、女：16～55 岁）的个体工商户和灵活就业的贫困残疾人参加基本养老保险的，只要符合情况，由政府给予 50% 补贴；城镇二级（含二级）以上持证残疾人基本医疗保险由市级财政负担，城镇三、四级持证残疾人基本医疗保险由区级财政负担。

据戴河镇相关部门人员介绍，费石庄村的残疾人中，其中 2 个一级残疾、2 个二级残疾共 4 人享有残疾人补贴，每月 100 元，其他人年底都有 100～200 元不等的生活补贴。

（2）残疾人劳动技能、职业技能培训。秦皇岛市注重残疾人的利益，采取多种形式开展残疾人职业技能培训，并不断扩大培训规模，使有求职登记和有培训需求的残疾人都能得到职业技能培训。在市级残疾人就业培训基地开设残疾人（盲、聋、哑、肢残）电脑、插花、心理咨询及盲人按摩等培训班，继续依托社会办学力量举办残疾人刺绣、面点、烹饪、皮鞋美容等培训班；根据残疾人的就业要求、企业及用人单位的需求采取订单式培训，开设残疾人创业培训、岗前人员培训、转岗培训等培训班。北戴河区每年也有针对残疾人的农家旅游、服务员培训，蔬菜园艺、果树园艺培训、肥料配方知识培训、农产品储藏与加工畜禽养殖等方面的培训。戴河镇残联除了组织区域内的残疾人参与这些培训班，自己也会开展一些有助于提高残疾人职业、劳动技能的活动。

（3）贫困残疾学生及残疾人子女资助。为激励贫困残疾和残疾人子女的求学进取精神，使更多的贫困残疾和残疾人子女不因家庭贫困而失学，秦皇岛市对考入中、高等院校的贫困残疾学生及残疾人子女、中专学生实施一次性资助。2014 年，为了使所有符合资助条件的都能得到资助，秦皇岛市举办了残疾大学生、残疾人家庭大学生助学行动夏令营，使 2014 年考入大学品学兼优的残疾学生及残疾人家庭学生参与到夏令营活动中，以此加大宣传力度，使助学优惠政策做到家喻户晓。

费石庄村委会对村里的残疾人也特别重视，妇联经常组织残疾人活动，节假日挨家挨户进行慰问、送温暖，想方设法积极为他们排忧解难。这些针对残疾人的福利政策，缓解了费石庄村残疾人的生活压力，提高了残疾人的生活信心，为残疾人脱贫致富开发了新的路子。

3. 计划生育福利

戴河镇的计划生育贯彻国家的基本政策，主要有计划生育奖扶政策和新出的“单独两孩”政策。这些政策的推广和实行，有利于引导人们形成新的生育观念，实现整个地区内的计划生育目标和人口管理计划。

（1）计划生育奖扶政策。国家规定，凡是本人及配偶均为农业户口或界定为农村居民户口；1933 年 1 月 1 日后出生，1973—2001 年没有违反计划生育法规、规章和政策规定生育；现存一个子女或两个女孩或子女死亡现无子女；年满 60 周岁的公民，即可享受计划生育奖扶。在北戴河区，享受计划生育奖扶政策的一孩或双女户每年底会有 960 元补助，如果为残疾人家庭则补助金额为每年 1360 元，如果子女死亡则补助金额提高为每年 1620 元；对于独生子女户，自领取独生子女父母光荣证起至独生子女年满 18 周岁止，给予独生子女父母每人每月 10 元奖励；对于符合照顾生育条件自愿不再生育的村民，女方到 55 周岁时，一次性奖励 1000 元。为了帮助农村双女家庭解决养老困难，促进人口问题的统筹解决，河北省从 2012 年开始分批将省内 1981 年 5 月至 1989 年 3 月期间农村只生育两个女孩的夫妻有条件地纳入农村部分计划生育家庭奖励扶助制度覆盖范围；同时独生子女死亡家庭的一次性救助标准由不低于 1 万元提高到不低于 2 万元，将独生子女伤残家庭的一次性救助标准由不低于5000元提高到不低于1万元。据戴河镇计生委资料显示，费石庄村2014年总人口660人，享受奖扶政策的为4人。

表8－3　**费石庄村计划生育基本情况**　单位：人

项目＼年份	2010	2011	2012	2013	2014
总人口	620	626	641	654	660
育龄妇女	133	131	136	134	137
一孩人数	63	67	69	69	71
二孩人数	30	29	29	27	27
无孩人数	8	5	9	11	11
独生子女数	92	90	98	97	95
结婚人数	3	2	8	4	4
每年出生人数	6	5	4	7	4
退指标人数	4	1	2	3	3
奖扶人数	6	3	7	4	4

数据来源：根据戴河镇计生委数据整理。

（2）“单独两孩”政策。2014年5月30日，经河北省人大常委会审议通过，河北省开始实施“单独两孩”政策。只要夫妻双方户籍或者一方户籍在本省，夫妻双方只有一个子女并且夫妻一方为独生子女的，可申请办理再生育，第一胎生育双胞胎甚至多胞胎的，不适用于这次政策。户籍不在同一省（区、市）的单独夫妇可在已实施“单独两孩”政策的一方户籍地申请再生育，户籍同在河北省的单独夫妇，按《河北省再生育审批管理办法》执行。如果是再婚家庭，再婚夫妻一方无子女，另一方有两个以下子女的，经过批准也可以再生育一个子女。

在调研过程中我们了解到，费石庄村大多数村民都经历了“计划生育”，特别是六七十年代结婚的人，正好赶上了“计划生育”政策的推行，上环结扎，做绝育手术。据李思孝老书记介绍，受传统生育观念的影响，大多数村民都想生儿子，一是可以为家族传宗接代，二是儿子也可以充当家里的主要劳力，三是“养儿防老”的观念根深蒂固，因此，计划生育实施下来以后，村民们都很难接受，政策开始推行时比较困难。现在村里60多岁的村民最多4个孩子，两个孩子的人数居多，80后的年轻人一般都只生一胎或者不生。可见费石庄村民们的生育观念已经比较接近晚婚、晚育、少生的现代模式，新生育观念的形成与村庄经济、政治、文化的变迁密不可分，也受外界强大竞争压力的重要影响。

（四）费石庄村社会保障发展反思

农村社会保障体系是国家社会保障体系的重要组成部分，是指在农村这一特定区域范围内所施行的社会保障和福利事业。改革开放以后，随着我国经济社会的发展，对农村社会保障体系建设的关注与投入也越来越多，由点到面、逐步推开，到目前为止已经基本上建立起了范围不同、标准有别的农村基层社会保障体系框架。从费石庄村的案例中可以看出，除了基本的扶贫、救济政策，还发展起了社会保险和更高层次的社会福利事业，扶助、安置有劳动能力的残疾人，奖励、补贴符合计划生育政策户，这些无一不体现出我国农村社会保障事业的进步。但从费石庄村的发展现状来说，其社会保障未来的发展还有很多需要进一步改进与加强的地方。

首先，加强社会保障宣传，提高村民对社会保障的认识。中国的农民长期以来依赖于土地生存，受封建文化的影响，认为人的生、老、病、死应该由家庭来负责，“养儿防老”思想在农民心中根深蒂固，土地保障、家庭保障在农民心中具有重要的地位。近些年来，随着土地不断地被征收、流转，计划生育使家庭结构不断简化、规模不断缩小，这两项保障对农民来说都变得异常脆弱。社会保障的实行，是解决农民困境的根本措施，但由于农民对社会保障认识不足，在小农意识的束缚下，只重视眼前利益忽视长远利益，不舍得每年几十元钱的费用，因而选择不参与。在费石庄村的调研中，很多村民对于保障标准、保障政策并不太了解，对于一些补贴政策、补贴金额也只是大概知道。所以，要想使社会保障惠及每一个村民，加强宣传，提高村民对社会保障的认识是基础。

其次，扩大保障范围，提高保障水平。费石庄村相比较于中国的其他农村来说，其社会保障体系建设还是比较先进的，但就目前的情况来说，社会保障体系还很不健全，而且存在保障水平低的问题。如上介绍，费石庄村的社会保障形式主要是五保户、社会养老保险和合作医疗保险，福利也主要是针对残疾人和计划生育政策的，存在保障体系不健全、保障对象所占比例比较低的问题。而且保障水平也有待提高，如合作医疗制度虽然解决了部分群众“病有所医”的问题，但较低的报销比例对于生大病的农民来说也只是杯水车薪，并不能从根本上解决农民“看病难，看病贵”的问题。因此，扩大社会保障范围，提高保障水平是未来费石庄村社会保障发展的关键。

最后，拓宽社会保障资金筹措渠道，减轻农民负担。现阶段，资金缺乏是农村社会保障发展和完善的首要制约因素，合作医疗保险和社会养老保险的资金主要采取以个人投资为主、集体为辅、政府补贴的形式，而低保、五保政策则主要依赖于村集体的收入和政府的财政。对于费石庄村这种几乎没有集体收入的村庄来说，社会保障只能靠个人的积极投入、政府的适当补贴，这必然会在一定程度上加重农民的生活负担，减弱农民参与社会保障的热情。所以，要拓宽社会保障资金的筹集渠道，使社会保障资金来源多元化，如鼓励企业、慈善机构的参与等，以此减轻农民负担，是发展社会保障的根本条件。

九、村庄发展政策和发展制度、规划

一个地区的发展不但受制于本区域的自然环境、资源禀赋，而且还在很大程度上依赖于中央、地方政府政策的支持，政策不仅可以协调各区域的发展，而且可以提高区域发展的效率。费石庄村未来的发展，要在充分利用国家、各级地方政府优惠政策的前提下，制定符合本村实情的发展规划。

（一）发展政策

近些年来，为了促进地方经济的发展，我国根据不同地区的实际情况出台了一系列发展政策和措施，具体到费石庄村主要有产业发展政策，包括种植业发展政策、养殖业发展政策以及村容改造政策。

1. **产业发展政策**

费石庄村整体以农业为生，以桃树种植为主，桃树种植面积占整个种植面积的90%以上，少量粮食作物间种在桃林中。村民中还有少数几户发展着养殖业，主要养殖品种有猪、羊、貉子、狐狸等。费石庄村无论是种植业还是养殖业的发展，都离不开中央到地方政府一些发展、补贴政策的支持。

（1）种植业发展政策

第一，粮食直补和综合直补。为了发展种植业，北戴河区对于适宜种植粮食的区域（已实行退耕还林和被征用土地除外）给予补贴政策，凡在该区域范围内的农户都享有粮食直补和农资综合直补两项补贴。补贴标准按亩计算，农户补贴面积根据农村税费改革时核定的农业税计税土地面积扣除其中按规定转为非耕地的土地面积、退耕还林土地面积，再加上新增耕地（经国土部门认定）的实际种植面积确定。每年北戴河区会根据自身的实际情况制定补贴标准，2014年北戴河区补贴资金发放的标准是：粮食直补7.2元/亩，农资综合直补为57.9元/亩，总计65.1元/亩，费石庄村140户村民有1138.7亩地，共获得74129.45元补贴。

表9-1　　**2010—2014年费石庄村粮补、综合直补情况**

补贴/年份	户数（户）	亩数（亩）	补贴标准（元）			补贴金额（元）		
			粮补	综合直补	合计	粮补	综合直补	合计
2010	150	1138.2	6.6	39.2	45.8	7512.11	44617.55	52129.66
2011	150	1138.2	6.7	45.3	52	7626.03	51560.38	59186.41
2012	140	1138.2	7.1	47.6	54.7	8081.2	54178.29	62259.49
2012年第二批综合直补	140	1138.2		8.8	8.8		10016.11	10016.11
2013	140	1138.7	7.1	57.1	64.2	8084.76	65019.76	73104.52
2014	140	1138.7	7.2	57.9	65.1	8198.69	65930.76	74129.45

数据来源：根据戴河镇资料整理。

第二，促果品销售政策。据村民单利民介绍，为了桃子的销售，2000年，村党支部书记带着村民们到北戴河区政府申请卖桃的摊位，当时的包村干部郑力波为费石庄村在善庄、刘庄、草厂、春花路、石塘路市场等5个地方，争取到了100多个摊位，村里的果农几乎家家都有摊位。经过一段时间，村民们觉得摊位销售量太低，很多人就放弃了摊位到秦皇岛市里去卖桃。两三年前，刘庄的摊位被取缔，虽然很多人都没有摊位，但是一部分坚持下来的村民还依旧享有北戴河区免费摊位的优惠政策。戴河镇为确保费石庄桃顺利销售，最大限度保证农民的便利与利益，还免费为126名村民办理了销售证件，保证村民可以顺利到达城区各地点销售。

第三，发展设施农业奖励补助。为了进一步调整农村产业结构，加快设施农业规模水平，促进农业增效农民增收，北戴河区结合自身的实际情况，制定了发展设施农业奖励补助办法。设施农业奖励补助对象为北戴河行政区域内从事设施蔬菜、设施果品和设施花卉、苗木生产的合作社、村级组织和农户，只要同时满足：新建高效温室50亩（20座）及以上；高效日光温室设计、形制统一，每座温室占地不少于1亩；符合区土地利用总体规划，用地性质为基本农田保护用地，且为非“有条件建设用地”，就可申请奖励补助。奖补标准包括4个方面：新发展设施蔬菜、花卉苗木及果品集中连片占地50亩（日光温室20座）及以上并按标准化要求进行种植的和新发展连片占地面积100亩（日光温室40座）及以上，设施齐全、技术先进、效益明显的示范园，经验收合格后，给予一次性补助，每座日光温室补助15000元，同时对完成水、电、路等基础设施配套的村或合作社给予每亩2000元的奖励；对新组建的蔬菜、花卉苗木及果品专业批发市场、配送中心且年销售额在300万元以上的单位或个人，给予一次性奖励5万元；对管理规范、带动作用强，达到市级以上示范社标准的农民专业合作社给予一次性奖励3万元；对新取得商标注册，通过农业部无公害、绿色、有机农产品认证，蔬菜、果品（包括加工制品）获得市级以上知（著）名商标的，分别给予建设单位1万元、2万元、4万元奖励。发展设施农业的奖励补助政策，为费石庄村未来桃树种植指明新的发展方向。

第四，小型农田水利设施建设补助政策。为了进一步健全农田水利设施，中央财政对小型水源工程、灌溉渠系工程、高效节水灌溉工程、排水工程、农村河塘清淤整治、田间配套工程、牧区高效节水灌溉饲草料地工程、必要的量测水设施、灌溉实验站等项目进行补贴，以保证各项工程项目顺利实施。这一政策的实施，为费石庄村种植业灌溉系统的优化提供了便利的条件。

（2）养殖业发展政策

第一，蓄养动物保险。为了防范养殖风险，费石庄村的养殖户可以购买蓄养动物保险以保障自己的利益。只要养殖户的养殖规模、被保险动物健康状况等情况符合参保条件，投保人就可以向保险公司投保，如发生任何意外情况，则可按照保险条款内容获得相应的赔偿处理。

第二，能繁母猪饲养补贴。为充分调动养殖场（户）饲养能繁母猪的积极性，促进生猪生产持续健康发展，国家实施能繁母猪饲养补贴政策。对饲养能繁母猪的养殖场（户）给予补贴，保护母猪生产能力，提高生猪出栏率，稳定生猪生产，保障猪肉市场供应。补贴对象为全国所有能繁母猪的场（户），包括规模养殖场、养殖户、种猪场和散养户。纳入补贴范围的能繁母猪指产过一胎仔猪、能继续繁殖仔猪的母猪，又称成年母猪或基础母猪。每头能繁母猪补贴为100元，补贴资金由国家承担，通过"一卡通"或"一折通"将补贴资金直接兑付到养殖场（户），暂时不具备实行"一卡通"或"一折通"的地方，可以采取直接发放现金的兑现补贴资金。在费石庄村，养殖大户范慕和就享有这项国家政策补贴

第三，农村清洁养殖工程资金补助。为了鼓励农村散养户逐步规范养殖方式，使规模养殖户逐步形成一种集养殖、种植、粪污沼气处理于一体的综合性、循环、生态的畜禽清洁养殖模式，提高维护农村环境的意识，进而使农村养殖环境面貌有一个根本改变，实现养殖业健康发展和美丽乡村建设同行，特实施农村清洁养殖工程资金补助。在调研过程中，我们发现人们在进出费石庄村委会的大门时，总要随手将门关上，开始有些不解，后来听说是因为村委会旁边有一家养殖户，夏天特别招苍蝇，村委会的门若开着就会有大量苍蝇飞入。养殖不仅会影响自家的环境，还会波及周边的环境，农村清洁养殖工程资金补助既有助于费石庄村养殖业的规模化、清洁化，又有助于整个村庄环境面貌的改善。

2. 村容改造政策

（1）绿道"工程。为了充分利用费石庄村美丽的自然风光，2012年，时任秦皇岛市委常委、北戴河区委书记曹子玉为实现费石庄村强村富民引入"绿道"工程。"绿道"建设结合区位优势，依托具体村情，以桃林景观为主要看点，让村民足不出户、桃果不离开田间地头就实现富民增收。

费石庄"绿道"全长7千米，南起高速引线村庄入口处，北至拨道洼永

洪水库后绕村回至高速引线入口处，是一条完整的环形封闭型绿道。规划三期完工，一期工程主要实现“绿道”基本旅游功能；二期工程将林间绿道延伸至整个村庄，带动农民增收；三期工程将“绿道”向北延伸至3座水库，增加水边休闲内容；是北戴河区2012年重点打造费石庄村生态友好型乡村旅游示范村的重要载体。在上级领导的支持帮助下，费石庄村投资300多万元在田间地头铺设彩色水泥路5000余延长米（宽3.5米），实现与拨道洼地块的道路连接。在绿道建设的同时对周边进行改造，杨树荫中建小桥、置石凳，改造永洪水库渔家饭庄整体环境，环湖架构300米木栈道，增加野味烧烤鸽子棚及市场木棚。费石庄绿道片区还建设磨盘广场、休闲木屋、桃林观景台（3座）、村内停车场、高速引线口小市场、公厕（2座）等多处观赏景观及服务设施。并在旅游局的具体帮助下，通过设立“绿道”指示标识，吸引游人采摘参观。沿着绿道可以骑行或步行至桃林深处，春季赏桃花、夏秋季采摘，既能赏美景，又可品果香，林中小憩，远离尘嚣，品当地特色菜肴，住乡村旅店，享受农家热炕，市民、游客来此放松休闲，定能感到身心愉悦、不虚此行。

在绿道的基础上，费石庄村将继续加大投入，完善旅游服务站与游客接待中心的主体服务功能，完善停车场路面结构，安装路灯照明设施，推进费石庄村北沟水库节点延伸功能建设，拓宽采摘、观光、餐饮、住宿、垂钓、休闲等的旅游增收途径；开发茶室等建设，在位于高速引线口的市场木棚处增加一处非永久性建筑类型的接待餐厅，实现经济价值；积极打造“生态环境友好型、乡村旅游特色村”。

（2）农村清洁工程。为了优化农村环境，改善整个北戴河区卫生面貌，北戴河区政府对区内及相邻地区近岸海域，展开环境综合整治农村清洁工程。费石庄村认真对照农村清洁四大类十八项建设内容，积极组织落实。在资金没有到位的情况下，村“两委”不讲条件、不计代价、不找借口、不等不靠，依靠村集体现有资金和广大村民的支持配合，在本村统一建造垃圾池22个，其中带棚架垃圾池7个，清理垃圾12000余立方米；修建雨污水沟护墙300余延长米，粉刷墙壁380平方米，张贴农村清洁标语6条，悬挂宣传横幅3条；采购安装生活污水双瓮式净化池几十套，建造垃圾转运站1个；新修村内道路4400余延长米，栽植花草树木，铺设路沿石及边砖；接受市级农村清洁第一批采购物资：户用垃圾桶558个，人力三轮清扫车3辆，垃圾清运车1辆，抽污车1辆，并有村民自建清洁型养猪场1个。

农村清洁工程开展以来，通过与村庄容貌环境整治相结合，规范相应制度，明确专人负责，基本做到了生活垃圾日产日清，杜绝了村内污水横流、垃圾遍地、柴草乱堆等现象，使得村容村貌有了更进一步改观，环境卫生有了更进一步提高，村民人居条件得到更进一步改善。

(3) 农村面貌改造提升行动。为全面贯彻落实党的十八大精神，扎实推进社会主义新农村建设，大力改善农民生产生活条件，河北省组织开展了农村面貌改造提升行动。自农村面貌改造提升行动开展以来，费石庄村全面动员、全民参与，积极开展环境整治、民居改造、基础设施配套、公共服务提升、生态环境建设、长效机制及产业支撑建设工程，一派秀丽的田园风光逐步展现。

在农村面貌改造提升行动中，费石庄村对照15件实事标准，逐项查摆问题，有针对性地解决制约村庄发展难题。首先，开展“四清四化”，即彻底清除村内街道、房前屋后、村庄周围、公共场所的各类垃圾杂物，逐步实现村庄净化、亮化、绿化、美化。同时要开展村庄标语的美化整治、村庄标识建设、污水处理等环境整治工作，从细节入手使村庄整体面貌焕然一新。其次，依托地理环境、区位优势、农家风情等要素，制定具体详尽的村庄产业发展规划和整治办法，在规划基础上进行民居环境改造，开展如“美丽庭院”等宣传活动。再次，按照一村一特色、一户一格局的要求，加强基础设施配套建设，进行道路硬化、饮水安全、安全稳定用电、垃圾处理、厕所改造、厨房改造、通信改造、新能源利用等改造与建设。最后，推行事务代办便利村民，扩建村民中心，完善公共服务提升工作。在这些基本改造与建设的基础上，开展土地、公墓和骨灰等整体生态环境的改造，建立健全环境整治长效机制，从而更好地推动村庄产业规划的尽快实现。

表 9－2　　费石庄村农村面貌改造提升行动 15 件事完成情况

工程项目		工程量	投资（万元）				
			小计	省	市	县	群众自筹
			1449			249	1200
1. 民居改造	屋顶改造（户）	210	315				315
	墙体改造（平方米）	80000	30				30
	门窗改造（户）	210	63				63
2. 道路硬化	水泥路（米）	9000	340			80	260
	砖路（米）	400	24			10	14
	石材路（米）	100	5				5
	线路改造（米）	0					
	安装线杆、路灯（根、盏）	22 盏	11			11	
3. 垃圾处理	清除垃圾（立方米）	20000	40			6	34
	清除路障（处）	2	1				1
	清除残垣断壁（处）	0					
	拆除违章建筑（处）	0					
	垃圾桶、清理车（个、辆）	284、5	20			20	
4. 饮水安全	铺设管道（米）	1000	18			5	13
	增加设施（件）	1	20				20
	增加供水家庭（户）	284					
5. 厕所改造	双瓮漏斗式（户）	110	44			30	14
	三格化粪池式（户）	160	80				80
	三联通沼气池式（户）	0					
6. 污水处理	铺设管道（米）	700	44			17	27
	建设处理设施（个）	0					
7. 村庄绿化	新增植树（株）	3000	20			20	
	新增绿地（平方米）	5000	50			50	
	环村林带（米）	5000					
8. 土地整理	（闲废土地处数）	0					

续表

工程项目		工程量	投资（万元）				
			小计	省	市	县	群众自筹
9. 秸秆处理和厨房改造	秸秆处理加工点（个）	0					
	厨房改造（户）	210	105				105
10. 新能源利用	使用清洁能源（户）	210	7				7
	太阳能利用（户）	210	42				42
	修建沼气池（个）	0					
11. 村民中心建设（需建设项目数）		1	125				125
12. 标语广告整治（处）		8	2				2
13. 村庄标识设计建设（处）		2	5				5
14. 传统文化保护开发（处）		2	38				38
15. 公墓建设		0					

注：此表中改造提升行动完成情况可对照2013年的总户数：285户，总人口：655人等数据。

数据来源：费石庄村委会提供。

（二）发展制度、规划

为了促进村庄的全面发展，费石庄村制定了维护本村社会治安秩序、保障本村集体和个人合法权益、发展村庄基层民主建设、促进村庄物质文明和精神文明以及生态文明建设的村规民约；为了适应市场经济条件、实现农业产业化、提高村民收入，费石庄村制定了符合自身特殊情况的“一村一品”特色产业发展规划以及与之相配套的民宿经营规划。

1. 村规民约

①社会治安综合治理。村民们要坚决打击各种犯罪活动，维护村庄良好的社会秩序，积极开展社会治安综合治理，坚持“群防群治”的方针，促进社会主义精神文明建设及核心价值观的贯彻发展。

②环境卫生管理。严格遵守本村制定的“门前三包”制度，即包门前卫生、包门前秩序、包门前绿化，保持自家宅院内的卫生整洁，维护村内的公

共卫生环境。村内所有农户每年初要向村委会一次性交纳本年度的卫生管理费用200元，如不交纳，村委会将停止对该户的供水、供电。

③水电管理。村内自来水是全体村民共享的一项福利，主要供给村民的生活用水，任何人不得留作他用。全体村民应珍惜水资源，本着节约用水的原则，严防跑冒滴漏，合理适度用水。任何不经村委会同意在水表外擅自安装分户管道的村民，处以500元罚款并强行拆除，加收拆装费100元。自来水采用一户一表制实行限量供水，每人每月按2吨供给，超出部分每吨按2元的价格收取水费；外来户、暂住户，每吨按2元的价格收取水费，在年底前一次性交清，其中本村村民向外来户出租房屋的，如租房户不按规定交纳费用，村委会有权在出租住房户的村民待遇中扣除拖欠的全部费用。

④村民土地、建房及设施农业管理办法。村民在自家宅院内新建房屋和老房翻建的，必须在宅基地使用证范围之内，服从区、镇、村建设规划；对各户前后或边角算承包地的、未经有关部门批准不得私搭乱建；在自家承包地内搞设施农业，建棚舍的，选址及建筑规格，必须符合区、镇、村统一规划并履行正常报批手续；将自家承包地转包他人的，必须事先征得村委会同意，履行转包手续；在自家承包地内栽种果树或其他树木的，应与相邻地块主人协商同意后留足树枝伸展空间，如引发纠纷由栽种者无条件自行清理，并对造成的后果负一切责任；对村委会分地时留出的田间道路，必须保证规定的宽度，任何农户不得侵占和损毁；除修铁路、高速、机场等国家占地外，其他形式的占地行为必须经全体村民大会讨论通过。

⑤户籍管理与村民待遇。具体的户口迁入条件：无子多女户招婿，只能有一个女婿的户口迁入村里，不能迁入的女方及婚生子女可享受村民待遇；男性村民与本村以外女性结婚，是农业户口可经确认迁入村里，以户口迁入日为准享受村民待遇；女性村民嫁给本村以外丈夫，其户口未迁出的，享受村民待遇，如丈夫属非农业户口，子女户口随母亲的，子女享受村民待遇；夫妻离异，属外村女性嫁入本村当媳妇，户口未迁出的，和本村以外男子再婚，其子女户口不得落入村内；已分得土地但本人已死亡、家中无直系亲属的，土地收回不享受任何待遇；本村出生的农业户口并分得土地的子女，因上学、嫁人等原因户口转出的，享受部分土地收益分配但不享受福利待遇，大学毕业后如国家未给分配，户口允许迁回本村；女因外嫁、男因被招婿户口迁出的，如离异户口不得迁回；本村离异家庭，女方户口未迁出，男方再

娶其配偶户口不允许迁入，如双方均已分得土地，任何一方因离异而将户口迁出的，则不再属于该村村民，除土地经营性收入及经营性补偿外，不再享受其他村民待遇；父母户口不在本村的，其新出生的子女户口不准落在村内其他亲属户口上。

2. “一村一品”特色产业发展规划

费石庄村位于联峰山北侧，紧靠北戴河高速引线和205国道，与乔庄葡萄酒堡相邻，地理位置优越。全村共有685人、285户，总占地面积1750亩，果林面积1424亩。村民祖祖辈辈皆以种植果树为生，桃类为主要品种，村庄地势较低且果丰林茂掩映于大片桃林之中，素有“桃花源地费石庄”的美称。但是，近年来，由于农产品肥料价格上涨和果树品种更新换代不及时以及缺乏专业组织等原因，村民普遍收入低，增收渠道窄，种植积极性不高。此外，村内青壮年大多以外出务工等补充收入，也造成了村中劳动力外流、村内传统种植产业滞后和无从开发等现状。

面对现实存在的问题，2013年，在费石庄村面临新一轮的土地承包分配时，村“两委”干部以此为契机，在充分发挥村庄优势条件的基础上，奔着把握机会、创造财富、发展特色、富裕乡亲的发展目标，坚持市场导向、科技创新、农民自愿、规模发展的原则，积极推动设施农业建设，在1424亩果林基础上做文章：一是发展乡村旅游经济，开办农家旅馆，实现果品采摘村内销售；二是培育大棚果品生产，打破节气规律令村民四季都有水果销售。

经过对村内现有两个果树大棚的调查了解，村两委和几位村民代表感到发展大棚经济效益明显、收入可观，对于果品的错季上市时节好掌控，能够实现增收，适宜推广。此外，考虑到目前北戴河区不断向前发展的乡村旅游和自身良好的生态环境、便捷的交通优势，以及倚靠乔庄葡萄酒堡的临近地位特点，管好土地，用好资源，开展特色果品种植，不仅可以借势发展旅游业，分担客源，还能盘活农村经济，丰富群众增收渠道。在此基础上，还可以发展衍生产品，一棵桃树全身是宝，桃花、桃果、桃叶、甚至榨汁之后的桃渣都可以成为深加工的原料，可以借鉴北京平谷地区的先进桃园管理经验，以桃文化为基本点，开发出以桃木、桃花、桃叶、桃根、桃核等为载体的桃工艺品；还可以经过生物技术萃取提炼桃花精油，制成桃花软胶囊，研制桃花酒、桃花茶等系列食品，深度开发桃系列健康产品，面向市场销售，促进形成产业化发展。

在此基础上，费石庄村本着因地制宜、科学合理、立足现实、着眼长远、逐步推进、效益永续的原则展开“一村一品”的发展工作，力争在近5年内实现全村范围大棚种植产业的全覆盖，初步建成10个果品种植大棚，达到10亩的种植规模，形成白桃、油桃、黄桃和蟠桃等四大系列桃果“板块”，做到相对集中、各显特色、相互带动、快速发展，以此带动乡村旅游业的发展。以桃类为主的种植业在现有规模基础上尽可能增加流转面积，创造新的就业岗位，使全村广大务工人员尽可能实现本地就业务工，做到规模进一步扩大，实力进一步增强，效果进一步明显。同时，个性化产业作为村庄发展规划的一项新型主导产业，通过发动群众、引进良种、广泛种植等环节，在村里进行大户带动散户，实现共同脱贫致富。

3. 旅游业发展总体规划及民宿经营规划

（1）旅游业发展总体规划

结合费石庄村“绿道”项目，根据区域特点和村情实际，因地制宜利用现有桃林，打响果品采摘特色品牌，发展乡村旅游产业。依托二轮土地承包机遇，改变农户种植管理分散、果品质量难以保障的情况，对桃园实施规模化管理；更新老旧果树品种，划分片区，形成种类繁多的单一品种桃园；实施果树挂牌管理，突出树龄、果实、类型、口感等特点；选择质量上乘口感俱佳的特色果品培优发展，打响费石庄桃果专业村的金字招牌。在村内设置游客接待中心，由村委会统一加强管理，进一步规范乡村旅游农家院，优化产业格局，提升总体形象。搞好生态农家游、“绿道”特色游，吸引游人采摘和拍客、画家等进行户外写生，推进村庄发展景观化，地域特色鲜明化，文化发展成果化。发掘以休闲垂钓和体验原生态为主的“渔趣”人家；探索以休闲疗养为目的的天然氧吧功能。

（2）民宿经营规划

费石庄村地理位置优越，邻近高速引线交通便利，村口设有专门的停车场及接待中心；自然条件较好，具有得天独厚的果树资源，果林间有平坦的绿道，绿道间建造了多处休闲观光为一体的亭阁，既可以欣赏美景又可以进行采摘；村里210户农户都建有二层小楼，庭院美丽；村庄街道整洁，排污有序，水厕方便；村民民风淳朴，邻里和谐，社会治安稳定；北戴河旅游旺季正是果农们闲暇之时，发展民宿时间充裕。所有这些条件都表明，费石庄村适合发展民宿并具有民宿发展条件。

但是费石庄村民宿经营还存在一些问题，如村内自来水管道年久老化，民宿经营用水必多，水压必大，需打井修管；民宿经营用电量会超负荷，因此需要增大电容；费石庄村经济基础相对薄弱，建设配套设施的经济支撑不足；多数村民对发展民宿信心不足，农业收入本来有限，怕投资失败而赔本。

在充分考虑自身发展民宿的优势条件与存在问题的基础上，费石庄村确定了民宿经营思路。首先，建立健全民宿管理机构。由村“两委”班子成员组织并作为参与者与管理者，建立管理机制；成立民宿经营指导机构，开展培训班，对服务态度和服务质量进行定期培训，树立民宿经营理念，指导民宿经营，在和谐中求效益，求发展。其次，要有章可循，严格管理。村班子成员要严格按照民宿管理办法去做，有检查、有评比，卫生、水、电有保障；要严格游客身份上报制度，消除不安全因素。再次，村里文化活动广场向游人开放，让游人感到和在自家一样温馨自在。最后，要打造游玩采摘住宿一揽子服务体系，村干部要对村民发展民宿无条件提供支持，当好村民的勤务兵。

第二部分　农户

十、果树种植户

（一）桃树种植户张茉玲家

勤和俭是中国农民维持个体生产和生活的主要方式，靠勤开源多收入，靠俭节流少支出，以此实现积累和发展，对张茉玲的采访无疑让我们对勤俭持家这四个字的认识更加深刻。

费石庄村农户多以桃树种植为主业，村中不乏桃树种植大户，热情好客的张茉玲家就是费石庄村的种植大户，据村干部李立丰介绍，早在1983年包产到户之前，张茉玲家就从事桃树种植，他们家可以算是桃树种植的专业户了。第二轮土地承包[①]之前，张茉玲家经营着将近20亩地，老两口一直任劳任怨、辛勤劳动；第二轮土地承包之后，家里有9亩多地，主要是种植桃树，是家里收入的主要来源。调研期间，恰逢农忙季节，村里大部分人不是去果园摘桃就是去海滨[②]卖桃，调研组来到张茉玲家时，张茉玲的丈夫去果园摘桃子了，而张茉玲则是去海滨早市卖完桃子刚回来。

张茉玲，女，汉族，1959年出生，“没正经上过学”，家里只有一个女儿，现在已经结婚，外孙在南戴河上一年级，丈夫侯占山，比她大两岁，和她一样，以桃树种植为业。当被问到有没有什么宗教信仰时，张茉玲表示

① 费石庄村第二轮土地承包于2014年2月开始，到4月基本结束，按照费石庄村新一轮土地承包办法，村内农户以户（户口簿）为单位，每人分得1.5亩土地。村民依据自身实际，自选保留原承包地中大田地或果树地，多退少补，剩余的统一分配（资料来源于《关于费石庄村新一轮土地承包工作情况报告》，费石庄村委会提供）。

② 海滨是费石庄村民卖桃的主要市场之一。

“什么都不信就信命，就想靠自己的劳动挣钱”。她的普通话说得还算流利，性格开朗热情，一听说我们的调研意图，便放下手中的活，非常热情地招呼我们参观家里家外。

张茉玲家院里有个下水道，门口就是水泥路，费石庄村经过近几年的建设，主街和小巷几乎都是水泥路，一直通到各家门口；秦皇岛市旅游局也帮着费石庄村修建了费石庄绿道，一直通到各家桃园、各家庄稼地，绿道可以直通京沈高速引线，是闭塞的费石庄村通向外部世界的重要通道。费石庄村不大，村民委员会办公大院建在村口，院里有一个小医务室，张茉玲家距离村委会只有500米左右。张茉玲家不算小，住房面积可以达到280平方米左右。她家住址原来是一个学校，买下来之后拆掉老房子又重建了四间房，这四间房已经建起很长时间；与旧的四间房相对的二层砖混房，是三四年前新盖的，由于女婿从事沙石子等的经营，盖房的时候，沙石子没有花钱；女婿有一辆用来搞运输的大翻斗车，因此沙石子的运输费用也没有；墙体也是亲家的朋友帮忙砌的，亲家又帮忙焊了大门，这就又省去了一大笔开销，因此，盖新房总共才花费10万元左右。据带我们前往张茉玲家的村干部李立丰介绍，现在农村盖房的成本主要是人工费，建筑材料的价格相对而言还是比较便宜的，因此张茉玲家盖房子花费的10万元中，有一半是人工费用。厕所在院外，村里只有少数几家是厕所在院内、自己安装冲水系统的，其他家庭的厕所大部分在院子外。饮用水主要是村里集中提供的自来水，虽然家里有口井、有水泵，但井里的水一般都是用来拌农药的。

桃农家里少不了必备的农用生产工具，一进张茉玲家就能看到大门厅里停着的一辆摩托三轮车，车上放满了装桃子用的塑料筐，还有一个卖桃用的电子秤；大门厅旁边有一间专门的屋子用来放置必备的生产工具，有锄头、铁镐、盛放桃子的竹筐等。家里生产性固定资产除了用来拉桃、卖桃的摩托三轮车，还有一个水泵，张茉玲家有口深水井，水泵用来在井里抽水，抽出来的水主要用来拌农药；有一辆拖拉机，主要用来运送农药和水，拖拉机上还装有专门的水泵用来在果园喷洒农药；还有一个电动三轮车，是平时下地摘桃的主要交通工具。生产性固定资产情况见表10－1。

表 10－1　　2014 年家庭主要生产性固定资产情况　　单位：个

汽车	拖拉机	打草机	收割机	摩托三轮车	电动三轮车	水泵	电子秤
0	1	0	0	1	1	1	1

数据来源：根据张茉玲口述整理，2014 年 7 月。

费石庄村大部分家庭都有土暖气和火炕，张茉玲家也不例外。由于勤俭持家的意识比较强，“日子过得比较细”，张茉玲家的烧煤炉子一般不舍得用，多烧柴火做饭取暖，由于种桃，桃树淘汰之后留下了很多树枝树干，因此家里柴火比较多，家里家外共堆放了 4 堆木柴。即使在寒冷的冬天也不生炉子，就用柴火烧大锅做饭，因此不是很暖和，外孙来的时候会感觉冷，所以专门买了一个电暖器“小太阳”。冬天即使烧柴禾，也只有炕暖和，屋子里还是很冷，“要是集中供暖解决了，哪儿都不想去，就想在家待着”。

张茉玲勤俭持家的特性随处可见，家用电器和其他耐用消费品几乎都是女儿买来或使用过的。家里原来有一台小电视已经很旧了，她也舍不得换，女儿回家时，又给买了一台。因为买煤还需要花钱，所以主要烧桃树枝等柴火，只有外孙来的时候才舍得开“小太阳”，平时如打牌、打麻将等休闲娱乐活动就更少了。家里的太阳能也是女儿家里替换下来的。家里有一个冰柜，一个小洗衣机，也是女儿给的；她和丈夫侯占山每人一部手机，老两口手机话费开支都很少，经常充 50 元话费“就用忘了日子”；还有一个为外孙回家看动画片专门准备的 DVD 播放机。张茉玲家耐用消费品情况见表 10－2。

表 10－2　　2014 年家庭耐用消费品情况

项目	数量	项目	数量
电视（台）	1	拖拉机（辆）	1
电冰柜（台）	1	电水壶（个）	1
洗衣机（台）	1	太阳能热水器（个）	1
影碟机（台）	1	手机（部）	2
电动三轮车（辆）	1	摩托三轮车（辆）	1
电暖器（个）	1	电饭煲（个）	1

数据来源：根据调研组观察和张茉玲口述整理，2014 年 7 月。

据张茉玲介绍，家里收入主要来源于种桃，平均每年的收入在七八万元；另外还养了12只鸡和几只鸽子；家里有个小菜园，种了些蔬菜，主要供自家食用。由于劳动力有限，家里没有人从事其他职业。张茉玲家农作物、牲畜、家禽情况见表10－3。

表10－3　**2013年家庭农作物、牲畜、家禽情况**

种类	亩数	折算价值（元）	种类	个数	折算价值（元）
瓜果（桃）	20	80000	猪	0	0
蔬菜	0.1	200	禽类	20	1000

数据来源：根据张茉玲口述整理，2014年7月。

土地承包之前，张茉玲家经营了近20亩地，但由于地块比较多，家里的劳动力只有老两口，所以有些地就没再管理，都荒了。新一轮土地承包共分得9亩地，张茉玲知足常乐道："现在地少了，但少点儿更好，毕竟家里只有我和丈夫两个劳动力，而且现在只有一块地，相对来说比较好管理。"女儿还劝她，现在可以把土地承包出去，获得的租金足够老两口花的，但张茉玲"过日子细"，不仅不舍得花钱，也不想浪费力气，所以能省就省，能挣就挣。除自己和丈夫之外，女儿和女婿的户口也在张茉玲家，由于张茉玲是费石庄本村嫁给的本村人，所以母亲的地以及哥哥的土地也由张茉玲家经营，这样，她家就可以种植6口人的地，每人1.5亩，共9亩；婆婆刚刚去世100多天，婆婆去世之后的1.5亩地由丈夫侯占山四兄弟家平分，每家分得3分地左右，这样，由张茉玲家经营的土地就有9亩多。按照往年的收入来看，张茉玲家每年的桃子收入在七八万元；但由于今年有些旱，所以影响了收成；与此同时，由于外村的桃子挤占了费石庄村部分桃子市场，桃子普遍不好卖，以往大约10元钱3斤的桃子，现在只能卖到2元甚至1元钱一斤，因此，她对今年的收入很不看好。

影响费石庄村收入的原因有很多，主要就是桃子收成和桃子市场。在桃子收成方面，天气是主要的影响因素，费石庄村的桃子种植要"靠天吃饭"，久旱影响了桃子的收成，好在调研期间下了场雨，缓解了当年的旱情，但由于雨点比较大，村民也对这场雨表示了担心，怕砸坏了桃子。在桃子市场方面，费石庄村的桃子主要是卖给周边地区和旅游人群，因此市场主要受制于两方面，一是北戴河区的常住人口，二是旅游人口。北戴河区常住人口不多，共有 25 个行政村、9 个社区居民委员会，村大的两三千人，村小的就几百人，制约了本地市场；暑期游客较多，但近几年一部分外村桃子挤占了费石庄村的市场，据调研组调查，海滨很多水果店，即使不是费石庄村的桃子也说是费石庄村的，这一方面说明费石庄村的桃子在当地有一定的品牌价值，另一方面费石庄村没有把自己的品牌价值利用起来，让外村的桃子挤占了自己的市场。费石庄村要发展必须努力拓展市场，充分挖掘费石庄村桃子的品牌价值，一是要形成品牌价值，不受限于北戴河区的市场，努力拓展外部市场；二是减少村内竞争，消除村外桃子冒充费石庄村桃子的状况，而这两点要想实现，单靠每家每户的个体经营显然是不够的，整个村子必须联合起来，进行合作制经营，或者引进资本经营。

种植桃树是一件非常辛苦的事情，除了剪枝、修整、包袋、施肥，还需要防治病虫害，每年桃子收入的七八万元当中有 1 万多元要用在这些方面，张茉玲估计今年这种生产性的支出会更多。打药费时费力又费钱，但碰到病虫害频发的时候，打药就成为桃农的家常便饭。2014 年，费石庄村的桃树普遍遭受蚜虫侵蚀，从 5 月开始几乎三两天就要打一回药，截至我们去费石庄调研的那几天，张茉玲家已经给桃树打药十几次，每次成本都要三四百元，张茉玲还开玩笑地说，夫妻两人还会为要不要打药的事情拌嘴，丈夫认为刚打过两三天不必再打，因为往年几乎都是半个月打一回，所以认为不必打药这么频繁，毕竟成本太高；张茉玲则认为不能算着日子打药，今年蚜虫特别多，农药药性又特别小，再不打药蚜虫就会严重损害桃树的生长，影响收成，最后根据实际情况，丈夫还是同意了两三天打一回药，所以今年农药支出就很惊人。据张茉玲介绍，他们家打完治蚜虫的药，第二天去桃园，蚜虫还是很多，便怀疑用的是假农药，于是也变换使用了很多农药种类，但效果仍然不明显。此外，上半年她家就用了 3000 多元的化肥。拖拉机是专门用来运送打农药的药桶以及喷洒农药的，车上装有专门的水泵用于农药喷洒，拖拉机和拉桃子的三轮车每年的油费也在 2000 元左右。

这样，张茉玲对当年的收入非常不看好，新一轮土地承包后，土地变少，自己原有的 20 多棵树也划归了别人，所以收获的桃子自然也会变少。即使是剩余的桃园也不会带来太大的收益，收入变少，而支出增加。收入方面主要受制于桃子市场，桃子不好卖，且卖不到好价钱，收入相对往年就会大大减少，张茉玲叹息道，如果能卖到四五万元已经知足；支出方面蚜虫灾情严重，频繁地打灭虫药又大大增加了桃树种植的成本，因此据她保守估计，桃子赚不了什么钱，他们家应砍掉老桃树，种植新桃树了。收支相抵，净收入不会很多。

除生产性的支出之外，勤俭持家的张茉玲家其他支出比较少。我们去采访的时候，张茉玲的婆婆才去世 100 天左右，为婆婆举行丧葬是一笔不小的开支，虽然办丧事收礼 3 万元左右，但花销在 38000 元左右，除去收到的 3 万余元，丈夫侯占山四兄弟每户又均摊了 2000 元左右。如果没有至亲至近之人或者家里有大事，花费在红白喜事上的开支不会太大，一般结婚的每户只给 100 元或者 200 元，每年 2000 元已经足够了。平时更是很少买衣服，一件衣服可以穿很多年，新衣服也多是女儿买的；平时下地或者卖桃回来吃饭的时候会喝点儿啤酒消除一下疲劳；家里种植着小菜园，黄瓜、葱、茄子等各种蔬菜应有尽有，除自家种植的水果之外，女儿也时不时会买一些，所以用在食品上的支出主要就是买一些必备的面、米、油、盐、酱、醋、酒等，每个月 200 元足够；近几年家里也没有人生过什么大病，女儿又是医院的护士，所以一家人用来看病的开销也特别少。除此之外，张茉玲家几乎没有额外支出。2013 年家庭支出情况见表 10－4。

表 10－4　**2013 年家庭支出情况**　单位：元

总支出	生产性	衣服	食品	看病	教育	娱乐	红白喜事	交通	通信	住房
20100	15000	0	2500	200	0	0	2000	200	200	0

数据来源：根据张茉玲口述整理，2014 年 7 月。

勤俭持家的性格还体现在张茉玲对待打牌、打麻将等休闲娱乐活动的态度上，她几乎从来不参与这些活动，“输 5 块钱都心疼，你说能去玩吗？”，而自己闲下来时，喜欢串串门、聊聊天、看看电视，冬天有空的时候也会去村委会跳跳舞，最近因为农忙已经很久没去跳了。

张茉玲家对于各种社会保障都积极参加，新型农村合作医疗和社会养老保险一样都没有落下。参加了新农合，每年只交 70 元，等生病住院的时候，就可以享受部分医药费报销的优惠；参加了养老保险，丈夫侯占山两年后、自己四年后，等到满 60 岁就都可以每月领取少量定额的养老金了。

总的来说，张茉玲家在费石庄这个以桃树种植为特色的村来说是比较有代表性的，他们家的收入在全村属于中等水平。知足常乐的张茉玲没有什么奢望，只希望家人健康、女儿外孙能够幸福。“我过日子细”这句简单朴实的话是勤俭持家的中国农民2000多年来积淀下来的传统意识在张茉玲身上的充分体现。

（二）桃树种植户孙维朝家

医疗体制的商业化、房地产业商品化、教育产业化使得教育、医疗和住房被人们戏称为压在中国人头上的“新三座大山”，农民在城乡二元体制下更是被这“三座大山”压得喘不过气来，教育开支对于一个普通农民家庭来说便是一种沉重的负担，孙维朝家出了两个大学生，这在小小的费石庄村并不多见。除了两个大学生，孙维朝家还有很深的军人情结，他自己就是一名退伍军人；大女婿也是一名军人，现在仍在当兵，还没有转业。

中国人民解放军281医院即北京军区北戴河疗养院，费石庄村村民生大病一般会去281医院看病住院；很多村民农闲或暑期在这里做工；也有很多退伍军人定居费石庄村成为外来女婿；还有很多村里的年轻人在这里做医生、护士、当兵。孙维朝家就与281医院有着很深的渊源，他年轻时就在那里当兵，现在女儿又在那里当医生。

孙维朝，男，1963年出生，汉族，初中文化程度，退伍军人，当我们问到他有没有什么宗教信仰时，他表示“对于那一套根本就不信”，所以不信佛、不信教，就信好好干活。家里现有四口人，除了自己和妻子，还有两个女儿。总共200多户的费石庄村有十几户外来女婿，孙维朝家是其中之一。孙维朝的老家在河北邢台临西县，年轻时在位于北戴河的281医院当兵，期间经人介绍认识了家住费石庄村的妻子，后与妻子结婚并定居落户到了费石庄村。但他不是入赘，也不算养老女婿，因为岳父母家还有两个儿子，现在岳父母已经去世。孙维朝的老家家庭条件并不好，村里也没有什么发展前景，而费石庄村土地比较多，种植果树收入相对比较高，所以夫妻二人商量后就在妻子家乡费石庄村落了户，经过近30年的努力，孙维朝家不算富裕，但也生活无忧。

调研组去的时候恰逢费石庄村摘桃卖桃的繁忙季节，到达孙维朝家时，他还没有从地里回来，只有大女儿在家，后来了解到，大女儿现在281医院当医生，正好周末回家。我们等了几分钟，孙维朝便骑着电动三轮车满头大汗地回来了，后来村干部李立丰告诉我们，孙维朝地里的活还没干完，得知我们要来采访便专门从地里提前赶了回来。除了他回家时骑回来的1辆电动三轮车，他们家还有1辆柴油三马车，有时候会用来去工地拉点儿活；另外家里还有3辆电动车，1辆摩托车，摩托车已经很多年了，基本没有人骑。费石庄村几乎每家都有一个水泵，一口井，平时可以用水泵抽水搅拌农药，饮用水主要是靠生产大队提供的自来水。

孙维朝家的格局在北戴河比较有代表性，正面有一栋两层200多平方米的新砖混房，中间一个小院，往里走又有一栋一层的稍微旧一点的100平方米左右的房子，后面有一个小菜园，院里有厕所，不用出院就能上厕所。他家主要是在中间的一层砖房里住。一进他家住的屋子，就感觉特别干净，像是新盖的房子或者是刚刚装修过的，屋子里洗衣机、电视机、机顶盒、电冰箱应有尽有，但没有影碟机，因为现在装上了机顶盒可以接收到的电视台比较多，基本不看DVD，而且女儿房间里还有1台电脑。为了电脑上网装宽带，专门留了1台固定电话，但固定电话用得比较少，家里每人1部手机。孙维朝家生产性固定资产、耐用消费品情况见表10－5、表10－6。

表10－5　**2014年家庭主要生产性固定资产情况**　单位：个

汽车	拖拉机	打草机	收割机	柴油三马车	电动三轮车	牛马驴车	水泵
0	0	0	0	1	1	0	1

数据来源：根据孙维朝口述整理，2014年7月。

表10－6　**2014年家庭耐用消费品情况**

项　目	数量	项　目	数量
电视机（台）	1	拖拉机（辆）	1
电冰箱（台）	1	手机（部）	4
洗衣机（台）	1	电动三轮车（辆）	1
电动车（辆）	3	电话（部）	1
影碟机（台）	0	机顶盒（个）	1

续表

项 目	数量	项 目	数量
摩托车（辆）	1	电脑（台）	1

数据来源：根据孙维朝口述整理，2014年7月。

孙维朝说，他住一层砖房已经好多年了，前年重新进行了装修，所以感觉很现代、很干净。虽然这房子只有一层，但是屋顶上面有一层橡胶，保暖和隔热都比较好。至于前面的二层楼房是这两年盖的，花费在十几万元，并且也不算他家的房子。原来是前几年北戴河区将费石庄村规划成为拆迁村，村里很多人为了能够获得补偿都开始盖新房子，由于宅基地没有增加，所以很多人都是将老房子推倒重建成2层楼房或者在原来一层的基础上再加盖一层，或者是在院子里新建几间房。但是他们家的收入几乎都用来供两个女儿上学了，自己家几乎没有实力盖新房，于是大舅哥和二舅哥就把房子盖了起来，盖房子的钱都是由两个哥哥出的。

孙维朝很热情，一到家里就吩咐女儿洗了自家种植的杏给我们吃。他家原来是没有杏树的，以往也没有种植过杏树，2014年第二轮土地承包后新分到的地里恰好有一棵杏树，由于数量太少，不够拿去卖，所以就留着自家吃了。听孙维朝说，费石庄村虽以桃树种植为主，但村中也不乏种植杏树的，种得多的自然会去市场上卖。听部分村民提到，在临近分地的这两年，由于村民不知道具体的分地办法，而多种果树的管理都需要长期的投入，分地之后自家的投入很可能会打水漂，所以很多村民都没有对自家地里的果树进行过多的管理，我们推测这也是孙维朝家分到的这棵树上结的杏不太甜的原因。

孙维朝家主要是以桃树种植为主，第一轮土地承包时，分得3口人的地，大姨子家的地不种也给了他家，所以他家总共种植了10亩地左右，种的都是桃树。听孙维朝说，费石庄的村民身体比较好的、年轻一点的、地比较多的都不愿种玉米、花生等，多愿意种植果树，因为收入会多一些。今年二轮土地承包分地，家里4口人，每人1.5亩，共6亩地。由于自己可以保留一块自家原有的地，所以这次分的地都不错，都算是良田。往年每年开春村里都会集中放一次水，浇一次地，但最近几年由于重新分地的事情，就没再放水浇地。孙维朝家2014年承包土地情况见表10－7。

表 10 - 7　　2014 年承包土地情况　　单位：亩

总面积	水浇地面积	旱地面积	良田面积	荒地面积
6	6	0	6	0

数据来源：根据孙维朝口述整理，2014 年 7 月。

孙维朝家的收入主要来源于桃树种植，2013 年他家 10 亩地桃树种植总共收入 5 万元，2014 年只有 6 亩地，比上年少了 4 亩多，刚分到的地里又有不太好的桃树品种，再加上桃子价钱低，所以 2014 年预计最高收入 3 万 ~ 4 万元。除桃树种植之外，孙维朝没时间养家畜家禽，因此其他收入比较少。农闲的时候，他也会外出打工，主要是在北戴河区建筑工地做小工，每天可以收入 100 元左右，每月可以收入 2000 ~ 3000 元，每年农闲靠打小工能赚 5000 ~ 6000 元。他家有辆柴油三轮车，平时可以去工地拉点活。每天可以收入 200 元左右，成本仅需 30 元加油费，但不是每天都有，三轮车运输每年可以收入 3000 元左右，他的妻子往年都是在农闲时出去打工。农忙的时候，如果孙维朝一个人忙得过来，妻子便会照常打工。2014 年由于地少，到了比较繁忙的六七月，孙维朝一个人可以忙得过来，妻子就一直在外面打工，她做工也比较零散，比如在洗衣房洗衣服等，每个月基本可以收入 1800 元。费石庄村的农忙季节也是北戴河区的暑期旅游旺季，因此这成了妻子打工最合适的时间，近几年妻子 4—10 月均在外打工。

据孙维朝介绍，费石庄村村民闲暇时间不多，农忙季节地里的活很多，主要有卖水果、摘桃、修理树木等工作；到了农闲季节，忙完了地里的活后大部分村民都出去打工，只有过年那几天可以休息，但孙维朝不喜欢下棋、打麻将等活动，会跟几个同龄人聚在一起玩扑克牌，但是从来不赌钱。

除了主要的收入，费石庄村每家每户都会享受一定数额的粮直和综合直补，2013 年，费石庄村粮补每亩 7.1 元，综合直补每亩 57.1 元，每亩地可获得 64.2 元的补贴。孙维朝家在 2014 年第二轮土地承包之前共有 10 亩地，其中属于自家 3 口人的地有 6 亩左右，大约可以获得 400 元的补贴。2013 年孙维朝家家庭收入见表 10 - 8。

表 10－8　**2013 年家庭收入来源情况**　单位：元

职业	收入（元）	职业	收入（元）
从事种植业	50000	本地就业工资	15000
粮补和综合直补	400	从事运输业	3000
总收入合计	68400		

数据来源：根据孙维朝口述整理，2014 年 7 月。

虽然种植桃子可以带来不少收入，但支出也不是小数目。每户每年几乎都要用 1 吨多化肥，尤其是这几年，苗子树没有了，桃树的生长必须靠化肥；农药的开支也不少，打药、柴油、化肥支出一年总共需要 1 万元左右。这对于普通桃农已经是大比例的开销了，但对于孙维朝家来说，最大的花费还不是生产性开支。孙维朝家供养着两个大学生，花费在两个女儿身上的教育费用才是大手笔。大女儿是刚毕业、刚工作，二女儿现在上大二。大女儿读的是北京中医药大学廊坊分校的三本，学医，5 年制，每年学费 13000 元，每年生活费又要 1 万元左右，5 年下来，总共支出了十几万元。二女儿读的是二本，今年读大二，学费每年 5000 元，生活费也是 1 万元左右。所以，两个女儿上学 2013 年花费近 4 万元，孙维朝感慨种桃子卖的钱几乎都供两个女儿上学用了，所以根本就攒不下钱，更没有钱盖新房子。现在终于熬出了头，大女儿已经毕业工作，在 281 医院当医生，而且已经结婚，女婿是军人，还在部队当兵没有转业，所以女儿现在仍住在家里。除了生产性支出和供女儿上学的费用之外，其他支出就比较少了。两个女儿还经常买点衣服穿，但老两口鞋袜、衣服很少买，干活的时候经常穿女儿从外面带回来的衣服。孙维朝平时会抽点烟喝点酒，几乎每天一包烟，但酒不常喝也没有什么依赖性，就是碰到干活累了的时候喝两口，烟酒钱平均每天 10 元左右，每年 3000 元左右；家里有小菜园，几乎不用买菜，一些必备的生活用品和食品每年在 3000 元左右；夏天做饭主要用液化气或电磁炉，冬天会生煤炉子，一是可以保暖，二是可以做饭，有时也会用柴火烧大锅，这样一年下来，生活必需品煤炭、液化气、电费等要花费 3000 元左右。村里人的红白喜事基本都得走动，费石庄村盖房子没有诸如温锅之类的说法，只有结婚、生孩子、白事会给份子钱。白事一般给得比较少，最多 100 元，有时候给几张纸、几挂帐子就行，但现在碰到关系不错的村民家办喜事，都给 200 元。孙维朝定居费石庄村这么多年，很少回老家，所以和老家的人走动比较少，老家的红白喜事也就没怎么开支，在本村，2013 年孙维朝花费在红白喜事上的钱有 2000 元左右。2013 年家里也没有生大病的，只是平时一些头疼感冒的小病会去买些药，这些花费也在 300 元左右。另外就是上网费和手机通话费，这些通信费用每年在 800 元左右。虽然新房子花费 10 万元左右，但这些钱不是孙维朝家出的，而是妻子的两个哥哥家出资盖的，所以不能算作孙维朝家的支出。孙维朝家 2013 年家庭支出情况见表 10－9。

表 10－9　**2013 年家庭支出情况**　单位：元

总支出	生产性	教育	食品	烟酒	看病	红白喜事	通信	煤/气/电
62100	10000	40000	3000	3000	300	2000	800	3000

数据来源：根据孙维朝口述整理，2014 年 7 月。

在费石庄村，只要身体好不偷懒，收入都不会太低，孙维朝夫妻常年在桃园辛苦劳作，农闲忙打工，本应有一个特别富足的生活，但由于两个大学生带来的大量支出，家里甚至没有能力盖一所新房子，庞大的教育开支无疑是农民非常沉重的负担。

（三）桃树种植户费亮亮家

费亮亮，男，1980 年 11 月 19 日出生，汉族，无宗教信仰，初中文化。父亲费东明，1951 年 11 月 22 日出生，母亲赵桂珍，1949 年 5 月 2 日出生，经过父母及全家人的辛勤劳动，2000 年，费亮亮家建成 310 平方米宽敞明亮的砖混结构二层楼房，当时的二层楼房，对于费石庄村来说还为数不多。

进入费亮亮家，院落整洁、干净，菜园中种了茄子、辣椒、黄瓜、豆角、西红柿、葱、香菜等蔬菜，费亮亮对我们说，这些蔬菜都是无污染的绿色蔬菜，一年四季不用买菜，春、夏、秋季节可以吃到新鲜的蔬菜，秋季把一些蔬菜切成条、切成丝，晾起来，或者腌制起来，冬季也不用买菜，能够自给。院子里停放了一辆四轮老式拖拉机和一辆七座面包车，院子的角落里，一些劈好的木柴码放得整整齐齐，这是在修剪果树时拉回来的，可以用来做饭和冬天取暖，门口有一个浴缸，已经放满了水，正在用太阳光照射，中午可以洗澡。

我们走进房间内，看见厨房的物品整齐地摆放在一起，房间的玻璃没有尘土，擦得干干净净，灶台上洗刷地干干净净，水缸上的自来水正在放水，橱柜里的米、面、粮油、碗、盘摆放地整整齐齐。

妻子宋秀玲，1984 年 9 月 26 日出生，于 2008 年 1 月 23 日与费亮亮结婚，婚后，女儿费珺琪于 2008 年 11 月 24 日出生，目前在费石庄村附近的幼儿园全托上学，儿子费俊伟，2013 年 4 月 15 日出生，两个孩子给全家人带来了欢乐。宋秀玲热情好客、大方开朗，在调研的时候，不时地给我们端来水果，沏上了茶水，然后，去厨房准备一家人中午的饭菜。

费亮亮有两个姐姐，目前户口还在费石庄村，因此，在第二轮费石庄村土地承包中，他的两个姐姐也分到了土地，目前费亮亮家中有 6 口人，分到 8 口人的土地，这次重新分配土地，他家分到桃树地 12 亩，桃树的养护、修剪、销售，主要就是由费亮亮和妻子宋秀玲完成，由于他们夫妻的精心呵护，桃树生长较好，桃产量大，质量好，每年收入在 6 万 ~7 万元。

费亮亮为了贴补家用，每年夏季都到城区的建筑公司打些零工，靠着自己的勤劳，收入一般在 1 万 ~2 万元。全家人参加了农村合作医疗、社会养老保险，全家人每年的粮补 780 元，

费亮亮家的消费主要是全家人的衣服支出 3000 元，米面、油、孩子的零食等食品支出 15000 元，老人与孩子药费支出 2000 元，孩子幼儿园全托支出 5000 元，亲朋好友之间红白喜事 2000 元，交通支出主要是面包车、摩托车的强制险和汽油费用为 3000 元，4 部手机的通信费为 2000 元，其他费用为 2000 元，费亮亮家一年的费用为 34000 元（见表 10 - 10）。

表 10 - 10　**2013 年家庭支出情况**　单位：元

合计	衣服	食品	看病	教育	红白喜事	交通	通信	其他
34000	3000	15000	2000	5000	2000	3000	2000	2000

数据来源：根据费亮亮口述整理，2014 年 7 月。

费亮亮家收入在 9 万元左右，消费支出 3.4 万元，每年费亮亮家剩余 5 万多元。闲暇时间，主要看电视、下棋、打牌，一家人生活很是温馨幸福。

（四）桃树种植户范木尧家

下午两点四十分，在费石庄村妇女主任范昌滨的带领下，我们来到了她父亲范木尧家中。范木尧家离村委会不远，在范昌滨的陪同下，我们很顺利地开始了交谈。范木尧，74 岁，汉族，初中文化，无宗教信仰，老人虽然年纪较大，但是思路清晰，口音不重，极为健谈。身着白色 T 恤衫和黑色短裤，皮肤黝黑，目光温和，是一位极为朴实、善良、热情的老农民。

范木尧家的宅基地占地 107 平方米，日常居住的房子是很现代的钢筋水泥房，是在 1987 年重新建造的，共有两层，上下合计有三间房屋作为卧室。此外还有客厅、储藏室，基本的生活区在一层，家中生活着范木尧和老伴两人。范木尧家很宽敞，家具布置较为现代化。基本的家用电器一应俱全：电视、电话、电风扇、洗衣机、电冰箱等。家里的电视安装有机顶盒，每年缴纳 312 元，能收到 60 多个电视节目，这些节目的数量对生活简单的老人来说已是绰绰有余。卧室里摆着舒适的木椅，两个木椅旁边是一个木制小桌，摆放着用于招待客人的食品茶饮。两位老人将家里布置得井井有条，炕头边上的暖气片用木板包了起来，变成一个窄窄的柜子，上面摆放着家人的照片以及水杯、镜子等生活用品。窗台上摆着“美丽庭院”的奖牌和荣誉证书，小细节中无不显示出整洁小院应得的荣誉。家里的取暖措施是普通火炕和炉子，冬天非常温暖。现在家中的饮用水已由井水升级为自来水，村民的生活方便了许多。厨房中平日做饭的燃料已经告别了木柴阶段，基本上是液化气，或者偶尔用电。村里从 20 世纪 90 年代开始就有农户使用液化气做饭，当时还不够普遍。然而随着时代的发展，液化气得到了普及。费石庄村的电价是一度电 0.56 元。范木尧家和隔壁儿子家使用的是同一个电表，每个月两家人的电费合计 100 元左右。院子里和外面的车库里停放着一辆电动车、一辆摩托车和三辆自行车，这些是范木尧家基本的交通工具。

表 10－11　　2014 年家庭耐用消费品情况

项目	数量	项目	数量
电视机（台）	1	电动车（辆）	1

续表

项目	数量	项目	数量
电冰箱（台）	1	摩托车（辆）	1
洗衣机（台）	1	固定电话（部）	1
手机（部）	1	自行车（辆）	3

数据来源：根据范木尧口述整理，2014 年 7 月。

范木尧家祖祖辈辈都是费石庄村的村民，初中毕业后一直在村里务农，妻子也是本村人。采访的当天下午只有范木尧一人在家，因为 6 月底 7 月初正是费石庄村早桃成熟的时节，妻子刚好骑着自行车去海滨附近卖鲜桃去了。范木尧夫妻俩育有一儿一女，女儿比儿子年长几岁，姐弟俩感情很好，都是初中毕业。儿子和儿媳在外做工，平时白天不常在家。小孙女在邻村上幼儿园，于是接送孩子的任务就交给了住在隔壁的爷爷奶奶。每天早上，范木尧骑电动车将孙女送到幼儿园后再下地干活，快中午时，两位老人就回到家里，奶奶准备一家人的午饭，爷爷再负责将孙女接回来。吃完午饭，孙女会午休一会儿，之后，范木尧将孙女送回幼儿园，晚上再接回家中。每天两个来回，范木尧不厌其烦地照顾孙女。范木尧的女儿范昌滨一家住得也不远，小外孙正在邻村上小学四年级，聪明活泼，甚是可爱。儿女生活幸福和乐，祖孙三代其乐融融。一家人的幸福既展现在全家福的照片中，也体现在家人安宁的面容上。

范木尧家和儿子家共有 4 块地，这些土地是在 2014 年村里分地时重新划分的，每人 1.5 亩，老两口及儿子一家三口和女儿一家三口在内，共计 8 口人分得 12 亩土地。范木尧家的土地所种植的作物绝大部分以桃树为主，此外还有少量豆类，如绿豆、黄豆、白豆等。范木尧家没有种蔬菜，绝大部分蔬菜都需要去集市、超市或者是外来商贩处采购。2013 年家里土地的毛收入大概在 15 万元。这些收入主要来源于种植桃树所得，豆类主要留给自家食用。费石庄村水源不足，农业生产的水源全部来源于自然降水，因此种植的作物都较为耐旱。农业生产中，范木尧家的固定资产数量为拖拉机、机动三轮车和水泵。由于家中的土地多为梯田，不够平整，所以在耕作收割阶段基本都靠人工，很难使用大型现代化机械。鉴于儿女在外工作较忙，只能在下班时候回来帮帮忙，因此家里干农活的主要劳力是范木尧老两口。

表 10－12　　2014 年家庭主要生产性固定资产数量情况　　单位：个

卡车	拖拉机	除草机	收割机	机动三轮车	牛车	旋耕机	水泵	其他
0	1	0	0	1	0	0	1	0

数据来源：根据范木尧口述整理，2014 年 7 月。

费石庄村的桃树众多，且生长出来的桃子品质极高、甘甜可口，曾经作为贡桃被挑选进京。范木尧告诉我们，2014 年桃树的病虫害较多，以往消灭蚜虫的病害时，只需要喷洒一次农药即可，可是今年喷洒了 5 次（个别人家甚至喷洒 7 次），都很难见效。一方面是因为是今年的农药成分不足，药性不够强；另一方面也是因为蚜虫害较重。范木尧算了一笔账，每喷洒一次农药，费用在330～350 元，从今年春天至今已经用药五次，费用就高达 1600～1800 元。并且，7 月还要再打两次药，8 月还有一次，今年仅仅投入在农药上的费用就不止 3000 元。这些开销全部需要农民自己承担，国家没有补贴，遇到像今年这种灾害多发的情况，农民一年的辛苦到头来很可能收支相抵，甚至入不敷出。然而，虽然今年的虫害严重，但范木尧还是保持乐观心态，他知足地讲道："现在的情况已经比生产队时期要好得多、强得多，自己单干比生产队集体合作要好。我们的国家比较大，各方面的问题和困难比较多，但是人民的生活也变得越来越好。你们年轻人赶上了一个好时代，要好好珍惜现在的幸福生活。"说这段话时，老人的目光非常平和，神态极为安详，我们也从他的语言和心态中找到了他身体硬朗、生活安康的原因：不攀比、懂知足，勤劳工作，生活简朴。因为知足，范木尧才会常乐。2013 年范木尧家全家收入情况如表 10－13 所示。

表 10－13　　2013 年家庭收入来源情况　　单位：元

职业	收入	职业	收入
从事种植业	150000	其他经营收入	0
总收入合计	150000		

数据来源：根据范木尧口述整理，2014 年 7 月。

表 10－14　　　2013 年家庭农作物、牲畜和家禽情况

种类	亩数	折算价值(元)	种类	亩数	折算价值(元)	种类	个数	折算价值(元)
玉米	0.2	2000	瓜果	11.5	145000	羊	0	0
大豆	0.3	3000	花卉	0	0	禽类	0	0

数据来源：根据范木尧口述整理，2014 年 7 月。

表 10－15　　　2014 年家庭承包土地情况　　　单位：亩

总面积	水浇地面积	旱地面积	良田面积	荒地面积
12	0	12	0	0

数据来源：根据范木尧口述整理，2014 年 7 月。

接着我们又向老人询问了关于社保方面的情况，了解到家庭成员都已经参加了新型合作医疗以及社会养老保险。在国家的新型合作医疗制度下，每人每年有 60 元补助，并且还在逐年增加。一直是困扰农村居民多年的看病难、看病贵的问题，随着新型合作医疗制度的推广和普及，在很大程度上得到了解决。此外，城乡居民社会养老保险也趋于统一，农村和城镇基本没有差别，现在每人每年上缴一定数额，满 60 周岁后可以每月返还，用于村民养老。此外，在调研中我们还发现，由于费石庄村隶属于北戴河区戴河镇，离市区较近，有些耕地面临被市政项目和工程占用的状况。当遇到自家耕地被占用时，政府也是积极进行合理的物质补偿，让百姓从中得到实惠，避免百姓的利益受损。据我们了解，对于政府的一系列补贴标准，群众纷纷表示合理和满意，费石庄村多年来从未出现过上访的情况。面对众多如此惠民利民政策的推出，老百姓都很感激当前的好时代和好政策。

有国家的积极政策作为后盾支持，小家庭的日子过得格外舒心。范木尧介绍说，儿女们都已经自立门户，都有稳定收入，虽然在村子里不算富庶之家，但也是比上不足、比下有余，生活较为宽裕。家里最大的支出是生产性支出，每年的化肥农药消费占比较大。其次是食品支出，据老人估算，老两口一年的食品消费在 13000 元左右。穿戴方面，范木尧和妻子都是极为简单朴素的人，常在逢年过节置办新衣，平日里服饰方面花费很少。并且由于年事已高，老人们不像年轻人追求名牌，只求得体和舒服，一年花费在 600 元

左右。老两口常年在村里居住和生活，所有的人际关系都在村里。农村又是一个各方面都比较讲究礼仪的地方，每年的红白喜事支出在3000～4000元，这对老人也是一个不小的负担。此外，由于费石庄村交通不是非常便利，没有公交车能够通到市里，村民去市里基本靠电动车、私家车或者是出租车。交通费用一年需要500元左右。通信方面，随着通信技术的发展和普及，现在基本家家户户都有座机，人手一部手机，范木尧家也不例外，家里一台座机和一部手机每月的话费合计65～70元，一年就是800元。住房方面，前几年家里装修，贴瓷砖、刮大白等共花费3万多元。随着老人们年龄越来越大，我们了解到，看病的费用也是逐年增长。离家最近的医院是海滨医院，距离费石庄村大概5千米，这也是老人们看病常去的医院。范木尧老两口的身体都算硬朗，但也会偶感风寒。2013年，夫妻俩在医药方面的支出为2000元，虽然报销的部分不多，但是也减轻了些许老人们的负担。老人不抽烟、不喝酒，作息规律，生活习惯良好。平时的娱乐活动不多，不像年轻人经常出去聚餐郊游，加上农活负担较重，下地回来后比较辛苦，因此很少出去娱乐，主要的休闲消遣方式是在家里看电视。平时农忙时节大家虽然没时间相聚，但在冬天没有农活的时候就经常在村里的棋牌室、老年人活动室里打麻将、玩扑克牌。范木尧老人会下象棋，乒乓球打得也不错，所以冬日的老年人活动室里，乒乓球桌旁边经常能看到老人矫健的身影。

采访结束后，我们和范木尧老人道别。从这位老人身上，我们看到了最朴实、最勤劳的普通中国农民形象。他们代表了中国基层的劳动者，没有他们几十年如一日的辛勤付出就不会有我们现在的美好生活。近些年，我们有幸看到一大批惠农政策的出台。随着农业税的取消，三农（农业、农村、农民）政策的提出，党和国家竭尽全力为广大基层农民谋福利。从范木尧老人的身上，我们既看到了默默无闻的付出，也看到了知足常乐的幸福。老人的收入不多，生活不富裕，但是儿孙满堂，其乐融融。从全家人灿烂的笑容里我们看到的是对当下生活的满足和对未来美好生活的憧憬和信心。常言道，“家和万事兴”，范木尧家八口人在亲情这条纽带的紧密连接下，团结一心，克服困难。作为他们家庭生活的见证者，我们同样坚信他们的生活会越来越幸福、越来越温馨。

（五）桃树种植户范木生家

一位性格内向、简单朴素的男主人，一位性格外向、勤俭持家的女主人，两人共同组建了一个幸福的家庭。如今范木生夫妇已携手走过 40 多年，共同养育了一儿一女，儿子女儿都已成家立业，家里只剩夫妻两人。两人继承着祖祖辈辈的种植业，勤勤恳恳地干活，男主外，女主内，把地里和家里打理得井井有条。

我们沿着村委会新修的马路，不到 5 分钟就到了范木生家，遗憾的是范木生并不在家。站在他家门口，我们看见一辆面包车，有位中年男子一直在擦车，因为范木生家锁着门，于是我们就开始和那个男子攀谈。一聊才知道，原来这位男子竟是范木生的儿子。他告诉我们，他父亲去地里摘桃还没有回来，让我们稍等。范木生的儿子是一个非常热情的人，今年 41 岁，有一个正在上高中，长得帅气高大的儿子。妻子常玉梅比他小一岁，是费石庄村的村民小组长，负责管理 10 多户村民，在离家 3 千米的地方上班，平常早出晚归。范木生的儿子是一名水管安装工人，经常在外奔波，是一个非常健谈的人。与常年待在村子里的人不一样，他是一个视野开阔，有思想、有抱负的人，他对未来有自己的憧憬和计划。

大约过了 20 分钟，范木生骑着机动三轮车载着满满一车桃子回来了。他是一位身材瘦削，头发胡须都已花白的老人。范木生，男，汉族，1949 年出生，小学毕业，无任何宗教信仰，普通话流利。范木生家里有 9 口人，作为大哥的他必须负担起照顾弟弟妹妹和分担父母重担的责任，所以六年级毕业后就离开了校园，从此过上了面朝黄土背朝天的生活，至今仍感遗憾。他出生的时候正赶上新中国成立，一辈子虽然没有经历过战争，却也是坎坷一生，阅历丰富。妻子单丽英，女，汉族，63 岁，小学毕业，无任何宗教信仰。通过调研我们发现，费石庄村的房子经历了三代变迁，第一代房屋是砖木瓦房，第二代房屋是砖混平房，第三代房屋是砖混楼房。范木生家目前居住的房子属于第一代，1978 年建的青石瓦房，至今已有 30 多年的历史，房檐如展翅高飞的雄鹰的翅膀，房顶铺着坚硬的瓦片，瓦片下盖着一排排墨绿色的圆柱木头，外观看起来古色古香。房子面积不大，大约 60 平方米，院子小巧别致，左边堆着冬天烧炕和做饭用的柴火，右边摆着一辆电动三轮车，俗称“三马车”。穿过院子，映入眼帘的是厨房和餐厅，一左一右两个卧室和两个灶台，所有家具都留下了长年累月的生活痕迹，地方虽不大却收拾得干净整洁。陈旧但干净的灶台与左右两侧的卧室隔着一堵墙，因为北方冬天寒冷，农村一般都烧炕取暖，所以灶台连着卧室以方便冬天烧煤或者烧炕。再往前一米的距离摆放着一个液化气灶，生活宽裕以后，夏天天气炎热时用电和液化气做饭，厨房和餐厅是南北通透，前厅和后厅的空气可以对流，冬暖夏凉。穿过后厅的门有一个后院，后院堆放着一些农具和代步工具。综观整个房子，麻雀虽小却五脏俱全，老两口生活过得有滋有味。

表 10－16　　**2014 年家庭耐用消费品情况**

项 目	数 量	项 目	数 量
电视机（台）	1	手机（部）	4
电冰箱（台）	1	自行车（辆）	1
洗衣机（台）	1	固定电话（部）	1
影碟机（台）	2	电动车（辆）	1
摩托车（辆）	1	面包车（辆）	1

数据来源：根据范木生口述整理，2014 年 7 月。

范木生不善言谈，说话很拘谨，问明我们的来意后，对我们的态度不咸不淡、不亲不疏的。听说我们要了解村里的情况，为村里写本书，他便感慨道：“近几年村里确实大变样了，路面干净了，路两边种上了花花草草，墙面也刷白了，老百姓走在路上心情都变好了，风景大变样了呀!”我们正聊着，他妻子单丽英拎着两个茄子走进来，从身材样貌能看出来当年应该很漂亮。于是我们笑着说：“您看起来一点儿都不像 60 多岁，起码得年轻 20 岁。”在走访农户这段时间我们发现，村里的村民普遍显得年轻，尤其是女性，看起来都比实际年龄年轻至少 10 岁。经询问，村民们的普遍说法是：村里小环境好，北戴河区大环境也很美，空气清新干净，再加上此地民风淳朴，邻里之间互帮互助，非常友爱，大家心态年轻。总的说来，山好，水好，人也好。

范木生告诉我们，以前家里有一块很大的自留地，种了茄子、豆角、西红柿等各种蔬菜，绿色蔬菜基本能自给自足，但由于去年儿子盖房占用了土地，现如今家里除了果树没有种其他农作物，蔬菜都得去市场买。他儿子正是我们之前在门口碰见的男子，自从我们进屋以后就没见着他人影，原来他去村里的小卖部给我们买饮料去了。他把饮料递给我们的时候，我们心里特别感动，淳朴的村民总是能给我们带来阵阵惊喜。放下饮料以后，他和我们聊了一会儿就出去了。看到儿子如此热情好客，两位老人脸上露出了欣慰的笑容。范木生告诉我们，他儿子一家现在就住在旁边的新房子里，但是两家人每天三餐都是一起吃的。范木生夫妇能有儿子一家人的陪伴，生活不会太寂寞，儿子儿媳俩下班回来后，就能吃上热乎乎的饭菜，一家人坐在一起和和乐乐，甚是温馨。孙子现在上高中，由于他的爸妈上班比较忙，平常都是范木生夫妇照顾孩子的生活起居。

据范木生介绍，2013 年分地前家里一共 7 亩地，全是旱地，种的都是桃树。我们发现整个费石庄村都没有水浇地，村里的果树浇灌大部分时候都是靠降雨，降雨少的时候村里有两个大水库可以灌溉，离水库远的有井水灌溉，一定程度上改善了靠天吃饭的状况。但是遇到天旱井水干涸的时候，村民也是束手无策，如今年降雨量特别少，村里的果树受干旱影响收成不太好。

自然灾害总是制约农业生产的重要因素，村民收入来源比较单一，往往一场狂风暴雨、干旱缺水或者病虫灾害就会导致村民辛苦一年的劳动成果付诸东流。果树生病是常有的事，但在农村，农民往往受信息渠道和文化程度的制约，不能及时获得新的种植技术以及预防病虫灾害的信息，因此，信息对于现代农业发展起着至关重要的作用。针对这种情况，我们希望政府能为村民们提供更多的技术指导。如政府应该加大信息下乡的力度，各级领导干部应提高为农民送科技、送信息的服务意识，力求做到真正把科技和信息送到农户家。此外，靠人不如靠己，内因才是关键，村民应有意识地提高自己的劳动素质技能，学会主动去获取信息。据我们观察，费石庄村地理位置优越，交通便利，而且近几年新改造的村委会新建了农家书屋，村民自我提升的途径较为丰富。

表 10－17　**2014 年家庭承包土地情况**　单位：亩

总面积	水浇地面积	旱地面积	良田面积	荒地面积
7.5	0	7.5	7.5	0

数据来源：根据范木生口述整理，2014 年 7 月。

桃子收获时间是每年5—9月，费石庄村每家每户种的桃都分为早、中、晚桃，各个品种都有，这样收获的时候才能错开时间。范木生家也不例外，他告诉我们，每种桃的收获时间有10多天。他家种了毛桃和油桃，最好的品种是日本引进的久保，产量大；平均单果重154克，大果重250克；果实近圆形，淡绿黄色，有鲜红色条纹，7月中旬成熟；其他油桃品种还有曙光、中油五等，毛桃有京红、春雪、春蜜等，还有很多品种他自己也说不上来。由于单丽英年轻时落下了严重的腰痛病，现在很少干活，更不能干重活，只能在家收拾家务和照顾一家人的起居。地里的活都是范木生一个人干，偶尔忙不过来的时候，儿媳妇常玉梅也会帮忙卖桃，一家人在一起从不计较得失。据我们观察，范木生家的生活状况并不富裕，尤其是今年重新分地后，分得的一半土地都是没有果树的地。今年新种上了树苗，桃子产量相对往年减少，而且今年桃子的市场价格不好，只能卖到每斤2元。

从经济学的角度来说，价格是市场波动的晴雨表，也是农民收入变化的关键指标。许多农民受自身受教育水平制约不能很好地理解和把握市场的供求状况，只会一味地盲从和跟风，看见市场上哪种农作物贵就选择种哪种。一旦由于市场达到饱和产生供过于求使商品价格大幅度下降时，农民立即放弃手中现有的农作物而改种其他，这种短期的经济行为是制约农民增收的一大关键因素。在市场经济条件下，要想富裕必须时时想在人前，在别人没想到的时候先想到，在别人一窝蜂做的时候急流勇退，才能走出一条与众不同的致富之路。总的来说，解决好农民增收问题关键是要让农业长期和稳定发展。要做到这点，首先要充分调动农民生产的积极性，其次要提升农民的劳动素质技能。在费石庄村，政府不仅要派遣专业技术人员提供技术培训，还可以培训农民对市场的认知，知己知彼方能百战不殆，农民了解了市场价格波动的规律，在掌握规律的情况下就能利用规律为自己谋福利。

范木生估计自家2013年总收入有7万元，家里种植情况与村里其他家庭差不多，都是以果树为主。去年果树多，产量大，而且桃子价格好，最贵时卖到每斤5元，便宜时能卖到每斤3元，7亩果树一年收入6万多元。2014年由于重新分地得到的白地多，新栽的小树苗地里套种了玉米，至今还没有收入。由于北戴河区疗养院较多，暑期对劳动力的需求比较大，常玉梅在农闲时就会去疗养院上班，每月工资2000元左右，一年收入有24000元。儿子一家虽然与两位老人一起用餐，但两家人在经济上仍是相对独立的，对于儿子一年的工资和花销，范木生并不是很清楚。我们本想找时间问问他儿子，遗憾的是他儿子已经出去工作了，所以对于这项收入和支出我们并未得到准确的数据。总体说来，范木生家2013年7亩果树收入加上农资综合补贴和粮食直补的455.7元，总共85775.7元。

表10－18　　**2013年家庭收入来源情况**　　单位：元

职业	收入	职业	收入
从事种植业	60000	外出打工	24000
政府补贴和社会救济	1775.7	其他经营收入	0
总收入合计	85775.7		

数据来源：根据范木生口述整理，2014年7月。

表10－19　　**2013年家庭农作物、牲畜和家禽情况**

种类	亩数	折算价值(元)	种类	亩数	折算价值(元)	种类	个数	折算价值(元)
大豆	0	0	桃树	7	6万	禽类	0	0

数据来源：根据范木生口述整理，2014年7月。

每年桃子收获完以后，需要给桃树施肥、剪枝、打药，此后桃树进入休眠期，2013年范木生家土地多，在生产性支出这一项上花费了大概3000元。与村里其他人一样，地里除了果树基本不种其他农作物，每天都得去市场买菜，偶尔会去赶集，每月花费3000元，一年食品支出36000元。范姓是费石庄村的一个大姓，范木生家也是一个大家族，家里亲戚朋友非常多，一年红白喜事花费6000元，而且范木生是家里的老大，上有老下有小，每年过年循例花费的压岁钱2000元。17岁的孙子正在上高中，平常食宿都在家，零用钱花得比较少，学费加一年的文具书本各种杂费一年花费1000元；孙子放假时，偶尔会上网，一年网费500元。在农村一般上网的宽带都连着家里的座机，座机费每月18元，一年216元，手机费两人花费比较少，每月50元，一年600元。另外由于儿子整天在外奔波，车子的花费是一项比较大的开支，一辆面包车加一辆机动三轮车和一台打药机，2013年花费了1万元。

两位老人生活简朴，很少购买新衣服，2013年只花费了500元。说起平时的娱乐活动，单丽英参加了村里的秧歌队；范木生业余生活则相对单调，由于农活一年四季都得干，闲暇时就在家看看电视，找邻居聊聊天，电视收视费村里统一征收每年 312 元。他唯一的爱好就是吸烟，平均每天一包烟，一年花费 1825 元。家里用电量不多不少，夏天每月 150 元，冬天每月 70 元，液化气平均每月一罐，每罐 105 元；冬天基本不用，一年电费 1320 元，液化气花费 630 元。去年除了妻子腰不太好，每年都照常买外用膏药和内服药品以外，每月药品花费 200 元，一年 2400 元，其他家庭成员身体都很健康，也都参加了新型合作医疗，给全家人买了一份安心和放心。两位老人参加的农村社会养老保险已经开始得到补贴，女性满 55 周岁，男性满 60 周岁，每月可领取 55 元的养老补贴，虽说补贴不多，却也是国家为农民提供的一项保障政策。整体来说，范木生家收支相抵，收入来源比较单一，但开支相对来说比较多，2013 年总共花费 66303 元。

表 10－20　**2014 年家庭主要生产性固定资产数量情况**　单位；个

卡车	拖拉机	除草机	收割机	机动三轮车	牛车	旋耕机	水泵	电动三轮车
0	1	0	0	1	0	0	0	1

数据来源：根据范木生口述整理，2014 年 7 月。

表 10－21　**2013 年家庭支出情况**　单位：元

总支出	生产性	衣服	食品	看病	教育	娱乐	红白喜事	交通	通信	住房
66303	3000	500	36000	2400	1000	2137	8000	10000	1316	1950

数据来源：根据范木生口述整理，2014 年 7 月。

表 10－22　**2013 年家庭外出劳动力情况**

姓名	性别	年龄	外出距离（千米）	备注
常玉梅	女	40	2. 5	

数据来源：根据范木生口述整理，2014 年 7 月。

范木生家这种家庭生活方式在农村还是比较少见的，大多数家庭都是与父母分开单独生活或者与父母住在一起生活，像他家这种“分开住不分开吃”

的生活模式还是挺少见的。“可怜天下父母心”，父母体谅孩子、心疼孩子，希望能多帮孩子分担一些力所能及的事，让孩子可以更放心地去发展自己的事业。对于勤恳踏实的范木生家来说，孩子和家庭就是他们一生的事业。

（六）桃树、苹果树种植户宋绍文家

宋绍文是村里有名的能人。宋绍文，男，57 岁，高中文化，无宗教信仰，普通话很流利。身着迷彩上衣和灰色长裤，长年的田野生活使其皮肤黝黑。在费石庄村宋绍文属于高学历，由于文化程度较高，见多识广，因此很有声望。宋绍文目光睿智，头脑灵活，热情开朗，谈吐不俗，我们在他家的调研开展得非常顺利。

当天下午，我们去宋绍文家拜访时，院外正在重新修建一个厕所。宋绍文家的钢筋水泥房建于 20 世纪 90 年代，分为前、后两座，前面是一层平房和一个车库，后面两层小楼，建筑面积共有 400 平方米。面对宽敞的住宅，我们连连感慨房屋好大。可是宋绍文却谦虚地说，这在费石庄村比较平常，最宽敞的住房有 1000 多平方米。宋绍文家布置得极为整洁，进门左手边的主卧也兼有客厅的功能，一张宽敞的紫色沙发显示着主人的好客之风。沙发前的茶几上铺着白底金色花纹的桌布，桌面上摆放着一盆绿萝，为这个家增添了几分活力。我们刚一落座，好客的女主人就为我们从冰箱里取出冷藏的矿泉水，让我们在炎炎夏日里感受到无比清凉。女主人虽不似宋绍文健谈，但彬彬有礼，热情好客。将我们招呼好之后就出门照看屋外的建筑工作了。宋绍文家装修风格为现代化，定制的电视柜上摆的是一台 50 英寸的液晶电视。电视柜里的装饰物摆放很整齐，电视柜上和窗台上的两盆绿植相映成趣。房间的地面铺的是米色的瓷砖，一尘不染，可见女主人必定是每天清扫。冬天在屋内的取暖设施是火炕和暖气，直接烧煤。在冬天特别冷的时候，家中也会使用电暖气——俗称“小太阳”来取暖。饮用水除了自来水还有饮水机的纯净水，更加方便卫生。做饭的燃料是液化气。家里的电器一应俱全，洗衣机、照相机、影碟机、组合音响、电话等应有尽有。说到正在修建的厕所，宋绍文说，现在的厕所都不是旱厕了，安装有水箱，比之前要卫生便捷很多，方便完之后，直接一冲水就可以了，和城里的条件没有很大差别。从这个变化中，我们看到了费石庄村民生活条件的巨大改善。宋绍文家的家用电器情

况如表 10－23 所示。

表 10－23　　2014 年家庭耐用消费品情况

项目	数量	项目	数量
电视机（台）	1	小轿车（辆）	2
电冰箱（台）	1	摩托车（辆）	1
洗衣机（台）	1	固定电话（部）	1
照相机（台）	1	组合音响（套）	1
影碟机（台）	1	手机（部）	2
电动车（辆）	1	自行车（辆）	1

数据来源：根据宋绍文口述整理，2014 年 7 月。

宋绍文善于言谈，很多问题不需要我们提出，就主动向我们娓娓道来。宋绍文家共有五口人，两人育有一儿一女，老岳母和他们住在一起。妻子比他小一岁，今年 56 岁。夫妻俩身体很好，外表看起来都比实际年龄要年轻。一儿一女，女儿年长，已经结婚，嫁到北戴河区。儿子 1990 年出生，现在秦皇岛开发区工作，离费石庄村很近，直线距离不到 10 千米，每天开车上下班。儿子从事钳工工作。作为当下社会极为紧缺的技术工人，每月工资有 4000～5000 元，五险一金都有，虽然忙碌，但不算特别辛苦。说到儿子，宋绍文一脸自豪。他介绍道，儿子比较懂事，不吸烟少喝酒，无不良嗜好，很让老两口省心。家里的电视、电冰箱都是儿子帮忙置办的，前几天儿子又说想安一个空调，儿子无时无刻不记挂着家里。说到儿子的时候，宋绍文一脸欣慰，言语中无不体现出老人对孝顺孩子的满意和欢喜。

目前家里的劳动人口只有夫妻俩，女儿虽已出嫁，但是户口还留在费石庄村，因此，五口人共分得 7 亩半旱地。主要种植的是桃树，还有少量品种为黄香蕉和黄元帅的苹果树。此外，宋绍文还会买一些蔬菜的种子，在果树的间隙里种一些家常菜，如茄子、辣椒、黄瓜等，留待自家食用，并且也会在地边稍微种一些玉米和豆类。宋绍文向我们介绍说，“自己种的，不打农药，吃着也干净放心”。关于平日里费石庄村的菜价，宋绍文介绍道，部分常见食品每市斤的价格大概为：青椒 2 元，土豆 0.8 元，西红柿 2 元，肉类 11 元，鲫鱼 7～8 元，螃蟹 15 元，鉴于上涨的物价，每次出去赶集就得花费好几百元。到逢年过节的时候，菜价更是“突飞猛进”，往往会上涨2～3倍。因此，过年对老百姓的钱袋子是一个很大的考验。为了节省开支，许多家庭都会在自家田地里插空种植一点蔬菜，以节省一笔生活开销。和其他农户家的情况类似，宋绍文家农业生产中灌溉水源的主要来源是降雨，其次是井水，宋绍文家有两口井。据宋绍文介绍，村里95%的农户家里都有井，用于日常用水和灌溉。宋家的主要生产性固定资产有一辆农用机动三轮车、两辆汽车（宋绍文平时下地出门使用一辆，另一辆是儿子上班使用），还有一台旋耕机，平时方便耕地、翻地。一台旋耕机的价格在3000多元，但好在国家有一定补贴，所以农民的压力不是很大。除此之外，还有一辆电动车、一辆摩托车、两辆自行车。儿子前几天想再买一辆三轮车方便下地干活，但是由于家里车库不够用，所以就暂时放弃了这个打算。宋绍文家的土地不多，2013年的毛收入在12万元左右，对老两口来说足够开销了。并且在冬天没有农活的时候，宋绍文有时会去打打散工，做点零活，工作不累，较为惬意。说到自己的家乡费石庄村，宋绍文极为自豪，一直在称赞费石庄村就是一个世外桃源。费石庄村南、北两面都是山，村庄处在中间的洼地，远离工业区，离大海又近，每天清晨起床后，村里的空气极为清新。入村的水泥路两旁种有桃树，每到春天桃花盛开的时候，芳香四溢、极为美丽。因此，每到春天的时候，海滨区的居民常在周末结伴来费石庄村欢度桃花节，村口新修好的路就是为了举办更大型的桃花节而建设的。俗话常说，“要想富，先修路”。随着费石庄村基础设施建设的完善，想必未来一定会获得更快的发展，村民的生活也会越来越幸福。与“世外桃源”的费石庄村相比，海港区的环境就要差很多，工厂密布，高楼林立，人口众多，因此空气不清新，环境也不宜居。所以，出于生活环境的考虑，宋绍文打算尽量给孩子在北戴河区买房。说到房子，宋绍文极为感慨，估算一下，买完房子再加装修，共需要80多万元。老两口不吃不喝得6～7年才能买一套90平方米的房子，这对老人来说是不小的压力。当前高昂的房价，对老百姓的考验着实很大。说到房价，宋绍文介绍道，秦皇岛是海滨城市，环境良好，空气较为清新。北戴河区又是秦皇岛市最为临海的地区，因此，房价近些年节节攀升。北戴河自从新中国成立后就受到党和国家领导人的青睐，盛夏时节，有很多党和国家领导人来到北戴河避暑办公。出于许多因素考虑，北戴河区的楼房没有高于5层的。土地面积有限，房屋高度有限，当地人口的数量在不断增长，外地人又希望能够来到北戴河定居生活，在以上种种原因之下，北戴河的房价自然是芝麻开花——节节高。这给北戴河区普通百姓的生活着实造成了一定压力。宋绍文家生产性固定资产数量情况如表 10－24 所示。

表 10－24　**2014 年家庭主要生产性固定资产数量情况**　单位：个

卡车	拖拉机	除草机	收割机	机动三轮车	牛车	旋耕机	水泵	其他
0	0	0	0	1	0	0	0	0

数据来源：根据宋绍文口述整理，2014 年 7 月。

支出方面，2013 年宋绍文家生产性支出为 5000 元。宋绍文家基本不买化肥，主要买点农家肥，如鸡粪等，需要 3000 元左右。农药方面，由于国家控制蔬果中农药的残留量，因此购买的农药毒性很低，只不过需要多打几次。食品方面，由于自家种植了一部分蔬菜，因此开销不大。红白喜事是一个重要的支出，去年一年多达 4000 元。农村随礼，一次 100～200 元，有时参加市里的喜事，随礼就得 500 元起，这是一大开销。去年一年，宋绍文有三个侄女（外甥女）结婚，做叔叔（舅舅）的宋绍文开心地随了三份大红包。宋绍文平时抽烟，偶尔喝酒，每月合计有 200～300 元的支出。交通费方面，由于有私家车，因此出行较为方便，但是在当前油价高涨的阶段，一年需要 3000 元。通信费用较高，夫妻俩一人一部手机，每月话费多则 100 元，少则 50 元。宋绍文家的医疗费用支出不多，也许是常年劳动的结果，夫妻俩身体很健康。去年一年，宋绍文和妻子没去过医院，没有生病，医药方面的支出几乎为零。服饰方面，宋绍文和妻子不是过分追求时尚的人，“买几身衣服能穿好几年，但是要是出门了，有啥事了，那必须得买”。闲暇时间，宋绍文主要看看电视，偶尔打打牌、玩玩麻将，娱乐方式和普通人没有什么不同。冬天闲暇时会去村里的活动室和村民一起聚会娱乐。宋绍文和妻子都已经参加了村里的新型合作医疗和社会养老保险。在稳定的土地收入之余，未来的老年生活极有保障。儿女目前的生活稳定且满足，没有后顾之忧，宋绍文目前最为期盼的就是希望儿子能尽快带一个年轻漂亮的儿媳妇回家，早日结婚生子。身为长辈，孩子们的幸福就是他们最大的知足，年轻人踏踏实实过日子是父母最希望看到的美好结果。宋绍文家 2013 年的支出情况如表 10－25 所示。

表 10－25　　2013 年家庭支出情况　　单位：元

总支出	生产性	衣服	食品	看病	教育	娱乐	红白喜事	交通	通信	住房
19300	5000	1500	4000	500	0	300	4000	3000	1000	0

数据来源：根据宋绍文口述整理，2014 年 7 月。

宋绍文是一位极有主见且能干的人。交谈过程中，妻子进来两次询问屋外工程方面的问题，如瓷砖选用哪种颜色，水箱安装在哪个位置等问题，宋绍文言简意赅地给予指导。从这个小细节中，我们看到了宋绍文一家之主的地位。如果用伞来形容一个家庭，那宋绍文就是一把伞中最核心、最坚固的伞骨。妻子儿女都以宋绍文为中心围绕在他的身边，共同营造出一个温馨的家。家庭是家庭成员温馨的港湾，是在外面打拼奋斗时动力的源泉。

表 10－26　　2013 年家庭外出劳动力情况

姓名	性别	年龄	外出距离（千米）	备注
宋绍文	男	57	0.5	农闲时外出务工
宋绍文妻	女	56	0.5	农闲时外出务工

数据来源：根据宋绍文口述整理，2014 年 7 月。

在我们谈话快结束的时候，妻子又来让宋绍文为外面的建筑工作拿主意了，这次貌似比较重要，得他亲自出面才能决定。因此我们起身离开，向宋绍文表示感谢。通过和宋绍文的深入交谈，我们深切体会到费石庄村的“山清水秀，人杰地灵”。费石庄村整体环境优美，街道绿化合理，村民之间相互关心、和睦友好。作为和睦大家庭中的一员，宋绍文家是费石庄村中普通又幸福的一户，在全家人的勤劳奋斗下，生活蒸蒸日上，我们衷心祝愿善良勤劳的宋绍文一家更加幸福安康。

（七）桃树、苹果树种植户费雨成家

费雨成，男，汉族，40 岁，信仰佛教，普通话讲得很流利，初中文化水平。他的妻子叫陈淑册，也是汉族，家里有一个 17 岁的女儿，现在北戴河区

上高一，寄宿于学校，每个星期回家一次，家离学校并不算远，开车也就是十几分钟路程。费雨成家是一个典型的三口之家。费石庄村地势并不平坦，村庄依地势而建，道路并不很宽，基本上都是水泥路面，路灯从天黑开始到晚上 11 点都亮着，方便村民晚上出行。高速引线和 205 国道南北穿过，与城市快速路擦肩，占有优势地理位置。村内路边都种了花，特别漂亮，村容整洁，间隔不远有垃圾房，定时有人清理，很干净。费雨成家位于村庄南半部，出家门几十米就是出村的大路，房子门口也是水泥路，交通很方便。他家是一个大院子，院内有父母家和大哥家，共三户，费雨成家的二层小楼临街而建，和村中其他人家房子大体差不多，红顶二层，顶是红色彩钢结构，墙体是钢筋水泥的，外表是灰色的，看上去特别结实。费雨成介绍说，这楼房是 2010 年建的，将近 4 年了，但看上去依然很新。一楼中间是宽敞的车库，自家的小面包车进出很方便，两边房间是厨房和储藏室，我们看到了一口烧柴火的大铁锅。不但有大锅，而且他家还有一套价格不菲的整体橱柜，可见他家的经济情况相当不错。楼上中间是客厅，两边是卧室，有女儿的单独房间，房间里有炕，冬暖夏凉，冬天可以烧自家土暖气取暖，前后都有阳台，阳台上摆放着几盆花，显得家里特别有生机。整体感觉与传统农家有很大差别，既有传统的大锅与土炕，又有现代厨具和汽车，是在继承中发展啊。

女主人介绍说，这两层楼房有 200 多平方米，每层 100 多平方米，总共花费 20 万元左右。建筑材料并不是很贵，主要是人工费用较多。这说明我国的劳动力成本在上升，人的价值与劳动越来越受到重视，建筑材料相对于劳动力价值下降了，也说明技术与劳动效率提高了，体现了生产力的发展。通过询问我们知道，在院里他家还有一处平房，有 100 多平方米吧，已经不住人了。我们看到房间里特别干净，一尘不染，地板砖干净透亮，墙被粉刷成白色，屋里光线很好，可见这是非常爱干净、讲卫生的一家人。

费雨成家种了 15 亩地，算是村里的种植大户。费雨成家三口人，人均 1.5 亩，共有 4.5 亩地，由于他父母和大哥、二哥家的地少，大哥、二哥又在外务工所以就集中给他种。这些地都种了果树，没有种粮食，10 亩多是桃树，其他是苹果树。由于果树种植既要技术又要投入很大的劳动，所以他很少出去务工，冬天都有活干。虽然冬天树已经不结果，但也是非常重要的时期，还需剪枝等，这也决定着来年的收成。这十几亩地并不是在一起，而是分成了三大块。通过了解，2013 年费石庄村刚进行了重新分地，三十年合同刚结束，又签了三十年的新合同，土地也进行了重新整合和分配。我们知道土地是农民的命根子，所以大家特别关注分配得平均与否，还有就是土地位置与肥沃情况，费雨成介绍说这次分地非常顺利，村干部事前充分征求村民的意见，然后采取了各家留一块最好的，其他均分的办法，使非常棘手敏感的分地问题得到了圆满的解决。和我们一起来的村干部也说，这次分地异常顺利，全村没有一个上访的，很快就分好了。我们想这说明村干部的工作方法对路和工作能力强，通过发扬基层民主，广泛征求群众意见，切实为群众服务，从群众中来，到群众中去，一切为了人民的利益，再困难的问题都能解决。这反映出费石庄村的领导班子能赢得人们的信任，做到了公平公正公开，获得了大家的肯定与支持。

我们询问了种植情况，他说种了十几个品种的桃子，大体分为早、中、晚三种桃，最早的五月末上市，最晚的是十月初，大约下果是五个月。桃子陆续成熟，每天都需要人工采摘。一般都是傍晚时候去地里摘桃，早了桃子会失去水分，晚了看不见，晚上在家放上一宿，第二天早上四五点钟就去北戴河区市场上卖，有时一直到晚上九点才能回家，桃还可能没卖完。由于桃极不易储存，卖不完的第二天就不能卖了，会造成损失。通过了解我们知道，费石庄村的桃在北戴河区是非常有名气的，由于桃的卖相好口感甜很受欢迎，区政府为了支持种植业，专门在北戴河市场为费石庄村开辟了销售桃的摊位，这给村民们卖桃带来很大方便，而且不收摊位费，村民们特别感谢政府的支持。我们问今年的价格如何，他说今年的价格不如去年，去年是 10 元 3 斤，今年只有 2 元多一点。价格下降的原因据他介绍是供大于求，外地桃大批进入北戴河。因为北戴河是旅游胜地，每年暑期更是旅游旺季，桃的价格比周边县市高出不少，导致外地桃大举涌进，使供给大于需求，价格下降了不少。一谈到桃树的种植，也就打开了费雨成的话匣子，他说一棵桃树的寿命有 20 多岁，最长可达 30 岁，小树长到 3 年就开始结果，但是果子小产量低，大量产果见收益得 6 ~7 岁，高产期能持续 10 年，到 20 岁时就老了，内部开始枯了，产量随之下降，这就到了更新换代的时候。他特别提到久保桃，此品种特别适合于当地种植，产量大，卖相好，肉多而甜，非常受消费者欢迎，据说是从日本引进的。桃树容易受到天灾与病虫害影响，他说就在我们来的前几天，当地刚下过一场冰雹，对桃的收成影响很大，使桃的外皮出现疤痕影响了价格。我们说进村时看到桃子外面套了袋是为什么，他说是为了防止病虫害，而且可以使桃的表皮好看，上色好，桃子成熟的前三天把袋拿下来，桃的外皮颜色三天就会特别好看艳丽，这就利于卖上好价钱。由于每亩地里的桃树品种与树龄不同，更新换代时间不一致，所以当老树倒下换上小树苗时，就有了空间可以套种玉米或其他庄稼了。当我们问他种桃的技术是从哪里学的？他说这是本村的传统，从 20 世纪 70 年代生产队时期全村就种了大片果树，技术是从上代传下来，有什么问题种植户之间互相学习借鉴就可以解决。村会计介绍说，现在政府的集中培训少了，技术大家都掌握了，但是每年还有培训，镇上的技术员下村子，向种植户讲解新品种及新问题。苹果树相对于桃树的技术含量高些，桃树相对容易管理，所以全村 90% 都是桃树。由于人均一亩半地，土地还是比较稀缺的，所以女主人陈淑册说，在院里还种了苦瓜、黄瓜等蔬菜，以便充分利用每一块地。费雨成说，由于本村土地都是山坡地，也都是旱地，浇地村里统一用河水浇，自家还打了水井，用水泵抽水也可以浇地。由于桃树是喜欢阳光干旱的，所以对水的要求不高，自然降水就可以解决大部分农业用水。他说，以前的土路一下雨全是泥特别难走，现在情况改变了，这两年村里为方便采摘与运输桃子，修了水泥通道，解决了很大问题。

2013 年在重新分地以前，他家种了 5 亩多地，大部分是桃树还有少量苹果树，收入是 56000 元左右，每亩产值为 1 万元左右。去年价格较高，平均 10 元 3 斤，有时 5 ~ 6 元一斤。夫妻二人基本上都是在自家地里劳动，很少出去务工。由于离海边不远，我们特意询问一下是否打鱼，费雨成说，邻村有从事渔业的，唯独费石庄没有。每亩地政府补贴 67.5 元，虽然不多但体现了政府的好政策。他说影响收入的主要原因还是桃的价格，由于自家果树产量比较稳定，技术也没问题，所以销售是大问题。销售主要靠零售，不卖给大的收购商，价格会低不少，再说桃都是陆续成熟，所以比较方便于零售。由于成年果树比较大，所以地里空间比较小，不利于其他作物的套种，所以收入绝大部分都是种桃和苹果所得。

说到支出情况，他说种地的成本还是比较高的，化肥农药的价格每年都在涨，所以支出 1 万多元用于化肥和农药。至于农机与农具等生产工具，算是耐用品可以用很多年，每年都有折旧也算是成本。大的农具有拖拉机，机动三轮车，还有水泵。自家的面包车一年下来也有不少支出，主要是油钱，当然保险也有几千元；由于主要在北戴河区内活动不出远门，所以油耗并不是太大，但一年也要 5000～6000 元的支出；由于自家土地全是果树，基本上不种粮食，蔬菜大部分要购买，所以生活支出每月也得 500～600 元；做饭用液化气，每罐 105 元，可用一个月左右；水是自来水，全村都是免费供应，所以不用支出；电费每月 40～50 元；家里三口人每人 1 部手机，每月 100 元左右；至于衣服的支出，他说每年不多，也就几百元，由于二人都下地干活，穿得并不太讲究，所以这项支出并不多；可以看出来一家人都很健康，所以看病支出每年也就几百元，都是小病并无大病；至于红白喜事开支，每次 200 元，一年也就 1200 元左右；两人虽然生活简朴，但特别重视孩子的教育。孩子上高一了，每年学费虽然不多，他说每学期 300 多元，但是食宿开支比较大，食堂的饭菜吃时间长了，孩子不爱吃就出去买着吃，此项支出每月要 1000 多元。家里没买电脑，他说是怕有了电脑孩子只想玩电脑影响学习成绩，所以虽然孩子要求买，但二人认为还是不买为好。他家耐用消费品有电视机 1 台、拖拉机 1 辆、电冰箱 1 个、洗衣机 1 个、面包车 1 辆、照相机 1 台、影碟机 1 台、组合音响 1 套、电动车 1 辆、电动三轮车 1 辆、摩托车 1 辆、自行车 2 辆。新型农村合作医疗制度在费石庄村已经有 10 年了，他家都参加了合作医疗。小病去村里就可以治疗，卫生诊所就在村委会大院里，而且村医可以打电话直接到家里上门服务。如有大病可以去北戴河区医院，600 元以上可报销 50%。这当然是有利于农民的政策，但是报销程序比较复杂，有些药物无法报销。他们也参加了养老保险，每人每年上缴 100 元，年满 18 周岁以上才能参加，60 周岁以后每月可领取 55 元。女主人说农闲时经常去扭秧歌和跳广场舞，在村口篮球场上跳，有几十号人，多的时候达五六十人，场面非常热闹。但男士就没有那么多娱乐方式了，休息时偶尔去村委会打乒乓球或篮球，但他很少去，因为平时劳动比较累，一休息就不想参加活动了。我们在村委会附近的场地上看到了许多健身器材，据村干部介绍说是市里给配的，免费的，老人和小孩经常去玩，青壮年没时间去玩器械。

表 10－27　**2013 年家庭支出情况**　单位：元

总支出	生产性	衣服	食品	看病	教育	娱乐	红白喜事	交通	通信	住房
21800	10000	500	3000	600	300	200	1200	5000	400	600

数据来源：根据费雨成口述整理，2014 年 7 月。

表 10－28　　2014 年家庭耐用消费品情况

项　目	数　量	项　目	数　量
电视机（台）	1	农用机（辆）	1
电冰箱（台）	1	卡车（辆）	1
洗衣机（台）	1	小轿车（辆）	1
照相机（台）	1	固定电话（部）	0
影碟机（台）	1	组合音响（套）	1
电动车（辆）	1	手机（部）	2
摩托车（辆）	1	自行车（辆）	2

数据来源：根据费雨成口述整理，2014 年 7 月。

通过采访，我们发现影响村民家庭收入的主要因素是桃的价格以及农资支出。由于现在实行的仍然是家庭联产承包责任制，各家各户各自为战，相互之间存在竞争，全村没有形成很好的合作机制，以抵御外地桃的大举进入带来的压力。这需要各种植户之间的有效合作，而不是恶意竞争来打价格战。只有形成费石庄村自己的品牌，让市场认可，让消费者认可、费石庄才可以利用品牌，使本村的桃在竞争中保持优势。另一方面，由于北戴河是全国众所周知的旅游胜地，每年游客非常多，费石庄可以利用这一优势，发展与桃树相关的旅游业，如采摘、桃花节等活动，提高附加值，而不只是单独卖桃这一项。现在缺乏的是合作机制、种植规模以及品牌效应，村委会应当尝试组织合作经营，加强协调与管理，以利于种植户提高收益。至于农资价格上涨有多方面的原因。首先是由于制造成本提高，劳动者工资高自然使农资价格提高。其次是需求的增多也推高了农资价格上增长。对于农户来说，采取团购的形式可以降低农资支出的成本。当然，运输成本的上升也是导致农资价格上涨的重要因素。同时，政府应该发挥积极作用，加强对农资市场的监管力度，规范市场秩序，打击蓄意涨价，囤积居奇。对农户给予适当的农资补贴，以减轻农民负担。政府应该适当提高农产品价格，降低工业企业利润，缩小城乡差距，推动城乡一体化。

费雨成、陈淑册夫妇给调研组留下的印象是：热情、乐观、积极向上。他们通过自己勤劳的双手创造了美好的生活，一家三口幸福美满，每年收入相当可观，住上了二层小楼，宽敞明亮，家用电器一应俱全，有私家车，农具很配套。虽然夫妻二人文化水平不高，但通过自己的劳动过着殷实的生活。在采访中我们也发现，他们二人关系非常融洽，性格都很温和。我们也从他们身上学到很多，如勤劳朴实，脚踏实地，积极的生活态度，以及知足常乐的精神。正是这些平凡而伟大的劳动者，他们创造了历史，也将开创美好的未来。

（八）桃树、苹果树种植户李力行家

李力行，男，50 岁，汉族，初中文化程度，没有宗教信仰，普通话比较流利。由于正值农忙时节，我们到他家时，他正要出门下地，村干部介绍了我们此行的目的后，他非常热情地招呼我们进他家。他家院子很大，不像村里其他人家，建完楼房后，院子比较小。院子里非常干净，院内种满了葡萄，绿意盎然，生机勃勃，葡萄长势喜人，还不到成熟季节，但颗粒已经很饱满了。他妻子不在家，下地干活去了。他说，家里四口人，有两个女儿。大女儿，26 岁，大学毕业已经两年了，现在秦皇岛市里的物业公司上班，正在处对象，准备今年结婚。小女儿，18 岁，上高二了，学习还不错，中等偏上水平，他说希望能考上大学，由于自己文化水平不高，对孩子的期望很大，只要愿意读下去，花钱在所不惜。他说，由于小女儿考高中时差了几分，所以每年比正常录取的学生要多交 4000 元，三年一共 12000 元，为了让她能继续读书，他并不在乎花钱。小女儿平时在学校住，只有周末回来，大女儿上班后，由于工作比较忙，回家的次数较少，平时也就老两口在家。

李力行说，今年种了 10.5 亩地，按村里标准每人 1.5 亩，但是加上姑爷和他父母共七口人的地，他都在种，所以地不少。这 10 多亩地，2/3 是桃树，1/3 是苹果树。有十几个品种的桃树，分成早、中、晚三类，各品种按季节逐次成熟，最早是 7 月上旬开始采摘，最晚到 9 月末结束。说话间他拿出一个小本子，上面记录着桃的采摘情况，哪天摘了多少以及价格多少，可见他是个非常认真仔细的人。当桃成熟采摘完后，苹果正好开始成熟。他说，桃是陆续成熟的，从树的上部开始，上面见光好，所以先成熟。但是桃子不好储藏，必须得在当天卖完，否则就会坏掉。而苹果是全树一下子都熟了，但是苹果好储藏，可以卖一个半月。有的人家为了储藏苹果，以便在冬天甚至来年春天再卖，以求一个好价钱，所以挖了地窖。他家由于苹果少，所以没挖

地窖。他又解释说，虽然反季节可使水果卖上好价钱，但是储藏可能会使水果分量减轻，弄不好还要烂一部分，再说还要占地，问题是出售时价格并不一定很高，所以很可能与当季售卖所得差不多。他说，他家有十几个品种的桃，每个品种的棵数不一样，多的 60 棵，少的只有 20 多棵，一个品种集中在一起，以便在成熟时一起采摘，等采摘完了以后就不用再到这一片地里来，也就节省了劳动力。我们问，不同品种的桃是不是管理起来不一样。他说，品种虽然不一样，但是管理基本一样，打药以及施肥各品种都一样。现在他家地里的桃树既有小树又有老树，桃树长五六年以后才开始大量结果，在成长的这几年，树比较小，所以能套种一些其他作物，但只能种些比较矮小的农作物，如花生、大豆、红薯等。像玉米这种长得比较高的就没法种了。说到今年桃的产量和价格，他说，今年价格不如去年，产量也不好，收入是去年的一半就不错了。至于销售，他说都是自家去北戴河区摆摊出售。区里有个大市场，摊位花钱租几个月，就可以把一年的桃和苹果都卖光。北戴河区管得比较严，不让在路边随便摆摊。尤其是在海滨游客多的地段，更是不让随便摆摊。他说，海滨的商家比较多，租金比较高，假如随便摆摊肯定影响商家利益，再说乱摆摊也影响北戴河的区容区貌。早上四点半就去卖，由于采摘量的大小不同，以及市场行情不一样，所以回家的时间也没准，有时到晚上十点才回家。他说，一般都是村里的妇女去卖，男人们都在地里干活，以及负责把桃运送到市场。他说，卖东西可不简单，是门学问，必须得能说会道，热情好客，价格还要灵活。当然，桃子个头大，颜色好看，还要好吃才能卖上好价钱，有道是“酒香不怕巷子深”。我们问，价格是怎么形成的？他说，价格是由市场决定的。通常卖家先互相询问对方价格，然后根据销售情况自家决定价格。比方说先卖每斤 10 元，卖得不好就下降到 8 元，也就是根据行情调整价格。他说，市场上卖桃的，费石庄的占大部分，因为他们村是北戴河区种桃最早的，一直延续至今，现在全村 90% 的土地种植桃树，再加上技术成熟，自然环境适合于桃树生长，所以费石庄的桃在北戴河区很出名。这几年邻村像崔各庄、拨道洼也在发展种植业，但是费石庄相比邻村还是具有优势的。我们问，今年产量为什么不如去年？他说，由于去年土地合同到期，全村重新分的地，由于村民都知道自家种的地不一定是自己的，所以都没有好好管理，以及地块调整后，树比去年少，所以产量不如去年。

葡萄是他家的特色，他说，全村只有他家种葡萄。我们一进院子就看到满院子的葡萄，他家还有个后院，里面种的也是葡萄，前后院的面积都不小，估计得有半亩地。从他家的二楼看下去，院子里绿油油一片，这是他们家的亮点。他说，葡萄很费功夫，而且技术要求比较高，每星期都要修剪枝条，半个月浇一次水，现在种的品种叫巨丰。葡萄是喜欢大水大肥的植物，肥料一般是牛粪或鸡粪。施肥时离根部不能太近，以免烧坏葡萄根，离根稍远一点挖一条沟，把肥料放进去，这样既可以让根部吸收到肥料，又不至于对根部不利。

至于去年的收入，他说，去年桃树多，价格高，所以有 10 万多元的收入。院子里的葡萄也卖了 5000 元左右。家里就是靠种地，夫妻二人没时间出去做工，所以没有打工收入。大女儿虽然工作两年多了，每个月挣多少钱他并不过问，家里不缺钱，不向女儿要钱。他说，大女儿快要结婚了，让她自己手里有点钱准备婚事。李力行说，虽然表面上看收入不少，但是夫妻二人完全把精力投入到了地里，没有其他收入，平时父母二老也帮着干，其实是四个劳动力干活，平均下来每人每月 3000 元左右，和外出打工的收入差不多，不同的是，虽然辛苦，但是时间相对自由，所得都是自己的。一年到头，完全休息的时间只有一个月左右，冬天还要经常去地里剪枝。闲下来时，由于天冷了，工地都停工了，也没活可干。

表 10－29　**2013 年家庭收入来源情况**　单位：元

职　业	收　入	职　业	收　入
从事种植业	105000	其他经营收入	0
总收入合计	105000		

数据来源：根据李力行口述整理，2014 年 7 月。

说到 2013 年的支出情况，他说去年支出很大。农药和化肥价格高，种的地又多，所以农资花费 1 万多元。他说，小树长到 5 年以后才能卖果，前期都是投入没有产出。他作了一个比喻，说树和人一样，小时候都是花钱，长大了以后才能挣钱，等老了收入又少了，树和人是一样的道理。他说自己身体不太好，去年还动了手术，花了 1 万多元。他让我们看了手术后留下的疤痕，很长一道，缝了 22 针。小女儿上高中，学费每年 700 多元，由于考高中时分数不高，所以每年还要多交 4000 元，每月吃饭也得 1000 元左右，教育支出有15000元。食品支出也不是小数目，吃的东西都得买，物价又高，每月得1500元。衣服支出一年2000元左右，他说，下地干活也不要多好的衣服，只是孩子的衣服比较贵。红白喜事一年支出2000元左右，现在农村都富了，每次至少200元。出门骑电动车，很少坐公交车和打车，所以交通费用没多少。由于卖桃都是用机动三轮车，油钱每月200元。家里四口人每人一部手机，每月话费200元左右。一年总支出为6万元左右。

表10-30　　2013年家庭支出情况　　单位：元

总支出	生产性	衣服	食品	看病	教育	娱乐	红白喜事	交通	通信	住房
62000	10000	2000	18000	10000	15000	200	2000	2400	2400	0

数据来源：根据李力行口述整理，2014年7月。

李力行家的另一个特点就是院子很大，分为前院和后院，二层楼房坐落于院中央。前、后两院种满了葡萄，自然环境特别好，空气清新，充满朝气，就像在公园中建了一栋别墅。他说，这个楼房是在原来平房的基础上接的，由于平房地基很牢固，所以不用加固就直接往上面加了一层，大约花了8万元。每层面积有130平方米，分四个房间，两层共有260平方米。一楼是他们老两口居住，有厨房和客厅。他们家既有烧柴火的大铁锅，也有电饭锅，平时做饭用液化气。一楼有个火炕，冬天烧柴很暖和，屋里还装了暖气，用一个烧煤的大炉子供暖，炉子还可以做饭，热量可以充分利用。二楼是两个女儿的房间，四个房间都有床，平时她们很少回来住，小女儿寄宿于学校，周末才回来。大女儿住在单位，在秦皇岛市里，由于路途较远，工作繁忙，所以回家次数不多。家里有1辆拖拉机，1辆机动三轮车，种地离不了它们，打药用机器，除草以及采摘都是用手工。饮用水是村里统一供的自来水，不用花钱。家里有3台电视机，平时只看1台，另2台孩子们回来看。有1台冰箱、2台洗衣机、1部座机、1台VCD、2辆电动车、4部手机、1辆摩托车、3辆自行车。他们家环境不错，家用电器很齐全，屋子很宽敞，唯一的不足之处是楼内没有卫生间，厕所在院内。他说，建室内卫生间，需要建大的化便池，需要经常清理。村里没有统一的下水道，自己家的池比较小，所以没在室内建卫生间。村干部插话说，村里对下水道问题很重视，也研究过建造方案。问题是工程量大，需要资金较多，由于地下有水管，现在道路建得也很结实，施工难度较大，另外村里只能建大的干线，各家情况不一样，得自己建自家管道，以连接大管道，全村协调起来有困难，所以现在只有想法和预案，还没有具体讨论和实施。

表 10－31 **2014 年家庭耐用消费品情况**

项目	数量	项目	数量
电视机（台）	3	农用机（辆）	1
电冰箱（台）	1	手机（部）	4
洗衣机（台）	2	固定电话（部）	1
影碟机（台）	1	电动车（辆）	2
摩托车（辆）	1	自行车（辆）	3

数据来源：根据李力行口述整理，2014 年 7 月。

说到本村的规划与发展，他说，去年村里刚分完地，现在各自为战，没有一个统一的发展规划。虽然村里有发展旅游业的想法，但是由于土地不集中，没有规模优势，很难吸引游客。再说，要想发展各方面设施必须配套，吃住玩的硬件设施得跟上，道路也要加宽。虽然费石庄村周围的自然环境很好，保持了农村的自然风貌，但这既是优势也是劣势。劣势就是交通不太方便，离最近的公路有 1500 米，村里没有直达的公交车，本村村民出入不方便，游客来这里也不容易，要想发展旅游业还有很多亟待解决的问题。相信在各级领导的支持下，充分发挥群众的聪明才智，秉承全心全意为人民服务的宗旨，交通不便等问题肯定能得到圆满解决。

由于费石庄独特的地理位置，以及自然风貌保存完好，北戴河区有规划，招商引资，发展经济。2013 年全村的地都分了，合同一签就是 30 年。对于土地的占用，他说村里人是谨慎的乐观，并不反对开发，问题是老百姓应该得到适当的赔偿。因为土地是农民的命根子，离开了土地，农民没有其他的技能，打工收入也不稳定，怕生活没有了保障。一次性赔偿，每亩地几万元，赔偿所得很快就会花光，所以，对于年轻人要安排好就业，给予老年人适当的养老金以及医疗保障，以解决村民的后顾之忧。现在土地合同在农民自己手里，还是自己当家做主，村民希望做大的规划，使全村有个大发展，老百姓也能。目前，费石庄的桃虽然在当地有名，但还不能形成品牌，对市场价格缺乏影响力，邻村也在发展种植业，对市场冲击较大，今年的价格就不如去年，再加上外地桃的进入，更使价格有下降的压力，村里各户桃农已经明显感受到了市场竞争的压力，今年的收入肯定不及去年。我们认为，家庭联产承包责任制已经完成了它的历史使命，合作制将是现代农业的发展方向。随着科技发展以及人们素质技能的提高，走集体经济发展之路，才是现代农业的发展正路。关键是要有好的制度体制，既不损害老百姓的切身利益，又能发挥人们的积极性与创造力，促进经济发展，让农民享受到改革发展的红利。

我们问李力行制约家庭收入增长的主要原因，他说，首先是天气，其次是市场，最后是资金。他接着说，目前的情况是靠天吃饭，分地前是村里统一浇地，现在自己浇地，地里没水井，所以得靠降雨，水对于桃的重要性是不言而喻的。前几天刚下了一场冰雹，对于套袋的桃影响不大，但是没套袋的桃可遭殃了，桃的表面被冰雹砸得凹凸不平，卖相不好价格肯定会受影响。至于价格，他说要想卖上好价钱，桃必须出类拔萃，也就是说得好吃好看，个头要大，颜色要鲜艳，口感要甜，只有新品种才能占领市场的高地，老品种要更新换代，要有品牌意识，培养消费者的忠诚度。他说，费石庄现在缺的就是品牌意识，没能将口碑信誉提升为品牌，然后形成竞争优势，抢占市场，增加利润。另外，他说他想发展大棚桃，因为大棚桃有反季节的优势，价格高、利润大，问题是大棚的前期投入大，资金是问题。现在不知道能不能获得小额贷款，政府是否对其有财政方面的补贴。他说，全家人都参加了新农合，也参加了养老保险。由于他连续几年得病、住院，医药费的支出很大。在交谈中，我们明显地感觉到他对新农合的报销程序及额度不太了解。随行的村干部也说，应该多了解一下看能否确定为慢性病，就可以报销一部分医药费。对农民来说，最怕的就是进医院，由于收入不多，看病又贵，所以对于一个农村家庭来说，很可能因病致贫。新农合的本来目的就是让老百姓看得起病，是福利保障制度，政府应该加大宣传力度以及信息公开，让老百姓能切实从中获得利益。农民也应多关注国家政策，获取更多相关信息，以便使好政策切实落到实处。

李力行是一个直爽干练的人，从他把家打理得井井有条及对种植情况做记录可以看出，他做事很认真仔细。他家以种桃为主，葡萄种植是他家的特色。限制他家收入增长的主要问题还是资金不足，希望政府能有相关扶持政策。我们相信在他全家人的辛勤努力下，生活会越来越好。

（九）多种果树种植户费志更家

费石庄村民大多以种植果树为主要经济来源，家家户户都种桃，“京红”“久保”等品种的桃子香甜可口，这是费石庄村的特色，因此费石庄颇有“世外桃花园”的美称，但费石庄村不只有桃树，其他果树种类也不缺乏，费志更家就是典型的多种果树种植户。

费志更，男，1966 年出生，只上过小学，汉族，很瘦小但很有精神，除了种植果园还会外出打工，不信神也不拜佛，只靠踏踏实实的劳动挣钱养家。现在家里有四口人，妻子张玉芝比他大两岁，文化程度是初中，主要从事桃树种植和售卖；28 岁的大女儿费美娜已结婚并参加工作，在秦皇岛的 LG 工厂做机械铸造加工，结婚后大部分时间与丈夫在市里生活；22 岁的小女儿费美静从技校毕业后也已经参加工作，现在与父母一起生活。

我们去的时候正是费石庄村民特别忙的时间，不是在地里干活就是去市场卖水果。我们去费志更家的时候，他们家里没人，妻子张玉芝去卖桃了，他和大女儿正在果园里摘杏，村干部李立丰给他打电话才把他从地里叫了回来，因为地里的活还没干完，还得赶回地里，所以他很着急。对于给他带来的麻烦，我们表示深深的歉意。虽然着急，但他对我们还是很热情，待我们说明来意之后，他便热情地招待我们喝水并洗了自家的杏给我们吃。

费志更家在费石庄村主街道的路边，墙体进行过粉刷，并附有壁画和“圆梦中国洒满阳光”的标语，这是费石庄村环境面貌改造提升项目的一项重要内容：对主要街道两侧的建筑物墙面 8 万余平方米，进行统一色调，统一粉刷。费石庄村的农村面貌改造提升行动涉及了道路硬化、垃圾处理、厕所改造、村庄绿化、村庄亮化、村庄美化等内容，粉刷墙面便是村庄美化的内容之一。他家大门口还挂了一个“美丽庭院示范户”的牌子，这是费石庄村妇联系统结合农村面貌改造提升行动开展的“美丽庭院”工作评比出来的示范户。费志更家算是比较气派的，两个蓝色的大门，一个大门通向平时吃饭会客的客厅，一个大门通向 3 米长的车道。房子是两层的，虽然是 2001 年盖的，但却是很先进的二代平顶钢筋水泥房，在费石庄村，他家是第二户盖这种房子的。上下两层合计有 240 多平方米，当年是花 12 万元左右盖起来的。由于最近太忙，家里没有时间收拾，所以显得有点乱，费志更表示很不好意思，但也表示无奈，毕竟是农忙时间，没有多少空闲可以收拾。一层有一个车道占了很大的空间，屋内有一个楼梯直接通到二楼，所以屋里显得有些拥挤，二楼则相对宽敞得多，但屋里已经覆盖了一层薄薄的灰尘，应该是有段时间没人住过了。家里装有土暖气，冬天就烧煤炉子，做饭并顺便供暖气和火炕取暖；夏天的时候主要用液化气和电做饭。

费志更家里没有固定电话，而是每人一部手机，因为固定电话月租太贵，没有必要。楼上、楼下各有一台电视机，二楼有一台影碟机，但已经很久没人看了。家里原来有网线有电脑，但女儿都上班了以后不怎么回家，所以断了网。电视机、洗衣机、电冰箱等家用电器都不缺。房子后面有个小院子，主要的农具、小型的交通工具和一些杂物会存放在这个院子里。院子里停放了 2 辆电动车，其中 1 辆是女儿的；还有 1 台拖拉机用来拉杏；妻子去卖桃骑了 1 辆电动三轮车；除此之外，家里还有 1 辆摩托车，费志更去卖桃多骑摩托车去；费石庄村每家每户都有打的井以及水泵；另外，我们在他院里还看到了 1 辆特别小型的旋耕机，用来进行耕耙作业。费志更家生产性固定资产、耐用消费品情况见表 10－32、表 10－33。

表 10－32　**2014 年家庭主要生产性固定资产数量情况**　单位：个

汽车	拖拉机	旋耕机	收割机	电动三轮车	牛马驴车	水泵
0	1	1	0	1	0	1

数据来源：根据费志更口述整理，2014 年 7 月。

表 10－33　**2014 年家庭耐用消费品情况**

项目	数量	项 目	数量
电视机（台）	2	电动三轮车（辆）	1
电冰箱（台）	1	手机（部）	4
洗衣机（台）	1	影碟机（台）	1
摩托车（辆）	1	电动车（辆）	2

数据来源：根据费志更口述整理，2014 年 7 月。

费志更家和费石庄其他村民家一样以果树种植为主要收入来源，今年第二轮土地承包，他家四口人，每人1.5亩，共分得6亩地，都比较好，他也很满意。30年前的土地承包每人分地2亩左右，由于哥哥身体不太好，哥哥的地也由他来经营，费志更共经营了10亩地左右，每年可以收入六七万元。现在费志更家仍然以桃树为主要作物，但李子、杏、苹果、梨等果树他都有所种植，他和女儿就是在摘杏的时候被我们叫回来的。听他介绍，苹果近几年不值钱，而且又比较难管理，所以他们家的苹果树几年前就都放倒了；今年梨丰收，但除桃子之外，他们家最多的还是杏。给我们吃的杏都特别甜，因为熟得都比较好，他还邀请我们去看了他们家的杏园。村干部李立丰说我们来得不是时候，大桃子现在还没成熟，桃子才是费石庄的亮点。

到了农忙的时间，果农们几乎没有时间吃饭。12月以后，地里的活基本忙完了，费志更就会出去打零工，主要是在北戴河范围内的建筑工地做小工，但农闲时间不长，也就2个月，每月可以收入3000元左右，“总比闲待着强”。家里四口人都是劳动力，“基本没有花钱的地方，就只剩攒钱了”。妻子心脏不太好，冬天一般会在家里待着，农忙的时候会去海滨卖桃，一般情况下，费志更都会和妻子一起去卖桃，但最近地里太忙，只有妻子一个人去卖桃。女儿虽然都上班了，但各自花钱也不少，有时候发了工资会给费志更，但他也不会要，因为老两口自己挣的钱完全够花的。老两口也用不着贴补女儿，他们自己挣的钱也够自己花。小女儿会交给父母一部分工资，费志更想小女儿还太小，花钱没有规划，既然上交就权当帮女儿攒着。除果树种植和打工的收入之外，他家粮补和综合直补也能拿到400元左右。

果树种植需要大量的生产性支出，但化肥、农药、柴油等花费费志更从来没有统计过，据他估计化肥农药每年会支出2000元左右，最多3000～4000元。另外，柴油就在附近的加油站加，没了可以随时加，从来也没细算过能花多少钱。他和妻子很少买衣服，女儿买衣服、鞋子等花费不少，但自己的工资都够了，一般不会向家里要钱。由于家里没有粮食作物，所以一般会到海滨超市买面和大米等粮食，差不多两三个月去买一回，每次花费200元左右，每年一两千元足够了。红白喜事也不多，村里结婚的不多，一般给100元，这是费石庄村的习惯数目。白事也就买个帐子，花不了几个钱。自己的亲戚家有事会给得多一点，如去年小舅子闺女结婚给1000元，去年一年红白喜事支出总共1500元左右。老两口一般不去市里，去的话就骑摩托车或者坐公交，花费很少，女儿闲的时候倒是经常去逛街。他的电话费也不多，每个月也就二三十元，妻子稍微多点，两个女儿“最低消费也得有 50 元”，但都是花自己的钱，不会向家里要钱。另外就是一些必备的煤气电等，每年 1000 元左右。妻子心脏一直不太好，去年去秦皇岛看病花了 1 万多元，好在参加了新型农村合作医疗，报销了 5000 元左右。费志更家 2013 年家庭收入、家庭支出情况见表 10－34、表 10－35。

表 10－34　　2013 年家庭收入来源情况　　单位：元

职业	收入	职业	收入
从事种植业	65000	本地就业工资	6000
粮补和综合直补	400	其他	0
总收入合计	71400		

数据来源：根据费志更口述整理，2014 年 7 月。

表 10－35　　2013 年家庭支出情况　　单位：元

总支出	生产性	食品	看病	红白喜事	通信	住房	煤/气/电
13600	4000	1500	5000	1500	600	0	1000

数据来源：根据费志更口述整理，2014 年 7 月。

由于费志更家地里的活还没忙完，女儿还在地里干活，所以他邀请我们去他家的果园参观，我们跟着走，几分钟就到了。果园用树枝、铁网等拦了起来，有一个简单的门，园子里还有两条狗。听村干部李立丰说，村里民风很淳朴，偷盗一类的事情极少发生，但外村或外地会有来偷桃子的，所以路边的果园一般都会围起来并有狗护院。

费志更的女儿正挎着竹筐摘杏，看到我们有点意外，她在秦皇岛市里上班，平时下班后或者周末就会回家帮忙摘果。地里摆放了很多工具，有很多大小竹筐已经装满了杏，竹筐里都包了一层厚厚的编织袋，防止划伤杏或桃子。还有很多小竹筐和小塑料桶，用来随手拿着暂时放置刚摘的杏，放满了之后再统一倒入大竹筐里。树下还有三角铁的梯子，用来摘高处的杏。据费志更介绍，他家种了 300 多棵桃树，20 多棵梨树，还有 10 多棵杏树，我们去的那天正在摘杏。他们家的杏也有很多品种，如“凯特”“银杏”“红银杏”

等，其中“凯特”的市场价格比较高，一般可以卖到10元3斤；“银杏”和“红银杏”相对便宜一点，一般可以卖到每斤2.5元。地里除了各种果树，还有一些红小豆、黄豆、葱等粮食作物以及一些桃树苗，这是果树老化被放倒之后留下的一些空隙，桃树苗没长大之前可以种些小型作物方便平时食用。费志更在地里忙忙活活干了很久的活，摘完杏之后，把装满杏的大筐小筐放到拖拉机上就拉走了。

费志更向我们感叹道，“农民就是累，都是车轱辘活儿，根本闲不下来。桃树要授粉、套袋，还要稀桃，不然桃子都长不太大。摘桃、洒药、施肥、剪枝、包袋、拆袋等树上树下的活根本干不完”。城里人有周末，农民几乎没有休息的时间，但是农民享受的社会保障和社会福利却远远低于城市居民，这是农民权利缺失的表现。

十一、养殖户

（一）貉子养殖户单志民家

今天上午，我们来到了村里的养貉子大户单志民家。单志民家的养殖基地在村子的西边，距离村里大多数村民居住的房屋稍微有点远。我们在村干部的带领下沿着小路一路向西，来到了在绿树掩映之下的单志民家。

单志民家主业是养殖貉子。貉子，又名狸、土狗、土獾、毛狗、貉子，是哺乳纲、食肉目，犬科，貉属半冬眠，貉子皮的外形像狐，但比狐小，是食肉目犬科的一种。中等体型，外形似狐，但较肥胖，体长50~65厘米，尾长25厘米左右，体重4~6千克；嘴尖，耳短圆，面颊生有长毛；体肥短粗，四肢短而细，尾毛蓬松；体背和体侧毛均为浅黄褐色或棕黄色，背毛尖端黑色，嘴部棕灰色，两颊和眼周的毛为黑褐色，从正面看为“八”字形黑褐斑纹，腹毛浅棕色，四肢浅黑色，尾末端近黑色。它具有针毛长、底绒丰厚、细柔灵活耐磨，光泽好，皮板结实，保温力很强的特点。

我们还未进入大门时，就听到了门内的狗吠声。单志民家养的貉子数量较多，为了保证貉子不被盗走，以及防止貉子逃跑，养了两条狗来看家护院。我们去的时候，正好赶上单志民夫妻俩在给貉子打疫苗。由于他们时间比较紧张，我们就跟随在夫妻俩旁边进行了采访。单志民，男，汉族，59岁，初中文化。妻子王丽燕，女，汉族，59岁，初中文化。二人都无任何宗教信仰，普通话流利。夫妻二人育有两个儿子，长子单伟，33岁，已婚，在北戴河区物价局工作，儿媳妇在劳动局工作。小孙女现在1岁半，由于单志民老两口平时养貉子较忙，所以目前由姥姥、姥爷帮忙照顾孩子。次子单杰，18岁，正在上技校。单志民一家老家是山东单县，多年前单志民的太爷爷逃难来到费石庄村，单氏家族在费石庄村的居住时间已达百年之久。

单志民身穿白色条纹T恤，下身穿灰色长裤，脚穿绿色军鞋，王丽燕身穿绿色印花上衣和黑色长裤，脚穿黑色胶鞋。虽然衣着朴素，但是夫妻俩对形象也极为重视。看到我们要拍照，爱美的王丽燕连连说道："哎呀，你们别拍了，我今天没收拾，头发乱七八糟，脸上也没抹东西。"我们笑道："我们会帮你把照片处理一下，修白一点再用。"去年养貉子的毛收入在30万元，每只貉子的饲养成本在230~330元。听单志民和王丽燕介绍，貉子的售价受市场波动影响较大。市场好的时候收入较多，市场差的时候则收入锐减。今年的价格就比较一般。单志民家目前还有1.5亩果树，主要种植"久保""早凤凰""蟠桃"等品种的桃树。也有一些苹果树，品种为"国光"和"黄香蕉"。老两口每天比较辛苦，既要喂养貉子，又要管理果树。

单志民家的房屋建筑面积不大，是60平方米的钢筋水泥房。取暖的措施是简单的土暖气。饮水方面，单志民自己家打了一口井，貉子的养殖用水和夫妻俩的生活用水都来自于这口井。由于距离村中心稍远，单志民家做饭的工具主要为电磁炉，不像村里人使用液化气较多。单志民家的土地一共有5.5亩，其中1.5亩用来种植果树，剩下的4亩地全被开辟出来进行貉子养殖。目前养殖的貉子总数为1200只，规模比较大。貉子是杂食性动物，可以食用鼠类、昆虫之类的动物，也会食用植物的根茎。在人工饲养过程中，主要食用的还是人工配比饲料。进门时我们看到了一个敞口农用小推车，是专门用来搅拌饲料的。1200只貉子里，公母的数量差别不大，毛色也没有区别，售卖时的价格是一样的。单志民家所养殖的貉子品种单一，不过颜色略有不同。大部分貉子是灰色和黑色，极少数为白色。白色的貉子通体雪白，极为漂亮，观赏性强，制出的皮制品售价也更高。我们注意到所有的貉子都是养在铁质笼子里的，因为貉子生性不够温和，属于小型猛兽，不锁在笼子里的话会有伤人的危险，因此需要将其封闭养殖。每个笼子里的貉子数量不一，大貉子一般单独养在一个笼子里，小貉子，每个笼子里可养 2 ~ 4 只。貉子 2 月配种，4 月产幼仔，一年只生育一胎，每胎数目不一，多达 14 ~ 15 只，少则只有 1 只，较为常见的情况为一胎 7 ~ 8 只。通常情况下，当年的貉子就可以进行售卖，每年在小雪节气以后，会有商贩来收购。貉子分为种貉和普通貉子，公种貉放完种就可以卖掉了。母种貉能用 5 ~ 6 年，目前单志民家的母种貉数量为 200 只。

为了节省时间，同时不影响单志民夫妻工作。我们没有进屋采访，而是一直跟随在单志民夫妻身边进行交谈，夫妻俩边给貉子打疫苗，边回答我们的提问。我们注意到当天给貉子接种的疫苗分为两种，一种是水貂犬温热活疫苗，另一种是水貂细小病毒性肠炎灭活疫苗。两种疫苗都是粉红色液体，颜色鲜艳。小貉子要接种一次，共打两针。大貉子接种两次，需打四针。接种时，妻子王丽燕打开笼子，用自制的工具套在貉子身上，将其取出。貉子头朝下，王丽燕双手扯开貉子的两只后腿，单志民随后将准备好的疫苗注射到貉子的后腿肌肉里即可。夫妻俩配合默契，效率极高。

单志民家的养殖史将近 17 年，从 1998 年东南亚金融危机至今，一直在养殖貉子。每年貉子长大成熟后，单志民夫妻俩就要准备开始卖貉子了。售卖方式分为两种，一种是商贩前来收购，另一种是自己外出售卖，其中以商贩收购的情况较多。如果需要自己外出，单志民会自己租车将貉子装好，进行售卖。商贩来收购时，具体情况也有不同，有时需要当场取活皮，将貉子在养殖基地直接剥皮。有的则是将活貉子运走，商贩自己回去处理。我们对售卖的方式比较好奇，不知是按照貉子的重量还是按只售卖。王丽燕说，大部分貉子的个头都差不多，所以就按只来卖，并且由于卖的是貉子的皮毛，不是肉质，所以一般不称重（由于貉子的肉质不值钱，因此会有黑心厂家在生产中掺入貉子肉，前些年曝光的某品牌劣质火腿肠就采用了这种不良做法）。如果是个头差异较大的，再按貉子的重量计算。接着，夫妻俩向我们介绍起养貉子的经验，养貉子不论数量多少，重在质量，最重要的是貉子的毛色要好。毛色关键看有没有绒，绒口厚、成色好、个头大的貉子售价就比较高。剥下来的貉子皮，质量好的能卖到 500 元一张，质量不好的只能卖 100 元一张。单志民介绍说，貉子生活的区域主要在北方，养貉子的地区往南可到江苏，往北可到东北，且皮毛的价格越往北越贵。因为天气越寒冷，绒毛生长得就越好，也就越贵重。此时，我们观察到的貉子还未上绒，得 9 月才开始上绒。单志民手里一直不停在忙乎打疫苗，口中也不停地向我们讲解貉子皮毛的一系列生产流程：商贩从养殖户处将皮毛收走，先到皮染厂进行消毒和染色。软化之后运往服装厂，在服装厂加工生产出成品后，就运送到商场进行销售了。

在家庭支出方面，单志民家开销不大。衣服方面，平日里也不置办，只是在走亲访友时会进城购买。食品方面的支出主要由儿子负担，每月开工资后会进城采购肉、蛋、鱼等。有时也会去集市上购买蔬菜，由于夫妻俩在地里种了一些黄瓜、豆角、茄子、辣椒等，因此能够做到自给自足。看病方面，去年单志民夫妻俩没有生病，更没有去过医院。娱乐方面，由于养貉子占据时间较多，所以基本没有娱乐活动，就是在家里看看电视。红白喜事的开支较大，每年要 2 万元。单志民家共有电动车 1 辆、摩托车 2 辆、轿车 1 辆、三轮车 3 辆、自行车 1 辆。我们从单志民口中了解到，北戴河区内公路上禁止摩托车行驶，因此平日出行主要靠轿车。各种交通工具耗费的油钱每年需要 5000～6000 元。通信方面，夫妻俩每人一部手机，每月的通信费共需要 100 元左右。单志民家中除了 1200 只貉子之外，还养了 50 只鸭子、30 只鸡、2 头猪和 2 条狗。鸡和鸭都是肉鸡和肉鸭，和猪一起，留待自家食用。在社保方面，单志民和王丽燕都参与了新型合作医疗和社会养老保险。我们还了解到这边的粮食直补政策，每亩地每年补贴 65.5 元。补贴的数额不多，但这也是国家惠农政策的一种体现。

表 11－1　2013 年家庭农作物、牲畜和家禽情况

种类	亩数	折算价值(元)	种类	亩数	折算价值(元)	种类	个数	折算价值(元)
鸡	30	840	鸭	50	1500	瓜果	0	0
狗	2	1000	猪	2	5000	貉子	1200	300000

数据来源：根据单志民口述整理，2014 年 7 月。

采访过程中，出现了有趣的一幕。在夫妻俩打疫苗的时候，一只貉子趁机从笼子里逃脱了，因此单志民和王丽燕夫妻俩在院子里展开了一场貉子追逐赛。前有堵截，后有追兵，在夫妻双方的合力下，终于将试图逃跑的貉子“捉拿归案”。我们有幸目睹了这一幕，并用相机记录了下来。之后，单志民介绍，家里养的其中一条狗是会捉貉子的，晚上就将狗的链子解开放到院中。

如果半夜有貉子从未锁好的笼子中逃出来，耳聪目明的看家狗就会将“逃犯”及时拦截住，并且还能够做到不伤害貉子的皮毛。所以单志民夫妻俩对这只狗格外疼爱。

单志民夫妻俩养貉子的历史从1998年东南亚金融危机开始。最早的时候是单志民的弟媳先开始养的，后来看到效果不错，他们也进行学习，夫妻二人当初养殖貉子的原因非常简单，因为当年二儿子单杰刚满两周岁，年纪很小，没有人管，夫妻俩每天下地忙农活没有时间，无法很好地照顾儿子，看到养貉子的弟媳可以每天在家里工作，为了可以更好地照顾儿子，夫妻俩就想到了这条谋生之路。当年开始学习养貉子的时候，王丽燕经常向弟媳取经，同时自己购买专业书籍进行学习。当年几本专业书每天反复阅读，都翻烂了。用一句话来形容就是“读书破万卷”。同时，单志民还经常参加专业知识的培训和学习。单志民是吉林农学院的学员，每年都会赴中国农业科学研究所参加举办的专业培训，向来自全国各地的养貉子专家取经学习。养貉子十分辛苦，每天都得有人在家中留守，无法同时外出办事；十七年来养貉子之路也是风风雨雨，有的年份市场不好，入不敷出；曾经有过一次严重的传染病，看着费劲心血养大的貉子死去，老两口心如刀割。虽然许多次想过要放弃，但是两人还是坚持了下来。采访中，当我们问到夫妻俩还打算继续养多久，单志民夫妻俩感慨道：“我们俩年纪已经大了，大儿子已经成家立业，二儿子还有两年也快毕业了，等到二儿子毕业找到工作，能够独当一面的时候，我们就不再养貉子了，清清闲闲地安度晚年。”看到辛苦操劳的老两口，不禁想到一句歌词，“采得百花成蜜后，为谁辛苦为谁甜”。父母忙碌一生，到最后都是为了儿女能够一生顺利，“可怜天下父母心”，无私地奉献都是在为子女、为后代。

采访虽然结束，但是在单志民家的经历却久久不能忘怀。我们衷心希望单志民夫妻俩能够早日结束辛苦的劳作，含饴弄孙，颐养天年。

（二）貉子养殖户王永生家

王永生，1951年出生，汉族，初中文化，无宗教信仰，家中6口人，妻子刘艳华，儿子王岩，儿媳妇俞飞，两个孙女。能讲流利的普通话，善谈，思想开放。妻子刘艳华，性格开朗，1952年出生，汉族，无宗教信仰，主要从事貉子养殖工作。

王永生曾就读于本地小学、初中。由于其有开车技术，脑子灵活，1975年，一次偶然的机会，被北戴河供销社录用，一干就是20多年，后来妻子刘艳华也去北戴河供销社从事售货员工作。夫妻两个人从事这个行业多年，收入与工作稳定。随着商业网点增多，市场竞争加剧，北戴河供销社经营业绩下滑，随后供销社进行了买断整改，夫妻两人回到了家乡费石庄村。

在外面闯荡多年，夫妻俩积累了一些社会经验，再加上王永生脑子活，不安于现状的性格，2000年，王永生开始进行养殖探索，选择的第一个养殖对象就是狐狸，由于他对狐狸的养殖技术掌握不多，还有狐狸养殖技术要求相对较高，市场前景并不乐观，市场效益总是平平。后来经过别人的介绍，他开始养殖貉子，这也是他第一次进行养殖结构的调整，养殖貉子与养殖狐狸相比，技术难度相对低，王永生很快就掌握了养殖貉子的技术。

貉子养殖时间短、见效快，给王永生家带来了可观的经济效益。貉子一般每年2月配种，4月产仔，每窝6~8只左右，最多可达19只，6个月后，在11月左右出栏。貉子销售渠道主要是河北省石家庄等地，每年11月前后，有很多商人来这里收购，用于做服装的原材料，销路不用担心。按照目前的价格，每只貉子售价在300元左右，王永生每年养殖450只左右，每年的纯收入在17万元左右。

儿子王岩，1979年出生，石家庄财经学校财务专业毕业，毕业后，在北戴河城区找到了工作，目前在北戴河新华假日酒店上班，从事财务工作，每天早出晚归，年收入在10万元左右。王岩不忙的时候，也会帮助家里干些零活。

儿媳妇俞飞，1986年出生，性格开朗，美丽端庄，温柔贤惠，孝敬父母。我们调研时，王永生总是喊自己的儿媳妇俞飞为“姑娘”，可见，儿媳妇俞飞与王永生夫妻关系相处比较融洽。目前，儿媳妇俞飞主要是送大女儿（6岁）上幼儿园，同时，照看还抱在怀里的二女儿。

2011年，王永生夫妇先后正式退休，夫妻两人每年有7万元左右的退休金。费石庄村土地承包进行新一轮调整后，王永生家分到了9亩土地，其中4亩承包给了别人30年，获得20多万元的收益，还有5亩地（3亩地搞貉子养殖，2亩地用于种植花生、蔬菜），家里3辆轿车，1辆大众速腾轿车，主要是儿子王岩上下班用，1辆夏利轿车，王永生出行用，1辆昌河7座车，主要用于接人、拉货。

王永生还拥有两处楼房，一处86平方米，一处100多平方米，偶尔也去楼房住。在我们采访结束时，王永生向我们讲述了还有一个更大的计划，就是扩大养殖规模，进行多元化养殖，我们也对这个养殖大户充满着更多的期待。

（三）养羊户潘学海家

走到潘学海的养殖场，恰好潘学海在给羊喂草，他的羊圈设施干净、整洁，我们从潘学海的笑容中看到了其生活的喜悦。潘学海，男，1957 年出生，无文化，汉族，无宗教信仰，能流利地讲普通话。妻子伉丽荣，女，1958 年出生，家中 6 口人，我们调研时，伉丽荣没在家，正在北戴河市区卖自家产的蟠桃。儿子潘兴刚，1982 年出生，在建筑公司从事瓦工（技术大工）工作，每年收入 4 万元左右。儿媳妇在北戴河区一家超市工作，每年收入 2 万多元。孙子在北戴河区幼儿园上学，平时只有潘学海和妻子伉丽荣住在家里，儿子潘兴刚一家住在北戴河城区的楼房里，接送孙子由儿媳妇负责。

谈起养羊的经历，潘学海很兴奋，从 1983 年养羊，到现在已经 30 多个年头了。当时只有 15 只，主要以小尾寒羊为主，当时羊圈设施简陋，产羊率较低，后来盖起了宽敞明亮多排的羊圈，再加上多年的经验，产羊率较高，养羊已经初具规模。

我们向他请教养羊的技术，他很耐心地向我们讲授。原来养的羊品种比较杂，出羊率低，后来别人介绍他选小尾寒羊，潘学海就进行了品种的更新，淘汰了过去的品种。

据潘学海讲述，小尾寒羊属于羊毛和羊肉兼用的，特点是体形较大，生长发育快，肉质细嫩，口感好，羊毛丰厚。成年公羊身高大约 100 厘米，体重大约 110 公斤，行动灵活；成年母羊身高大约 80 厘米，体重大约 68 公斤。公羊 6 个月时，重量已经达到 70 公斤左右，身高达到 80 厘米左右；母羊 12 个月体重达到 50 公斤左右，身高达到 68 厘米左右。

小尾寒羊常年发情，配种旺期在 9 月、10 月和 11 月，配种绝对有讲究，母羊初配时，体重要达到 45 公斤左右，公羊初配时，要在 18 个月后达到最佳时期，在这种交配的情况下，有利于小尾寒羊后代的体质健康发育和更好地繁衍后代。

小尾寒羊可以一年产 1 胎，具体是 9～11 月配种，2～4 月产羔。一年产 2 胎，具体是 3 月中旬配种，8 月中旬产羔；9 月中旬配种，2 月中旬产羔，这也就是我们俗称的“一年产2胎或二年产3胎”。

小尾寒羊怀胎平均在148天，产后40多天，母羊可发情配种，接羔是在单独的羊圈进行的，羊圈要求阳光充足，通风性好，保温性好，草垫柔软，照明齐全，水电齐全，这样可以防治疾病，同时准备优质的饲草饲料，以便为母羊补充营养。

小尾寒羊接羔后，羔羊在二十分钟左右就可以站立，寻找母乳，因此，让羔羊吃上母乳十分重要。如果初产的母羊没有奶或体弱的羔羊难以吃上初乳时，需要用羊奶、牛奶或奶粉进行人工喂养。小羊羔在3~4个月断奶，2周后开始正式训练吃草料，3周后可以喂食易消化的饲料，1个月后，以采食为主，哺乳为辅。

小尾寒羊羔羊出生后，不宜留种的公羊，在出生后1~2周，应进行结扎，结扎后的公羊也就是我们俗称的羯羊，羯羊容易育肥，肉质好，深受消费者的喜爱。通过潘学海的介绍，我们调研组的成员也感觉快成为养羊的专家了。

潘学海除了养殖，还种植桃树，家里还有5亩桃树地，每年收入在2万元左右。养殖场的住房面积40平方米，砖混结构，有火炕，土暖气。养殖场由于距离居民区有一个深水沟，引入村里统一的自来水，比较困难，因此，饮用水主要是井水，家里的主要燃料是煤、木柴。农业生产主要水源是降雨，村里在开春时组织一次统一浇地。潘学海没参加农村合作医疗，参加了社会养老保险，粮食直补300多元，平时喜欢下棋，在空闲时常和村民下棋。

十二、个体经营户

（一）经营螃蟹户王长友家

从调研组一行来到北戴河费石庄村，我们发现村民很少有从事海产品养殖或者出售的。村干部向我们解释说：“因为费石庄不靠海，海产品一般来说海滨比较多。而村里唯一的经营海鲜类产品的，当属于王长友家。”细细打听才知道，王长友家经营螃蟹已经很久了，远近闻名。这次终于有机会去他们家，我们也格外兴奋。来到王长友家时，家门紧闭。等到我们敲门时，传来凶猛的狗吠声。这时候女主人出来开门，女主人中等个头，微胖，给人的印象就是典型的能干。女主人热情地向我们介绍说，她丈夫出去卖螃蟹了。她知道我们今天要来，刚从海滨赶回家。

走进院子里，虽然两只大狗被铁链锁住，但是看起来非常凶猛。院子里种了很多蔬菜，有西红柿、辣椒、黄瓜、茄子。院内非常整洁，没有丝毫的凌乱。穿过院子，可以看到一栋两层高的楼房，他家的大门给我们印象深刻，因为费石庄村民整体收入不高，大部分村民家的大门都是木质的。而王长友家的门不仅用水泥整整齐齐砌了墙，还装了防盗门，这在村中是比较少见的。刚进门，我们发现屋里收拾得异常整洁，沙发、电视等设备一应俱全。具体情况见表 12－1 和表 12－2。而且茶几上还放着各式各类的杂志，有《读者》《青年文摘》等。女主人招呼我们坐下后，便说起自己家的情况。

表 12－1　**2014 年家庭主要生产性固定资产数量情况**　单位：台

汽车	拖拉机	打草机	收割机	机动三轮车	牛车	马驴车	水泵	其他
0	0	0	0	1	0	0	0	2

资料来源：根据费亚娜口述整理，2014 年 7 月。

表 12－2　**2014 年家庭耐用消费品情况**

项　目	数　量	项　目	数　量
电视（台）	1	电动车（辆）	2
电冰箱（台）	1	卡车（辆）	0
摩托车（辆）	1	手机（部）	1

资料来源：根据费亚娜口述整理，2014 年 7 月。

女主人叫费亚娜，43 岁。丈夫王长友，45 岁，汉族，初中文化水平。夫妻俩现在有一儿一女，女儿 19 岁，初中毕业后就考上了幼师专业。因为女儿一直非常喜欢幼师这个职业，从小就立志要做幼师。毕业后就在北戴河幼儿园做老师，虽然现在挣得不多，但是每天能够和小朋友一起，女儿觉得特别开心。这时候女主人还拿出了她女儿的照片给我们看，说自己女儿从小就听话乖巧，而且长得漂亮。还和我们笑着开玩笑说，比她爸妈都要长得好。儿子现在 14 岁，正在北戴河第三中学读初二。说到儿子，女主人就没有刚才的那股兴奋劲了。因为儿子从小比较调皮贪玩，不像姐姐那么乖巧。而且现在成绩不是特别好，让夫妻俩很操心。但是毕竟儿子还小，现在处于青少年时期，父母也能够理解。等到长大了也自然能够理解父母的苦心。家里总共4口人，村里重新分地之后便有6亩地（见表12－3）。其中的4亩地，从今年开始交给了北戴河的承包商统一经营承包种核桃。每年能够获得的利润，比自己种植桃树要多很多。因为种植桃树很多年，也非常有经验。所以夫妻俩把剩下的地主要种植了桃树，在桃树地空隙间种植了一些玉米、大豆、花生。现在女儿毕业工作了，家里的负担主要是儿子上学的费用，一家人的日子慢慢好起来了。2013年家庭年收入也达到了8万元，具体情况见表12－4。

表12－3　**2014年家庭承包土地情况**　单位：亩

总面积	水浇地面积	旱地面积	良田面积	荒地面积
6	6	0	0	0

资料来源：根据费亚娜口述整理，2014年7月。

表12－4　**2013年家庭收入来源情况**　单位：元

职业	收入	职业	收入
从事种植业	20000	本乡镇就业工资	0
从事旅游业	0	其他经营收入	60000
总收入合计	80000		

资料来源：根据费亚娜口述整理，2014年7月。

说起王长友的工作，费亚娜特别心疼丈夫，因为经营螃蟹生意，每天早上2点半就得起来去市场进货。市场上螃蟹供货商虽然多，但是去晚了就不能挑到好螃蟹。所以每天凌晨当所有人都还在熟睡的时候，王长友就骑着摩托车去市场进货。说起丈夫挑螃蟹的技术，那可是一流，20年前他们结婚时丈夫就开始经营螃蟹生意，因为不熟悉螃蟹的生活习性，所以那会儿总被螃蟹蛰着手，而且挑的螃蟹不是很好。经历了这么多年，现在丈夫看到一只螃蟹就能知道这螃蟹好不好，能不能卖出好价钱。费亚娜向我们介绍起丈夫挑螃蟹的经验，主要有“五看”：一看蟹壳。凡壳背呈黑绿色，带有亮光，都为肉厚壮实；壳背呈黄色的，大多较瘦弱。二看肚脐。肚脐凸出来的，一艘都膏肥脂满；凹进去的，大多膘体不足。三看蟹足。凡蟹足上绒毛丛生，则蟹足老健；而蟹足无绒毛，则体软无肉。四看活力。将螃蟹翻转身来，腹部朝天，能迅速用蟹足弹转翻回的，活力强，可保存；不能翻回的，活力差，存放的时间不能长。五看雄雌。看肚脐，圆的是母蟹，尖的是公蟹，还有一种是半尖半圆形脐，这是处女蟹，处女蟹的蟹黄不多，还有一种是圆脐超宽超大型，名为排卵蟹，里面多为空壳子。因为丈夫从市场进货螃蟹都非常好，所以愿意买的人也特别多。一般附近村的人如果要螃蟹都会第一时间联系她丈夫，让他帮忙送货上门。

当我们询问螃蟹销售的群体是哪些人的时候，女主人对我们说："主要是游客，一般在刘庄附近销售。因为刘庄游客比较多，市场需求自然也大。"王长友每次从市场进货之后，一般都直接拉到刘庄。挨家挨户询问是否需要螃蟹，有时候直接联系旅馆。因为游客买了螃蟹之后，一般都会让旅馆帮忙加工，试吃觉得好吃，然后再用冰块打包带回家。现在正值螃蟹热销，王长友早出晚归，每天就睡四五个小时。虽然特别累，但是全家人的主要收入就在这几个月。再苦再累也要坚持。女主人说一般每天销售好几十斤，最好的时候一天卖过 100 斤。螃蟹不应季时，基本上都是从山东运过来，成本高，拿货价也高。市场好的话，每斤螃蟹能卖 30 元，不好的话也就几元。而且有时候接近晚上还卖不完，基本上都要低价处理，因为第二天就卖不动了。让费亚娜记忆特别深刻的一件事是，丈夫刚开始经营螃蟹生意时，有一天从市场拿了货，把摩托车停在市场一边，准备去其他地方拿货的时候，车上的螃蟹被偷了。那一次损失很大，让夫妻俩心疼了好几个月。费亚娜说这活就是利润薄，靠多销，而且干起来特别累。要不是丈夫辛勤劳作，不可能经营得这么好。

说起从事螃蟹出售的经验，王长友把它归结于三个方面：第一，根据以往每天的销售，确定当日的进货量，同时尽量少进货，以保证最小的亏损。第二，到了所剩货物不多的时候，尽量把价格降低，能卖就卖。因为螃蟹到了第二天就很难卖出去了，到时候损失更多。第三，尽量把自己的服务做好。因为做螃蟹生意也和其他生意一样，有很多回头客。只有你的信誉好，别人才愿意买你的螃蟹。而之所以经营得好，就是因为诚信经营，从来不缺斤少两。

我们听了之后，纳闷为什么他们夫妻俩不自己租个门面经营螃蟹，这样就不用那么辛苦了。费亚娜说："一方面因为租门面成本太高，自己和丈夫是小成本经营，负担不起那么高的租金。另一方面，主要是因为刚经营螃蟹那会儿，自己两个孩子还小。上下学都得接送，如果开店就不能照看小孩了。而两边的老人也都没有时间照看小孩，公公婆婆都远在抚宁县，根本无法帮忙照看孩子。而自己爸妈虽然在村里，但是得帮忙照看孙子，所以只能自己负责照顾小孩。现在虽然孩子大了，但是因为用摩托车卖螃蟹已经小有名气了。如果开门面，还得从头开始。”

除了暑期经营螃蟹这几个月，丈夫在一年中的其他月份会去打点散工。如帮忙打扫卫生，以及去建筑工地干点零活，基本上也没闲着。之前自己家里还开过麻将馆，因为自己家房子面积大，闲着也是闲着，这样还能够促进村民间的联系。平日有时候客人多的话，能够有 2 桌。如果客人不多，就刚好凑 1 桌。收费不高，每个人收 2 元。因为村里人都是朴实地道的农民，所以大家打麻将都是当作娱乐。有时候输赢几十元钱，都会舍不得。到了后来，大家都忙着农活，来打牌的人就少了。

费亚娜除种植桃树之外，有时候还做点刺绣活。我们看到墙上挂的刺绣，色彩丰富鲜艳，针法严谨，虚实适宜，立体感强，平整光滑。所绣对象有花蝶、鲤鱼、熊猫等。费亚娜说这个根本不算有难度的，自己最近在绣一幅清明上河图。打算等到女儿出嫁的时候，当作嫁妆送给女儿。话音未落，便给我们展示她正在绣的清明上河图，长 4 米，宽 1 米，构图布局紧密，装饰性强，富有立体感。而里面绣的人物更是栩栩如生，我们不禁夸赞她手艺好。

在谈到支出情况时，费亚娜直言最大的花费便是在小孩的身上了。之前女儿在上幼师专业，一年学费就得好几千元，还不算生活费。而且那会儿正在长身体，费亚娜一直坚持一个原则，就是在孩子成长上的花费一定不能图省钱。孩子该吃什么就吃什么，各种营养都不能少。而自己平时则省吃俭用。儿子现在上初中，花费也不少，最让费亚娜无奈的是，儿子在家白天都把灯开着，根本没有节省的概念。费亚娜说也不是为了刻意去省点钱，主要是为了让孩子培养节俭的习惯，毕竟钱来之不易。而家里的交通和通信费用虽然多，但是这是家庭生活必需的。因为丈夫每天必须用摩托车运送螃蟹。而手机费用更是少不了。丈夫每天早出晚归，和丈夫联系基本上都靠手机。虽然就在离家不远的附近销售，但毕竟是体力活，费亚娜特别心疼丈夫。而且现在人情开支特别大，平时随份子，关系好的要每次随四五百元，关系疏远些的最少也要 50 元。由于去年红白喜事较多，所以这一项的支出也很高。具体情况见表 12－5。

表 12－5　　　　2013 年家庭支出情况　　　　单位：元

总支出	生产性	衣服	食品	看病	教育	娱乐	红白喜事	交信	通信	住房
20000	10000	500	1000	0	1000	500	5000	1000	1000	0

资料来源：根据费亚娜口述整理，2014 年 7 月。

正当我们聊得投机之时，费亚娜抱歉地说自己要开始做饭了，因为孩子中午放学要回来吃饭，所以不能陪我们聊下去了。说话间，已经把中午吃的茄子等蔬菜准备好了。我们从他家出来，费亚娜还送了我们好远，生怕我们不知道路走丢了。我们不禁为这个能干的女人祝福，希望他们一家人的生活越来越红火。

（二）经营烧烤户单磊家

今天上午我们来到了村里的烧烤户单磊家。由于夏季正是烧烤的旺季，单磊一家都比较忙。他只是在门口和我们打了个招呼，就急急忙忙开着面包车去海滨的店里照顾生意了，因此接受采访的重任就落在了单磊的妹妹单鑫身上。

单磊，男，31 岁，汉族，初中文化，无宗教信仰。妻子 27 岁，汉族，初中文化，无宗教信仰。夫妻二人育有一子，今年 5 岁，在邻村上幼儿园。单磊一家目前是七口人住在一起，除了他们一家三口，还有单磊的父母、单磊的祖母和单鑫。单磊的父母今年都是 54 岁，初中文化，祖母已是耄耋之年，今年 80 岁，单鑫今年 18 岁，刚刚高中毕业。家里的所有成员都是汉族，没有任何宗教信仰。

单磊家的建筑面积比较大，前后两排，前排的房屋是两层，一层是地面上的生活区，一层在地下，主要是厨房和储藏室。后排的房屋是二层小楼，所有房屋的建筑面积合计在 700～800 平方米。单磊的家装修得很不错，卧室的地面上铺着白色的瓷砖，墙上挂着一个很大的中国结，为平静的家里增添了几丝喜庆的气氛。炕上的被褥整理得很整齐，一张宽大的沙发用作招待客人落座，电视柜上的液晶电视里播放着娱乐节目。屋内家用电器齐全，应有尽有：4 台电视机、1 台电冰箱、1 台冰柜、1 台洗衣机，照相机、影碟机、电话都有。家中通信方便，除了老人和孩子之外，每人一部手机。取暖的方式是暖气，烧煤供热。饮用水的类型是自来水，做饭的主要燃料是液化气，所有的生活方式都极为现代化。单磊家里有 2 辆汽车、1 辆农用的机动三轮车、2 辆电动车、1 辆摩托车、2 辆自行车。前排目前住着单磊一家三口、父母和妹妹六口人，老祖母独自住在后排的屋子里。自从十几年前单鑫的祖父去世之后，祖母就一个人生活，祖母的身体极为硬朗，精神状态极好，每天作息很规律。而儿孙们每天店里、地里忙活，没有固定的时间，因此，祖母一天三餐自己做，家人偶尔过去照看一下。

表 12－6　　　　2014 年家庭耐用消费品情况

项　目	数　量	项　目	数　量
电视机（台）	4	小轿车（辆）	2
电冰箱（台）	2	卡车（辆）	0
洗衣机（台）	1	固定电话（部）	1
照相机（台）	1	组合音响（套）	1
影碟机（台）	1	手机（部）	5
电动车（辆）	2	自行车（辆）	2
摩托车（辆）	1	农用三轮车（辆）	1

数据来源：根据单磊口述整理，2014 年 7 月。

单磊家一共有 10 亩半地，基本种植的都是桃树，但是在桃树中间还有几个草莓大棚，冬天会种植一些草莓。鉴于草莓的效益较好，单磊的父亲打算把今夏所有的桃子卖完之后，从今年秋冬开始就都种上草莓。种地一年能收入 4 万 ~5 万元，果树的灌溉主要靠自然降水，每年桃树的春耕秋收，靠的也都是人工劳动，没有机器。现在家里的土地主要是单磊的父母在操劳，单磊夫妻俩主要照顾海滨烧烤店的生意。单磊全家都参加了新型合作医疗，父母及祖母也都参加了社会养老保险。由于老人都有较好的医疗保障，因此儿女们的压力就不是很大，重心可以放在事业和学业上。单磊家平时的娱乐活动不多，白天的工作忙完回来之后，大家一般就比较累了，一家人吃完晚饭，就围坐在一起看看电视，单磊和妹妹更愿意去书房上网。

支出方面，去年一年单磊家中的支出较多。虽然单鑫无法说出准确的数字，但是通过日常生活的感觉，她认为家里的开销很大。家中老人的身体比较好，基本不生病，因此看病的费用不多。但是作为家中的未来，单鑫和小侄子的教育支出比较多。单鑫今年刚刚高中毕业，听她介绍，这边高中的学费分为公费和自费两种。公费生不需要交学费，每学期交 350 元即可。自费生入学的时候要一次性交 12000 元的学费。公费和自费的划分要看之前中考时的入学成绩，成绩好的可以获得公费名额。北戴河三中的学生分为住宿生和走读生。单鑫高一的时候住过一段时间的学校宿舍，后来改为走读，晚上 9 点半下了晚自习之后，父亲骑电动车接单鑫回家，第二天早上父亲再将单鑫送回学校。虽然从家到学校的时间不超过 20 分钟，但两年半的时间里，父亲还是风雨无阻地接送单鑫上下学。高考已经结束，单鑫打算报考师范类院校，立志将来做一名光荣的人民教师。除单鑫之外家里读书的还有单鑫的小侄子，单磊的儿子现在在海滨上幼儿园，明年就要入小学开始接受正规的九年义务教育，该幼儿园是北戴河区比较好的幼儿园，因此收费也较高。但是家长都是抱着“不能输在起跑线上”的思想，无论如何都要为孩子提供良好的教育，因此即使比较贵，也会尽全力送孩子入学。目前小侄子上学都是单磊和妻子负责接送。红白喜事方面的开销也很大，一年下来得在万元以上。家里有 2 辆汽车，电动车数量也不少，不管是去烧烤店里照顾生意还是下地干活，车辆使用的频率都较高，因此一年下来油钱也不是一笔小数目。通信方面，单磊家除了老人和小孩子，每人一部手机，因此每月的通信费在 200 ~ 300 元，到了夏季生意忙碌的时候，可能还会更多。

据妹妹单鑫介绍，哥哥单磊虽然年纪不大，但是具有比较丰富的社会工作经验。单磊所从事过的各项工作跳跃性比较大，最开始的时候，他在发电厂上班，后来开过出租车，又买过大车，自己跑运输。不跑运输之后，又帮人管理开大车的司机。再后来又在某家私人公司负责过打车的项目，然后才到现在从事烧烤店的工作。单磊的烧烤店名叫“大磊海鲜烧烤”，位于海滨的马路一侧。店面是租的，一共两间半，大概 100 平方米，每年的租金在3 万 ~ 4 万元。烧烤店的营业时间不固定，夏季生意兴隆的时候，常会从下午 2 点营业到凌晨 1 点，最早经营到夜里 10 点，最晚会到凌晨 3 点。烧烤原料由单磊负责从市里进货，渠道来源非常有保证。买完回来之后，夫妻俩自己清洗，自己烧烤。单磊的烧烤店里食物的种类非常多，海鲜、肉类、蔬菜等，市面上常见的种类应有尽有。除烧烤之外，店里还会有一些炒菜供应，单磊的厨艺比较好，因此一般都是他来掌勺。单磊的烧烤店里没有雇用其他员工，忙不过来的时候会雇用小时工帮忙，夏季生意繁忙时，妹妹单鑫也会过去打下手。

单磊经营烧烤店的最初想法来源于一个朋友，这个朋友在车站经营烧烤店多年，收入不错，工作比较稳定。2012 年，由于单磊的孩子已经长大，妻子不需要每天全职照顾孩子，比较清闲，因此，夫妻俩合计了一下，想到了这条谋生之路。于是，单磊开始做烧烤生意，目前已经是第三个年头。烧烤店的月收入情况不固定，旅游旺季的时候收入较多，每到天气转冷的淡季则收入较少。平均下来，每个月的纯收入在 6000 ~ 7000 元。作为国内著名的避暑旅游景点，每年 6—9 月是北戴河区的旅游旺季，在旅游业的带动下，餐饮业的生意也会好一些。而冬天生意冷清的时候，烧烤店里的菜谱也会进行相应的调整，减少烧烤的种类和数量，增加适宜冬日进补的食材，如炖狗肉、炖排骨等。许多城里人进补愿意选用这些食物，但是苦于没有大柴锅来炖肉，吃起来不方便，因此愿意去马路边上的烧烤店购买。经营烧烤店三年，虽然平淡忙碌，但是也极为顺利，中间没有遇到过大风大浪。在食物的配方方面，单磊曾经向朋友取过经，因此在烧烤过程中没有遇到过配方方面的难题。此外，单磊一家一直注重店里的食品卫生情况，营业三年没有出过任何饮食卫生事故。

说到烧烤店建立的过程，也是极为不易。当初为了顺利开店，夫妻俩日夜操劳，没少花心血在这个店铺上。找店面、谈租金、办营业资格证、装修等大事小事，夫妻俩事必躬亲。所有的桌椅、厨具、冰箱、空调等设施，都是夫妻俩一点一点买回来的。烧烤店对单磊夫妻而言，就像自己的第二个孩子，看着它经过“十月怀胎”，最终开业的时候，夫妻俩高兴得热泪盈眶。所有生意都有一个成本投入问题，由于前期投入的成本比较大，店铺刚经营的时候是负利润，直到第二年随着生意的稳步进行，烧烤店才开始慢慢盈利。

别看妹妹单鑫年纪较小，但是每天也极为忙碌，操劳的程度不比哥哥嫂子轻，单鑫基本上一有空就会去店里帮忙。有时打扫一下卫生，更多的情况下是客串服务员帮忙点菜上菜。我们刚去单磊家的时候，妹妹单鑫睡眼惺忪地刚起床。我们一问才知道，因为昨晚去店里帮忙，12 点多才回来，睡得比较晚。自从烧烤店开业至今，全家人的重心就已经集体转移到烧烤店里来了，单鑫几乎每个寒暑假和周末都会去店里帮忙。单鑫去年暑假没有去店里帮忙，因为当时马上要升高三，作业任务比较重，课业压力比较大，完成学习任务后还要帮忙照顾小侄子。一般到了夏季，家里老少都不在家：一大清早，单磊的母亲就会去海滨卖桃子，父亲去帮人家做点零活，单磊夫妻俩则赶去店里张罗。每位家庭成员都在勤劳地为家庭付出，懂事的单鑫在家也不会闲着，帮忙收拾家务、炒菜做饭，让辛苦的亲人能够回来吃上一口熟悉可口的饭菜。

单磊的烧烤店坐落的位置可谓是北戴河区的烧烤一条街，沿着一条马路，分布着十几家烧烤店。在众多的竞争对手中，单磊的烧烤店能够立得住脚，保证自身生意较好的原因主要有以下几点：第一，单磊认识的人比较多，顾客群比较广，客源比较稳定。第二，单磊烧烤店的味道比较正宗，有很多回头客，大家吃过一次后还愿意继续光顾。第三，烧烤店干净卫生。大家去外面吃，除追求口感之外，更多是吃个放心，干净卫生的店更容易招揽顾客。单磊的烧烤店布置得简单大方，虽然没有电视，不能满足夏日世界杯球迷的狂欢，但是准备了几台点歌机，放在门口的空地上，到了夏天，屋里太热，单磊在空地上将桌子一一摆开，大家在空地上一边吃着烧烤，一边喝着啤酒，一边唱着歌，别有一番滋味。

作为服务行业，单磊没有假期，并且越是周六日，烧烤店的工作就越是繁忙。即使辛苦，单磊一家也牢记服务行业的基本准则：随时记得笑脸迎人、时时提供贴心服务。小店开张三年，三年的时间里，绝大部分顾客都很体贴店家的服务，偶尔会遇到比较难缠、无事生非的人，店家也会面带微笑，尽心服务，满足客户的要求。做生意，最重要的是讲究一个“诚”字，店家对客人坦诚相待、童叟无欺。客人对店家彬彬有礼，心怀感激。秉承着这样的原则和态度，我们相信单磊家的生意定会越来越红火，全家人的生活也会“芝麻开花节节高”。

（三）在海滨的经商户范海丰家

范海丰是村党支部的宣传委员，采访他之前我们已经见过两次面了。在得知他们家是第一个走出村庄的经商户之后，我们当即就想约他的父母聊一聊经商的经历，但是因为他们全家工作、生活都在海滨，而且采访时正值旅游旺季，家里的几个店面生意都很忙，约了几次都没能约到合适的时间。范海丰平时工作也很忙，我们分两次对他进行了采访。

范海丰是家中的独生子，婚后也一直和父母住在一起，家中总共祖孙三代5口人。范海丰，1983年生人，今年31岁，汉族，无宗教信仰，高中文化；父亲范木安，1960年生人，今年54岁，汉族，无宗教信仰；母亲叫王艳华，今年也是54岁，汉族，无宗教信仰；妻子李小静，跟范海丰同岁，满族，是村里为数不多的几个少数民族之一，无宗教信仰；儿子范泽霖，2010年出生，今年4岁，满族，在读幼儿园小班。

范海丰的父亲是村里第一个外出做生意的。20世纪80年代初，范木安和妻子王艳华就开始去海滨做蔬菜零售生意。海滨附近有个蔬果批发市场，每天一大早，夫妻俩就去那里进货。他们觉得想要生意做得好，第一步就是必须得保证蔬菜的质量，所以每次他们进货都会货比三家、精挑细选，挑选出新鲜、优质的蔬菜。那个时候汽车还没有普及，加上他家的生意才刚刚起步，规模比较小，主要的运输工具是自行车，在后座两边各挂一个筐，装满新鲜蔬菜，带到海滨的市场去摆摊售卖。20世纪80年代，海滨的市场远没有现在繁华，卖菜的摊位也只有五六个，规模和范木安家差不多。范木安夫妇人很热情，嘴也甜，很会招揽顾客，而且他家的蔬菜新鲜、价格合理，慢慢地就有了回头客，积累了顾客资源，零售生意就逐渐稳定下来。再后来，开始和北戴河的一些疗养院进行合作，定期给他们送菜上门，销售规模进一步扩大。

说起当时的收益情况，范海丰说那时候他还很小，具体的利润数额不是很清楚，但是听家人说过，蔬菜零售虽然规模不大，但是收入要比其他村民种地的收入高出很多。1984年，家里盖起了新房，当时盖新房的费用需要5000～6000元，靠种地收入盖房很困难，得攒近10年的钱才能盖起来，范海丰听奶奶说，家里的新房是靠卖了一暑期的菜盖起来的。这样看来，当时卖菜的收益是相当可观的。风里来，雨里去，摆摊的生活日晒雨淋很辛苦，范木安夫妇很能吃苦，蔬菜零售的生意一直做了10多年。

1993年，范木安回村里当村干部。到1997年，五年时间里他历任会计、治保主任、村主任、支部书记等职务，为村民办了很多实事。这几年王艳华就在家种地，照顾老人和孩子，蔬菜零售生意就中断了。

1998年，范木安夫妇重拾旧业，再次做起了蔬菜零售生意。有了之前10多年的经验和资金积累，他们打算在时机成熟的时候扩大经营，而事实上也是这样做的。第一年刚起步的时候，他们在海滨的市场租了1个摊位，运输工具由自行车换成了三轮车，也就是当地人口中的“三马车”。由于生意中断时间比较长，以前的老客户基本上也都没有了联系，起初生意并不是很好，只能勉强维持经营。范木安夫妇没有急于求成，而是沉下心来稳扎稳打，一步步扩大经营。除了一如既往地保证蔬菜质量，诚信经营，为了方便进货，范木安还拿出一笔钱买了辆汽车，这在当时市场里10多户蔬菜零售商中是第一户买汽车的。在范木安夫妇的用心经营下，慢慢积累了一些客户资源，也和一些单位大客户建立了稳定的合作，定期给单位供应蔬菜，第二年开始生意慢慢好转，逐渐有了稳定的利润。2000 年，他们租了 1 间 30 多平方米的门面，改善了销售环境，扩大了销售规模，蔬菜销售生意逐渐步入正轨。

北戴河的经济发展在很大程度上依靠旅游业拉动，夏季是旅游旺季，也是蔬菜瓜果的销售旺季，这一季节的营业额是其他季节的 3～4 倍。随着市场日益完善，蔬菜销售生意的竞争也越来越激烈，20 世纪 80 年代，全北戴河区卖菜的摊位也就 10 多个，现在范木安家商店所在的一条 200 多米长的街上就有五六家店面在销售蔬菜瓜果。范木安家的商店开业 10 多年来能够从同行中脱颖而出，范海丰认为这和父母的辛勤付出和苦心经营是密不可分的。范海丰说，父母一直坚持“保证质量，让利顾客，薄利多销”。

为了保证蔬菜质量，范木安每天凌晨 2 点起床，去杨各庄蔬菜批发市场挑选蔬菜。杨各庄蔬菜批发市场是个露天的蔬菜批发集散地，大概占地 50 亩，聚集着从北京新发地、山东等周边省市发过来的蔬菜瓜果等农副产品，当然也有本地的产品。凌晨 2 点多天还没亮，范木安就打着手电筒一家家比较着挑选蔬菜。大多数情况下，经过挑选的蔬菜都是很新鲜的，偶尔也会遇到黑心小贩，以次充好，上面的蔬菜是好的，中间的和下面的全是坏的。遇到这种情况范木安只能提醒自己下次再细心一点，尽量避免造成损失。蔬菜挑好了之后就装上自家的小货车，尽快运到店里。到了店里把新鲜的蔬菜摆放到货架上，差不多就早上 6 点钟了，这时候王艳华就会打开店门迎接顾客的到来，开始一天的忙碌。范木安家的蔬菜价钱很合理，顾客一般不会再砍价，在结账时又经常会主动打个折扣、让个零头，逐渐在顾客中建立了很好的口碑，回头客非常多。同时，范木安常会主动联系周边的疗养院、饭店、旅馆等单位，跟他们建立长期合作关系，取得了很好的效果，店里 2/3 以上的营业额都是来源于单位批发，零售的营业额只占了不到 1/3。

从小在经商的环境中受到熏陶，范海丰头脑灵活，思维敏捷，是个勇于尝试的年轻的“80 后”。2002 年高中毕业那年，他报考了警校，但是没有考上，为了圆自己的警察梦，他去北戴河区交警队当了一名协警，一年之后调到秦皇岛市看守所工作。工作之余，范海丰对股票、基金交易很感兴趣，2005 年他开始炒基金，2008 年开始炒股票。起初形势很好，赚了一笔钱之后他开始追加投入，不料后来股市一路走跌被套牢，赔了不少钱。范海丰觉得赔了赚了都无所谓，年轻人就要敢于尝试，勇敢改变，在职业选择上亦是如此。在外工作了10年之后，随着年龄的增长和阅历的丰富，范海丰决定回村为本村建设出一份力。在2012年1月费石庄村换届选举中，他顺利当选为费石庄村党支部委员，被任命为支部宣传委员。在新的工作岗位上，范海丰依然保持了很高的热情，村里的大事小事都积极参与。2012年是基层建设年，环境绿化、道路修建、村容提升等工作都有范海丰的身影。在宣传工作方面，村里各项活动的摄影摄像、新闻稿采写、上级检查材料准备等都是常规工作。此外，他还和北戴河电视台建立了联系，村里有重要活动时都会邀请电视台过来进行宣传报道。对于今后的工作开展，范海丰说要一步一步慢慢来，踏踏实实做工作。

2013年，范海丰的儿子范泽霖3岁了，开始上幼儿园，不需要家里人再花费大量的时间照顾孩子。于是在工作之余，范海丰和李小静开始琢磨着像父母一样，也在海滨开个商店做生意。年初开始，夫妻二人就开始考察市场，经过打听和比较，确定了经营的品种和进货渠道，接下来就是要找一间合适的店面。2013年3月，范海丰在网上看到了一个由北戴河区国资办组织的网上竞拍门面的消息，这种竞拍形式很新颖，是北戴河区首次尝试网络竞拍，很多人都持观望态度。起初范海丰心里也犯嘀咕，需要先交2万元押金不说，如果竞拍成功，还要一次性支付占该门面3年总租金5%的佣金。有没有风险？能不能竞拍成功？支付佣金划不划算？他也拿不准。但这时候范海丰勇于尝试的品质又发挥了作用，他决定去参加竞拍。4月下旬，范海丰顺利地拍下了2间店面。

经过一番准备，2013年5月20日，范海丰和李小静的商店开业了，一个店面主营冰棍、熟食、冻货等食品；另一个店主要经营沙滩商品、干海货等，两家店都是以批发为主，兼做零售。虽然有家里经商环境的熏陶和父母的指点，但头一次单独做生意的范海丰和李小静还是比较小心谨慎。不过他们也相信，别人能做好的生意，通过努力他们也一定可以做得很好。

平时他们很注意观察市场动向，什么好卖就卖什么，虽然商品大的种类变化不大，但是小的商品会根据销量进行调整。比如刚开业的时候是以干海货为主，现在是以服装、鞋帽为主。夏天旺季的时候，客户群体主要是外地游客，营业时间是早6点到晚8点，店里会聘用1～2个人帮忙；范海丰会和周边的民宿、宾馆建立很好的联系，请他们帮忙拓展客源。淡季的时候，游客非常少，但是商店也不会停业，客户群体主要是当地人，卖一些应季的服装、鞋帽、冻货、水果等，刘庄常住人口大约有 1000 人，店里商品的销量比旺季的时候下降不少，但是维持经营没有问题。

2013 年，范海丰家的收入来源主要是 3 个店面的经营收入和范海丰的工资。每个店面年收入约为 5 万元，3 个店面总共收入为 15 万元左右；范海丰每月的工资为 4000 元，一年的收入是 4.8 万元。几项收入加起来，范海丰家 2013 年的总收入为 19.8 万元左右，见表 12 –7。

表 12 –7　**2013 年家庭收入来源情况**　单位：元

职　业	收　入	职　业	收　入
从事种植业	0	本乡镇就业工资	48000
从事旅游业	0	其他经营收入	150000
总收入合计	198000		

数据来源：根据范海丰口述整理，2014 年 7 月。

作为“80 后”的年轻人，范海丰和李小静的消费观比较超前，该花的钱毫不含糊，高收入的同时也伴随着高消费。2013 年家庭支出约为 181500 元（见表 12 –8）。其中，支出最多的是住房，3 个店面的租金加上水电、煤气费每年总共需要 63000 元左右；其次是交通费，家中的 1 辆卡车和 1 辆小汽车的保险费用、日常养护和燃油费用每年大约需要 4 万元；再次是食品支出，每年约为 36500 元。其他支出方面，范海丰的儿子上幼儿园的教育费用约为 1 万元，购买衣服支出、红白喜事支出都在 1 万元左右，通信支出大约是 6000 元，偶尔家人、朋友聚会、唱歌等娱乐活动开支约为 5000 元。

表 12 –8　**2013 年家庭支出情况**　单位：元

总支出	生产性	衣服	食品	看病	教育	娱乐	红白喜事	交通	通信	住房
181500	0	10000	36500	1000	10000	5000	10000	40000	6000	63000

数据来源：根据范海丰口述整理，2014 年 7 月。

范海丰夫妇年轻又有文化，生活很现代化，家庭耐用消费品种类齐全、数量丰富。家电方面，有 4 台电视机、1 台冰箱、1 台洗衣机、2 台照相机、2 台电脑和 4 部手机。交通工具方面，有 1 辆卡车平时用来进货，1 辆小轿车方便日常出行；由于范海丰对摩托车很感兴趣，前些年还组装过摩托车，现在家里有 3 辆摩托车（见表 12 －9）。

表 12 －9　　2014 年家庭耐用消费品情况

项　目	数　量	项　目	数　量
电视机（台）	4	小轿车（辆）	1
电冰箱（台）	1	卡车（辆）	1
洗衣机（台）	1	固定电话（部）	0
照相机（台）	2	手机（部）	4
摩托车（辆）	3	电脑（台）	2

数据来源：根据范海丰口述整理，2014 年 7 月。

采访结束时，我们请范海丰用一句话总结一下自己的十年，他说：“村里变化不小，个人变化不大；年轻人要敢于坚守，勇于尝试。”我们深以为然。年轻人应该是朝气蓬勃、积极向上的，未来是属于年轻人的，属于有想法、有闯劲、有谋略的年轻人，属于敢于尝试、勇于创新的年轻人。

（四）费石庄村玉丽商店经营户赵宪军家

当我们走到赵宪军家门口的时候，他正好从外面进货回来，我们互相寒暄了几句，一起走进他家，赵宪军开始卸货，我们的交流也就从这里开始了。

赵宪军，1965 年 5 月 10 日出生，男，汉族，无宗教信仰。1984 年，赵宪军参加了海军，1987 年 12 月 24 日，与卢龙县石门镇李石门村的薛宝玲结婚。婚后育有两个孩子，大女儿赵琦，1988 年出生，二女儿赵美玉 2001 年出生，在附近读初中。

赵宪军家共 8 口人，妻子薛宝玲、母亲、岳母、大女儿家 3 口人、小女儿。一家人住着砖混结构的二层小楼，住房面积 320 平方米，采用土暖气取暖，使用费石庄村统一饮用自来水，做饭的主要燃料是液化气、电饭煲、煤炭、木柴等。

赵宪军是个孝子，与母亲和岳母共同生活在一起，对于两位老人，他总是照顾有加，老人得了常见病，他就去药店买药，偶尔得大病他就第一时间把老人送到医院进行治疗，多年来他一直伺候两位老人的生活起居，从没有半句怨言，这个家庭也成为村里孝敬老人的模范之家。

大女儿赵琦结婚后，也与赵宪军生活在一起。目前，赵琦已经有了一个孩子，为这个温馨之家带来了欢乐，在我们调研的时候，赵琦又怀孕了正在医院进行检查。赵琦的爱人是个钢筋工，孝顺、善良，除照顾家庭外，每年春季、夏季、秋季外出务工，年收入在4万元左右，为这个家庭增加了一定的收入。

1988年，赵宪军从部队复员回到了家乡，除种植桃树外，还在外面工作过。2012年6月30日，赵宪军与大女儿赵琦开办了玉丽商店。

赵宪军的玉丽商店主要以零售为主，每天早晨很早就要去进货。赵宪军按照提前计划好的商品品种、数量、进货地点，一一列出。上午，赵宪军把所需要的商品买回后，与爱人薛宝玲一起打理生意。费石庄村人口相对较少，购买力不强，顾客大多集中在中午和晚上，商店每年的收入基本上可以供给全家人的生活开销。

20世纪90年代初，赵宪军家主要以种植苹果树为主，但是，种植技术的欠缺和病虫害较为严重，苹果树逐渐失去了竞争优势。21世纪初，在村委会的号召下，赵宪军和本村一些村民开始种植桃树，费石庄村也就成为“桃树之乡”。赵宪军家有桃树10.5亩，年收入在6万元左右，家庭生活相对宽裕。

十三、种植、打工户

（一）种植、打工户张贵臣家

生活虽平淡如水，幸福却如蜂蜜般甜至心头，这是张贵臣家给我们的感觉。

第一次调研，带着兴奋与紧张的心情走进这平淡幸福的家庭。与我们见过的其他农村大院不一样，第一眼映入眼帘的不是宽敞的大院，而是一条需要穿过去的幽深的小巷子，然后才是柳暗花明、视野开阔的农家小院。巷子的尽头有花开正艳的芍药，给这个平淡朴素的家庭增添了一抹喜庆的色彩，旁边的几株绿色小盆栽与盛开的红花相得益彰，看着煞是美丽。张贵臣家有两栋砖混结构式的平房，加起来面积大概有400平方米，两栋房子遥相对望，有点像古时戏台的味道。房子的连接处有一条过道，两栋房子一左一右都有台阶，房屋构造有一种随意的对称美。房子虽是用现代的钢筋水泥建筑而成，但走近一看却处处藏着古典建筑的韵味，真是名副其实的美丽庭院示范户。

由于李丽玲会计已经帮我们约好了张贵臣，她便一直在家等着我们。当我们来到他家的时候，他妻子正在忙，一见我们进来，急忙放下手里的活，非常热情地招呼我们。张贵臣则比较内向，很腼腆地把我们带到了会客室。会客室摆设简单大方，有一张2米宽的大炕靠着窗户，炕的旁边摆放着沙发，闲暇时靠在炕上或坐在沙发上能看电视，还有一个搁置很久的DVD机。他妻子一看就是个贤妻良母，两夫妻话虽然不多，但能感觉出他们之间那如小溪流水般的感情。

表13-1　**2014年家庭耐用消费品情况**

项　目	数　量	项　目	数　量
电视机（台）	1	组合音响（套）	1
电冰箱（台）	1	手机（部）	3
洗衣机（台）	1	影碟机（台）	1
电动车（辆）	1	自行车（辆）	0
摩托车（辆）	1	面包车（辆）	1

数据来源：根据张贵臣口述整理，2014年7月。

由于今年他家没有分到早桃地，所以桃子还没到收获的时候，否则他们不一定在家。张贵臣，51岁，男，汉族，初中文化，无任何宗教信仰，普通话流利；李秋娟，53岁，女，汉族，高中文化，无任何宗教信仰。张贵臣是上门女婿，他老家是昌黎县的，因为妻子家里共有姊妹7个，她排最小，为了方便照顾她，父母便招了一个上门女婿。两人看着感情很好，相濡以沫的状态虽然平淡却很幸福。因为在村里还没有遇见过上门女婿的家庭，于是我们好奇地询问了一下张贵臣当年为何愿意入赘。张贵臣也不忌讳入赘一事，他笑着说："我们并不是自由恋爱，而是经本村的治保主任范海平介绍认识的，虽说是相亲，但也是一见钟情。"我们还了解到原来张贵臣在费石庄村有两个亲戚，在老家亲人却比较少，所以他选择来费石庄村定居。回忆起往事，两个人都沉浸在幸福中。

张贵臣家共有 3 个小孩，一个女儿、两个儿子，家庭气氛非常融洽。张贵臣的女儿今年 28 岁，已经出嫁并且有一个 2 岁的女儿。张贵臣的两个儿子是双胞胎，我们听到后感觉特别惊讶，于是笑着说："能不能拿照片出来看看?"张贵臣很开心地让他妻子把照片拿出来给我们看，由于没有找到这对双胞胎兄弟的合影，李秋娟拿了一张全家福给我们看，照片上每个人都洋溢着幸福的笑容。照片上张贵臣的外孙女睁着大大圆圆的眼睛坐在妈妈的怀里，用好奇的眼睛看着摄像师的镜头，那对双胞胎兄弟却没有如我们所想象的那样长得一模一样。据张贵臣所说，这两个孩子生下来就不太像，大的 6 斤 6 两，小的只有 5 斤多，我们猜测他们应该是异卵双胞胎。大儿子张员今年 22 岁，初中毕业以后上了三年技校，并于 2012 年 12 月 12 日应征入伍了。也许双胞胎之间真的会有心灵感应，行为、兴趣爱好也会趋同，小儿子张壮也是初中毕业以后与哥哥一起上了三年技校，现在在聚利来面包厂上班。

表 13 - 2　　2013 年家庭外出劳动力情况

姓　名	性　别	年　龄	外出距离（千米）	备注
张 壮	男	22	2.5	聚利来面包厂

数据来源：根据张贵臣口述整理，2014 年 7 月。

"有志者事竟成"，张员从小就很崇拜英姿飒爽的军人，非常向往部队生活，从小就立志要当一名军人报效祖国。2012 年当他听到部队要来村里征兵时，内心雀跃不已，征兵的人还未到，他就跑到理发店剃了平头准备参加应征。对他来说，这是不能错过的实现自己梦想的机会，机会总是留给有准备的人，他终于在 2012 年 12 月 12 日实现了自己的愿望。大儿子当兵一年后，2013 年政府给予他家 12800 元的补贴，在部队一个月有 500 ~ 600 元工资。对于大儿子在部队的福利和工资状况，张贵臣其实也不太了解，他是典型的忠厚老实的农民。在他的观念里，只要孩子自己过得好，他就不用操心，并且孩子长大了，会有自己的想法和主张，不用事无巨细都向家里汇报。张贵臣告诉我们，部队管理非常严格，尤其是张员属于特种兵，管理和训练都非常辛苦，很少有时间打电话回来。不过说到大儿子现在的事情，张贵臣非常欣慰，希望他将来能靠自己的努力成为国家的栋梁之材。

小儿子张壮毕业以后选择了在离家较近的开发区上班，方便在家照顾父母。他是一个性格比较内向的孩子，自小体弱多病，身体不如哥哥张员壮实，加上平常不像哥哥那么爱运动、爱锻炼，先天不足加上后天缺乏锻炼使得体弱的他在2012年得了胸膜积水，住了两次院，花了7万多元的手术费。这笔费用对于一个以种地为生的农村家庭来说是一笔不小的开支，幸好他们都参加了农村新型合作医疗，报销了将近2万元医药费。人间自有真情在，费石庄村的村干部对村民也是尽心尽责。张贵臣跟我们说，村干部为了帮助他家解决困境，帮他们申请了大病补助，虽说只有5000元，但在一定程度上为这个家庭减轻了负担。

对于张壮来说，这次生病是一次很痛苦的经历。因为胸腔积水导致胸口疼痛，呼吸困难，治疗时医生在张壮的肩膀到胸口处切开一条缝以便排出积水，如今身上留下了一条长长的疤。这次生病是张壮的身体向他敲响了警钟，提醒他应该好好爱护自己的身体，趁年轻应该多运动，增强体质，提高抗病能力，切不可再让病情复发。聊到这里，张贵成语重心长地对我们说："生病花钱事小，但只要家里一人生病，全家都得跟着担心着急，这其实是得不偿失的，你们在外读书一定要好好照顾自己，不能让家人担心。"听完这些，我们也是热泪盈眶，想起了每次离家前爸妈的嘱咐。在此，我们真心祝愿与我们素未谋面的张壮能早日康复。

2014年费石庄村进行了新一轮的土地承包，根据每人1.5亩的分地原则，他家除了嫁出去的女儿，四口人一共分得6亩地。而在分地前，张贵臣家加上之前老人承包的土地共有11亩，算是村里土地比较多的家庭。如今，6亩地种的全是果树，两个儿子都有工作，家里只有夫妻两个劳动人口。分地前，张贵臣家地比较多，而且市场价格最好时桃能卖到每斤5元，一般情况也能卖到10元3斤，因此2013年家里收入比2014年相对较高，11亩桃树能有7万元收入。分地后，家里分到的都是晚桃品种，且正好赶上桃子供过于求，市场价格低，只能每斤卖2元，所以2014年家里的收入预估不会太高。总体说来，家里收入来源比较单一，除了桃子收入，每年政府的粮食直补为每亩7.2元和农资综合补贴为每亩57.9元，总计政府补贴为每亩65.1元，按照2013年11亩地算，他家总共有716.1元政府补贴。小儿子张壮在外务工，每月工资2000元，一年收入24000元，大儿子当兵，政府去年补助了12800元。

2013 年他家总收入达 107516.1 元（见表 13－4）。

表 13－3　　2014 年家庭承包土地情况　　单位：亩

总面积	水浇地面积	旱地面积	良田面积	荒地面积
6	0	6	6	0

数据来源：根据张贵臣口述整理，2014 年 7 月。

表 13－4　　2013 年家庭收入来源情况　　单位：元

职　业	收　入	职　业	收　入
从事种植业	70000	外出打工	24000
政府补贴和社会救济	13516.1	其他经营收入	0
合计	107516.1		

数据来源：根据张贵臣口述整理，2014 年 7 月。

表 13－5　　2013 年家庭农作物、牲畜和家禽情况

种类	亩数	折算价值(元)	种类	亩数	折算价值(元)	种类	个数	折算价值(元)
棉花	0	0	药材	0	0	猪	0	0
大豆	0	0	桃树	11	70000	禽类	0	0

数据来源：根据张贵臣口述整理，2014 年 7 月。

每年的 5—9 月都是桃子收获的季节，两人基本没有空暇时间，每天下午都得摘桃准备第二天去市场上卖。调研的最后一天我们还碰到张贵臣用机动三轮车载着他妻子去果园摘桃，他们的生活忙碌但却不忙乱。现在村里道路硬化了，每家每户都有一辆面包车，他家也不例外，用汽车代替人力把桃子运到市场上去卖，科技和现代化为农民带来了便利，也减轻了负担。耕地有微耕机，出门有汽车，就连给果树喷洒农药都有打药机。难怪当我们询问张贵臣，有没有觉得劳动人口少？他告诉我们两个人其实足够了，现在基本都是机械化，很多事情干起来事半功倍。

空闲时期，张贵臣也会根据桃树的生长情况给桃树施肥、打药。为了让桃树生长得好，除了化肥，农家肥也能给桃树很多养分，他家 2013 年土地比

较多，生产性支出一年粗略算下来有 1 万多元。由于家里没有自留地，他家所有的蔬菜、荤菜都是在市场上买，加上油盐酱醋每月的花费约为 2000 元，一年约为 24000 元。夫妻两人身体都非常健康，除了小儿子前年生病花费比较多，加上去年属于恢复期，营养费加上药费花费 1 万元。两人都非常朴实节俭，除非碰见喜事，平常很少买新衣服，2013 年过年的时候花了 500 元。这种勤劳节俭的好习惯在现在这个浮躁的社会已不多见，这次来到农村，我们感受到了村民们的淳朴。生活在农村，家里亲戚朋友多才热闹，大家因为各种事情聚在一起，互相帮扶，一人出事，大家操心。张贵臣妻子家姐妹 7 个，是个大家族，一年下来各种红白喜事少不了，总共花费 1000 元。家里的面包车和机动三轮车都是燃油的，两辆车的油费一年 4000 元，保险和保养费一年得花费 2000 元。为了方便联系，家里一共 3 部手机，因为大儿子在部队不允许用手机，夫妻俩话费不多，每月加起来 50 元；小儿子平常不好动，最大的娱乐就是玩手机，每月花费 100 元左右，一家人一年话费 1800 元。冬天是农活比较少，村民比较空闲的时候，张贵臣除了出去与其他村民聊聊天以外，平常爱待在家看电视，听新闻，一年收视费 312 元，电费一年 600 元。冬天烧炕用木柴，夏天天气太热，做饭洗澡都用液化气，两个月一罐，一罐 105 元，一年四罐得花费 420 元。家里电器、各种农用器具一应俱全，一年下来林林总总的开支总共 54632 元（见表 13－6）。

表 13－6　**2013 年家庭支出情况**　单位：元

总支出	生产性	衣服	食品	看病	教育	娱乐	红白喜事	交通	通信	住房
54632	10000	500	24000	10000	0	312	1000	6000	1800	1020

数据来源：根据张贵臣口述整理，2014 年 7 月。

表 13－7　**2014 年家庭主要生产性固定资产数量情况**　单位；个

卡车	拖拉机	除草机	收割机	机动三轮车	牛车	旋耕机	水泵	其他
0	1	0	0	1	0	0	1	0

数据来源：根据张贵臣口述整理，2014 年 7 月。

据我们了解，由于夏季是北戴河的旅游旺季，正好赶上桃子的收获季节，周边其他县的外来桃抢占了本地人的市场，这种情况加重了桃子供过于求的状况，加大了桃子的市场价格波动幅度，导致本地村民收入减少。针对这种情况，我们询问张贵臣，有没有想改变现状，种别的果树或者外出打工？他笑着告诉我们，虽然价格不好，收入不高，但他们对于现在的生活状态很满足，而且孩子们都很懂事，自己也不用操心了，现在干点轻松的活就当成是锻炼身体。当问到需不需要政府帮助的时候，他觉得目前一切都还不错，自己能处理。知足常乐，在他家是最好的体现。

在我们访谈结束将要离开的时候，才发现他家还有一条狗。瘦瘦弱弱的身材，带着一身金黄色的毛安安静静地站在阳光底下，很亲切地看着我们。这平淡幸福的家庭，给予我们小桥流水般平静的心态，让我们带着满满的喜悦离开了他家。

（二）种植、打工户范木林家

爽朗直率的男主人范木林，贤惠温柔的女主人何秀英，帅气害羞的男孩范宏来，回想起范木林家，呈现在我们脑海中的就是这样一幅温馨和睦的画面。

范木林，男，1958 年生，56 岁，汉族，初中文化，无任何宗教信仰，普通话流利。采访他家，可谓是经历了一番曲折。前一天下午村里的会计李丽玲带我们去采访范木林，来到他家却扑了个空，原来他们出去摘桃了，我们只好改在第二天再来。第二天下午，天公不作美，下着淅淅沥沥的小雨，我们再一次来到范木林家，却发现门上依旧是一把锁，只有院子的狗看见陌生人一直在吠。当时我们苦笑着说：“不会又不在家吧？”正当我们准备失望而归时，门奇迹般地开了，在那一刻，我们忽然有种“这一秒不失望，下一秒就有希望”的感触。原来是范木林的儿子范宏来开的门，范宏来 20 岁出头，初中毕业以后上了技校，现在在离家 6 千米外的医院工作，已经工作了 5 年。看见他一幅睡眼惺忪的样子，我们便打趣道：“大白天的你怎么在家睡觉呀？”想不到他一个大男孩比女孩子还羞涩，居然红着脸跟我们说，他在医院上班，昨晚上的夜班，所以回家补觉。他不明就里地把我们带进屋，一听我们要采访他，更是连忙摆手，不停推辞，自己没啥经历，不会聊天，不善于表达，让我们等他爸爸回来。在我们等待范木林的时候，范宏来带我们参观着他家，院子的门很小，推开院子门，院内却别有洞天。首先映入眼帘的是两栋风格迥异的楼房，右边是新盖的钢筋水泥房，有 200 多平方米，房子从外观看简单大气，门和窗户选用的是一体的香槟金色，屋内还没装修好，目前还未入住；左边则是古朴的老房子，两室一厅有 60 多平方米。一直往里走，还有一个后院，来到后院我们看见很多闲散的鸡正在院内觅食，院内还拴着一条看家护院的大狗，许多农用器具都摆放在后院。范宏来告诉我们，大货车一般都是范木林在开，他开的是面包车，偶尔会在上下班空闲时帮忙把桃运到市场上，但不负责售卖。在接触的过程中，我们发现范宏来是一个懂事、孝顺、勤奋、努力的年轻人。在后来与范木林的聊天中，我们能感觉到他非常喜欢这个孝顺听话的儿子，每次提到自己的儿子，自豪感便油然而生。

在我们闲聊之际，范木林风尘仆仆地从地里赶回来，身上的雨衣还未来得及脱下。因为我们调研期间正值农忙季节，像范木林这种勤劳能干的人，能抽空接受我们的采访实属不易，我们心里也甚是感动。相比范宏来，范木林是一个开朗、健谈的人，典型的北方汉子。我们说明来意以后，他对我们的访谈是知无不言、言无不尽，我们相谈甚欢。范木林是一个阅历丰富的人，他头脑灵活，总也闲不住，农闲时经常想着做自己喜欢又能贴补家用的事情，可谓是“多种经营”。

范木林自 2013 年学会做棉花糖以后，每年的农忙空闲期就会去附近的中学和小学卖棉花糖。虽说是小本经营，但范木林很会抓住消费者的心理，能找准消费群体，使事情事半功倍，并不是毫无章法地到处卖棉花糖。当我们询问谁教会他做棉花糖的时候，他神秘一笑说：“自己学的，没人教”，听到他的回答，我们都很惊讶。看着我们一副求知欲很强的样子，他才娓娓道来，原来是有一次他走在海滨街上无意间看见有卖棉花糖的，他心念一起，觉得有商机，凭借自己的聪明才智，看了两回后，自己研究一阵竟学会了棉花糖的制作技术。听他说完，我们几乎要鼓掌称赞，居然无师自通，于是我们很好奇地向他询问了制作方法：主要配料就是白糖，首先把一些糖放入一个带有离心力，体积大约拳头大小的带有密集小洞的旋转锅里，在这个小锅外围还有个比它大几倍的大锅，然后用机器把中间的小锅加热并且转动这个拳头那么大的小锅，这样糖被烧热后就会变成溶液，然后再加快速度令它向外围的大锅边上喷（从小锅边上的洞中喷出），热糖液遇冷后就马上变成白白的一团，形成一朵白白的云彩般轻盈的棉花糖。范木林有个女儿，今年 32 岁，嫁到了崔各庄，她是一个心灵手巧的人，从她公公那学会了做冰糖葫芦的手艺，冬天的时候经常自己做冰糖葫芦卖。范木林有空也会去帮忙，一家人在一起其乐融融，互帮互助。

范木林虽说已年过半百，却依然勤俭好学，以前不卖棉花糖的时候，在附近干了 4 ~ 5 年运输，用他的话说叫“拉脚”。一开始我们不太懂“拉脚”的意思，经过解释才知道是他们的“行话”，意思与拉货相近。由于不是专业干运输，很多活都需要自己去联系，他处于运输链中间的一个主体，需要自己联络原材料供给地以及原材料需求方。虽说本村就有一个采石场能满足建筑工地石头的需求，但很多其他建筑材料的供应商都需要靠他去交流、去联系，这特别考验一个人的主动性和观察能力。但他却干得游刃有余，健谈的他看见有工地在施工就主动跟人交谈，大部分人都愿意把工地上所需要的建筑材料交给他运输。不过像他这样兼职跑运输，每次装运的货物都得自己装卸，是一份比较辛苦的工作。如今因年纪大了，体力有限，所以才改行做别的轻松的小买卖，虽然利润没以前高，但人更轻松自在了。

当年的范木林开车技术相当不错，1977 年就有了驾驶本，在 20 世纪 70 年代有驾照的人可是凤毛麟角。“虎父无犬子”，范宏来也是子承父业，现在在医院当司机。听说范宏来自小就喜欢车，个头还没方向盘高的时候，就趴在方向盘上学开车，不过现在看着沉稳了许多，不见当年那股顽皮劲了。1980 年的时候，范木林和何秀英结婚，妻子何秀英比他小一岁，今年 55 岁，汉族，初中文化，无任何宗教信仰。男人成家立业以后，就必须养家糊口，生活不再像单身汉那样，一人吃饱，全家不饿了，那时候他在外做小工，一天才 1. 52 元工资，生活并不宽裕。机缘巧合之下，他的驾驶技术竟也成了养家糊口的一技之长。1981 年经熟人介绍在河东寨养殖场帮人开车拉货，虽然每天起早贪黑比较辛苦，但工资和福利待遇都不错，养殖场属于多种经营，主要养殖各种海鲜，有螃蟹、虾米和鱼等，还生产各种建筑材料。相比之前每天 1. 52 元的工资，在养殖场每天 5 元的工资算高待遇了，生活也日渐好起来。夫妻俩相濡以沫，相互扶持，男主外，女主内，一起努力着，他们在 1982 年迎来了第一个孩子的出生。孩子出生以后，由于丈夫每天起早贪黑在家时间很少，何秀英一个人忙里忙外，又要带孩子还得下地干活。虽然重的农活都是丈夫上下班抽空干完了，但是还有些细碎轻松的活得妻子干，每天忙忙碌碌使得她至今身体都不太好。我们刚进会客厅的时候就发现有张矮柜上摆了很多药品，经询问得知原来是何秀英因常年劳累导致腰椎间盘突出和心脏病，饮食不规律导致胃病，一直在吃药治疗。在我们采访期间，一直是范木林父子陪着我们，并未见到他妻子，原来她还在海滨卖桃。

说到自己的妻子，范木林脸上洋溢着幸福的笑容。在他看来，生活苦点累点都无所谓，只要两人感情好，又有什么过不去的难关呢！夫妻俩是青梅竹马，自由恋爱，两个人都是费石庄村的，不过妻子小时候一直都在姥姥家生活，两人是在上小学的时候才认识的。上学的时候，两人就一直是好朋友。据范木林描述，妻子从小就漂亮可人，温柔聪明，听着竟有点“情人眼里出西施”的味道。由于何秀英的妈妈是个裁缝，心灵手巧会裁剪衣服，她经常能穿妈妈亲手缝制的漂亮衣裳，性格温柔的她也很受同学们的喜欢，那时候的她就在范木林心中留下了很深、很美好的印象。缘分天注定。初中毕业以后，两人又在同一个生产队干活，两人互相帮助，正所谓“男女搭配干活不累”。当我们打趣问他是不是很早就对他妻子暗生情愫时，他竟一点儿也不扭捏，坦坦荡荡地承认说：“其实两人早已互相喜欢，只不过当时的爱情都比较含蓄，民风淳朴，婚姻都是父母之命，媒妁之言。”随着年龄的增长，两人的相处越来越多，年轻的范木林英俊潇洒，勤劳善良，很博女孩子欢心。他俩是幸运的，于千万人中不早不晚正好遇上了对的那个人，身边的老人看出了这两位年轻人的心思，于是顺水推舟促成了这段美好的姻缘。

结婚以后，两人生活平淡幸福，但相爱容易相处难，夫妻两人在一起总要相互磨合，互相迁就，两人也因为一些生活琐事吵架。尤其是刚结婚的时候，家里新添了小孩，加上要盖新房，生活变得有点拮据。此时的范木林情急之下会与妻子吵架。范木林告诉我们：“生气总是难免的，但有一个原则就是绝对不会动手，吵架也很伤感情，当然越少越好。”现如今随着阅历的增加和年龄的增长，他的心态越来越平和，日子也是越过越精彩。范木林还是一个心思细腻、非常顾家的好男人。他笑着跟我们说，他有个外号叫“薯米粥”，因为当时生活条件不太好，大米和面是比较珍贵的食物，一般大人都把大米省给小孩吃，他自己经常熬薯米粥，从一开始对厨艺毫无所知到慢慢练就了一手精湛的厨艺。回忆起过去的酸甜苦辣，范木林感慨着：“一直忙着生计，偶尔这样回忆一下过去，确实很幸福，尤其是两人恋爱的时候，心里总惦记着对方，端午节的时候每人两个鸡蛋总会给对方留一个。”

范木林的两个孩子现在都长大了，家庭负担减轻了，生活条件也宽裕了许多。1990 年儿子出生以后，他就辞了养殖场的工作在家以务农为主。2013 年家里一共有 8 亩地，有 3 亩地种着苹果树，苹果价钱不如桃子好，同样大小的苹果和桃子，桃子比苹果重，苹果只能卖到每斤 2 元，2013 年一年苹果收入大概有 2 万元；其余的地种的都是桃树，去年桃子价格好，能卖到每斤 3 元，去年一年桃子收入有 4 万元。由于现在桃树和苹果树都长大了，地里没法套种其他农作物，只有一点空地种了一点生菜，当我们问他："地这么多，会不会感觉累呢？"他告诉我们："最怕的不是累，最怕的就是受气，只要心情好就不怕累。"他认为自己最大的优点就是心大，许多事情都不会去计较，觉得没有过不去的坎儿。2013 年做棉花糖收入 1000 元，再加上平常空闲时间会去建筑队做点零活，一年下来也有 3000 元收入；农村的农资综合补贴和粮食直补共有 520.8 元，儿子范宏来在医院上班一个月工资加奖金有 2300 元，一年收入 27600 元；另外家里养了 10 多只鸡，一天能下 8 个鸡蛋，柴鸡蛋在市场上卖每斤 8 元，但他从来不拿到市场上去卖。他家 2013 年总收入有 92780.8 元（见表 13－8）。范木林是我们在调研过程中遇到的农村中少数头脑灵活，善于经营生活，懂得随时变通的人，所以他家的收入来源也就比较多。

表 13－8　**2013 年家庭收入来源情况**　单位：元

职　业	收　入	职　业	收　入
从事种植业	60000	外出打工	27600
从事商贸	1000	从事运输业	3000
政府补贴和社会救济	1180.8	其他经营收入	0
总收入合计	92780.8		

数据来源：根据范木林口述整理，2014 年 7 月。

表 13－9　**2013 年家庭农作物、牲畜和家禽情况**

种类	亩数	折算价值(元)	种类	亩数	折算价值(元)	种类	个数	折算价值(元)
棉花	0	0	苹果树	3	20000	猪	0	0
大豆	0	0	桃树	5	40000	禽类	0	0

数据来源：根据范木林口述整理，2014 年 7 月。

表 13－10　　2014 年家庭承包土地情况　　单位：亩

总面积	水浇地面积	旱地面积	良田面积	荒地面积
4.5	0	4.5	4.5	0

数据来源：根据范木林口述整理，2014 年 7 月。

2013 年一家人身体都很健康，只有何秀英的老毛病常年需要服药，但全家人都参加了新型合作医疗，药费都能报销，2013 年买药花费了 1000 元左右；他们都参加了农村社会养老保险，何秀英从 2014 年开始领取每月 55 元的养老保险。生产性支出和食品支出是家里的两项大支出，2013 年一年农药花费 4000 元，化肥花费 4000 元，还买了 1000 多元的农家肥，总共在农业生产方面花费 9000 元。由于家里的地除果树以外，没有种其他的蔬菜和粮食，大米每袋 50 斤，一年需要 300 斤，一年花费 1000 元，其余的加起来总共在食品上花费 1 万元。夫妻俩很少添置新衣服，主要是儿子买衣服每年需要花费 3000 元。家里亲戚朋友比较多，2013 年红白喜事随份子花费 2000 元；家里有一辆面包车和一辆货车，油费每月 600 元，一年花费 7200 元，保险费 1000 元，检修一次花费 200 元，两辆车一年花费 9200 元；一家人三部手机每年花费 1700 元。闲暇的时候，一家人坐在一起聊聊天，看看电视，冬天就用煤炭和木柴烧炕取暖，夏天常用液化气，两个月一罐，一年花费 315 元，电费每月 40 元，一年 480 元，电视收视费一年花费 312 元，去年总支出 37007 元（见表 13－12）。夫妻俩都不喜欢打牌，范木林喜欢看一些果树和养生方面的书，妻子由于身体不太好，经常在家休息，并没有像村里其他妇女一样参加村里的秧歌队。

表 13－11　　2014 年家庭主要生产性固定资产数量情况　　单位：个

电动三轮车	拖拉机	除草机	收割机	机动三轮车	牛车	旋耕机	水泵	其他
1	1	0	0	1	0	0	0	0

数据来源：根据范木林口述整理，2014 年 7 月。

表 13－12　　2013 年家庭支出情况　　单位：元

总支出	生产性	衣服	食品	看病	教育	娱乐	红白喜事	交通	通信	住房
37007	9000	3000	10000	1000	0	0	2000	9200	1700	1107

数据来源：根据范木林口述整理，2014 年 7 月。

表 13－13　　2014 年家庭耐用消费品情况

项　目	数　量	项　目	数　量
电视机（台）	1	面包车（辆）	1
电冰箱（台）	1	货车（辆）	1
洗衣机（台）	1	手机（部）	3
照相机（台）	0	自行车（辆）	2
摩托车（辆）	1	电动车（辆）	1

数据来源：根据范木林口述整理，2014 年 7 月。

表 13－14　　2013 年家庭外出劳动力情况

姓　名	性　别	年　龄	外出距离（千米）	备　注
范宏来	男	24	6	

数据来源：根据范木林口述整理，2014 年 7 月。

范木林对自家的生活状况很满意，虽然桃子挂袋的时候会存在劳动力不足的情况，但是他认为自己慢慢干也能忙完，并不会出现手忙脚乱的情况。夫妻俩年纪也大了，再加上妻子身体不太好，他并没有扩大收入规模的想法。对他来说，钱不在多，够用就行。

（三）种植、打零工户樊晓辉家

听说在费石庄村能考上大学的人很少，所以我们一直想采访一户有大学生的家庭。于是我们把这个想法告诉了村干部，村干部便给我们安排了樊晓辉家。樊晓辉家就在村里的主干道边上，我们从正门经过敲门时，里面传来了凶猛的狗吠声，不禁让我们增添了几分神秘感。于是我们绕着围墙从后面走，走到后门发现很多工人正在修整围墙。围墙边杂草丛生，路也泥泞不堪。

房子略显老旧，整个房屋建筑面积大概有150平方米。这时候一个中年男子迎了出来。他便是樊晓辉，中等身材，老实憨厚，给人一种非常亲切的感觉。2014年家庭生产性固定资产及耐用消费品情况见表13－15和表13－16。

表13－15　**2014年家庭主要生产性固定资产数量情况**　单位：个

汽车	拖拉机	打草机	收割机	机动三轮车	牛车	马驴车	水泵	其他
1	1	0	0	1	0	0	0	0

数据来源：根据樊晓辉口述整理，2014年7月。

表13－16　**2014年家庭耐用消费品情况**

项　目	数　量	项　目	数　量
电视（台）	1	农用车（辆）	1
电冰箱（台）	1	手机（部）	2
洗衣机（台）	1	小轿车（辆）	1
电动车（辆）	1	自行车（辆）	1

数据来源：根据樊晓辉口述整理，2014年7月。

刚一进门，我们便感觉屋内与屋外是截然不同的景象。屋里一切都布置得井井有条，非常干净。虽然房屋面积不大，但是利用率非常高，给人感觉非常舒适。床边放了很多书，是家人平时的读物。家里有一台电脑，樊晓辉介绍说：那是平日用来上网浏览新闻，关注时事热点的。墙上挂了很多字画，有赞美高风亮节的咏竹图；“精气神”“点石成”三个字的书法，到处都洋溢着书香气息。一打听才知道，樊晓辉，男，1968年出生，高中文化水平。在那个时代，念到高中算非常不错了。当时本来想上大学，因为家里条件不好，没有钱供养大学生。所以他不想让儿子重蹈覆辙。樊晓辉对我们说：“自己虽然念了高中，但是一直在农村做事，其实非常辛苦。之所以供儿子读大学，就是希望儿子以后能去大城市工作，能活得更幸福。”从这位朴实的父亲身上，我们也看到了他对儿子的殷切希望。

当我们问儿子在哪儿上大学的时候，樊晓辉嘴角露出了笑容。原来儿子在邯郸上大学，学的是机械设计专业。上学以来，儿子从未让樊晓辉失望过，成绩一直在班里名列前茅。2010 年，儿子超出本科线 30 多分，成为村里少有的大学生。家有大学生，这在费石庄来说，是非常值得骄傲的。“自豪过后，回到家里还是啥都没有，也没啥可自豪的。”樊晓辉说。儿子考上大学，就像麦收过后的喜悦，喜悦过后，还要面对地里长不出钱的茫然。因为儿子每年光学费就要 1.5 万元，加上生活费每年 1 万元，这让樊晓辉不禁觉得囊中羞涩。因为家里平时收入主要是靠种桃，而桃树的种植面积只有 4.5 亩（见表 13－17），有时候一年收成好能够获利 4 万元左右，要是赶上收成不好，所赚的钱只够一家人开销。家庭收支情况见表 13－18 和表 13－19。

表 13－17　　2014 年家庭承包土地情况　　单位：亩

总面积	水浇地面积	旱地面积	良田面积	荒地面积
4.5	4.5	0	0	0

资料来源：根据樊晓辉口述整理，2014 年 7 月。

表 13－18　　2013 年家庭收入来源情况　　单位：元

职业	收入	职业	收入
从事种植业	20000	本乡镇就业工资	20000
从事旅游业	0	其他经营收入	0
总收入合计	40000		

资料来源：根据樊晓辉口述整理，2014 年 7 月。

表 13－19　　2013 年家庭支出情况　　单位：元

总支出	生产性	衣服	食品	看病	教育	娱乐	红白喜事	交通	通信	住房
12000	5000	0	1000	0	0	0	5000	500	500	0

资料来源：根据樊晓辉口述整理，2014 年 7 月。

面对高昂的学费和巨大的家庭开支，樊晓辉决定在农闲的时候做回他的老本行——瓦工。说到这里，樊晓辉向我们详细地介绍起他的工作内容：在房屋即将建成时，负责外墙的粉刷以及房屋顶部的装修。每年的夏天对于樊晓辉来说都很难熬，夏天做工，就像在桑拿房里干蒸一样，一天下来浑身湿透了。尤其是瓦工工作技术要求比较高，贴砖时必须做到横平竖直。他经常是一边贴砖，一边忙着把脸上的汗擦掉，有时候汗水模糊了视线，没一会儿眼睛就花了。而且夏天空气非常干燥、闷热，水分很容易蒸发，铺贴瓷砖如果水分蒸发过快，就会影响瓷砖的平整度，这样容易影响整个工程的质量。如果情况严重，还要返工。所以漫长的夏天对于樊晓辉来说，不仅仅是身体吃不消，而且容易影响工程的质量。冬天虽然在外墙装修比较寒冷，但是起码工程质量能得到保障，自己辛勤的付出肯定能得到回报。

樊晓辉向我们介绍说："铺贴瓷砖和外墙装修工作都非常辛苦，对身体健康也会有影响。做装修很容易生病，但是他仍然会选择冒着酷暑继续作业。"2012 年夏天自己在装修过程中中暑了，没办法，在家休整了一天，第二天又回到工地继续开工。当我们问他为什么不在家休息调整几天，再回工地。樊晓辉对我们说："一方面现在做工都是按计件算钱，多劳多得，少干了一天活就损失几百元钱；另一方面自己生病在家休养也会影响整个施工队的进度，可能下次有活就不会再找自己了，所以即使再累也要坚持。"装修时遇到比较好的房主，可能会给一些藿香正气水、藿香正气丸等解暑用品。有的可能会在炎热的夏天送上西瓜。但是在大多数情况下，他们得自己准备避暑用品以备不时之需。有时候一个工程队的师傅互相照顾，一起共渡难关。但是因为这个行业非常累，所以现在做这行的基本上都在 40 岁以上，很少能见到 20 ~ 30 岁的年轻人。虽然这个行业是技术活，但是学起来相对轻松。年轻人不愿学，主要还是因为怕累、怕脏、怕吃苦，他们更希望从事体面且轻松点的工作。这也导致了他们工程队经常出现流动工人，大家互相之间并不是特别熟悉。

从事这个行业，不仅辛苦有时候甚至会有生命危险。樊晓辉说："前两年和自己一起做装修的工友，就因为外墙装修的时候，一脚踩空了，从楼上摔下。后因伤势过重而不治身亡。"而现在正规的装修公司特别少，基本都是私人组织的装修团队，他们也不会为工人投保，一旦出现了安全事故，早就人去楼空。我们不禁感叹：任何一个行业良心永远比金钱重要。

为了供养儿子上大学，妻子也在南戴河疗养院工作。平时既要照顾家里的饮食起居，又要上班。疗养院的活并不轻松，一方面主要是老人年纪大了，沟通起来难度比较大，另一方面平常要负责各种各样的琐事，有时候都顾不上吃饭。而且南戴河疗养院离家较远，往返也很辛苦。

儿子体谅到父母的艰辛，深知供养自己读大学不容易。除了寒暑假放假回家，平时都在学校认真学习，儿子喜欢买各种书籍来充实自己。看着家里的藏书，就知道儿子是个特别爱学习的人。因为所学的专业是机械设计，不仅仅需要知识储备，也需要注重实践能力的培养。所以儿子有时候周末会去找与专业相关的兼职，一是可以提高自己的实践能力，二是可以为父母减轻经济上的压力。大二的时候，儿子就曾经在学校图书馆参加过勤工助学。他的主要任务是将师生归还的图书分类上架和保持阅览室的卫生保洁。虽然都是日常而平凡的工作，但也需要耐心和毅力，需要仔细与认真，更需要热爱平凡重复劳动的真心，才能确保工作的圆满顺利完成。在图书馆参加勤工助学，使他有机会接触到图书馆的老师和同学，同时也明白了父母挣钱不容易，使他获得了成长。

费石庄的大部分村民选择将有限的经济收入用到了提高生活水平或者做小生意方面，下一代的教育问题似乎被遗忘了。的确，这就是费石庄教育的现状，子女上学是一笔不小的的开支，短期内看不到回报，因此很多家庭选择让子女早早辍学回家帮忙，或者让子女早早工作来获得经济收入。而像樊晓辉这样的家庭则是少之又少。樊晓辉对子女的教育让我们看到教育并没有在贫瘠的土壤上枯萎，而是在缓慢发芽。我们知道教育和经济是密不可分的，二者相互影响、相互作用。现在当地的经济正朝着越来越好的方向发展，我们相信随着经济的发展，当地的教育水平定会上一个新的台阶。到时候会有更多的家庭像樊晓辉家一样重视子女的教育，意识到知识的重要性。

现在充斥着我们眼球的是这样的情景：几乎每个农村籍学生家庭都有沉重的贷款和债务负担。农民家庭不惜举债供孩子读书，农村大学生在城市找不到工作，回到农村也难以找到合适的工作岗位，有的虽然被临时聘用或打短工，但收入非常低，月收入平均 300 元左右。与这些大学毕业生微薄的工资形成鲜明对比的是现在大学高昂的学费。一些国家级贫困县的人均纯收入仍在 800 元以下，这些农民家庭供一个大学生完成学业要支出 2.8 万元，相当于 36 个农民一年的纯收入。一个 4 口之家的农村贫困户家庭，即便有 3 个身强力壮的劳动力，一年的纯收入也供不起一个大学生一年的开销。这种高投入无回报的“高等教育大众化”，让很多企盼富裕的农民家庭重新回到了贫困的境地，大大增加了致富奔小康的难度。高等教育负担造成的农民返贫现象已成为贫困地区不可忽视的社会现象。重金打造的待业生，让贫困地区家庭动摇了对“百年大计教育为本”的传统认识，辍学率升高，农村出现了新的“读书无用论”。贫困地区农民家庭供养孩子读书最直接的目的就是希望能改变孩子的命运，能给家庭增加收入，提高生活质量。既然这一切不能如愿，家长教育投入的积极性挫伤了，子女的厌学情绪日增，教学质量呈现出了下滑的趋势。在西部一些地方，农村家庭子女完成九年义务教育后，便进城打工为家庭创收了。

教育问题引起了我们的思考，不仅仅是费石庄村的问题，更是广大农村地区的问题。中国的农业、农村问题，说到底都是农民问题。只有农村教育不断发展，农民的素质技能才能不断提高，“三农”问题才能从根本上得到解决。希望农村的父母都能够如樊晓辉一样重视子女教育，也希望我们国家能够加大在农村教育上的投入，帮助农村父母减少和消除在子女教育投资上的担忧。樊晓辉的儿子今年 6 月刚学有所成，大学毕业。我们也期待着他能够在自己的事业上一展宏图，书写属于自己的辉煌来回报曾经对他默默付出的父母。

（四）打工户费雅新家

“踏破铁鞋无觅处，得来全不费功夫”，我们对泥瓦匠费雅新的采访真正诠释了这句话。我们在村干部的带领下在村里没找到他，打电话也没人接，我们只好回村委会。正当我们失望地回到村委会的时候，村干部兴奋又惊奇地说，那个干活的就是费雅新。顺着村干部手指的方向看过去，一个泥瓦匠正在一个妇女的协助下大汗淋漓地在骄阳下认真地工作着，他们正在为村委会修旗杆的底座。我们急忙走过去说：“大哥我们采访你一下吧，不会耽误你的工作。”起初他还有些推辞说：“没有什么好说的，就是一个干活的。”我们说：“你就说一下家里的基本情况，比如你是怎么入的这一行，一个月挣多少钱，问啥你说啥就行。”他说：“为啥入这一行，就是为了吃饭。”我们听到这样的回答，感觉大哥的回答真是简单直接，朴实无华。因此，费雅新给我们的第一印象是，一个勤劳、淳朴、认真、诚实的人。当我们表明采访目的后，我们发现这个朴实的泥瓦匠很健谈，普通话比较流利，是传统中国农民的典型代表。

费雅新，男，43 岁，1971 年出生，初中没毕业，只读到初一，汉族，没有宗教信仰。说到他的名字，我们说：“你的名字中的雅字挺婉约有文采啊!”他笑着说：“这是办身份证时工作人员写错了，本来他的名字是费亚新，最后却写成了费雅新。”费雅新的妻子叫李红梅，41岁，是油漆工，他们两人由于工种不同，所以经常不在一起干活。他说家里人都没有宗教信仰。对于像费雅新这样朴实的农民，他们靠自己的辛勤付出获得回报，是一种积极勇敢面对生活的态度。他们夫妻二人育有两个孩子，都是女孩，大女儿18岁了，现在秦皇岛市里上中专，专业是幼师，平时在学校住宿，周末才回家，学校离家有几十里的路程。小女儿12岁，在邻村上小学。费雅新的父母也和他们一起住，父亲80岁，母亲77岁，现在家里总共6口人。他说，他父母身体不错，生活能够自理，只是偶尔会得个小病。父亲平时闲不住，还帮村里打扫卫生。费雅新兄妹三人，一个哥哥和一个妹妹，父母一直由他照顾，可见，费雅新是一个孝顺的人。对于像费雅新这种孝敬父母的，理应受到表彰，树为模范，让大众学习，以形成尊老敬老的良好社会氛围。

他们家总共6口人，但他说有一口人的户口没在本村，所以只有5口人有地，按村里的平均数人均1.5亩地来算，家里一共7亩半地。夫妻二人都外出做工，所以把地都包出去了。不像有些人家签一个30年的长期合同，他的地是一年一签，由于包给了朋友，所以价格不固定。费雅新说，小时候他不爱学习，初中没毕业，14周岁就出去做工了，刚开始由于年纪小就做小工，也就是搬砖和泥一类的活，给泥瓦匠做下手，一干就是八年，每天工资是两元，虽然不多，但是可以贴补家用。随着年龄的增长，他开始由师傅带着学瓦匠，一边学一边自己摸索，做了2年学徒工，自己就单独干了。从20岁开始，一干就是20年，就在本市以内干活。我们问他：“想没想过转行干别的工作，还是一直干下去。”他说：“他不会做买卖，只会做工，会一直做下去。”这也算是一种分工吧，开始是一边种地一边兼职干瓦工，现在专业化了，专门从事瓦匠的工作。虽然身处农村，但并不是每个人生下来就是当农民的料，由于每个人的爱好不同，天资禀赋各异，家里环境不一样，每个人都有选择职业的权利和机会。在农村大部分人还是农民，世代种地。像费雅新这样，从小时候开始就不爱种地，喜欢出去做工，这样其实挺好的，毕竟“术业有专攻”，体现出个人之间的差异性，再说农村不只有种地这一行。有些家庭重视教育，孩子自己也爱学习，所以农村中少数人就考上大学，走出农村，改变了自己的命运。留在农村的，往往都是文化水平不高的人，正是这些朴实无华的劳动者，为我国的改革开放做出了巨大贡献。现在城乡居民收入差距进一步拉大，而且城乡享有的公共资源和公共服务的差别比较大，我国政府在促进城乡一体化和基本服务均等化方面还有很多工作要做。城市化和现代化的主要问题是“三农”问题，没有农村的现代化就没有全国的现代化。我国政府已经意识到了这一问题，在推进新农村建设方面已取得了不少成果。以费石庄为例，村里的路都修得平整宽敞，政府出钱增设了不少健身器材，建了篮球场和乒乓球室以及图书室。路边种上了花，修了垃圾房，村里环境得到极大改善，全村自来水都是免费的。费雅新说，自从改革开放以来，生活已经发生了翻天覆地的变化。他说小时候很少吃大米，现在的生活条件比以前强太多了。从言谈举止上，我们可以感受到他对生活改观的满足之情。说到 2013 年分地的事情，他说这次分地非常痛快，没有一个上访的，很快就分完了。这也说明村干部的工作能力强，据我们了解是由于事前村干部充分发扬了民主，广泛征求大家的意见，所以分地时并没有遇到阻力。虽然横向比较，生活比以前各家都有了极大提高，但是从纵向比较来看，村里的贫富差距还挺大，城乡居民收入差距也有越拉越大的趋势，所以政府应该采取更多的惠农措施，缩小城乡差异，促进一体化进程。

说到全家的收入来源，他说，包出去的地除了承包费所得，每亩 67.5 元的粮食直补还归自家所有。根据村里其他户的情况，每亩地每年 2000 元，7.5 亩地每年有 1.5 万元收入。目前家里的主要收入是夫妻二人打工所得，由于泥瓦匠活的不确定，有的按天计，有的按月，还有的按一个工程算。冬天由于天气寒冷各工程都停了，也就没活干了，所以平均每月 3500 元左右。他的妻子是油漆工，收入和他差不多，平均每月 3000 元。一年全家有 8 万多元的收入。

至于支出，费雅新说：“现在啥都贵，支出特别大，除了花费一年也就剩下 2 万元纯收入。”最大的支出是一家人的吃饭开支。他说，吃的粮食和蔬菜都得买，现在物价又高，有时他们两口子在外边干活，中午在外面买着吃，所以一年下来食品支出在 3 万元左右。现在家里做饭用液化气和电，各占一半，一个月也得 100 多元。花在衣服上的钱并不多，他说，他们两口子都是干活的，一件衣服能穿两年。他们家孩子的衣服有的是亲戚给的，自家买的衣服不多，一年也就 2000 元左右。另一项大的开支是他大女儿的教育支出，学费是一年 1800 元，吃饭每月也要 1000 元，所以大女儿的花费一年就要 14000 元。他的小女儿正上小学，不用交学费，吃饭回家吃，支出比较少。他说，由于父母年纪大了，虽然说身体不错，没有什么大病，但是经常得个小病，所以看病花费一年也得几千，这项支出由兄妹三人均摊，他家每年承担

2000 元左右。红白喜事方面一年就几百元。至于交通费，他说，出门主要骑电动车，很少打车或坐公交车，所以这项开支不多。他家有 3 部手机，他和妻子每月话费 30 元左右，大女儿的话费支出多些，每月 100 元左右，一年手机话费支出 2000 元左右。休闲娱乐方面的支出几乎没有。全家去年总支出有 5 万元左右（见表 13 - 20）。

表 13 - 20　　　2013 年家庭支出情况

总支出	生产性	衣服	食品	看病	教育	娱乐	红白喜事	交通	通信	住房
51800	0	2000	30000	2000	14000	200	600	400	2000	600

数据来源：根据费雅新口述整理，2014 年 7 月。

费雅新家的房子是砖瓦房，三间平房，有 100 多平方米。他父母住的是老房子，一家六口人住在一个大院子里，离村委会很近。他家有火炕，他说，本村家家都有炕，楼房里也有。由于冬天很冷，炕比床要暖和。他家也装了暖气，用炉子烧的。院里有厕所。前几年一直种地，所以现在家里还有 1 辆拖拉机和干农活用的工具。有水泵，但没有大的机器设备，下地主要用手工工具。他家有 2 台电视、1 个冰箱、1 台洗衣机、2 辆电动车、1 辆摩托车，但是已经不骑了。自行车还有 2 辆，也不经常骑了。我们问，家里没有电脑吗？他说，孩子想要，但是怕影响学习，所以也就没买。至于汽车，他说，汽车速度太快了，害怕不敢开，也就没买。合作医疗全家都参加了，养老保险也参加了。对于占地补偿问题，他说，前些年修高速时占了地，每亩地补 4000 元，和村里按二八分，自家得 3200 元。他说："价钱给得还是太少了，毕竟土地占了以后就不能种了，补得太少了"。这也反映出我国在占用农民土地时存在的补偿问题。土地是农民的命根子，没了土地，农民也就没有了依靠。首先补偿金太少，再说补偿是一次性的，是个死数，花一分就少一分，也肯定抵不上土地几十年的收益。关键问题是失地农民的再就业，他们由于长期从事农业，没有其他方面的技能，知识水平又不高，适应能力较差，再说中国农民有很强的乡土情怀，不愿离开世代居住的老家，进城务工不是长远之计，早晚还得落叶归根，还有就是城乡户籍制度也限制了农民的流动。城市的房价太高，农民也买不起房。政府应该重视农民的利益，在占用农业用地上要谨慎，占用时应给予较高的补偿，牢记人民利益高于一切。

表 13－21　　2014 年家庭耐用消费品情况

项　目	数　量	项　目	数　量
电视机（台）	2	农用机（辆）	1
电冰箱（台）	1	组合音响（套）	1
洗衣机（台）	1	手机（部）	2
影碟机（台）	0	电动车（辆）	2
摩托车（辆）	1	自行车（辆）	2

数据来源：根据费雅新口述整理，2014 年 7 月。

我们问，现在面临的问题是什么。他说："首先就是活少了，收入不如往年了。另外就是支出大，物价高，一年下来纯收入也就 2 万元左右。"他说，"不管是公家活还是农村的民活，今年都比以往少了。秦皇岛市的楼房前几年盖了很多，农村的新房也建了不少，这一行越来越难做了。"他说他们都是临时工，没有固定老板，哪里有活就去哪儿干。活还得自己找，主要是靠同行以及亲戚朋友联系，要是自己这边的活干完了，就打电话询问他们在哪里干呢，还需要人手吗，有活就去干，自己闲不住，休息几天行，长了肯定不行，还得养家糊口呢。我们问，有没有改行做其他工作的计划。他说："干这一行已经 20 多年了，只会干泥瓦工，别的什么都不会，没有经商的头脑，别的技术也没有，再说自家资金也没多少，所以还得干下去，真没活干了再说，只能走一步算一步了。"物价高是全国性问题，不光是农村，城市的物价也高啊。我国自从改革开放以来，通货膨胀的时期远长于通货紧缩。虽然经济繁荣，失业率下降，但通胀使得大部分依靠固定收入的人成了牺牲品，工资永远都在物价的后面。就整体而言，国家还是应多出台些有利于"三农"的政策，加大对农业的补偿力度，提高农民收入，缩小城乡居民收入差距，把物价控制在适当范围以内，尤其是与生活息息相关的必需品的价格，更应该严格管控。

说到对未来的期望，他说，最大的期望就是两个孩子能考上大学。但又说他自己文化程度低，天天忙于生计，所以很少管孩子，再说也不会管。对于大女儿，他说，由于没考上高中，所以上的是中专，学的是幼师。但是学校只是地方性的，学历只有地方承认，要获得国家认可还得继续进修，再学习两年。只要孩子愿意上肯定不怕花钱。至于小女儿，年龄还小，学习一般，也不太爱学习，但是只要孩子想学习下去，自己再苦再累也要供下去，不过囿于自己的知识文化水平不高，对孩子的学习帮不上，也缺少未来的规划，真是有心无力啊。

我们问，干了这么多年的活，有没有什么大事记忆犹新呢。他说，有一年冬天，他们正在海滨一个楼房工地上干活，从高处就看见一个小孩掉进了冰窟窿里，由于站的位置高，所以看得很清楚，也就几十米远，他们几个工友就连忙跑过去，有一个先跳了进去，其他几个人扔给他绳子，把小孩和工友一起拉了上来。公司知道后，给予跳下去的那个工友 1 台电视机，而他们三个人每人 1 条毛毯，北戴河区电视台的“五月花”节目做了专门报道。像费雅新这样的普通劳动者，在别人遇到困难时，毫不犹豫地跑去救助，没有私心杂念，他是值得我们每个人学习的榜样，是社会的正能量，理应受到表彰和宣传。

最后，我们问他对政府还有什么要求吗？他说，小时候连大米饭都吃不到，现在比以前好太多了，现在的生活已经很美满了。费雅新是我国千百万勤恳诚实的劳动者中的一分子，付出了很多，得到的不多，要求的又是那么少，我们的社会发展不正是这样的人用他们的双手辛勤劳动推动的吗！我们的感受就是，平凡而伟大，劳动最光荣，劳动者最美丽。

（五）打工户费顺华家

上午 9 点左右，我们在村会计李丽玲的引领下来到了费顺华家，在路上我们了解到他家是特种经营的运输户，家庭收入情况不错。他家的位置在村子的最后一条街上，位置比较偏，一路上坡下坡，左转右拐才来到他们家门口。第一印象是他们家楼房很漂亮，尤其是大门很有欧洲风格，和我们以前去的几家不同，感觉他们家家境比较好。村会计按了大门上的门铃，首先听到的是一个小孩的声音，让我们稍等一下，不一会儿门开了，走出来一位中年妇女，热情地迎我们进门。首先进的是一个大厅，非常宽敞，而且比较高，显得非常大气，家具非常时尚。一个活泼开爱的小男孩从左边屋里的床上下来，我们问他叫什么名字，他一点也不陌生地响亮答道“费宇航”，这是一个人见人爱的小帅哥。女主人在家看小孩，其他人都去上班了，她让我们进了右边的房间，屋里有 1 个大炕、1 台电脑和 1 台液晶电视机，她非常热情地招呼我们坐下，我们也让她坐，她说不坐了，我们连忙说您是主角，您不坐我们哪儿能坐，大家笑着坐了下来。我们小组的同学和小宇航聊上了，“带姐姐参观你们家吧，姐姐给你照相”，小宇航非常高兴地同意了，带两个女同学去其他房间玩了。在此我们犯了个小错，闹了个笑话，我们说：“大姐这是你儿子吧？”她笑着说是她孙子，我们赶紧道歉说，“弄错了，您长得太年轻了”。

我们都坐下后聊起了她们家的基本情况，她叫王秀丽，52 岁，初中毕业，汉族，没有宗教信仰。男主人叫费顺华，也是 52 岁，现在秦皇岛市商检局工作，是合同制司机，早去晚归，周六日休息。早上七点走，下午六点左右回家，单位管饭，中午不回家。单位离费石庄村有 30 多里，40 分钟左右车程，都是白天的活，很少加班。暑期时比较忙，平时不太忙，上下班很有规律。她们家一共 5 口人，儿子、儿媳和她们住在一起，还有一个可爱的孙子。儿子叫费德谦，和他内弟一起包工程，都在秦皇岛市里干活，负责安装大楼的门窗，工程都不小，她说挺忙也挺累的，但收入不错。儿媳在邻村的铝合金厂上班，离家近，收入也不少。孙子费宇航今年 5 岁半了，9 月开学就要上一年级了，现在还在上拨道洼海北路幼儿园。女主人王秀丽是全职的家庭主妇，负责一家人的吃饭及家里的家务，每天接送小孙子上下学，这也占去了不少时间，她说上午 8 点送孩子上学，中午 11 点接孩子回家吃饭，下午 2 点送去，3:50 再接回来。中午饭学校不管，也没让孩子去“小饭桌”吃，怕吃不好，中午就接孩子回家吃饭，而且中午在家还可以休息一会儿。

我们说这楼房挺漂亮的，大约有多少平方米？王秀丽说 200 多平方米，一共两层，每层 100 多平方米。这时村干部补充说后边还有一个三层楼房呢，那幢 300 多平方米，她们家住房面积有 500 多平方米。我们以为就这一幢楼呢，王秀丽说，她家还有一个老院子，有几间平房，放些杂物，平时她们家的汽车就放在老院子里，其实是一个大院子，老院子在新院东边，两院连在一起。单从这两幢漂亮的楼房就可以看出，她们家的收入情况一定非常不错。在费石庄村，虽然二层楼房非常普遍，但一家有两幢楼房的毕竟是少数，可见她们家的总体条件在全村算是非常优越了。由于这个二层楼房紧靠路边，所以比较吵，原来是儿子、儿媳住。现在他们搬到后边的楼去了，里面比较安静，年轻人每天工作比较累，需要多休息。她们家的位置在村里算是比较偏了，在村子的东北角，后面就是庄稼地了。家门前的路不太宽也不直，是水泥路，有 10 年了，但没有路灯。说到村里的道路情况，王秀丽感叹地说，这几年村里把路修得很好了，大路上都有路灯了。由于村子比较小，所以她们并没有感觉出行不便。他们对村委会的工作非常满意，她说现在全村的卫生状况比以前大有改观，路边还种上了花，环境得到了改善。

她们家共有7.5亩地，5口人每人1.5亩。其中5亩地包了出去，自家种了2.5亩，这块地紧连着自己家院子，种地比较方便。现在地里种了些玉米，还养了3只小狗、20多只鸡，鸡是用网子围起来养的。平时地里的活都是男主人费顺华干，活不多，一早一晚就干完了。她说种果树比较辛苦，技术也不容易掌握，由于地不多，所以就把地包给别人，自家人出去打工挣钱，而且这样一来她们家的收入比种果树要高许多。包出去的5亩地每年每亩地2000元，签了30年的合同，共30万元，一次性付清了。前些年费顺华自己有车跑运输，主要拉玉米、小麦等粮食，收入也不错，所以她们家的收入不是以种植业为主。她说家里这两亩多地只种些蔬菜、玉米等，供自己家人吃，省了一些花销。自家地里有水井，浇地很方便，井里有潜水泵，按一下电钮就可以了，浇地不用费力气。我们知道农业的灌溉是个大问题，水的问题解决了，其他就相对容易多了。

费顺华家的收入来源主要是儿子包工程所得。由于现在我国的房地产是支柱产业，在秦皇岛建筑业很兴旺，与其相关的门窗安装的活自然少不了。费德谦的工作主要是负责安装，并不生产门窗，也就是说挣得是劳动力以及技术的钱，虽然比较辛苦，但是收入相当可观，每年有20儿万元。费顺华以前自己开车搞运输，随着年龄的增长，近几年做起了专职司机的工作，在商检局上班，每月3000多元的工资，单位包吃住。儿媳在邻村的铝合金厂上班，忙的时候每月可以挣到4000多元，淡季只上半天班，也能有2000多元的收入。家里只有王秀丽不上班，专职在家看孩子，有时干些地里的活。虽然她们家有5亩地包了出去，但是每亩67.50元的政府补贴还归自己，所以每年也有500元左右。

虽然她们家收入不菲，但是支出也不少。自家种的这2.5亩地，化肥和农药的投入每年几百元，活都是手工干，由于地不多用不上机器；一家5口人都回家吃饭，所以食物支出每月得3000元左右，米面油盐都得买，小孩还很挑食，不吃蔬菜爱吃肉，所以小孩的花费每个月近千元；家里的衣服支出比较大，大人人均每年2000元，小孩一年得花4000多元，顶的上两个大人的花销了，由于家里就一个孩子，所以特别疼爱，小孩的衣服都是名牌，每件都有两三百元呢，所以一年光衣服支出就得 12000 元，衣服主要由儿媳买，她经常去北戴河区里买；孩子的教育费用是每学期 700 元，一年 1400 元，已经包括保险费和书本费；由于亲戚朋友比较多，所以红白喜事的支出较大，结婚每次给 500 元；白事 300 元，加上祭品 100 元，每次白事 400 元，每年此项总支出 3000 元左右；看病花费每年 800 元左右，主要是小孩感冒发烧的小病，家里大人很健康没有大病支出；她们家有 4 部手机，费顺华的手机费单位每年补助 600 元，费德谦的话费比较多，电话费每月 300 元左右；交通费一年 5000 元，主要是汽车的油费，电动车用电量较少；做饭主要用液化气，每罐 105 元，一罐只能用 20 天左右；平时也用电磁炉和电饭锅，每月电费 100 元左右；由于工作比较忙，家里的娱乐支出比较少，王秀丽说，她除了看小孩基本不参加娱乐活动，也不去打麻将，平时就看看电视，虽然有两台电脑，但是不会用，电脑的网费是包年的，一年 800 元。

表 13－22　　2013 年家庭支出情况　　单位：元

总支出	生产性	衣服	食品	看病	教育	娱乐	红白喜事	交通	通信	住房
60600	300	12000	36000	800	1500	0	3000	5000	2000	0

数据来源：根据王秀丽口述整理，2014 年 7 月。

费顺华家的生活水平算是很高了，吃、穿、住的支出都比较大，她们家的两栋楼房估计花了 50 万元左右，所以住房条件很好。家里的耐用消费品有：电视机 2 台，都是液晶大屏的，拖拉机 1 台、电冰箱 1 台、洗衣机 1 台、面包车 1 辆、照相机 1 台、电动车 2 辆、手机 4 部。家里有 1 口大铁锅，还有 1 套整体橱柜，而且家具非常时尚新颖。在老院子的平房里，我们也看到很多汽修工具，一间 50 多平方米的房子，里面摆得满满的，是前些年自家开车跑运输留下来的，虽然大车卖了，但是这些工具还可以派上用场。

表 13－23　　2014 年家庭耐用消费品情况

项　目	数　量	项　目	数　量
电视机（台）	2	拖拉机（台）	1
电冰箱（台）	1	电动车（辆）	2

续表

项　目	数　量	项　目	数　量
洗衣机（台）	1	面包车（辆）	1
照相机（台）	1	手机（部）	4

数据来源：根据王秀丽口述整理，2014 年 7 月。

她们家 5 口人都参加了新型农村合作医疗，每年每人缴 70 元。至于养老保险，王秀丽说，她没有上。费顺华在他单位上了社会养老保险。儿子和儿媳都参加了养老保险。有了小病打电话给村医 10 分钟就到，看病比较方便。大病去北戴河区里医院，开车 20 分钟就到，路程并不远。我们问，现在国家计划生育政策放开了，可以再要一个小孩了，是否有这方面的打算。王秀丽说，她们老两口特别希望再添一个孙子，认为一个小孩还是太少了，人上了年纪特别喜欢孩子，但是儿子和儿媳并不想要，并不是怕花钱，而是想把全部精力都放在一个孩子身上，现在的孩子都比较独立，要是再有一个小孩，怕他们关系处不好。

费顺华家在村里面算是富裕户了，他们家基本上不靠种地的收入，虽然有地但大部分包出去了，自家只种小部分。司机的工作收入不错，而且比较稳定，社会上的需求比较大，这是个技术活，像他这样 50 岁左右经验丰富的老司机不愁没有工作机会。费德谦从事的工作与房地产有关，由于我国目前正在推进城市化，所以这一行业还在发展中，再说秦皇岛是我国北方的重要港口以及旅游城市，当地房地产行业前景不错，其收入在整体社会环境下还会有增加的空间。这种工作对受教育程度要求不高，经验很重要，技术含量高，是劳动密集型的。由于我国劳动力资源的红利越来越少，社会对技术工人的需求大，而现在的状况是存在结构性矛盾，年轻人都拼命学习争取高学历，结果是我国高文凭人员很多，供大于求，而对技术人员需求大，毕竟我国处于工业化和城市化过程中，但对职业技术教育不够重视，人才比较少，由于需求大于供给，也使得从业者收入不错。所以我国应该学习德国的经验，重视职业教育，注重理论与实践的结合，解决劳动力市场的结构性矛盾。费顺华家里人的文化程度虽然不高，但是头脑灵活，走技术路线，及时掌握外界信息，了解市场行情，通过自己的辛勤劳动，家庭收入较高，职业稳定，生活幸福美满。由于费石庄人均 1.5 亩地，各家的地并不多，形不成规模优势，因此，费石庄村绝大部分农户以种植业为主，虽然收入可观，但是劳动投入大，农产品价格不稳。费顺华家并不靠种地为生，而是先跑运输，又转而从事与房地产相关行业，收入明显高于完全从事农业生产的农户所得，因此其家境在同村中处于较好的状况。

通过在费石庄村的入户调查，我们发现，农村中上等收入的农户往往并不主要从事农业生产。虽然种植果树等经济作物已经比传统种植粮食每亩地收益有了很大增加（从费石庄的情况看，一亩桃的收入是 1 万元左右，而假如种植粮食按一年两季算，最多也就 2000 元，再扣除投入的成本，每亩地纯收入 1500 元左右。而种植果树每亩利润在 8000 元左右，可见两者的差距明显）。但是由于本村人均 1.5 亩地，三口之家只有 4.5 亩地，单靠种桃利润在 36000 元左右，而两个劳动力假如出去打工，按每人每月 3000 元的工资，一年收入 72000 元，扣除相关支出还是比种地的收入多。由此我们想到，现代农业应该走合作制规模化之路，一家一户各自为战的小农经济已经到了改变的时候。现在农村中已经出现土地承包规模经营的趋势，以费石庄村为例，一对年轻夫妇可以种 10 亩果树，一年收入 10 万元左右，利润有 8 万元，由于没时间出去务工，这样劳动力得到充分利用，收入也很可观。由于劳动效率提高了，农村剩余劳动力的就业机会在哪里呢，进城务工只是一种选择。像费顺华家这样从事运输等第三产业的，也可以获得不错的收益。运输业、商业、建筑业等行业，对劳动力的文化素质要求不高，资金需求也不大，技术含量并不高，主要还是劳动密集型的，农村劳动力的转移相对容易，关键是思想要解放，敢于尝试，不怕失败。只有勇于做别人不做、不敢做或不愿做的事，才能取得成功。当然，由于我国长期存在的小农意识以及文化中重农抑商的存在，中国农民往往安分守己，缺乏创新意识，是风险回避者，也由于受教育程度不高，从农业转向其他非农产业，知识、技术储备不足，也需要一个过程。而正是那些发现并抓住市场机遇，看清社会发展方向，敢于突破的人，是改革开放事业中的弄潮儿，也是首先富起来的那一部分人。

经过几十年工业化的努力，我国工业体系已经完备，世界工厂的模式已经形成，制造能力已经非常强大，但是外向型经济是以压低劳动力工资为基础的，我国工业缺的是质而不是量，关键是升级改造技术。要吸纳农村的剩余劳动力，只能是第三产业。在当前形势下，我国应该重视实体经济发展，适度监管虚拟经济，使其为实体经济服务，而不是相反。我国的城市化存在误区，认为让农民进城住上楼房，城市化就完成了，就业以及生活收入来源才是问题的关键。大城市的种种弊病已经凸现出来，以中小城市为主的特色经济更适合我国国情。以北戴河为例，它的优势是自然环境好，是名声在外的旅游胜地，就应充分发挥本身优势，搞好旅游业，发展现代种植业，推动规模经济发展。由于工业污染严重，以及养殖业对环境破坏大，应该受到抑制，所以绿色养生就是本区域的卖点和亮点。政府应加大基础设施的建设，适当进行政策引导与支持，围绕旅游业，使休闲、娱乐、食宿相关行业配套发展起来，这样就能使农村剩余劳动力当地就业。也就是以现代农业为基础，发展第三产业，使劳动力就业于本地区服务业，绿色环境是最大的优势，合作制经济是发展方向。吸引更多的国内外游客来此消费，才能促进当地经济的发展，使人民群众收入随之提高，生活得到改善。

费顺华家收入丰厚，生活富裕，居住条件好，家庭和睦，在费石庄村可谓是特种经营模范户，基本不从事农业，而是从事服务业，思想开放，敢闯敢拼，以技术为基础，通过勤劳付出来致富。在改革开放的大潮下，正需要像费顺华、费德谦这样勤劳勇敢、积极向上、脚踏实地的人，他们是村民学习的榜样，也是我们学习的榜样。他们家的生活一定会越来越好，越过越红火。

十四、运输、打工户

（一）运输户范志伟家

范志伟从小喜欢开车，他有一个运输梦，虽然苦、累，但这是他喜欢的。为了实现这个运输梦，他做了多年的积累，进行了多次尝试，受过伤、赔过钱，最终他有了自己的大货车，成为费石庄村的运输专业户。

费石庄村以种桃为主业，但大多数年轻人不喜欢种地，不是出去打工就是做些商业经营。范志伟是“不爱种地的年轻人”中的一员，从技校毕业后，打过工、卖过菜、开过车，现在他家是费石庄村 3 个运输户之一，每年收入在 10 万元以上。运输既是他赚钱的途径，又是他的爱好，虽苦虽累但他乐在其中。

初见范志伟，他戴着一副眼镜，看起来很斯文、很有学问的样子，后来听他说，他只读到技校，而且不爱学习。村干部李立丰带我们去他家时，他正在屋里看电视，看到我们进来，便把我们领到一个相对宽敞的屋里坐下。看到他走路一瘸一拐，便问了下缘由，范志伟说他腿脚突然特别疼，几乎动不了，昨天出车回来时还没感觉，晚上 10 点钟左右，快到家了他开始感觉到疼，睡了一觉到早上 5 点钟时已经疼得受不了了，脚踝肿得很厉害，今天疼了一整天。由于疼得根本动不了，他便吃了点止疼药缓解。他怀疑自己是痛风，因为他搞运输，吃饭不规律，经常吃豆腐，他上网查了下得知吃豆腐最容易得痛风，我们劝他还是去医院看看。

范志伟，男，汉族，1981 年出生，2000 年从秦皇岛职业技术学院毕业，中专学历。没有宗教信仰。家中有 5 口人，妻子姓燕名燕，叫燕燕，与她同岁，也是 33 岁，也是本村人，汉族，夫妻二人一起打拼多年，非常恩爱，二人已育有一个 8 岁的女儿范嘉怡，嘉怡现在海滨的北戴河实验小学上 2 年级，平时上学的时候，爷爷、奶奶或者姥爷、姥姥都常去送她。范志伟虽已结婚但仍跟父母生活在一起，父亲范友平今年 57 岁，身体很好；母亲常丽茹，比父亲大 2 岁，今年 59 岁。父母只上过小学，都是普通农民，一直种植桃树。由于范志伟和妻子燕燕经常在外做生意，现在经常出车，所以女儿范嘉怡一般由爷爷奶奶照料。

范志伟家也是费石庄村常见的二层住房，上、下两层总面积有 270 平方米左右，取暖靠自家烧暖气，家里每个卧室都有火炕。村里集中提供的自来水是他家的主要饮用水，做饭时夏天会用电和煤气，冬天一般会烧煤或柴。作为运输专业户，汽车是少不了的，今年刚买了 1 辆大货车，长 9.6 米，还有 1 辆平时开的小面包车。虽然小两口主要搞运输，但家里还有地，父母还种植桃树，所以生产性的固定资产他们家一样也不缺少。有 1 辆拖拉机、1 辆三轮车，家里有个水泵用来从深水井抽水拌药。屋子里的家用电器也是应有尽有，父母和自己屋里各有 1 台电视机，有 1 台影碟机、1 套组合音响，只是不经常用；冰箱、冰柜各有 1 个，1 台洗衣机；他和妻子经常出车，也喜欢带女儿去市里，所以他家有 1 台照相机，这在费石庄村是比较少见的；他喜欢上网，家里有 1 台电脑，为方便上网，家里还装了 1 部固定电话；家里除了女儿，4 个人都有手机；女儿有 1 辆小自行车，但大人早就不骑自行车了，电动车、摩托各有 1 辆。范志伟家生产性固定资产、耐用消费品情况见表 14 - 1、表 14 - 2。

表 14－1　　2014 年家庭主要生产性固定资产数量情况　　单位：个

大货车	拖拉机	打草机	收割机	三轮车	牛马驴车	水泵
1	0	0	0	1	0	1

数据来源：根据范志伟口述整理，2014 年 7 月。

表 14－2　　2014 年家庭耐用消费品情况

项目	数量	项目	数量
电视机（台）	2	电脑（台）	1
电冰箱、冰柜（台）	2	面包车（辆）	1
洗衣机（台）	1	小轿车（辆）	0
照相机（台）	1	固定电话（部）	1
影碟机（台）	1	组合音响（套）	1
电动车（辆）	1	手机（部）	4
摩托车（辆）	1	自行车（辆）	1

数据来源：根据范志伟口述整理，2014 年 7 月。

范志伟夫妇虽不常下地，但家里还有父母两个劳动力，所以桃树仍然没少种。今年第二轮土地承包，家里 5 口人，每人 1.5 亩，总共分得 7.5 亩地。第二轮分地之前，妻子和女儿还没进入这个家庭，只有 3 口人的地，大约 5 亩。以前除了大面积的桃树，还有一部分苹果树，后来由于他们承包地里的苹果树已经过了生命周期，并且不好管理，所以就没再种植新苹果树。桃树也是需要密集管理的果树，管理好坏对于桃树的收成会产生很大的影响，毕竟范志伟家只有父亲和母亲管理桃园，父母年纪都大了，范志伟经常劝他们休息，不要种树了，但父母总想干点活，不想闲着，所以还是种些桃树贴补家用，去年他们家卖桃子收入在 2 万～3 万元。

范志伟正式搞运输 2 年左右。一开始只能帮别人开车。刚考下驾照的时候，他买过一辆小翻斗车，在工地拉沙土，虽然挣得不少，但工地上的活不好找，收入很不稳定。近两年自己买了大货车之后，收入也比较稳定了，每年收入有 10 多万元。一般情况下，妻子燕燕都会跟自己一起出车，在路上也有个照应，通常他们都是从秦皇岛拉货去天津或天津周边地区，什么货都有可能拉，但主要还是一些圆木、方木、木板等木材类。回来的时候则主要拉一些零散的货物，谁有需要给他打个电话，他就大包小包或者大批小批地放到车上，一起拉回来。出一次车来回差不多能给他4000多元，每次出车要加1700元左右的汽油，再加上过路费，每次出车来回成本2000多元。基本上他和妻子都是4天一个来回，如果赶上下雨或者实在没货可拉的时候，他们也会在家休息两天。

拉货的渠道都是他自己慢慢摸索出来的，他会找货站、找货主，自己去联系，或者在家里上网找信息，然后电话联系需不需要车。干的时间长了，货源基本就固定了，货站或货主有货需要他拉就会打电话找他。一般情况下，他的出车路线是从秦皇岛到天津周边或者到廊坊，然后从廊坊到天津，再从天津回家。不过他拉货仍然没有固定的地点，主要还是要靠自己联系，哪里有货去哪里。通常情况下，都是熟客联系。闲下来时，在家看电视、上上网，或者去市里玩玩，但闲下来的时间特别少。

除了父母经营桃树的收入和夫妻二人搞运输的收入，别的收入很少。父母都不到60岁，没有养老补贴，仅有的补贴是粮补和综合补，每年大约300元。搞运输没有补贴，但政府鼓励提前淘汰黄标车，他在3个月之前报废了一辆黄标车，由于没达到报废年限，属于提前报废，政府给予18000元补贴。范志伟家2013年家庭收入情况见表14－3。

表14－3　**2013年家庭收入来源情况**　单位：元

职　业	收　入	职　业	收　入
从事种植业	25000	运输经营收入	120000
粮补和综合直补	300	其他收入	0
总收入合计	145300		

数据来源：根据范志伟口述整理，2014年7月。

范志伟家作为一个上有老、下有小的5口之家，开支自然也不会太少。桃树种植中有1500元左右要用于桃树打药、施肥等。父母开支比较少，主要是一些生活必需品支出，一般是妻子给全家人买衣服，但也很少买，花费最多的是女儿。妻子燕燕很喜欢打扮女儿，经常给女儿买新衣服，每年全家人衣服支出3000元左右。5口人的食品性支出也不算少，一些必备的柴米油盐酱醋茶虽然不会花费太多，但他要抽点烟喝点酒，父母和妻子经常会去买些蔬菜水果，有时候他还会带上妻子和女儿去吃点烧烤，这样算下来，每月食品性支出2000元左右。还有每月的电费100元左右，做饭烧煤或者煤气每年需要1000元左右。这几年家里人都很健康，没有得什么大病，只是会有些感冒、发烧、拉肚子等常见病，每年医药费也就三五百元。女儿上学是不交学费的，但有时候家里太忙，没有人去学校接女儿放学，中午女儿会在学校吃饭、写作业，每月要交500元左右。范志伟喜欢上网，而搞运输又需要经常上网查阅信息，所以他家有一台电脑，每年宽带费600元。为了上网必须安装一部固定电话，电话费每月25元左右，这样为了上网而必须缴纳的费用每年在1000元左右。小两口手机费每月少说200多元，有时候300多元，父母的手机费就比较少了，每人每月最多20元。他家有1辆面包车，平时用来接女儿或者去近点的地方，面包车每月加油需要300元左右。他们家红白喜事花钱比较多，除了村里的，还有关系好点的同学都要花钱，每年2000元左右。范志伟家2013年家庭支出情况见表14－4。

表14－4　**2013年家庭支出情况**　单位：元

总支出	生产性	衣服	食品	看病	教育	红白喜事	交通	通信/网费	煤/气/电
47000	1500	3000	24000	500	6000	2000	3500	4500	2000

数据来源：根据范志伟口述整理，2014年7月。

范志伟现在开大车搞运输收入不少，但他走到这一步却付出了很大的努力，经历了长时间的积累。2000年他从秦皇岛职业技工学校毕业，妻子燕燕和他是校友，但当时二人并不认识，毕业之后二人被分配到同一家乳制品企业上班，在车间做一些加工，二人恰好在同一个车间，于是他和妻子在这家工厂打工时相识、相知并结婚，当时工资很少，他每月也八九百元工资，妻子更少，也就六七百元，在这个工厂工作了3年左右。

2003年11月1日，他和妻子结婚，之后不再在乳制品企业打工，因为工资太少而且离家太远。结婚之后，他在外面做了一年多电器维修，期间学了开车，2005年底，他拿到了驾照，便买了一辆二手小货车，花费15000元左右。当时没有太固定的货源，也没经验，主要是在停车场等活，像出租车一样等货主找他。那时候挣钱特别少，当时妻子已经怀孕，全靠他一辆小货车挣钱养家，根本不够花，所以干了一年左右，大约 2006 年 7 月就把车卖了，当时卖了 11000 元左右。8 月，他走路时在公路上绊倒，腿骨折了，女儿正好在这时出生。当时没有什么积蓄，家里特别辛苦，好在父母贴补照顾他们，岳母也经常过来照顾妻子和女儿。

他养病一直到年底，大约是 11 月，他便开始给村里的批发部开车，主要是运送食品，从市里拉货，给超市送货，也给外村的超市送货，当时每月工资 1000 元左右，一般早上 7 点上班，但下班不定点，几点送完几点回家。由于上班时间长，没做多久，大约到 2008 年春节之前就不做了。

春节过后，因为孩子大了，他便自己花几千元钱，买了辆面包车，和妻子一起去市场卖蔬菜、水果，在批发市场进货，去市场卖，持续了 2 年左右。那时候虽然挣得不多，但自己干总比给别人打工强一些，手里零花钱多了一些，每月能挣 3000 多元。大约在 2008 年 8 月，他又花 2 万多元买了一辆拉沙子的小翻斗车，他仍然用面包车从批发市场进货并拉到市场，妻子在市场卖菜，自己则用空闲时间去拉点沙子。当时他的小翻斗车收入不固定，有时候一天可以收入二三百元，有时候不开张，平均每月能挣 3000 元左右。后来由于妻子一个人在菜市场忙不过来，2 个月之后便不再卖菜了。虽然还是只能赚 3000 元左右，但他自己干就可以，妻子可以在家看孩子、忙活家里的事。由于当时也是买的二手车，车的款型很落后属于即将淘汰的车型，所以这个车他用了不到 2 年，大约在 2009 年底卖掉，卖了 12000 元左右。

后来他又帮别人开大翻斗车，做了半年左右，主要在市里的大车队开大车，每月能挣 3000 多元，主要负责给一些修路、建房等工程拉沙石子，他还给京秦高铁工程建设拉过沙子。工程做完了，也就不干了。2010 年 7 月，他花 6 万元买了一辆新的小型翻斗车，主要还是拉沙、石子，收入还不错，挣了 3 万 ~4 万元，年底的时候这辆车又被淘汰，卖了 3 万多元。2012 年初，跟别人合买了一辆大货车，但活不好干，钱不好挣，两人就把车卖了各干各的了，随后他又开始给别人开车 2 个月。2012 年底，他自己又买了一辆大车，2013 年 1 月，用这辆车第一次出车时碰到一个大雾天，自己的车被追尾了，好在损失不严重，货没事，车也没事，只是车身变弯了些，不影响运输，但他当时也挺害怕的，后面连追尾了 5 辆车。后来人家给了四五百元修车钱这事也就过去了。到 2014 年 4 月，因为超标他把这辆车报废掉，就是报废这辆车他得到了 18000 元补贴，当时他每年收入约 10 万元。2014 年 5 月，他花

18.5 万元买了最近这辆长 9.6 米的新车，每月收入 1 万多元。

现在他很满意自己的生活，做的是自己喜欢的工作。辛苦了这么多年，终于积累到了这一刻，他买这辆新车支出的 18.5 万元没有用一分钱贷款，用的都是自己辛苦积累下的积蓄。所以，有了梦想，不怕吃苦，坚持下来，就会成功，我们衷心祝愿范志伟的事业越做越红火。

（二）运输户侯占余家

刚进村采访就见到一个中等身材男子坐在村口乘凉，村干部向我们介绍这是侯占余，一会儿就去他们家采访。刚到侯占余家，映入我们眼帘的是小洋楼，村干部向我们介绍说：“这是村里少有的小洋楼。”小洋楼高两层，正中央立着汉白玉的柱子，二楼有凹凸型阳台。墙面白绿色瓷砖相间，结合砖红色房顶，让人心神荡漾。侯占余说：“这是儿子住的，我家住在隔壁的小平房。”我们刚一进屋女主人便迎了出来，虽然看起来腿脚不是很方便，但是她非常热情好客。细问才知道，女主人费学芝是村里的文娱积极分子，前段时间自己带头在村委会跳舞，不小心被村委会的大门给弄伤了，所以一直在家休息。

侯占余，男，59 岁，初中文化水平。皮肤黝黑，举止稳重，头脑灵活。侯占余从事运输行业多年，经常在外面送货，看起来举止稳重，头脑灵活。妻子费学芝，也是 59 岁。老两口有一个儿子，儿子已经结婚并育有一个女儿。平日儿子儿媳都在外面打零工，儿媳在洗衣店工作，小孙女由老两口照看。小孙女在海北路小学上小学一年级，由侯占余负责接送。家里总共 5 口人，土地种植面积有 7.5 亩（见表 14－5）。由于费学芝腿受伤，所以家里的一部分桃树交给了其他人种植。家里的收入除了出租土地之外，就是侯占余的运输业收入。2013 年收入是种植业 2 万元，运输业 3 万元，一家人现在生活还比较富裕。2013 年具体收入情况见表 14－6。

表 14－5　**2014 年家庭承包土地情况**　单位：亩

总面积	水浇地面积	旱地面积	良田面积	荒地面积
7.5	7.5	0	0	0

数据来源：根据费学芝口述整理，2014 年 7 月。

表 14－6　2013 年家庭收入来源情况　单位：元

职　业	收　入	职　业	收　入
从事种植业	20000	从事运输业	30000
从事旅游业	0	其他经营收入	0
总收入合计	50000		

数据来源：根据费学芝口述整理，2014 年 7 月。

费学芝说："我和老公一起携手经历了 33 年风风雨雨，相濡以沫，走过坎坷，打造了今天的幸福生活。"回想结婚，每个人都有说不完的事儿，更别提一起经历了这么多风风雨雨的侯占余夫妻俩。结婚前，侯占余家当时的生活条件比较差，家里有 9 个小孩。结婚的时候连当时公认的结婚必备物品：自行车、手表、缝纫机都没有，更别提有房了。尽管物质条件不足，但他们想结婚的决心依然没有动摇。

26 岁那年，他们简单地在临时地震棚里结了婚。走入婚姻殿堂的他们虽然物质条件不是很好，但日子却过得非常踏实。结婚后侯占余主要从事木匠，平时主要做木工，因为手艺比较好，请他做活的人非常多，一时期远近闻名。同时他也开始在实践中创新，积累了丰富的木工经验，全面掌握了木工技术。而妻子费学芝则把家里收拾得井井有条，让丈夫工作起来没有后顾之忧。

慢慢地，侯占余发现自己做木匠虽然能解决全家人的生活问题，但是真正能存下来的积蓄不多。这时候他看到送货物挣得比较多，为了让全家人的生活过得更好，他便开始做起了拖拉机运输。他主要是在秦皇岛地区运送一些货物和建房用的泥、土、砖、瓦等。当时开拖拉机的时候，他不仅要开车，同时也要负责货物的装卸，每天工作非常辛苦。有时候装卸货物，浑身疼得难受。初干拖拉机运输的侯占余尝到了运输工作的艰辛，也曾有过"打退堂鼓"的想法，但是，对于有事业心、有追求的侯占余来说，能够多为家里赚钱比什么都值。于是侯占余有了坚定的信念，他把全部精力放到了工作上。他经常是早上 4 点起来，晚上 10 点才回家，工作量是其他运输司机的好几倍，但是他从来也没叫过苦、喊过累。

当生活慢慢开始富裕一点后，夫妻俩便开始想盖房的事。可是令夫妻俩头疼的是，别人家房子都建在宅基地上面，而自己家根本就没有合适的地基。夫妻俩想了很久，费学芝突然灵机一动，家里不是有运输车吗？可以从外面拉土进来填充到村口的大水坑里，作为地基。而自己哥哥刚好在北戴河区建筑工地工作，可以从那儿运一些废旧的材料过来填充。但是大水坑面积有好几亩，而一拖拉机每次运土量不到 1 吨。这么大的工程，不是相当于愚公移山吗？但是侯占余就是这么一个踏实肯干的人，听了妻子这么说后，觉得切实可行，念叨着说：一方面拉土把这个水坑填满了自己家可以建房子，另一方面也可以方便以后其他人在这个周围建房子呀。夫妻俩说干就干，终于建成了属于自己的“结婚新房”。

2000 年前后，货车师傅在当地特别吃香。在掌握了拖拉机运输技术后，侯占余也开始学着开货车。因为货车能拉的货更多，而且价钱更高。虽然拖拉机和货车操作要领差不多，但是实际操作起来却不太一样。拖拉机体积小，比较灵活，而货车体积大，遇到紧急情况需要提前反应才能刹车。但是这些都没有难倒侯占余。练习了几个月，上手之后，他便买了货车开始自己送货。由于货车载重大，车子经常满负荷运行，磨损很大，经常抛锚，维修不仅费时而且费用高。侯占余便开始自己琢磨修理技术，从此他便一边开车，一边用空余时间看书学习，向有修理技术的师傅请教。每当自己跑长途货运的时候，他就不用担心自己的车子出故障了。更重要的是，他非常爱惜自己的车，平时没事就用抹布、水桶把车擦一遍，开车前后都检查车况，发现问题总是及时清理，所以他的车子基本上没有出过大的故障。

侯占余运送货物，经常要出省，基本上跑遍了周围的地区。可能在普通人看来，跑长途运输能领略各地的风土人情，是件非常幸福的事，但其实长途司机是非常辛苦的。侯占余运送货物最多的就是往山东运苹果，光直线距离就有 700 千米，来回得几天。有时候根本顾不上吃饭，就在路边买点盒饭。他有时候连睡觉都顾不上，就是跑累了把车子停在路边，躺在车里睡一会儿。侯占余说：“跑长途车是日行八百夜行千里，晚上开车时间比白天还长。有时候遇上高速堵车，只能熄火，然后又缓慢前行，基本上几分钟挪上几米，就这样子，折腾一晚上。”最难受的还属夏天，之前的货车没有空调。一到高速公路，基本上没有绿树遮阳。在炎炎夏日，货车俨然成了蒸笼，车上的温度比外面高三四摄氏度。他只能打开窗户保持空气流通，但身上的衣服依旧被汗水湿透，他只能光着膀子“图个清凉”。为了节约成本，他们有时候只在高速服务厅上厕所的时候，用毛巾稍微擦拭下脸和身体，只有等到把货物安全送达才能酣畅淋漓地洗个热水澡，来驱逐一路的艰辛和疲惫。侯占余说：“我跑长途货运，走过了很多地方，以前的道路不好走，现在的省道都修得非常好，比以往轻松了不少。”

作为驾驶员，侯占余经常在外出车，根本照顾不了家庭。而家里的桃树，基本上都是妻子在打理。费学芝向我们介绍因为自己文化程度不高，之前种植桃树是模仿其他人家，真正想要种好桃树，还是要学习好种植技术。她从种植桃树到修枝、打药、果实套袋都是一个人在打理。进入剪枝季节，每天都在桃园里修剪树枝，手指会变形，指节变宽，手掌心血泡消去后长满老茧。打药也非常辛苦，每次打药药味特别浓，蚊子到处乱叮，晚上回来就觉得特别痒，而且全身都有药味。其中的艰辛说不完，不过她始终坚信：只有勤劳，才能致富。

眼看着孙女一天天长大，一家人住在一个屋里确实略显拥挤。勤劳的夫妻俩便想着给儿子盖一个楼房。于是从 2010 年开始，他们便用自家的货车运送盖房所用的材料，开始动工盖楼房。儿子说：“看到村里的房子都盖的一样，自己家想建个不同的，住起来也舒服。”于是他们便去北戴河区观摩了楼房建筑，回来后他便画出了大概的设计图纸。现在儿子住在边上新建的小洋楼。我们看了房内的设置，基本上各种电器一应俱全，电视、电冰箱等产品情况见表 14－7、表 14－8。

表 14－7　　**2014 年家庭主要生产性固定资产数量情况**　　单位：个

汽车	拖拉机	打草机	收割机	机动三轮车	牛车	马驴车	水泵	其他
2	0	0	0	0	0	0	0	0

数据来源：根据费学芝口述整理，2014 年 7 月。

表 14－8　　**2014 年家庭耐用消费品情况**

项　目	数　量	项　目	数　量
电视（台）	1	电冰箱（台）	1
电动车（辆）	1	手机（部）	2

数据来源：根据费学芝口述整理，2014 年 7 月。

费学芝家 2013 年家庭支出情况如表 14－9 所示：购买种子以及汽油和货车的费用总计的生产性支出约为 1 万元。除了生产性费用之外，费学芝家

2013 年在食品上的花费为 1000 元，主要用于孙女成长所需的肉类和豆类，以及一些自己没有种植的新鲜蔬菜。由于家里并不是特别注重穿着打扮，所以在衣服上的花费基本没有，能省则省。除了这次跳舞受伤之外，家人基本很少生病。费学芝在访谈过程中打趣地说："健康是最大的幸福，赚得再多也经不起生病折腾。尤其是我们这种普通老百姓，现在还好有了农村医疗保险。"2013 年在红白喜事随礼上大约花费了 5000 元。最大的开销还是每天开车接送小孙女上下学，一个星期的油费约 200 元。而通信费一年大约 500 元。

表 14－9　　**2013 年家庭支出情况**　　单位：元

总支出	生产性	衣服	食品	看病	教育	娱乐	红白喜事	交通	通信	住房
28000	10000	0	1000	500	1000	0	5000	10000	500	0

数据来源：根据费学芝口述整理，2014 年 7 月。

说到平日的娱乐活动，除了去村委会跳跳舞，自己平日爱在家唱唱歌。费学芝回忆起自己以前是唱京剧的，平日就爱哼哼小曲。现在孙女受自己的影响，也特别爱唱歌。

采访结束后，虽然费学芝走路不方便，但她还是执意要送我们出来。回来的路上我们还一直在说这个家庭的气氛特别温馨，让我们很羡慕。我们也衷心祝福她的脚早日康复，祝福他们一家人的日子越来越红火！

（三）运输、打工户王艳玲家

盛夏的午后，费石庄村还没有从烈日炎炎中苏醒过来。下午三点，村里的会计李丽玲领着我们从村委会出发，去往王艳玲家。村委会在村子南部，而王艳玲家在村子的北部，我们沿着水泥路一路向北，走向村子的深处。这几年村里的绿化工作做得非常好，道路两侧错落有致地分布着高高低低的树木和花花草草，满眼的绿色让人心情舒畅。10 多分钟后，我们来到了一处看起来很普通的平房的大门前，水泥的墙面没有经过粉刷和其他处理，略显陈旧。这样的房屋在费石庄村很常见，十分低调。我们打量四周，很快就发现，这户人家有个很大的不同，门口停放了 2 辆蓝色的卡车和 1 辆银灰色的面包车。费石庄村多数人家里是没有汽车的，少数也只有 1 辆小轿车或者小货车，方便日常生活。而这一家，竟然有3辆汽车，这一定是一户不同寻常的人家。

带着疑问和好奇，我们敲响了这扇大铁门。开门的正是这家的女主人王艳玲。我们的领路人会计李丽玲向她介绍了我们并说明来意后，她很热情地邀请我们进屋。

进门之后，映入眼帘的是一个小院子，还有一栋气派的小洋楼。这栋房子采用的是当地很典型的住房结构，房子很高，远观像是二层小楼，但实际上只有一层，地面上有高高的台阶通向正房门口，下面是类似于半地下室的结构，用来做仓库或者柴房，或者索性闲置。

王艳玲领我们进入客厅。客厅很大，装修得很时尚，壁橱上摆放着各类艺术品，还有儿子、儿媳妇的结婚照，到处都洋溢着幸福的气息。

王艳玲家都是汉族，无宗教信仰，总共6口人，四世同堂，其乐融融。户主是她的丈夫卢玉栋，今年52岁，初中文化，今天外出工作去了；王艳玲与丈夫同岁，也是初中文化，通过简短的交谈我们发现她性格非常开朗，也很热情；婆婆叫单加莲，今年92岁，身体还很硬朗，手工活做得非常好，和王艳玲夫妇住在平房里；儿子卢旺，28岁，从事运输业，今天调休，在家陪伴家人；儿媳妇刘晶晶，25岁，是位年轻漂亮的“80后”；小孙子去幼儿园上学了。儿子一家三口住在小洋楼里，我们去的时候卢旺和刘晶晶正在卧室里上网，听到我们和王艳玲的交谈，也不时插上几句话。

作为地地道道的农民，王艳玲家很不“地道”，因为他们全家人都不种地，是个不务农的“农户”。说起发家致富之道，和家里土地比较少有关系。

1985年，王艳玲嫁到费石庄村的时候，错过了1983年村里第一次平分土地，又因为她的户口已经迁移到了费石庄村，原本在娘家分到的土地也被村里收归集体所有，就这样，王艳玲成了没有土地的农民。王艳玲和丈夫也想像村里其他农户一样，“靠地生活、靠天吃饭”，兢兢业业管理果树，勤劳致富。但家里只有婆婆和丈夫两个人的地，除了要养活3口人，还要为即将出生的孩子做准备。土地太少，单纯靠种果树的收入根本无法维持正常的生活开支。夫妻二人开始琢磨怎么样才能多挣点钱，增加收入。

随着改革开放的深入，内地很多地方都发生了翻天覆地的变化。但是20世纪80年代后期的费石庄村相对来说还是比较闭塞的，村民也比较传统保守，大多数人都没有见过北戴河以外的世界，外界的消息传递进来相对滞后。可想而知，夫妻二人想要放弃种地另谋出路困难重重。正当他们一筹莫展之时，听说附近村子里有些农户开始从事养殖业，养貉子、狐狸等可以卖皮毛或皮毛制品的动物，或者养猪、羊等可以做食材的动物，收益很可观。这个消息让卢玉栋和王艳玲感到很振奋，夫妻二人开始仔细打听养殖业的相关信息，着手考虑养殖的可行性。那时候费石庄村有几家农户也在考虑从事养殖，经过一番深思熟虑之后，王艳玲夫妇决定抓住时机，率先在村里搞养殖，希望能够尽快走上小康之路。

20 世纪 80 年代末 90 年代初，王艳玲夫妇正式步入养殖业，养起了貉子，真正成为不务农的“农户”。刚起步时，由于不懂养殖技术，也不了解市场情况，遇到了很多困难。从养殖场地的选址、搭建到养殖环境的营造和保持，从幼崽的挑选、购买到疾病防治，从一日三餐的搭配到日常管理，夫妻俩花了很多心血，通过向其他养殖户请教和自己学习摸索，理论与实践相结合，一点点掌握了貉子养殖技术，也逐渐形成了较为稳定的销路。几年之后，王艳玲家的貉子养殖形成了一定的规模，收益也很可观，成为本村的养殖大户。但是随着市场逐渐开放，养殖貉子的人越来越多，销路就越来越差，貉子皮毛的市场价格相对来说上涨的幅度非常小。加上貉子是食肉动物，一日三餐都离不开肉食，养殖的成本和投入一直居高不下。后来几年，貉子养殖的收益逐年下降，不仅是王艳玲家，村子里其他几个养殖户的效益也不大好，有的可以勉强维持经营，有的甚至开始赔钱。王艳玲说，貉子养殖一直做了十几年，后面的几年一直在赔钱，几乎把夫妻俩前些年辛辛苦苦攒下的家业都赔了进去。提起这段往事，王艳玲到现在都难以释怀，不愿意过多讲述。眼看着这么赔本下去也不是办法，夫妻俩决定不再搞养殖。

王艳玲说，现在住的大房子都是靠前几年打工和跑运输挣的钱盖起来的。貉子养殖开始赔本之后，丈夫卢玉栋开始从事运输业，希望能够多分担一些家中的负担。最初他先是帮别人开车跑运输挣钱，在这个过程中，积累了很多经验，也掌握了一些人脉和资源，为后来自己从事运输业打下了良好的基础。有了一定的积蓄之后，卢玉栋辞去了开车的工作，自家买了 2 辆卡车，自己跑运输。这时候儿子卢旺也中学毕业，就一起开始跑运输。父子俩风里来，雨里去，凭借着辛勤的付出和努力，挣下了一份厚实的家业。刚开始几年卢玉栋是跑运输的主力，随着儿子逐渐成熟，卢玉栋跑运输的次数越来越少，儿子卢旺俨然成为家中的经济支柱。

20 世纪 80 年代以来，王艳玲家就不种地，直到现在依然如此。2013 年她家的收入来源结构比较简单，主要是外出打工和从事运输业。家里4个劳动力每个人都有稳定的工作。儿子卢旺从事运输业，虽说辛苦一些，但收入比较可观，每个月能挣到6000元左右；丈夫卢玉栋也找了份工作，偶尔跑跑运输，她和儿媳妇刘晶晶都在离家不远的地方打工，3人的工资收入也比较不错，每人每月的收入在3000元左右，这样家里的年收入约为174000元（见表14－10），足够家里的日常开销。

表14－10　**2013年家庭收入来源情况**　单位：元

职　业	收　入	职　业	收　入
外出打工	102000	从事运输业	72000
从事旅游业	0	其他经营收入	0
总收入合计	174000		

数据来源：根据王艳玲口述整理，2014年7月。

王艳玲家每年有17万元左右的收入，这在同村农户中算是收入很高了。王艳玲家的生活条件也是非常不错的，住房面积约有300平方米。现在住的小洋楼是儿子结婚之前装修的，客厅宽敞明亮，各种家电一应俱全，现代感十足。王艳玲家2014年的耐用消费品有3台电视机、2台冰箱、2台洗衣机、1台照相机、1台电脑，还有2辆电动车、1辆小轿车和2辆卡车（见表14－11）。王艳玲觉得，挣了钱就是得让家人生活过得好，这些家电、汽车极大地方便了一家人的日常生活。

表14－11　**2014年家庭耐用消费品情况**

项　目	数　量	项　目	数　量
电视机（台）	3	小轿车（辆）	1
电冰箱（台）	2	卡车（辆）	2
洗衣机（台）	2	手机（部）	4
照相机（台）	1	电动车（辆）	2
摩托车（辆）	0	电脑（台）	1

数据来源：根据王艳玲口述整理，2014年7月。

接着王艳玲向我们介绍了她家2013年的支出情况，家中的主要支出是食品和交通。食品支出自然无须多说，保证家人的饮食均衡和身体健康是头等大事。由于不种地，家中祖孙四代人每天吃的米、面、肉食、蔬菜等都需要购买，每年的花销大约需要3万元。交通支出比较多是因为家里养着3辆汽车，尤其是那辆面包车，卢旺几乎每天都要开上它去工作，每个月花在面包车上的油钱就得2000元左右，这样每年下来，交通费保守估计也得3万元左右。通信费方面，王艳玲夫妇和卢旺夫妇每人有1部手机，加上家中电脑上网费用，每年开销约为6200元；衣服支出要3000元左右，大多是给爱时髦的儿媳妇和小孙子买的；红白喜事支出约为3000元；住房方面支出约为3000元。2013年家中总支出约为76200元（见表14－12）。

表14－12　**2013年家庭支出情况**　单位：元

总支出	生产性	衣服	食品	看病	教育	娱乐	红白喜事	交通	通信	住房
76200	0	3000	30000	1000	0	0	3000	30000	6200	3000

数据来源：根据王艳玲口述整理，2014年7月。

时间过得很快，不知不觉已经是下午4点半，王艳玲该去幼儿园接孙子放学了。我们不好再耽误她的时间，于是在征得她的同意之后，来到平房中看望王艳玲的婆婆单加莲。

单加莲老人已经92岁高龄，是村中为数不多的90岁以上的老人之一。老人家满头银发，盘腿坐在炕上，正在认真地钩织坐垫，炕头上零零散散地放置着几个已经钩织好的坐垫，精致的图案，工整的针脚，完全看不出是出自一位92岁的老人之手。老人精神状态很好，见我们进来，微笑着起身请我们坐下。经过交谈我们了解到，单加莲老人有3个儿子4个女儿，卢玉栋是家里最小的孩子，她一直和卢玉栋一家住在一起。老人说起现在的生活，觉得非常满意，她说“以前的日子非常苦，但是都过去了，人要向前看过好现在的日子。”她对自己的身体也很满意，俗话说“家有一老，如有一宝”，有一位健康的百岁老人更是这个家庭的福气。老人身体很硬朗，耳不聋，眼不花，手脚也很灵便，除了走路的时候膝盖有点疼以外，其他没什么毛病。老人平时除了钩织坐垫打发时间以外，也很爱走动，她觉得多活动对自己的身体有好处。

我们离开王艳玲家的时候，已经是傍晚时分，单加莲老人执意要送我们出门，这让我们很感动。回去的路上我们一行四人还在交流这个特殊的“农户”家庭，身为农民却不种地，依靠自己的智慧和勤劳的双手，勇敢尝试，另辟蹊径，最终走上致富之路，过上了幸福美满的生活。我们觉得，随着经济的发展和社会的进步，新时代的农民也要逐步摆脱“靠地生活，靠天吃饭”的传统生产方式，探索新的致富途径，这不仅是改善生活质量、提高生活水平的需要，更是适应城镇化步伐、跟上时代潮流的重要保障。

十五、贫困户

（一）老共产党员、清贫户李印和家

去李印和家的那天，费石庄村下起了雨。我们向联络人——村里的会计李丽玲简单了解了他家的基本情况：李印和夫妇二人都是老共产党员，在村里当了几十年的村干部，几乎大半辈子的时间都奉献给了村里，兢兢业业、任劳任怨。我们对李印和夫妇的敬重之情油然而生，也非常期待接下来与李印和夫妇的交流。

很快我们就来到了一处朴素的院子门前，这里就是李印和的家了。院子里没有铺设水泥地面，被雨水浇湿了之后有些泥泞，一棵郁郁葱葱的大树底下堆放着两大堆柴火。李印和居住的是间平房，斑驳的白色墙面，彰显着老房子的陈旧。听到我们的声音，李印和夫妇来到门口请我们进去。屋子不大，外面一间是厨房和客厅，用来堆放一些杂物，里面一间是卧室，屋内的陈设简单而陈旧。

家中只有李印和夫妇二人居住。李印和，1938 年生，今年 76 岁，高中文化，在那个年代是村中为数不多的知识分子，1965 年 7 月 13 日加入中国共产党。李印和的妻子叫李彩珍，1943 年生，今年 71 岁，1962 年开始在村里当妇女主任和生产队队长，1965 年 7 月 1 日加入中国共产党，昨天是党的生日，也是李彩珍入党 49 年的纪念日。

两位老党员精神状态都很好，也很健谈。尤其是李彩珍，通过交谈我们发现她的语言表达很流利，记忆力也非常好，几十年前的事情都记得很清楚，

一件件地向我们娓娓道来。回忆起年轻时候的往事，两位老人都很自豪。

小时候李印和和李彩珍两家住对门。李印和是家里最小的孩子，8 个月大的时候父亲去世了，这让原本就不富裕的家庭雪上加霜。好在李印和的母亲很坚强也很能干，辛辛苦苦把几个孩子带大，支撑起这个家。相比较而言，李彩珍小时候的家境要好一些。她的父亲 1950 年开始在村里担任党支部书记，工作特别忙，经常外出公干不在家，家里基本上就靠她的母亲一个人操持，也很辛苦，遇到孩子生病或者有其他的事情，李印和的母亲就会主动过来帮忙。就是在这样的相互帮助和扶持中，两位母亲建立了深厚的友谊，也正是这个原因，李彩珍的母亲把她嫁给了李印和，成就了一段幸福的姻缘。李印和和李彩珍性格、思想观念很合得来，婚后生活幸福和睦。

1965 年 7 月李印和入党之后，开始在村里担任党支部副书记，主管生产。年轻的李印和有文化，口才好，记忆力也好，除做好自己的本职工作以外，经常应邀出去做报告，在附近几个村里知名度很高。1975 年，做了 10 年的党务工作之后，李印和调到北戴河区水利科工作，在平凡的工作岗位上尽职尽责地为各村服务，一待就是 10 多年。1987—1989 年，李印和回村担任党支部书记。

在担任书记的 3 年里，李印和尽己所能处理村里大大小小的事务，还严格要求自己力争先进，每年都被评为北戴河区农业战线劳动模范。李印和非常热爱自己的工作岗位，也乐意为村民服务，但是后来却因病不得不辞去职务。而这病，也是因为工作引起的。据李彩珍回忆说，1988 年前后，有两个村民因为宅基地的问题产生了纠纷，李印和带着其他村干部去调解，其中一个村民不但不听劝阻，还要跟村干部动手，这让李印和十分气愤，最后在镇派出所同志的调解下才得以平息。而李印和在十分气愤的情况下喝了很多水，导致他得了气胸，病情很严重。李印和觉得，党员同志就是要做表率，凡事都要带好头，有能力带领大家办实事的时候要积极主动承担责任，没有能力的时候就要主动退让把机会留给有能力的人。为了不影响村里的工作，李印和辞去了职务。

和李印和相比，李彩珍的“官龄”要长一些。1962 年，19 岁的李彩珍因为热心又能干，开始担任生产队长，这一干就是 20 余年，直到 1983 年生产队解散。生产大队分为 3 个生产小队，李彩珍就是女队的队长。作为小“领导”，不仅自己要带头干活，比别人做得快、做得好，还要负责检查本生产队村民干活的质量，质量不过关就得挨批评。到了中午，大伙儿都回家做饭吃饭了，李彩珍还要留下来开会，商量生产队的大事小情。所以大多数时候，她连做饭的时间都没有。不仅如此，家里还养了几头猪，也得按时喂。为了节省时间，李彩珍每天早上起来就烙一块大饼，足够一天吃的，开完会后，就揣着大饼，端着猪食去猪圈喂猪。等猪崽们吃上食，她也就在边上啃大饼，就算是解决午餐了。那几年的生活过得非常艰苦，但是年轻的李彩珍不觉得苦，也不觉得累，她觉得能够为大伙儿做点事情很光荣。

李彩珍的家庭成分好，思想觉悟高，工作积极主动，本人也追求进步，积极向党组织靠拢。经过组织考察，1965 年 7 月 1 日，在隆重的入党宣誓仪式之后，李彩珍正式成为一名光荣的共产党员。说起入党，李印和笑着说："彩珍虽然比我小 5 岁，入党比我早半个月呢，她比我先进!"

在担任生产队长的同时李彩珍还担任了村妇女主任的职务，从 1962 年到 1995 年 30 多年的时间，除了生第二胎时休养了两年，其余时间一直坚守在岗位上，为村里的妇女工作奔波劳碌。相比于生产队长，妇女主任的工作更加繁杂琐碎。计划生育工作要抓，适龄青年婚恋问题要管，婆媳矛盾要调解，夫妻不和要劝解……白天在生产队干活，晚上的时间大部分都在村民家做工作。

李彩珍回忆说，当时有一项很重要的工作是给村里的姑娘、小伙子介绍对象，这不仅是村里的实际需要，也是上级妇联的要求。附近村里谁家有好姑娘，哪家有好小子，她都熟记于心。李彩珍看人很准，经过简单地了解她就基本上可以判断哪个小伙和哪个小姑娘适合处对象，所以经她介绍处对象的成功率非常高。她前后总共撮合了 13 对夫妻，并且没有一对闹不和或者离婚的，现在都生活得很好。逢年过节的时候，经常会有人来家里看望"红娘"李彩珍，李彩珍觉得很欣慰。

"家家有本难念的经"，生活久了难免会有磕磕碰碰和小矛盾，村里经李彩珍出面调解化解的婆媳矛盾、夫妻拌嘴、邻里不和不计其数。让她印象比较深刻的有两件事情。一件事是当时有一对小两口合不来，打得不可开交，要闹离婚。在当时离婚是一件很稀罕的事儿，想离婚首先得让村里给开离婚介绍信，然后拿着介绍信再去办理离婚。这小两口的介绍信都开好了，眼瞅着第二天就要离婚，但是男方不想离婚，他也意识到了自己的错误，可是又无法说服妻子不离婚，就向李彩珍求助。李彩珍刚忙完生产队的事情，就赶忙去调解。经过一番苦口婆心地劝说，女方终于同意不离婚了，愿意再给男方一次机会。等李彩珍摸黑回到家，已经凌晨2点钟了，丈夫和孩子都已经睡熟了。李彩珍的辛苦没有白费，从那次以后，这对夫妻学会了相互体谅，感情越来越好，再也没有动过手。

另一件事是有一家儿媳妇和公公婆婆闹矛盾，经常吵架，甚至有时候还动起手来。儿媳妇脾气不好，不让公婆在自家对面屋里住，想让他们搬到偏房去住，但是公公婆婆就不爱住偏房。那时候家里也都烧炕，儿媳妇就把水缸里的水泼到炕灶里，不让公婆烧炕。公公婆婆气不过，跟儿媳妇吵起来。李彩珍和当时的治保主任在生产队工作结束后，晚饭都没来得及吃就赶过去调解。好说歹说总算是暂时平息了矛盾。但没过多久，儿媳妇儿再次惹怒了公婆，公公一时气急跑去海滨要跳海，家里人怎么也劝不住，这可急坏了公公的大女儿，哭着跑过来找李彩珍请她去救人。李彩珍二话没说骑上自行车就直奔海滨，经过劝说，终于把老人家给劝回来了。再后来，经过调解，公婆俩搬到了偏房，婆媳二人再没闹过。

像这样的事情还有很多，李彩珍说，农村生活本来就很辛苦，谁家都有难处，都有气不顺的时候，经过调解让大家都想通了好好过日子。和介绍对象和调节矛盾相比，李彩珍觉得更难做的是计划生育工作，尤其是20世纪70年代末80年代初开始实行计划生育，因为工作她得罪了不少人。

当时抓计划生育工作抓得特别紧，不符合条件的，不能生育二胎。育龄妇女每年都要组织定期妇检，还要给刚生完一胎而又不符合二胎条件的妇女上环或者结扎，以防意外怀孕。为了做好这些工作，李彩珍要掌握全村妇女的情况，甚至连她们的生理期李彩珍都要做详细记录，工作非常细致。因为工作职责所在，李彩珍要带意外怀孕的妇女去做流产手术，遇到有些不理解她的人，李彩珍还要默默承受她们和家人的责骂。

“舍小家，顾大家”，是李彩珍的真实写照。即使在有了孩子之后，也没有太多的时间照顾孩子。李印和和李彩珍共生育了两个儿子和一个女儿，谈到几个孩子，李彩珍觉得很对不住他们。她说孩子小的时候，因为孩子的奶奶和外婆身体不好不能帮忙照顾，夫妻二人又都是村干部工作太忙，总是不能很好地照顾孩子，让孩子们吃了不少苦。大人不在家的时候，担心孩子乱跑，就把大儿子用绳子拴在窗户边框上，这样他就只能在院子里面活动；老二和老三拴在床上，再在床边堆上被子，以防孩子摔倒磕到。孩子长大成家之后，两个儿子还住在村里，女儿嫁到了别的村，他们也都有了自己的孩子，生活过得越来越好。不幸的是，前几年，正值壮年的 45 岁的二儿子因病去世，白发人送黑发人，这给两位老人带来的痛苦可想而知。每每提起，李彩珍都悲伤落泪。

带着上级组织和村民的信任，李彩珍在妇女主任的岗位上一直坚守到 1995 年。随着年龄越来越大，耳朵也不好使，眼睛也开始花了，记忆力也下降不少，加上文化程度也跟不上，李彩珍工作起来越来越觉得力不从心，她知道自己不再适合担任妇女主任的工作。于是李彩珍跟上级请示之后，开始物色年轻有学历的人担任妇女主任的职务，找到合适的人选之后，李彩珍花了一年的时间，带着继任者熟悉工作，之后，她告别了奉献了 30 余年也热爱了 30 余年的工作岗位。

李印和和李彩珍一心一意把青春都奉献给了费石庄村，他们从来没有占过公家或个人的便宜，无愧于村民，也无愧于自己的良心，给村里的党员干部树立了良好的榜样。

现在两个人都老了，每年除了儿女孝敬的一点钱和微薄的养老金，没有其他收入，日子过得很清贫。2013 年的家庭收入总共是 7320 元，其中有 6000 元是女儿、儿子孝敬老人的，另外 1320 元是两位老人的养老金（见表 15 - 1）。我们问起两位老人对党和国家的政策有没有什么看法，他们说很感谢党和国家给了老百姓好生活，前几天区里来慰问老党员，给家里送了一袋米、一袋面、一桶油，他们感受到了组织的关怀和温暖。

表 15 - 1　**2013 年家庭收入来源情况**　单位：元

职　业	收　入	职　业	收　入
从事养殖业	0	养老金	1320
从事旅游业	0	子女赡养费	6000
总收入合计	7320		

数据来源：根据李印和口述整理，2014 年 7 月。

李印和的身体一直不太好，前几年还能给村里写费石庄村史，这几年随着年龄的增长，记忆力下降很快。他的血压年轻时就有些偏高，心脏和气管也有毛病，这些年看病花了不少钱。2013 年家庭支出总共是 9900 元，其中看病和食品两项开支占到总支出的80%左右。看病的支出是4000元，这对村里大多数家庭来说，是很小的一笔数目，但是对生活清贫的李印和家来说，已经算是“巨款”了。在食品支出方面，两位老人生活比较节俭，一年的开支约为3800元。两位老人共用1部手机，加上有线电视费用，全年通信费用约为900元。家里用的是液化气，每月1罐气需要100元，全年支出为1200元。其他支出方面，两位老人年纪大了，不种地，不买新衣服，没有红白喜事方面的人情往来，也没有消费性娱乐活动，平时也不常出远门，基本上没有支出（见表15-2）。

表15-2　**2013年家庭支出情况**　单位：元

总支出	生产性	衣服	食品	看病	教育	娱乐	红白喜事	交通	通信	住房
9900	0	0	3800	4000	0	0	0	0	900	1200

数据来源：根据李印和口述整理，2014年7月。

两位老人一辈子辛苦惯了，对生活条件要求不高。家中的家具都是很多年前购置的，几乎没有什么家电，家庭耐用消费品只有1台电视机和1台电风扇，为了方便跟儿女联系，夫妻俩配了1部手机（见表15-3）。老人说，辛苦惯了，日子能过就行。

表15-3　**2014年家庭耐用消费品情况**

项　目	数　量	项　目	数　量
电视机（台）	1	手机（部）	1
摩托车（辆）	0	自行车（辆）	0

数据来源：根据李印和口述整理，2014年7月。

从李印和家出来，天还在下雨。我们的心情也像这天气一样有点沉重。李印和和李彩珍两位老共产党员，恪尽职守，甘于清贫，几十年如一日，为党的事业、为人民群众奉献了自己的大半生，没有丝毫怨言。他们是所有党员干部的榜样，他们的精神和事迹值得我们学习，他们理应受到我们的尊重和敬佩。

（二）坚韧乐观的五保户何宝华家

在一个阴雨绵绵的下午，我们来到了五保户何鑫的家里。从进门开始一直到我们走出去，我们的心情就像那天的天气一样，抑郁阴沉。首先我们走近他们临街的房子，从外面看那房子挺漂亮的，但是里面还没有完工，地面坑坑洼洼的，穿过这栋新房，后面是他们家居住的老房子，三间平房，比较陈旧，里面的家具看上去有些历史了。通过了解，他们家确实是个特殊户。家里 4 口人，夫妻二人是后组成的家庭，女儿是何宝华和前妻所生，犯有先天性小脑偏瘫，只能用双拐走动。儿子当兵已经快两年了，两年期满后就得回家了。他们家收入不多，但是支出不小，所以生活有些困难，全村像他们家这种情况的估计仅此一例了。但是令我们感到欣慰的是，在和女主人的谈话中，可以感受到他们的坚韧与乐观，他们并不掩饰家里的处境，对未来充满了希望，只要政府有适当的政策支持，坚信他们家的境况必定得到改善。我们是在村干部的陪伴下，一直与女主人佟凤霞聊，她很健谈，对家里的情况也没忌讳，所以我们对他家的状况了解得相对深入。

何宝华，男，53 岁，汉族，初中文化程度，无宗教信仰，中共党员。在我们采访将要结束时，何宝华才从外面回家，我们和他寒暄了两句就走了，可以感受到他是个做事周全，很讲礼貌，容易相处的人。在我们对费石庄村的调查接近尾声，大家一起去他们村的果园参观时，正好碰到何宝华下地，他非常热情地用电动三轮车拉了我们一段路，一路上他介绍了现在桃子的成熟情况，给我们的印象，是一个热心的庄稼汉。何宝华的妻子叫佟凤霞，50 岁，初中文化程度，汉族。她说，她是在何宝华前妻离开后才过来的，而她是第一次结婚。说到他们的结合，她说是命运的安排吧。佟凤霞虽然已经 50 岁了，但是看上去只有 40 多岁。她是 1992 年与何宝华结的婚，当时何鑫已经 5 周岁了。佟凤霞说，她是经人介绍认识何宝华的，当时对他们家的情况不太了解，知道他离异了，有一个残疾女儿。但介绍人说女儿跟着她妈妈了，并没在何宝华家。当她来到何家时发现何鑫在家呢，当时孩子由爷爷奶奶照顾。何鑫的母亲是在她 3 岁时离开的，自那以后就再也没有管过她。我们问佟凤霞，当她见到真实情况后，是否还想继续留下来。她说，她看到孩子挺可怜的，既然来了，就接受了这个现实。可见，佟凤霞是个好心人，并没有嫌弃家里有个残疾孩子。佟凤霞接着说，这可能是缘分吧。她的母亲也是个残疾人，她母亲十几岁时得了股骨头坏死，做了大手术，从那以后也就成了残疾人。她说自己结婚时已经28岁了，虽然提亲的不少，但都没成。由于在当时情况下已经是大龄女青年了，再说家庭情况不太好，所以选择的机会不多了，也就是命运如此安排来到了何宝华家。在交谈中，她一直带着微笑，可见并没有抱怨，而是勇敢地面对生活。婚后，他们过得很幸福，第二年有了儿子，现在22岁，去当兵了。一提到自己的儿子，佟凤霞的话多了起来。她说儿子从小就特别懂事，和她姐姐相处得很好，两个人从不吵架，每次出去买东西，都有他姐姐的一份。我问何鑫，弟弟去当兵了，现在想弟弟吗。何鑫说，想弟弟，说话时眼睛都湿润了。

何鑫，今年28岁了，没上过学，患有先天性脑瘫，是全身瘫，四肢无力，能在双拐的帮助下挪动，生活基本能够自理，吃饭不用帮忙，但是双手没劲，脚也无力，去厕所是个大问题，蹲下和起来都特别费力，得有人帮助才行。偶尔她自己拄着双拐出门去透透气，和街边的老头、老太太聊聊天，但是，听的多说的少。她的大脑发育正常，说话很清晰。佟凤霞说，何鑫的记性特别好。何鑫说，她爷爷是2002年去世的，奶奶是2004年去世的。她和爷爷奶奶特别亲。我们问，她的病是否有治好的可能。何鑫说，她小时候没少治，也去过北京，但没治好。当时的医疗水平有限，再说家里的经济条件不好，虽然花了不少钱，但没有好转。佟凤霞说，前年带何鑫去了趟医院，拍了片子，做了CT，医生说，脑中没长任何东西，病情没有恶化下去，算是维持住了。由于是先天性的，现在没有办法医治痊愈，没有恶化算是不错了。在一旁的村干部也说，邻村有一个和何鑫患有同样病的孩子，做了手术，术后不但没有好转，病情反而恶化了。所以还是坚持保守治疗，手术风险大，弄不好会更严重。但有一个问题就是，每隔五六个月，她就犯抽搐，何鑫说，今年不错，八个月没抽了，抽搐时，她自己什么都不知道。佟凤霞说，抽搐前她先叫喊。我们问何鑫抽搐时是不是很痛。她说，当时已经没有知觉了，啥都不知道。她一犯抽搐，何宝华就按她的人中，一会儿就缓过来了，然后叫医生过来，开些药吃，过几天就好了。由于四肢无力不能自由行动，所以身体很差，抵抗疾病的能力弱，感冒是经常的事，一年下来药费也得3000多元。我们问，何鑫在家待着，是否可以干点轻活如刺绣，这样既可以带来收入，又可以打发时间，她自己也不感到无聊。佟凤霞说，虽然何鑫智力没问题，但是手脚无力，而且没有准，还有就是她的眼睛看东西没有正常人那么清楚，所以什么都干不了。何鑫一天大部分时间只能待在家里，看看电视，睡会儿觉，或者偶尔出去和其他人聊聊天。说到吃饭问题，她说，何鑫和家里人一起吃饭，不挑食，不用特意为她做什么。刚开始见到何鑫时，我们以为她不会说话或者不爱说话，所以没有直接和她聊，但在我们说话过程中她时常插话，我们才知道，她不但会说，而且能说，并不怕陌生人，村干部说，何鑫特别能说，只是大家刚认识有点拘束。我们小组的同学问她，是否感觉这个世界对自己不公平。她说，小时候确实有这种感觉，认为命运对自己太不公平了，很自卑，但慢慢地调整心态，逐渐适应了生活，现在没有心理问题了。

我们看到桌子上有一张帅气的军人照片，佟凤霞说，那是她儿子，今年22岁，去当兵了，已经是第二个年头了。我们问是她让儿子去的还是他自己愿意去的。她说是儿子自己想去的，她没想到儿子愿意去当兵。儿子有恐高症，她问儿子，能行吗？儿子说能克服，不怕吃苦，就非常勇敢地参了军。她说，儿子从小就不爱学习，初中毕业，没考上高中，上的是技校，还没毕业，就回家来，先去做了半年预备役，之后在村里报名当的兵，当时是和村里另一个年轻人一起去的。他说，不当兵后悔一辈子，当兵大不了后悔两年。佟凤霞说，她儿子在保定，当河北武警，现在去石家庄训练3个月。由于他自己愿意去当兵，积极性很高，所以很快就适应了部队的生活。在新兵连时，还得了嘉奖。说到这里，佟凤霞特别为儿子感到骄傲，她说儿子是新兵连的射击冠军，综合素质也是名列前茅。不过现在也有一个问题，家里和孩子都希望能在部队发展下去，由于家里环境不好，回家没有好的工作，但是现在快两年了，按规定满两年该回家了。能继续留在部队的办法是，考上士官学校，由于从小就不爱学习，初中虽然毕业了，但是考的都是高中的课程，文化课考得不理想，结果还没下来，现在孩子能否留在部队是一个很大的疑问。由于军队的特殊性，电话只能往外打，家里人打不进电话，所以平时通话机会不多。我们问是否想孩子。佟凤霞说，最想念孩子的是父亲何宝华，只要一提起儿子的情况，就偷偷落泪，思念之情溢于言表，可见，父子感情很深。我们问，咱们农民家的孩子在军队容易发展与否时，她说，现在军队风气很好，只要表现好、有能力就有晋升的机会，不正之风已经得到纠正，问题主要还是孩子的文化水平不高。

说到收入情况，她说家里没有大的收入。现在家里4口人，总共6亩地，其中 3 亩地没种，准备建大棚种桃。剩下的 3 亩地是桃树，今年价格不高，收入不会太好。因为去年桃的价格平均是 10 元 3 斤，树比今年多的情况下，才卖了 2 万多元。今年树少了，桃的价格也下降了，所以今年有 1 万多元的收入就不错了。7 月中旬，她们家的桃就要成熟了，大约半个月就能卖完。何宝华身体不太好，平时帮村里干点杂活，如打扫卫生，修修补补的零活，由于村里没有集体收入，工资有两三年没开了，问题是，不但出劳动力，还要搭上柴油三轮车，油钱自己出，所以他的收入并没有保障。佟凤霞说，她平时出去做工，就在周围的邻村，由于年龄大了干不了重活，都是些轻活。她说，前几天还在村里外地人包的桃园里干活，帮着套袋，每天工资是 80 元。过几天等桃成熟时，还可以去干扒袋和摘桃的活。但这种活也并不是很多。由于还要管理自家果树，所以她不能去干长期的活，只能是一边种地，一边干些零活，离家也不能太远，还要照顾家里人的吃喝，何宝华不会做饭，再说何鑫也还需要照料。何鑫每个月有补助 240 元，按月给。当兵的儿子每月工资 600 元，还要买些日用品，这样一个月下来的工资所剩无几，无法照顾家里。今年是他当兵第二年了，民政部门每年给 12000 元，去年的给了，今年的还没给。总之，他们家去年的收入也就 4 万元左右（见表 15－4）。

表 15－4　2013 年家庭收入来源情况　单位：元

职　业	收　入	职　业	收　入
从事种植业	20000	本乡镇就业工资	5000
政府补贴和社会救济	14880	其他经营收入	0
总收入合计	39880		

数据来源：根据佟凤霞口述整理，2014 年 7 月。

至于支出情况，她说现在什么都贵，吃的用的都得买，所以支出很大。农资方面的支出，一年 4000 元左右。化肥每袋 163 元，买了 8 袋。打一次药得 200 元，已经打了 5 次药了。另一项大的支出是药费。夫妻二人身体都不太好，都有高血压。由于高血压是个慢性病，必须经常吃药，不能停，否则，病情会加重，每年二人药费有 4000 元左右。何鑫平时容易得感冒之类的小病，一年药费也得 3000 元左右。现在家里 3 人吃饭，粮食、蔬菜都得花钱买，一个月得六七百元。另外，何宝华爱喝酒，基本上天天喝，所以烟酒开支也不少。衣服方面支出较少，一年 1000 元左右。家里有 2 部手机，每月话费 50 元左右。由于何鑫是五保户，家里的有线电视是免费的。亲戚朋友的红白喜事一年 1500 元左右（见表 15 -5）。

表 15 -5　　2013 年家庭支出情况　　单位：元

总支出	生产性	衣服	食品	看病	教育	娱乐	红白喜事	交通	通信	住房
20800	4000	1000	6000	7000	0	200	1500	500	600	0

数据来源：根据佟凤霞口述整理，2014 年 7 月。

现在他们家有三间新房，三间旧房，都是平房。新房是 2010 年开始盖的，一直到现在还没完工。她说，家里钱不多，只能是有点钱就盖点，一点点盖，房子面积有 100 多平方米，整体结构已经起来了，里面还没接电，地面还是坑坑洼洼的。现在一家人住在老房子里，面积有 90 平方米左右。中间一间是厨房，两边是卧室，何鑫自己独自在一间屋里。家里有 1 辆柴油三轮车，比较旧了，锈迹斑斑的，但还可以用。平时出门有电动自行车，还有 1 辆电动三轮车。有 1 台电视机、1 台冰箱、1 台洗衣机、2 部手机。两个房间都是炕，冬天烧柴取暖。家具看上去比较陈旧了。他们家里人都参加了新农合，但问题是不易报销，有门槛，在大医院就医 600 元以上才能报。佟凤霞说，她们经常去北戴河区的药店买药。问为什么不去医院买，可以报销一部分。她说，医院药贵，对报销手续也不太了解。通过调研，我们发现新农合虽然在一定程度上解决了农民看病难、看病贵的问题，但是大部分农民对这项政策了解不够，只知道个大概，不知道具体事项以及报销条件和程序。政府在政策宣传上应该加大力度，做到信息公开，让农民更加了解具体政策，以获得切实利益。让那些本来可以得到报销好处的农民，不会因为不了解政策而因病致贫。新农合对残疾人有优惠，何鑫不用交一年 70 元的费用。他们两人也都参加了养老保险。至于何鑫的养老保险怎么交以及到时如何领取，她说并不太了解，希望政府对残疾人能有优惠政策。我们想，我国的社会保障体系还有待完善，一方面扩大对农民的投入，另一方面，政策要对弱势群体有所倾斜，让其少交费，多领些钱，以减轻家庭负担。残疾人家属也应积极向政府反映家里的困难，争取些补贴，了解政府的具体政策，多掌握信息。

佟凤霞说，现在家里收入少，支出大，随着年龄增长，50 多岁的人到哪里干活人家都不想要。为了增加收入，今年家里准备把 3 亩地建成大棚种桃树。由于大棚桃有反季节性，所以价格比较高，每斤能达到 10 元左右，要比当季的桃收入丰厚很多。村里有个大棚桃种植户叫李立滨，已经种了八九年了，技术很成熟了，而且据说他也很乐意帮助其他户。问题是大棚的投入比较大，一个大棚得 2 万多元，两个大棚前期投入就有 5 万元左右。他们家积蓄少，资金不足，现在正愁没钱盖大棚。我们问她政府是否有信贷方面的优惠政策。她说，邻村古城就有优惠小额贷款，是无息的。村干部说，建大棚必须达到一定的规模才有贷款优惠，像费石庄这样，没有大的规模，得不到无息贷款。只要村里想盖大棚的户多了，大家联合一下反映到镇上，才有可能得到优惠贷款。她说，非常希望能得到优惠贷款，只要大棚盖起来了，第一年先种蔬菜，然后再种桃树，收入肯定会越来越好，家里的状况必然会得到改善。另外她说，村里应该对全村土地有个统一规划，不应该把地分下来。现在各家各户单独干，没有规模效应，想发展旅游业但吸引不到人。应该统一规划，种多种果树，如桃树、苹果树、核桃树、栗子树，发展旅游业，搞观光采摘。现在地分完了，合同一签就是 30 年，再搞规划往上收地已经很难了。我们认为，她的观点也代表了一部分村民的想法。现在应该尝试搞合作制，发展集体经济，费石庄村应该充分发挥桃在当地有名气的优势，镇政府对此也有大力发展的意向，应走一条以桃树种植为特色的现代农业经营之路。当有了品牌，形成特色，再做适当的宣传，与北戴河旅游胜地的美名相结合，发展成北戴河休闲观光的旅游项目之一，前景是很光明的。由于集体经济发展了，村里有了收入，像何鑫这样的五保户，一定会获得更多的帮助。

现在何宝华家算是村里的困难户，但他们对未来充满了希望，只要政府适当给予帮助，通过自己的劳动付出，生活一定会一天比一天好。他们家给我们的感受是，虽然目前有困难，但困难是暂时的。他们敢于说出自家的问题，勇于面对生活，心中充满希望，并没在困难面前低头，这样的特殊户必定有属于他们的美好未来。

（三）生活贫困的搬迁户张永山家

今天下午，在村干部的带领下，我们来到了村里唯一的搬迁户张永山家。张永山，男，71 岁，初中文化，汉族，无宗教信仰。妻子李玉娥，女，64

岁，没有接受过学校教育，满族，无宗教信仰。李玉娥虽然没有接受过教育，但是在交谈过程中，思路清晰，声音洪亮，文明有礼。李玉娥身穿绿色暗花短袖上衣和米色九分裤，脚穿黑色布鞋，齐耳短发，是一位朴素勤劳的农妇。张永山身穿白色背心和黑色长裤，脚穿绿色胶鞋，可能是由于生病原因，身体较为瘦弱，浅靠在炕边的椅子上，简单向我们打了招呼。由于张永山身体不好，因此在我们的访谈过程中，一直都是李玉娥在向我们介绍家里的情况。据了解，张永山现在的家中共有 4 口人，除了张永山夫妻俩，还有张永山的弟弟和老母亲。张永山的老父亲是在今年农历二月初四刚刚去世，逝世时 91 岁高龄。老母亲今年 90 岁，张永山的弟弟在 60 岁左右，具体年龄不详。张永山有一个儿子和两个女儿。大儿子今年 40 多岁，家有一个孙子和一个孙女，孙子今年 23 岁，在北戴河区的纸箱厂工作。孙女刚满 18 岁，现在在海滨读高中。儿子和儿媳除了忙家里的农活，还在外面做零工。大女儿和小女儿家都育有一儿一女，女儿女婿们也都在外面做工，家中生活宽裕幸福。

张永山是远道而来的搬迁户，也是费石庄村唯一的搬迁户。他的老家在秦皇岛抚宁县，1996 年，政府修建桃林口水库，需要对抚宁县的一些村民进行拆迁，因此张永山一家和大儿子一家从抚宁县搬到北戴河区戴河镇的费石庄村。大女儿一家搬去了附近的西坨头村，小女儿一家搬去了拨道洼村。在我们走访的众多农户中，张永山家的条件属于相对艰苦的。搬迁那年，由于事务繁杂，整日操劳的张永山不慎得了脑血栓，因此一家人是在海滨医院过的年。张永山的老母亲也患有轻微脑血栓，神智不是很清楚，采访的时候老母亲没有露面，自己一个人躺在西边屋子里的炕上。

张永山家里目前比较着急的事情就是为孙子买房。说到这里，李玉娥的情绪有点激动。大孙子今年 23 岁了，在农村到了要结婚的年纪。可是由于秦皇岛市区的房价较高，普通百姓难以承担；因此张永山老人想在村里为孙子盖房，可是申报上去的宅基地久久得不到批准，一家人为这件事一直愁眉不展。张永山的孙子在区里的纸箱厂工作，目前工作比较稳定，收入尚可，在自给自足的同时，也积极为家里减轻负担。张永山的孙子工作这几年，自己省吃俭用，攒钱买了一辆车，方便了家人的出行。只是由于现在还没有结婚，所以没定下来以后在哪里安家定居。我们安慰老人，孩子现在已经长大了，有了自食其力的能力，不需要家人再过度地担心。儿孙自有儿孙福，房子的问题总会解决，老人应该看到孩子们取得成绩的一面，不要郁郁不乐，要开心生活。值得欣慰的是，张永山的孙女成绩很优异，现在在海滨读高中，经常考班里第一名，明年就要参加高考，大家也都期待家里出一个大学生为家族争光。虽然李玉娥没有文化，但是她深知文化和教育对一个人的重要性，因此也希望孙女能够靠教育改变自己的命运，过上更好的生活。所以，即使劳作辛苦一些，父亲、母亲、祖父、祖母也心甘情愿供孙女读书。“可怜天下父母心”，无论多大年纪总是不忘为儿女操劳，即使自己辛苦一点，也希望子女的日子能够红红火火。

张永山家是钢筋水泥房，面积不大，共有 3 间房，东面和西面两间屋是卧室，东屋是张永山夫妻俩居住。西屋是老母亲和张永山的弟弟住。中间一间房是厨房。东边的卧室里有一铺炕，我们就坐在炕头上和李玉娥进行交谈。张永山的家中虽然布置简单，但是干净整齐。炕上铺着蓝格子的塑料垫子，被褥枕头整理得非常整齐放在炕头上。炕边是一把椅子，张永山老人坐在上面认真地听着我们的谈话。再旁边是一个老式木箱，箱子的上面放置有一些杂物，旁边的墙壁上挂着一张财神爷封面的挂历。箱子旁边是一个电视柜，上面是一台中等大小的电视机，看电视是张永山一家人劳作一天后不可或缺的休息放松的方式。靠近电视旁边的墙壁上是一排暖气片，张永山家中取暖的方式也是烧煤供暖，同时，也会在冬天做饭的时候烧土炕取暖。饮用水是村里的自来水，做饭的材料使用的是从地里拾回来的木柴，院子里有单独的厕所。

张永山家除了生产必需的工具之外，家中的电器数目不多，只有 1 台电视机、1 台洗衣机和 1 台电冰箱。电冰箱是大女儿送给父母的，洗衣机是二女儿送给父母的。女儿们虽然不在身边，但是一直记挂着老父亲母亲，每当手头宽裕的时候就会为父母置办生活用品。父母含辛茹苦将孩子们培养成人，儿女们成家立业之后，不忘爹娘，不忘尽孝。不光女儿们贴心，儿子也上进、孝顺。李玉娥家和儿子家住前后排，儿子一家四口住在前面二层的房子里，张永山一家住在后排的平房中。说起儿子，李玉娥心里有自豪，也有愧疚。当初从抚宁县搬迁到费石庄村的时候，家中一共获得了 4.3 万元的拆迁补贴款。这些款项在费石庄村盖了两个一层的房子，就是现在张永山家和儿子家的一层。后来，随着儿子儿媳十几年的辛勤做工，小两口靠自己的努力在一层楼上接了二层，家里的住房环境也得到了改善。张永山家的家庭耐用消费品情况如表 15 - 6 所示。

表 15-6　　2014 年家庭耐用消费品情况

项　目	数　量	项　目	数　量
电视机（台）	1	电冰箱（台）	1
洗衣机（台）	1	固定电话（部）	1

数据来源：根据李玉娥口述整理，2014 年 7 月。

张永山家现在有 10.5 亩旱地，绝大部分种的都是桃树。今年村里重新分地的时候，家里又分到了一些梨树。种植果树的灌溉用水主要是自然降雨。前一段时间下暴雨，由于张永山家的土地地势比较低，导致涝灾，本来数量不多的桃树也都几乎因为涝灾致死。现在家里的 10.5 地，主要是李玉娥和儿媳妇在照顾，农业生产的耕种、收获靠的全是人工。除了大部分的桃树之外，李玉娥还在土地的缝隙里种了玉米和豆子，玉米每年能收 400～500 斤。相对于其他农户来说，李玉娥一家的土地质量不好。村里大部分农户家是山坡地，土壤肥沃，结出的果子个头较大、水分充足，甘甜可口，同样数目的桃树每年能卖 5 万～6 万元。而张永山家的土地贫瘠，桃树棵树不多，结出的桃子数量也少，一年下来也就能卖 1 万元左右。张永山家的地靠近秦皇岛的苗圃，从前几年就听到政策说会被占用。如果家里的耕地被占用，就会得到金钱的补偿。老人就打算将补偿款存下来，留给孙子买房。在今年的耕地占用补偿政策中，定的是马路南边每亩地 2000 多元，而张永山家的地由于地理位置不好，因此只能得到 1000 多元的补偿。老人觉得耕地的补贴标准不够合理，就没有同意，因此就没有被占用。目前制约张永山家致富的主要原因是疾病和劳动力少。张永山、张永山的弟弟、老母亲三人都有痼疾在身，无法参加劳动。张永山本人常年抱病，每天都要吃药。前一段时间，张永山做了心脏支架手术，花费了五六万元。手术之后，需要一直服用药物维持，直到终老。李玉娥向我们展示了一下张永山多年来服用药品的数量，日积月累之下，竟然有一编织袋之多，因此医药方面的开支是家里花费较大的部分。张永山的弟弟身体不好，不能工作。张永山的老母亲已 90 岁高龄，更是无法参加劳作。家中劳动力不足，里里外外的重担都压在李玉娥一个人身上。这几年，全靠李玉娥一人地里、打工两处跑。李玉娥前些年的时候会外出打工，在北戴河区的小单位做厨师，为工人做一些家常便饭。现在年纪大了，也不再外出做工，只是在家中照顾地里的农作物和生病的亲人。幸运的是，近几年政府的政策好，李玉娥加入了新型合作医疗（张永山没有入，所以他的医疗费用会高一些）。但是好在老两口都参加了社会养老保险，所以养老不成问题，子女的负担不会过大。张永山家的家庭支出情况主要是看病支出，在衣服、交通、娱乐和通信方面的支出较少。家里有一部手机，方便和外界联系。通过我们下午的采访和对张永山一家情况的了解，我们一致认为，张永山家情况特殊，理应享受政府和社会补贴救济金。

虽然当前家中遇到了一点困难，但是张永山一家还是在积极努力地使生活变得更好。在近几年的生活中，尤其需要感谢镇政府、区政府给予的帮助。李玉娥向我们讲述到，逢年过节，政府都会为张永山家送来米、面、油、菜等，让老人极为感动。生活中，每次遇到问题和困难，只要向村委会提出，村委会就会积极去解决，努力为张永山家的生活创造便利。

除了村委会、镇政府、区政府之外，李玉娥对邻里街坊平日里的照顾也是念念不忘。由于是外来搬迁户，张永山一家在费石庄村初来乍到，人生地不熟。街坊邻居们不仅没有欺生，而且竭尽全力为张永山一家的生活提供力所能及的帮助。村里有什么新的指示和通知，邻居都会过来提醒；地里新摘了蔬菜、水果，会送过来让老两口品尝；遇到农忙时节，也会房前屋后帮忙跑动。总而言之，邻里之间其乐融融，相处得十分愉快。张永山家闲暇时间的娱乐活动很少，就是在家中看看电视。女儿们也都在别的村庄，不能经常回来照顾老人。其他亲人也相距较远，因此邻里之间的频繁走动为老人的生活增添了许多快乐和感动。

我们从张永山家中离开的时候已经是傍晚时分，结束采访之后，我们的心中一直百感交集。中国人历来都是安土重迁，作为搬迁户，张永山一家比其他农户承担了更大的挫折和困难。作为一个年过六旬的老人，本应是颐养天年的年纪，但是她仍然用自己的臂膀支撑自己的小家。尽管生活的重担压在肩头，但是我们看到了李玉娥的乐观和坚强。从她的身上，我们看到了生活的希望。我们也希望张永山一家人能保持乐观积极的心态，努力创造更加美好的生活。

第三部分　农民

十六、费石庄村村民委员会成员

（一）深孚众望的费石庄村党支部书记兼村民委员会主任侯亚东

侯亚东，男，汉族，1974 年 8 月出生，大专文化程度，无宗教信仰。2004 年 6 月加入中国共产党，2005 年 11 月至今担任费石庄村村委会主任，2008 年 10 月至 2012 年 1 月任费石庄村党支部委员，2012 年 1 月至今任费石庄村党支部书记。

侯亚东身材魁梧，个子很高，处理村里事务时说话嗓门特别大，气场特别足，一开口声音几乎能传遍整个村委会办公楼。因为侯亚东是村党支部书记和村委会主任"一人兼"，平日里上班总是特别忙，去他办公室找他办事的村民总是络绎不绝，好不容易把上门村民的事处理完了，可能又有其他村民的电话打了进来需要处理，此外上级交办的各种事情也需要他花费时间去布置落实。因此，身为调研组成员的我们要约到他访谈还真不是一件容易的事。最终我们利用侯亚东书记不太忙的一个上午，在村党支部书记办公室门口等待，待他处理完一个村民的电话后赶紧进去对他做访谈。

因为有刚才在办公室门口听着侯亚东书记用他那令人震耳欲聋的嗓音干净利索地处理村务的亲身体会，所以，我们进办公室一坐下就夸耀侯亚东书记处理村务的工作方法很有一套，并告诉他我们打算用一上午的时间好好采访采访他。谁料刚才还声如洪钟的侯书记一下子却腼腆地挠了挠头，面露难色地轻声说，"你们夸我有独特的工作方法，可我在工作中除了按照上级组织的要求来做，并没有觉得我有什么独特的工作方法啊，恐怕我难以满足你们的采访需求哟。”“没事，您就从您的人生经历开始讲起吧”，我们的一席话打消了侯亚东书记访谈初期的腼腆，他打开了话匣子，和我们畅谈起来。

通过将近一上午的访谈，我们对这位已至不惑之年的侯亚东书记的人生经历有了一个粗线条的了解，下面对他的人生经历做一个简单介绍。

侯亚东于 1974 年 8 月出生于费石庄村，当时费石庄还是生产大队体制，他的父亲当时是费石庄生产大队下设的工程队的队长，侯亚东是家中的独子，上面还有三个姐姐。侯亚东在村里的费石庄小学读完一、二年级后，在拨道洼小学读完了小学，然后在北戴河第三中学读完了初中。1990 年初中毕业后，由于学习成绩并不理想，便没有继续上高中。侯亚东说，自己初中毕业那年才 16 岁，他不想那么年轻就回村里种地，而更宁愿自己一个人去外面的世界闯荡。于是侯亚东便先是去了北戴河区政府下属的一个招待所，在那里做招待所花木护理一类的工作，大概做了一个暑假，然后因为薪酬太少便辞了职。而后侯亚东便开始在北戴河区的建筑工地打工，一晃就干了两年多。先是做建筑小工，1 天挣 6 元。侯亚东觉得老做这个太没出息，于是便开始跟着工地里有经验的建筑师傅学做瓦匠的活，如果学成出师，1 天能挣 25 元。

1993 年，侯亚东已经基本掌握瓦匠的劳动技能了，但没想到天有不测风云，一直在费石庄村务农的父亲突然患上了脑血栓病倒了，作为家中的独子，19 岁的侯亚东必须放弃建筑工地的工作，回家照顾卧病在床的父亲，做家里的顶梁柱。回到了费石庄村后，侯亚东一边照顾父亲，一边在自家的承包地上种果树。

对于果树的种植，侯亚东一直坚持了 15 年。这期间侯亚东也经历了娶妻生子，妻子叫李翠芹，比侯亚东小两岁。1999 年 12 月妻子李翠芹诞下一子，取名侯一凡。如今李翠芹在家做全职主妇，儿子侯一凡则正在上初中。

从 2000 年开始，随着北戴河区旅游业的大发展，头脑灵活的侯亚东又经营起了一项副业，那就是专门给旅游区的餐馆、疗养院供应新鲜的蔬菜、水果。这项副业侯亚东一直坚持做到了 2007 年底，为侯亚东一家的家庭生活质量带来了很大的改善。

到 2008 年，侯亚东放弃了果树种植，转而用自家的土地和其他人一起合伙开养猪场。问及为什么合伙开养猪场？侯亚东认为主要是因为果树种植的收入低，而且劳动强度大，太累人。养猪场的生意一度很红火，规模最多的时候有 4000 ~ 5000 头猪。但随后因为经营管理不善，以及北戴河区政府出于环保考虑不鼓励发展养殖业，侯亚东的养猪场逐渐衰落，如今已经处于半停产状态。

目前侯亚东一家的主要经济收入来自于侯亚东开办的一家小型建材厂以及侯亚东在外包揽的建筑工程。从2011年开始，侯亚东便带着一帮建筑队的工友在村外包揽建筑工程，主要业务是外墙粉刷和保温，建筑队最多时有100多位工友。据侯亚东本人估算，2013年建材厂和承包建筑工程给他带来的年收入在100万元左右，这样的收入情况在费石庄村无疑属于致富带头人。

与建材厂和建筑工程的收入相比，担任村党支部书记兼村委会主任给侯亚东带来的收入几乎称得上是九牛一毛。因为村干部不属于公务员序列，所以其工资的性质属于误工补贴。根据我们在村委会看到的北戴河区委、区政府2013年7月发布的《北戴河区规范全区农村干部工资补贴的暂行办法》，作为村党支部书记兼村委会主任的侯亚东获得区财政的基础职务补贴标准为每月1400元，年终的绩效补贴标准经上级党委、政府考核称职后全年一次性发放2400元。由于费石庄村集体自身的收入很少，除区财政补贴外，费石庄村集体不再给村干部发放其他补贴。

从理论上讲，如果担任村干部的收入占村干部的全部个人收入的比重非常之小，那么就可以反映出此人担任村干部的动机并不在获取金钱方面。因为如果此人选择不担任村干部，而是把处理村务所占用的时间转移到个人的经营活动方面，那么他完全能够赚取比目前担任村干部多得多的个人收入。宁愿在收入方面承担一定的损失也要挺身而出为全村的村民服务，这说明这里存在着一种“先富带后富、实现全村共同富裕”的高贵动机。而侯亚东正是一个有着强烈的“大家好才是真的好”的集体荣誉感的共产党员。

这种集体荣誉感最终转化成了切实的行动是在2005年的11月，当时村里正在进行村委会的换届选举。据侯亚东坦言，起初他并没想要去竞选。但从侯亚东19岁那年扛起全家的重担，放弃村外的工作回家照顾卧病在床的父亲开始，到后来搞副业把家庭的生活水平大大提升了一个层次，这些辛劳以及表现出来的德才兼备的优异品质，村里的长辈以及一起长大的小伙伴们都看在眼里、记在心里。村民中有人觉得，费石庄村的发展长期停滞不前，就是因为缺一个德才兼备的带头人，而侯亚东正是这样一个人，于是大伙开始举荐侯亚东竞选村委会主任。一方面是受到村民的举荐，另一方面是侯亚东内心深处也的确存在着一股要为广大村民谋福祉的冲动，于是他便勇敢地站出来参加了竞选，最终果然以高票当选为新一届的费石庄村村委会主任。后来由于广大村民的信任，侯亚东在干完一届村委会主任之后，又连选连任了两届。

当选村委会主任之后，侯亚东深感自己过去读书少，文化水平太低，亟须充电以便更好地为广大村民服务，于是就去河北经贸大学报了一个专科，从 2006 年起每周的周六、周日去城里集中上课，学习经济企业管理。侯亚东一边充电提高自己，一边准备在村里大干一场为村民做些实事，但在这一过程中，侯亚东却发现村委会主任并不是如想象中那么好当。困扰费石庄村多年的村“两委”班子不和问题的魔咒再度上演。从 2006 年到 2011 年的六年间，村委会主任与村党支部书记的矛盾、村委会主任与村委会委员的矛盾、村委会主任与村党支部委员的矛盾、村委会主任与村民代表的矛盾、村委会主任与村党员大会的矛盾，这些矛盾在村“两委”班子不和的情况下不断激化，村“两委”几乎每次开大会讨论村里的重要事项时都会出现争执，拍桌子、咆哮、相互指责、冷言冷语、暗地里拉帮结派等各种破坏班子团结的行为。在这样一种高度复杂的政治环境中，想要做点实事谈何容易！曾经有好几次非常好的发展机遇，就是因为村“两委”班子不团结，导致上级党委、政府对村“两委”不信任，不愿意给村里批项目，结果机会都稍纵即逝了。面对这种情况，侯亚东只能干着急。当时在村“两委”会议上，侯亚东除了坚持村干部最底线的基本原则，还在很多时候为了班子团结而不得不选择保持沉默。

事情的转机出现在 2012 年 1 月的村党支部换届选举上。由于当时的村党支部书记蔺亚杰在选举中试图徇私舞弊，遭到了村里多名党员的集体抵制，村党支部的换届选举直接流产。上级党组织在获悉了全部情况后，宣布免除蔺亚杰的村党支部书记一职，同时支持侯亚东竞选下一届村党支部书记，重新开展村党支部的换届选举。最终在上级组织的监督指导下，在费石庄村多数党员的支持下，侯亚东成功当选了 2012—2014 届费石庄村党支部书记。

表面上看，通过村党支部书记和村委会主任“一人兼”，村“两委”班子闹派性搞分裂的基础已经不复存在了，问题似乎已经完全解决了。但侯亚东深知，冰冻三尺非一日之寒，真正要使村“两委”班子政通人和，不是一件简单的事。老支书蔺亚杰虽然已经被免职下台了，但她对侯亚东依然有怨气，而村里选举时不给侯亚东投票的一派党员和村民们也是对侯亚东很不服气。这些人构成了费石庄村级政治实质上的“反对派”，他们愿意而且能够找到机会就会给侯亚东的工作不时制造点麻烦。在这种情况下，是利用职权为难、打击那些和自己合不来的党员、群众，还是不计前嫌、宽以待人，团结那些曾经反对过自己的党员、群众一起前进，是摆在刚刚“大权在握”的村党支部书记兼村主任侯亚东面前的一道选择题。对于坚信“心底无私天地宽”的侯亚东而言，他毫不犹豫地选择了后者。

侯亚东深谙毛主席的那句名言，“政治就是把支持我们的人搞得多多的，把反对我们的人搞得少少的。”如果不能团结大多数人，费石庄村的村级政治工作将永远陷入派性斗争的泥沼中无法自拔。为了消除派系斗争，侯亚东采用了毛主席所说的“挖墙脚”的办法，首先向对方派系队伍中的薄弱成员进行了极为细致的感化工作。在感化掉了对方派系的薄弱成员后，再慢慢地把次一级的薄弱成员拉过来。具体的做法就是：由于村集体经济薄弱，很多时候该发钱却发不出钱，那就自掏腰包垫资搞村务；从自身做起，铁面无私，管好自己的亲人和亲戚，坚决不徇私舞弊，不利用手中的职权为自己的亲朋好友谋取不正当的利益；平时工作中从不为难村民尤其是那些不投票给自己的村民，上级新出台了什么优惠帮扶政策不仅不隐瞒还第一时间告诉对方；只要是合法合规的事情，不管对方以前怎么反对自己也不折不扣地帮对方办理；对方家里有红白喜事时主动去登门拜访，谁家经济有困难了，还会十分慷慨地借钱给对方。例如，老支书蔺亚杰由于经营养殖场失利，欠下了许多债务，此时她的孩子上学又急需学费，在她的亲戚们都不愿借钱帮忙的情况下，侯亚东不计前嫌借了一笔钱给老支书蔺亚杰救急。自然，老支书蔺亚杰心中对侯亚东书记的芥蒂很快烟消云散了。

就这样，通过极为耐心细致的工作，到最后村里除了极个别的死硬“反对派”，所有村民都对侯亚东书记的人品和办事能力表示了信服。而这些个别的死硬“反对派”此时除了为了反对而反对，也实在说不出什么理由了。绝大多数村民都知道“反对派”不占理，“反对派”也就不好意思再闹了。困扰费石庄村“两委”班子近20年的内讧和派系斗争，就这样在侯亚东的悉心治理下完全消除了！

派性斗争一旦消除，上级党委、政府也愿意给费石庄村多批项目了，全体村民也都十分支持村“两委”的各项工作，费石庄村的发展自然迅速走上了正轨。

2012年村“两委”主抓基层建设年活动。当年，作为省定基层建设年活动的重点村，在上级党委和政府的正确领导下，在驻村工作组的帮助协调下，费石庄村以“强班子、促发展、惠民生、保稳定”为主题，积极筹措资金、争取项目，投入资金400余万元，重点实施了道路硬化、村民饮水、村容环境整治、农村清洁、河塘河道整治、绿化美化、“两室”扩建、“绿道”建设等工程，村庄环境面貌发生了翻天覆地的变化，进一步密切了新形势下党群干群关系，夯实了党的执政根基。

2013年主抓农村面貌改造提升行动。当年，费石庄村全面动员、全民参与，积极开展环境整治、基础设施配套、公共服务提升和生态环境建设工程，一幅秀丽的田园风光逐步被展现。

2014年主抓费石庄村第二轮土地承包工作。村“两委”精心筹划建立土地承包工作领导小组，充分发扬民主集中制，既充分征求了广大村民的意见，又通过反复审慎和推敲，在群众意见的基础上制定了科学合理的方案，圆满完成了第二轮土地承包工作。

仅仅三年时间，在以侯亚东为村党支部书记兼村委会主任的村“两委”班子的坚强领导下，费石庄村的面貌可谓是旧貌换新颜。谈到这些工作成绩，侯亚东一方面指出这些成绩是和上级领导的关心指导、全体班子成员的努力以及广大群众的支持分不开的，另一方面也表示他本人也为村“两委”能够在短短三年内取得这样的成绩而感到由衷的高兴。侯亚东回忆起，过去他到戴河镇开会时，其他村的村干部听说他来自发展落后的费石庄村，会议结束了都不爱搭理他，而如今会议结束后，其他村的村干部都争相围过来向他表示对费石庄村快速发展变化的钦佩之情，这实在是扬眉吐气的一大乐事啊！

访谈的最后，当我们让侯亚东书记谈谈他自己这40年的人生中分别感觉到最艰难和最开心的时候是，侯亚东在稍稍思考后表示：人生中最困难的时刻就是父亲病倒的时候；而人生中最开心的时候有两段，一段是父亲还健康的时候，另一段就是当下，尤其是自2012年以来，村“两委”的工作走上了正轨，上级组织对村里工作的支持力度又空前加大，自己为村民办好事、办实事、办大事的愿望正在一步步变为现实，如此大展宏图之际正是人生的畅快之时呀！

在谈及费石庄村未来的发展前景时，侯亚东早已成竹在胸，他告诉我们，在上级各有关部门及领导的决策部署和关心帮助下，村“两委”班子结合区位优势，紧盯村庄布局，确立了以打造“生态环境友好型，乡村旅游特色村”为着眼点的村庄整体发展规划。按照北戴河区委书记曹子玉同志来村调研时提出的“绿道”建设设想，村内现有熟壮树龄的大片桃树可供利用开发，还可形成赏花景观带和天然绿色氧吧，吸引游人采摘和拍客、画家等进行户外写生；水库三座，分别为永洪水库、北沟水库和桃李沟水库，可进一步发掘为以休闲垂钓和体验原生态为主的“渔趣”人家。此外，在市民游客越来越注重生活品质的今天，便捷的交通优势已让大众不再只满足于安坐家中。从市中心驱车到此不到一个小时的车程，从北戴河火车站步行至此不过半个小时的距离，从南部主城区骑自行车来村不超过半小时，搞好生态农家游、绿道特色游，不光有助于分担游客结构，也是为北戴河整体景观增添的又一靓丽特色资源。因此，合理进行“绿道”布点，在村内设置游客接待中心，由村委会统一加强管理，进一步规范乡村旅游农家院，密实产业格局，提升总体形象。依此发展规划，逐年进行落实，相信费石庄村的明天将无比美好！

如今调研组成员和侯亚东书记的访谈早已结束了，但侯亚东书记发扬民主、善于统战的工作方法，办事公道、不谋私利的工作作风，不计前嫌、宽以待人的人格魅力仍然深深地印在我们的脑海中。在此，我们衷心地祝愿这位秉公办事深孚众望的侯亚东书记能够带领费石庄村广大村民，在实现共同富裕的社会主义新农村的发展道路上越走越宽广！

（二）驻村工作组组长党支部第一书记王启辉

今天下午我们在村委会的办公室里采访了驻费石庄村村干部、村第一书记王启辉。王启辉，男，河北保定人，1966 年出生，今年 48 岁，毕业于河北农业大学，目前在北戴河区住建局工作，现为驻费石庄村工作组的一员。

采访当天，王启辉书记身着浅蓝色暗条白衬衫和灰色西裤，体现出一个人稳重踏实的性格。据王启辉介绍，驻村工作组由税务局、住建局、疾控中心三个单位的人员组成。其中，税务局 1 人，住建局 2 人，疾控中心 1 人，四名人员全部驻扎在费石庄村，住建局是驻村工作组的主管单位。驻村工作组起源于 2012 年河北省委开展的“基层建设年”活动，由于当前 80% 的农村党组织建设都处于瘫痪阶段，为推进基层组织建设，加强基层组织、精神文化、基础设施等各方面的建设，围绕“农业、农村、农民”，从各方面改善农村生产、生活的条件，省委提出了“帮扶一年，联谊三年”的计划。费石庄村作为重点村庄，得到了区里的重点帮扶。从2012年开始，王启辉书记作为驻费石庄村工作组的一员，来到费石庄村开展工作。

王启辉书记作为驻村干部，虽然大部分工作要在村里进行，但是其组织关系等仍然保留在北戴河区住建局。在2012年时，王启辉书记的工作地点主要在费石庄村，从2013年至今，在住建局开展工作内容居多，但是也会经常来费石庄村处理村务。为成功做到两边的工作都兼顾，王启辉书记承受着不小的压力和挑战。驻村干部没有严格区分办公桌，有事大家在一起工作。虽然驻村干部不要求坐班，但是大家都会非常主动地经常过来。关于“帮扶一年，联谊三年”，王书记是这样解释的，这并不是针对个人，每个人要在村里待三年或者几年，而是针对这项活动，具体人员可以随着时间安排进行调整，不会强制要求每个人必须待几年。

王书记向我们简单介绍了费石庄村的情况，首先，费石庄村的集体经济较为薄弱，发展比较落后，长期存在“民富村穷”的现象，为了增加村里的集体收入，需要招商引资，促进集体经济发展。其次，费石庄村的村容村貌不佳，村里几十年的垃圾没有得到清理，一直堆积在村里。从2012年的基层建设年以后，情况得到了改善，经过一个多月的努力，两万多立方米的垃圾得到了清理，费石庄村的环境得到了极大改善。最后，费石庄村的村委班子合力不强。无论做什么事情，都需要村民拧成一股绳，心往一处想，劲往一处使。12年前，费石庄村委会的班子在这点上有所欠缺，没有一条心，导致思想意识不够开放，发展不够清晰。但是近年来，随着换届改选，情况出现了极大好转，费石庄村的发展也重新步入了正轨。

关于村委会班子合力的问题，王启辉书记向我们介绍了村委会班子的主要成员——村委会主任（俗称村长）和村党支部书记——的关系。村委会主任的全称是村民委员会主任，是村民基层群众自治组织——村民委员会的一把手，是村民选举的领导。村支书的全称是村党支部书记，是党的基层领导。在农村，村主任和村支书的不同主要体现在身份和选举程序上。身份上，村主任可以不是党员，然而书记必须是党员，如果不是党员，则没有资格当书记。选举程序上，村主任和村支书也是由不同的方式选举产生。村主任，是由村民选举产生的。而村支书，是由村里的党员选举产生的。因此，党员应该是核心。有一个核心带头人的话，能够提高工作效率。因此，2012年的基层建设年提出的口号和目标就是“强班子、促发展、惠民生、保稳定”，首先要强化领导班子的合力，在领导班子团结一心的情况下，进而促进村庄的经济发展，多开展惠及民生的建设，保持民心的稳定。

驻村工作组是这两年出现的一个新名词，关于驻村干部和村委干部是何种等级关系，我们请王书记向我们做出了解答。王书记解释道，双方没有领导或者隶属关系，是一个双向的、互相帮扶、对双方都有好处的事情。对于驻村干部来说，是一个了解基层农村工作的学习机会，是净化思想的过程，也是让党员干部受到再教育的渠道。对于村干部来说，驻村干部通过一己之力，做一些实事好事，也让老百姓获得一些切身利益。对于驻村干部和村干部而言，是一个双赢的局面。总而言之，这是一个“让党员干部受教育，让人民群众得实惠”的过程。

王启辉书记的人生经历比较丰富。王书记的老家在北戴河农村，初中毕业后，考入中等师范教育学校，就读于河北省抚宁县师范普通教师班。在20世纪80年代，中专、高中和中师是平级的。当时考取中师对于王书记来说是一个很好的提升自己的机会，在拿到录取通知书的时候，户口即由农业户口转变为非农业户口，工作也相当于提前解决了。在中师毕业后，王启辉书记被分配到电大工作站，即现在的河北省广播电视大学秦皇岛分校北戴河工作站。听王书记向我们介绍说，当年的河北省广播电视大学比普通高校要好一些。工作两年之后，1988年9月，王启辉书记被分配到教育局教研室工作。1991年4月，王启辉书记被调到政府办公室，担任秘书一职。从1997年9月到2009年3月，王书记被从北戴河区政府办公室调入北戴河区人大常委会办公室任职。从2009年3月起，王书记调入河北省建设局工作。2010年5月，机构改革，建设局、房产局、人防办（人民防空办公室）合并为住房和城乡建设局，合并之后，王书记在住建局工作至今。家庭方面，王书记的爱人之前在房屋开发公司从事建设方面工作，后来房屋开发公司改制，王书记的爱人就从该公司调离了，现在北戴河区园林局工作。夫妻二人风风雨雨走过20多年，育有一子，儿子在北戴河区完成的小学和初中教育，高中来到秦皇岛市著名高中——山海关一中——就读，目前也已大学毕业，即将踏入社会。

从师范毕业工作至今，王启辉书记已经在工作岗位上坚守了20多年。在20多年的政府部门工作生涯中，我们猜想王书记定有一番感悟。王书记笑着回答道：我不是一个善于总结的人，没有什么感悟。俗话说，站得高才能看得远，作为位置低的人，我们没有太多感想。从自己的人生经历来说，我只能说有这么几点小的想法。首先，对人要以诚相待，人与人之间的沟通不仅是语言方面的沟通，更根本的是心的沟通。其次，要换位思考。我觉得这对别人、对自己，都是有帮助的。举例来说，如果你是领导，要学会从你下属的角度思考问题；如果你是下属，要学会站在领导的角度去思考问题。双方互相体谅，互相思考，这样既有利于促进工作，又有利于消除彼此之间的误解和不理解，对工作和生活都有很大的帮助。再次，做人要实，做事也要实。搞虚的、假的，短时期也许可以蒙混过关，但绝对不可能长久。从长远角度来说，这样肯定做不好工作。因为虚假不是立身之本。最后，人要遵守相关法律制度、行为规范。常言道。“无规矩不成方圆”，无论做人还是做事，都要遵守相关的法律法规、制度规范。在原则框架内可以解放思想、创新举措，但是不能突破原则的底线。”后来王启辉书记又拿自身实际情况举例，“就拿驻村来说，来的时候，干部们嘴上说得冠冕堂皇，可是如果没有开展实际工作，这样就没办法让群众信服。只有真心才能换来真心，只要村干部真心帮村民办事，他们还是欢迎你的。”王启辉书记接着向我们介绍道，从 2012 年基层建设年以来，村里发生了许多大大小小的变化。首先是村庄路面的硬化。之前费石庄村的路面都是最古老的泥路、土路，一到刮风下雨天，积水、泥泞，坑坑洼洼的村庄土路阻碍了村民出行。驻村工作组看到这种情况后，积极向上级反映，同费石庄村干部一起筹集资金为村里的路面进行硬化。现在随着路面硬化工作的基本结束，费石庄村的村容焕然一新，所有的道路，不论是主路还是村里的支路，都已经变成整洁的水泥路。不仅方便了村民出行，也为吸引外来人员旅游参观铺好了路，为下一步促进村庄发展、改善百姓生活、引进外来投资、开展农家乐、乡村旅游等做好了铺垫。村民常说的一句话是，要想富，先修路。路面已经修好，现在村民已经可以从家门口直接通到村边的高速路引线上，确实方便了村民出行。同时，王书记也指出，村庄的发展是循序渐进的，并不是一蹴而就的。需要一步一步慢慢来，有的时候，欲速则不达。现在路修好了，致富的途径已经建成。以后随着游客的增多，会有更多人来观赏费石庄村每年春天的桃花节，也会有更多的游客愿意体验村里的农家乐。这对村民来说，都是良好的增收机会。此外，促进费石庄村的共同富裕，还需要费石庄村村民和村干部们的共同努力。村干部起到领导带头作用，村民在背后支持配合。只有上下齐心，才能从根本上将工作做好，促进费石庄村的实际发展，也使人民收获利益。

采访过程中，王启辉书记还向我们讲述了两件他刚到费石庄村时令人感动的小事。王书记记得那时刚到费石庄村不久，和同事们正在村委会附近考察情况，遇到刚从果树地里回来的村民范木江。看到村干部们在村里工作，非要拿出新鲜的桃子让干部们吃，范木江的热情好客让王书记等人心里感到非常温暖。还有一次，王书记和其他驻村干部在查看村里的土路，想要了解一下村内路面的情况，打算申请资金修路。走到范木江家旁边时，遇到范木江的妻子，驻村干部们和老乡热情的寒暄几句。当得知是驻村干部在烈日下考察是为了要给村里修路时，她极为欣喜和激动，从家里拿出冰镇的啤酒来感谢驻村干部们，老乡们的淳朴和好客让驻村干部们心中极为感动。从这两件小事中，王书记和同事们从中体会到了费石庄村村民的热情、淳朴和善良。看到村民们如此真心地对待驻村干部，王书记和同事们也暗暗下定决心，一定要努力多做实事，使费石庄村村民的生活变得更好。

结束了对王启辉书记的采访已是傍晚时分，村委会里其他干部们也完成了一天的工作，陆陆续续离开了村委会。我们对王启辉书记在百忙之中接受我们采访表示了由衷感谢，向王书记挥手告别。返程的路上，我们的脑海中一直回想着刚进行的采访。在幅员辽阔、人口众多的中国，像王书记这样的基层干部很多。他们官微言轻，可能一辈子没有做出过载入史册的贡献，也不会发出鼓舞人心的豪言壮语。但他们在用自己的一己之力，努力地促进社会的发展，努力为国家做出贡献。正是由于他们勤勤恳恳的付出和兢兢业业的工作，才有了一个个日益兴旺的村庄，一群群绽放出更加灿烂笑容的村民。人是平凡的，事迹也是平凡的，但这无数的平凡人和平凡事汇聚起来就变成了一个值得称颂的不平凡。作为平凡人的我们，在平凡的工作岗位上完成平凡事，这就是我们对伟大祖国的最大贡献。

（三）戴河镇派到费石庄村的党支部副书记李素芬

李素芬，女，汉族，1962 年出生，党员，高中毕业。她是费石庄村党支部副书记，村民委员会成员中的年纪最长者，同事都亲切地叫她芬姐。芬姐并不是费石庄村人，家是戴河镇大薄荷寨的。由于李素芬工作比较忙，我们在她工作的间隙采访了她。李素芬待人真挚热情，直言不讳，头脑清晰，逻辑思维能力强。她首先介绍了她来费石庄村的原因。她说，50 周岁在基层按要求就得退居二线，没有具体工作安排，但是待遇和工作时一样。2012 年，她 50 周岁，当时在戴河镇政府工作，副科级干部，领导鉴于她农村经验丰富，工作能力强，恰逢费石庄村面貌改造，村委会成员年纪轻，经验不足，就任命她做费石庄村党支部副书记，并无具体分工，现在的工作是写书面材料，遇事出谋划策。由于费石庄村是重点村，领导重视，能够被返聘到村里工作，她感到很荣幸，因为返聘在戴河镇还没有先例。她说，既然领导信任，来了就要把工作做好，再说家里事不多，儿子结婚了还没有小孩，来村里工作能充实自己的精神生活。至于工资待遇，自己并没有要求，镇上按年薪给工资，一年 18000 元。由于是返聘，副科级待遇照常享受，这是另开的第二份工资。现在还没有退休，关系还在戴河镇政府。

李素芬阅历很丰富，第一份工作是话务员，然后又当了 16 年老师，1999 年应聘到戴河镇政府工作，先是在组织员办公室工作，后来调到民政办公室工作了 3 年，2006 年提升副科级干部，任经联社副主任。2012 年来到费石庄村任村党支部副书记。李素芬 1981 年高中毕业，当时大学很难考，录取率很低，自己差四分没能上大学。由于家里条件不允许，自己也不想再复读，就参加工作了。当时正赶上蔡各庄公社招话务员，考试有写作、朗读、写字、画画以及应变能力，考试很严格，领导很重视。由于自己高中知识底子好，平时爱好文学看了很多书，就考上了话务员。工作就是接电话，服务于公社里的各企业。但工作很辛苦，干活时间长，又不许回家，不许搞对象。电话服务分内线外线，上厕所也得有人轮流看着电话，怕耽误事。当时蔡各庄公社有炮点，为了不让恶劣天气使庄稼受损，下冰雹时打炮，以驱散云层，阻止冰雹的形成。打炮前就要先通知山海关飞机场，询问是否有飞机路过上空，以免打到飞机造成重大事故。但是打长途电话特别慢，联系长途台，得排队，等候总机通知，然后才能接通飞机场。由于话务员是临时工，领导无法给出升职的承诺，自己感觉话务员没有发展前途，在干了两年多后，当时有一个考代课老师的机会，老师更有前途，有转正的机会，所以参加了考试。当时是 100 人参加考试，只要 7 个，竞争非常激烈，最后李素芬脱颖而出，考上了代课老师。虽然话务员工作无文字合同，但是口头协议是工作 3 年，当时李素芬并没有干满 3 年，所以不能马上离开。由于李素芬是通过考试考上的话务员，有真才实学，当时的书记很器重她，也尊重她的个人选择，没有不放人的打算，只是得带出一个新人来接替她的话务员工作，所以又接着干了将近一年，教出了一个徒弟填补空缺。说到话务员的待遇，她说一个月挣 50 元，工资由镇政府开，50 元已经是高工资了，当时的工资普遍是 30 多元。话务员的工作总共干了 3 年，从 1981 年干到 1984 年。

李素芬从 1984 年开始从事教育工作，最初是当初中语文老师。她说，当时自己才 20 岁出头，而学生一般 15 岁，有的学生学习不好经常降级，所以年龄都 18 岁了。由于师生间年龄差距小，青春期的孩子是最叛逆最难管的，所以心里有点畏惧。晚上分析孩子们的心理，争取做到教育因人而异。她说，当时班上有个最调皮的学生，身材高大、不爱学习总降级，通过其他老师了解到，这孩子常跟老师对着干。有的老师采取的办法是，让他出去，不捣乱不影响到其他同学听课就行。但是李素芬说，家长花钱送孩子来上学，是为了学习知识的，虽然他不爱学习，但是也要循循善诱地让他学点东西，不能虚度光阴。上第一节课前，她先借鉴自己老师管理学生的经验，并向其他老师取经，做了足够的准备。第一节课并不讲课本上的知识，而是明确学习目的，以及学习的重要性，要树立自己的威信，让同学们信服自己，以利于教学工作的开展。上课前，她站在教室门口，并没有急于进教室，而是当教室里一点声音都没有了，学生们都安静下来以后才进去，因为自己是老师，学生必须得尊重老师，这也是中华民族的传统美德。她说，其实自己心里挺害怕，心跳加速，怕学生搞恶作剧，但她表现得特别镇定。进教室后，先说上课，同学们起立喊老师好，接着自己说同学们好。就像电视剧里演的似的，首先作自我介绍，目的是展示自己的优势，虽然年纪不大，学历不高，但是不能让学生小瞧。在黑板上写上姓名，讲一下简历，说自己虽然高中毕业学历不高，但是素质高。她的字写得好，名字先用仿宋体写，又用草书写，一下就征服了在座学生，使大家肃然起敬，佩服之情油然而生。然后言归正传，讲了学习目的，学习的重要性，教育学生要好好学习，发奋图强，积极上进，不辜负父母的期望，更要对自己负责，做一个有理想、有抱负对社会有用的人。不要虚度光阴，以免空留遗憾。第一节课，学生们都认真听讲，没有捣乱的，她表现的镇定自若，不苟言笑。第二节课时，那个公认爱捣乱的学生举手说要上厕所，问他是否拉肚子，他说，不是拉肚子，就是想上厕所。她说，上课时间不许上厕所，除非有病无法坚持上课。他非常不屑地坐下后，小声地骂了一句。但是，她当时并没有理睬他。提问时就问他，如果答不上来，让其他同学回答一遍，让他听完后再答一遍，然后鼓励他要虚心学习，没听懂可以举手问老师，让同学们为他鼓掌，以激发他的学习兴趣。我们想，她真是一个负责任的老师，采取因人而异、重点对待的教学方法，是值得学生们爱戴，同事们学习的。她在中学教了两年，从 1984 年开始到 1986 年结束。

1986 年底，她参加小学老师的正式考试，报考的人员有民办教师，代课老师，还有其他社会人员，名额很少，竞争可谓残酷。很幸运这次她通过了。当初中老师时，学校离家有 5000 米路程，路况差，单程就要颠簸 40 分钟，她骑自行车上下班，起早贪黑，风雨无阻。为了上下班方便，她要求调到大薄荷寨村，也就是她本村的小学，由于种种原因并没有如愿以偿，调到了小薄荷寨小学，离家只有 500 米。她说，由于小学生年龄小，必须得从一点一滴教起。9 月份开学时，她被安排到全镇倒数第一的二年级，当时自己有情绪，怕教不好，但是又必须面对现实，服从领导的安排，所以她下决心一定要把全班的成绩提上去，不辜负领导的期望与信任，这也是检验自己是否经得起考验的机会。当时她采取了题海战术，一点一滴，反复多遍的教，期末考试时，这个班级数学和语文都是镇上的第一。领导对她的评价很高，她也很快在北戴河区教育界有了名气，各种荣誉纷至沓来。她说，当时评优是民主选举，无记名投票，校长是全票，自己选自己一票。她不好意思选自己，老差 1 票才能全票，有人建议她选自己，毛主席就是自己选自己的，那就向毛主席学习，后来就是满票了。后来，她当了几年教导主任，不愿当官，因为不像当老师那么单纯。1998 年 11 月，她出差学习，回校后被平调到崔各庄小学当教导主任。由于自己在本校干得很好，所以她当时心理很不平衡，不想去，局长谈话做工作，校长也来劝，但还得面对现实，去充实力量。她在崔各庄只干了 1 个多月，在姐姐的引荐下，她来到镇上组织员办公室上班。工作任务是打电话通知各村书记开会，还要写些相关材料。由于文采好，写材料得到大家认可，各村书记都请她写材料。当了 3 年组织员后，她又调到了民政办公室，负责选举，扶贫，救灾救济，残疾人事务，以及办理结婚证。当时副镇长对她非常认可，让她做村里的相关工作。领导建议她申请提干到副科级，当时没有从镇上提干到副科级的，申请了四年才提拔。2006 年，终于得到提拔，被任命为经联社副主任，负责企业、工会、经济发展和统计工作。她从 1999 年到 2012 年在镇上工作了 13 年，50 周岁退居二线。

2012年到费石庄村任党支部副书记。她说，刚来时办公室还是平房，条件很差，新房还在建设中。刚来时也有抵触情绪，环境差，破桌椅，几个人挤在一间屋。当时的想法是，办公条件再简陋也得干净规整，心情才能舒畅，工作才能有精神。第一件事就是收拾屋子，打扫卫生，改变环境，也不管别人的看法。巧合的是，镇政府要撤换桌椅板凳，自己就上报领导申请换下来的桌椅都拉到费石庄来，改善办公条件，领导很爽快地同意了，这样硬件算是得到了改善。她说，工作上也要以身作则，为年轻人做榜样，自己年纪大了，做出成绩功劳都是年轻人的。由于班子成员都是年轻人，工作有些放不开，不知道怎么做，害怕别人的眼光。首先从搞卫生做起，女同志要多干点，自己更是带头干活。书记的屋子去的人多，工作忙，让年轻的女同事帮着打扫，逐渐形成一个团结互助、积极向上的领导班子。她说，村班子的核心是侯亚东书记，大家要团结在书记周围，为其分忧解难，这样才能形成一个有战斗力的团队。其次，刚来时村里缺乏各项规章制度，由于自己在农村工作经验丰富，通过与班子成员的沟通协商，逐步完善了各项制度。她说，2013年费石庄村的土地重新分配，书记的工作很出色，漂亮地解决了这一难题。开始时，村里开会商讨办法，最后无果而终。侯亚东书记决定，为了减少损失，自家选择保留一块认为最好的地，其他的地再统一分。村里没留机动地，全都分给了村民。侯亚东书记做到了公平、公正、公开，让村民很信服。就有一个闹事的，还是书记的亲戚，书记不徇私情，铁面无私，该多少就是多少。她说，基层工作非常难做，对内对外都得联系，要从实际情况出发，让领导满意，群众高兴并不是一件容易的事，只能尽力而为，协调各方，其实大家都只有一个中心，就是全心全意为人民服务。她说，费石庄村人都很本分，邻里关系处得很和谐，无打架斗殴、偷窃事件，十星文明户90%以上，村民待人热情，无赌博，无违法乱纪现象。休闲时，组织秧歌队，跳广场舞，男女都参与，有几十号人。村里还有锣鼓队，经常排练节目到镇上表演。村里各户都很富裕，是勤劳致富，节俭持家，精神方面也很充实。村里大事充分发扬基层民主精神，广泛征求村民意见，集中形成解决办法。

聊到她家里的状况，她说，2006年她与丈夫离异，原因是两人性格不合。分开后，两个人都没有重新组织家庭，有事还常联系，不久前还帮他买了房子。儿子2009年大学毕业，在曹妃甸首钢工作。她说，儿子特别懂事，学习和工作都听从安排。大学是在北戴河区上的，这样既可以常回家，又可以省不少钱。学的是机器制造自动化。儿子身高1.8米，白净帅气。招聘时竞争很激烈，1000人只要76人，最后成功突围，顺利录用。工作已经5年了，待遇很好，每个月6000多元。工作是操作电脑，也很轻松。她说，母亲不在了，现在晚上兄妹五人轮流伺候去伺候老爸。平时上下班都骑自行车，这样可以锻炼身体。

最后，我们问她，对未来有什么期望和规划。她说，只要费石庄村有需要，会一直干下去，哪一天不需要了，会主动离开。费石庄没有集体收入，缺乏切实可行的规划，希望能融入北戴河区的发展，发挥本村传统优势，发展旅游观光业，适时适当地引入资金与项目，促进本村的经济发展，提高老百姓的收入，使其享受到改革开放的红利。这次采访，使我们获益匪浅，从李素芬副书记身上我们学到了很多东西。她生在农村，长在农村，工作在农村，她积极上进，任劳任怨，到了退休的年纪，还下村帮忙，尽自己的一份力。同时她理解表达能力强，思维敏捷，处事经验丰富。大家都亲切地叫她芬姐，她也乐意接受这个称呼。在采访中，我们也一直叫她芬姐，感觉特别亲近。我们衷心地祝愿芬姐工作顺利，身体健康。

（四）工作细致的费石庄村妇女主任范昌滨

见到范昌滨时是在来村第一天与村干部们的交流会上。范昌滨是村干部中最年轻的一个，作为妇女主任的她在会上简洁明快的发言给我们留下了深刻的印象。交流会结束后的当天下午，范昌滨带着我们走访了几家农户，在她的帮助下，我们很快就与村民打成了一片。采访的第一户人家，就是范昌滨家。

范昌滨，1978年7月出生，初中文化水平，2009年开始进入村民委员会工作，2012年开始担任妇女主任。自从担任妇女主任后，范昌滨感觉自己重担在身，时时刻刻以村干部的标准严格要求自己，响应国家的号召，努力做好自己的本职工作，并想尽一切办法来丰富村里妇女儿童的业余生活。

范昌滨有一个10岁的儿子，正在上小学四年级。丈夫1977年出生，老家是在辽宁省，之前在海滨当厨师，经人介绍两人认识后就结婚了。丈夫现在白天在建筑公司上班，工作比较忙。范昌滨经常在村委会值班，所以自己家的土地都交给父亲管理。范昌滨家的收入来源，主要是范昌滨和丈夫的工作所得，并没有种植业的收入。2013年家庭收入（见表16－1）。

表 16－1　　2013 年家庭收入来源情况　　单位：元

职业	收入	职业	收入
从事种植业	0	本乡镇就业工资	50000
从事旅游业	0	其他经营收入	0
总收入合计	50000		

数据来源：根据范昌滨口述整理，2014 年 7 月。

范昌滨现在的住房面积大约 250 平方米，家里电器设备也基本一应俱全见表 16－3 和表 16－4。

表 16－2　　2014 年家庭承包土地情况　　单位：亩

总面积	水浇地面积	旱地面积	良田面积	荒地面积
0	0	0	0	0

数据来源：根据范昌滨口述整理，2014 年 7 月。

表 16－3　　2014 年家庭主要生产性固定资产数量情况　　单位：个

汽车	拖拉机	打草机	收割机	机动三轮车	牛车	马驴车	水泵	其他
0	0	0	0	1	0	0	0	1

数据来源：根据范昌滨口述整理，2014 年 7 月。

表 16－4　　2014 年家庭耐用消费品情况

项　目	数　量	项　目	数　量
电视（台）	1	洗衣机（台）	1
电冰箱（台）	1	手机（部）	2
电动车（辆）	1	自行车（辆）	1

数据来源：根据范昌滨口述整理，2014 年 7 月。

表 16－5　　2013 年家庭支出情况　　单位：元

总支出	生产性	衣服	食品	看病	教育	娱乐	红白喜事	交通	通讯	住房
10800	800	1000	1000	0	1000	0	5000	1000	1000	0

资料来源：根据范昌滨口述整理，2014 年 7 月。

说到家里的支出情况，平日里主要是红白喜事的费用，而且由于自己是妇女主任，与村民关系都不错，所以一般村里有点什么事，基本上都得去。这样一年下来，份子钱要 5000 元。现在虽然儿子还在上小学，但是上学的费用也是一笔开支。教育费用主要是教材费和接送儿子的费用。自己家的土地都交给父亲管理，生产性支出则比较少。每年给儿子置办新衣服的费用也必不可少，自己和丈夫则省吃俭用。她说："我们受点苦无所谓，不能让孩子受苦啊，再过几年孩子们都要上中学了，该存点钱了。"支出情况（见表 16－5）。

村委会工作非常细致、繁忙，范昌滨除了组织开展村里的妇女工作，下班还要接送儿子。但是范昌滨从来没有抱怨过，是村民认可的模范干部。

范昌滨作为妇女主任，同时也是老百姓和政府之间沟通的桥梁，总是能够扎扎实实工作，把党和政府对老百姓的关心传递给全体村民，其中不得不提的就是民政工作，因为民政工作可以说是涉及千家万户。怎么样才能切实为老百姓分忧解难，是范昌滨每天愁眉紧锁思考的问题。一是每逢节假日，会为贫困户送去温暖。如春节期间，民政对象的救助和慰问工作。春节是万家团圆的日子，但是也有一些特殊群体，还在为柴米油盐发愁。为了能让村里的每个村民都能过一个祥和的春节，在春节期间范昌滨和其他村委会干部总是及时把上级发放的慰问金和慰问品送到村民手中。"六一"儿童节，也会为村里的贫困儿童送书包、被子、雨伞。"母亲节"，为贫困母亲送去米、油等生活用品，解决生活中的燃眉之急。二是对村里的贫困家庭进行了摸底，同时进行民主评议，按时上报，把真正需要救助的群体纳入保障范围。2013 年村里有一位妇女因为慢性病住院，吃药诊治已经花去了不少费用，根本不能照顾家中一切。可是"屋漏偏逢连夜雨"，丈夫就在此时心脏病发，需要进行搭桥手术，面对高昂的手术费，全家人的生活费、治疗费都陷入困境。范昌滨了解到这一情况后，马上向上级提出申请，给这一家人送去了温暖。

除民政工作之外，计划生育工作也是范昌滨主管的工作。范昌滨能认真地做好计划生育统计工作，做到底数清、情况明：全村总人口 684 人，妇女总人数 226 人。与此同时，她认真为独生子女父母办理光荣证，及时发放独生子女费。因为信息统计及时，上报准确，她的工作也得到了北戴河区计生工作办的认可。在平时工作中，范昌滨创新宣传手段，在农村信息科技水平不够发达的情况下，邀请北戴河区方面的专家进行讲座。经过范昌滨和村民的共同努力，村里没有计划外生育，特别是为村民提供了计生法律法规，优生优育，生殖健康等方面的知识。因为村里流动人口不是特别多，所以管理起来难度相对比较小。但是范昌滨丝毫没有松懈，仍然坚持按时宣传计生政策，提高管理和服务水平。对于生育妇女，北戴河区有政策：一年进行四次免费的 B 超检查，真正做到了优生优育。

范昌滨也组织村民参与养老保险，推进城乡养老保险工作顺利进行。截至目前，全村总人口 684 人，参与养老保险 314 人，新农合 578 人。刚开始时，大家参保的热情并不是特别高。范昌滨为了调动群众参保的热情，通过张贴横幅、办板报等多种形式进行宣传。同时，自己家首先进行参保，带动左邻右舍。帮助村民算账对比，不同人群缴费档次不同，讲清楚其中的实惠。她在工作中会注重自己的工作方法，在收缴养老保险费时，以村民小组为单位，筹集参保费统一汇入专用账户。

作为村里的文娱骨干，范昌滨说，她的主要任务就是负责调动村民参与北戴河区文化活动的积极性，给村里文化活动增添新的活力。同时搜集和挖掘文化人才资源，并整理入库。通过搜集整理出费石庄村具有特长、才艺人员的名单，扩大原有文体队伍。说到这，范昌滨不禁感叹，开展费石庄村文体工作是一条艰苦而又漫长的道路，需要不断地创新、不断地学习、不断地提高自身素质，总结以往的成功经验，弥补不足，使村文体工作迈向一个新的起点。范昌滨曾带领村民开展了下列活动：2013 年 3 月，在三八妇女节组织开展健身活动，举办了羽毛球赛。一方面调动了村民参加文体活动的积极性，同时也锻炼了身体。在比赛过后，还购买了一些小礼品送给村里女同志。2013 年 6 月，举办“庆六一，快乐天使”活动，联系外面的商家，举办了一场文艺会演，其中有很多小朋友上台演出。2013 年 7 月，根据村里已经成立的文艺队，组织了一些有文艺才能并且热心的村民，在村活动室开展老年人的文化活动，如舞蹈和歌唱活动，丰富了老年人的生活。2013 年 9 月重阳节举行“九九重阳节，浓浓敬老情”活动，在村委会以茶话会的形式，村领导为老党员、老复员军人送鲜花，以示敬意和祝福。2013 年 12 月，开展社区

"健康讲座"活动，普及生活常识、健康常识，在办好村里文化活动的同时，不断加强村民文化体育健身建设。组织农村妇女参加"双学双比"和"文明创建"等活动，提高农村妇女科技致富能力，帮助农村妇女增收致富，弘扬社会道德、职业公德、家庭美德。

作为代表和维护农村妇女、儿童合法权益的组织，村妇联肩负着反映妇女的意见、建议和要求的重任。范主任提议开设"妇女讲习所"，联合秦皇岛市著名的妇女工作专家与村民代表，开展了一系列内容丰富、形式迥异的专题讲座、经验交流会。讲习所在前期筹备阶段，范昌滨一方面调动广大妇女的积极性，同时要去外面聘请经验丰富的专家，工作实施起来难度不小。但是考虑到广大妇女的切身利益，范昌滨克服重重阻碍，顶住多方压力，坚持将这一活动进行到底。2014 年 6 月初至 8 月末，历时两个月，讲习所前后开展讲座十场，涉及生活的各个方面，从各个方面给予女性村民细致的关怀与指导。讲座主要从广大女性自身权益出发，使她们树立爱护自己的意识。一般来说，在某些农村地区，女性遭受到家庭暴力，觉得家庭中的殴打、侮辱、谩骂是家庭常事，所以妇女的权益得不到保障，但是在费石庄村，几乎没有这种事情发生。尤其是在范主任的广泛宣传以及不懈努力下，费石庄村基本上没有发生过家庭暴力事件。

由于在农村，受男主外女主内传统思想的影响，广大妇女一般担任的都是家庭主妇的角色。农村妇女受教育的机会很少，很少出去开阔眼界。再加上传统封建文化的影响，女性依附性强，很少愿意为群众服务，所以农村党员中女性比例相对较小。但是在费石庄村，由于妇女推优入党的工作都是由范昌滨负责。首先她自己积极要求上进，向党组织递交了入党申请书。同时她密切联系村民，充分发挥了代表联系群众的职能，及时掌握群众的意愿和请求。受她影响，村里很多妇女也递交了入党申请书，充分调动了她们的积极性。经过选拔，一大批能力强，真心实意为群众服务的优秀妇女加入了中国共产党。现在村里党员总人数 49 人，其中女性党员总数达到 9 人，这在农村可以说是非常高的比例。

村里的妇女不仅在思想上要求上进，而且培养了读书的好习惯。在村委会的农家书屋，经常可以看到她们的身影。村里的农家书屋，是最近两年才建起来的。农家书屋的书籍种类繁多，涉及政经类，文史类，法律类，儿童类，妇女类。为了使农家书屋办得有活力，她充分借助农家书屋这一平台，组织了不同规模、不同形式、不同内容的读书会、交流会、演讲会、座谈会、比赛会等，使农民群众能够互相学习，取长补短。她也邀请了一些农业专家到农家书屋为农民朋友进行办班辅导，开设农业技术培训课程，引导农民朋友多读书、读好书，深入地理解书本中的技术精华，逐步走向发家致富的道路。

许多村民都说范昌滨乐于助人，这几年来，只要是村民委托她的事，她都尽心尽力办好。她是这样说的，更是这样做的。

总之，在这几年的工作中，范昌滨作为妇女主任，在文娱上，极大地丰富了村民的业余文化生活；在工作上，响应国家和政府的号召带着村民勤勤恳恳地做了很多实事。在接下来的日子里，我们相信作为妇女主任的她一定会更加兢兢业业、尽职尽责地为村民办好每一件事。

（五）对工作认真负责的治保主任范海平

范海平是费石庄村治保主任，最近一段时间很是忙碌，白天在村委会上班处理日常工作，晚上有时候也要值班。一个阴雨绵绵的上午，我们在村委会的“治安民调”办公室里采访了他。他的办公室在大会议室旁边向阳的位置，门对面的墙上开了扇大大的窗户，采光很好。格局与别的办公室没有太大的区别，一进门右手边靠墙的位置摆放着一个大立柜，右侧墙边还有个铁皮文件柜，里面整齐地摆放着一些书籍和文件；两张宽大的办公桌并列在一起放在靠近窗户的墙边；两边的墙面上悬挂着几块统一规格的玻璃宣传框，里面张贴悬挂着“治安保卫委员会工作职责”“人民调解委员会工作职责”“费石庄村网格化管控示意图”等跟“治安民调”相关的文件、规定。

范海平，汉族，1953 年生人，今年 61 岁，初中文化，无宗教信仰。他的妻子叫侯丽华，1951 年生人，今年 63 岁。两人生育了 1 个儿子，儿子叫范洪波，今年 30 多岁。范海平有 2 个孙女，大孙女刚刚参加完小升初的考试，秋天就要读初中了；小孙女刚读完一年级。两个孙女虽然跟着爸妈一起住，但是跟爷爷奶奶特别亲，放学回来经常去爷爷奶奶家串门，喜欢跟着爷爷奶奶。

村里人取名字是有讲究的，一般 3 个字的名字中间那个字是在家族里的“辈分”，范海平却不是“海”字辈的，他是“木”字辈儿的。小的时候范海平大名叫范木海，小名儿叫海平，但是跟村里其他人重了名字，父亲把小名当作大名叫，于是就给他改名范海平。

范海平从小到大经历了很多国家发展变革的重大时期，这些时期发生的事情对他这个普通人也产生了很多重大的影响。20 世纪 60 年代末，10 多岁的范海平正在读初中，正好赶上了“文化大革命”，他的学业就慢慢落下了，初中毕业之后就没再继续读书，而是辍学回家在生产队挣工分。1976 年，发生了震惊全国的唐山大地震，北戴河也有明显震感，好在没有出现人员伤亡，就是在那一年，范海平和同村的侯丽华结婚了，开始成家立业承担起家庭的责任。很快他们就有了儿子范洪波，正当打算生育二胎的时候，国家的计划生育政策发生了变化，1980 年国家提倡“一对夫妇只生育一个孩子”，范海平夫妇正好赶上了“一孩化”。夫妻俩为响应号召，只生育了 1 个孩子。

初中毕业之后，范海平的职业发生过数次变化。最开始是务农，在生产队挣工分。1974 年，他在附近的一家集体企业纤维厂当工人，每个月大概能挣 50 元，这样的工资在当时算是比较高了。他在纤维厂的供销科跑业务，积累了丰富的经验。范海平说跑业务就是跟全国各地形形色色的人打交道，在相互接触的过程中，通过说话、办事，相互试探对方的诚意，逐步建立信任。他沟通能力好，业务能力强，很多别人谈不来的业务、处理不了的事情，他一出面就能解决。逐渐范海平成为厂里的业务能手，深受器重。范海平是家中的长子，他还有 3 个妹妹。在纤维厂工作的近 20 年时间里，范海平工作很忙，很少有时间能够帮着家里干农活，父母、妻子和妹妹们是家里的主要劳动力。后来妹妹们相继出嫁，父母的年龄也越来越大，家里的劳动力就剩下妻子侯丽华，根本忙不过来。于是在 1992 年，范海平拒绝了纤维厂领导的挽留，辞职回家又当起了农民。

辞职回家之后，跟村里其他农户一样，范海平家也以种植果树为主，以桃树居多。在之后的 20 多年时间里，范海平全心全意照顾家里，跟妻子一起管理果树，剪枝、套袋、打药等管理技术都被熟练地掌握了；到了果树丰收的季节，摘果、卖果，风里来雨里去，用辛勤的劳动换取丰收的果实；儿子也一年年长大，读书、工作、结婚、生子，一步步实现着自己的人生规划。范海平为人和善，也很善于跟人打交道，平时邻里之间谁家有点什么事儿找他帮忙他从不推辞，总是尽己所能地帮助别人，大家也都很信任他。

2006 年，村委会要换届，范海平在村民们的推荐下参加选举。凭借着多年来攒下的好口碑和村民的信任，范海平顺利通过选举，被任命为治保主任，今年是他当治保主任的第 9 个年头。

作为治保主任，范海平的主要工作是维护村里的治安和调节村民纠纷。费石庄村的村民主要由几个大姓构成，邻里之间大多都有点沾亲带故的，民风淳朴，感情和睦。村民们偶尔也有因为宅基地问题、日常琐事等原因甚至一言不合发生口角的，也有个别人动起手来，但是经过村干部或者邻居的调解、劝说一般都能很快化解矛盾。前些年，村里有治安巡逻队，每逢中秋、国庆等重大节日时会在村里巡逻。近几年，村里的管理、治保工作也进一步走向科学化、规范化。根据上级政府的统一部署，村里这几年在积极推进全村网格化管理。所谓网格化管理，就是按照完整性、便利性原则将全村农户划分为若干网格，围绕社会管理的具体工作，逐人、逐地、逐事明确工作任务，责任到人，做到精确定位、精选定人、精准定责，实现网格全覆盖、工作零缝隙。按照网格化管理要求，费石庄村划分为 6 个网格，由村里综合治理工作站统一管理，接受网格指导员指导，在每个网格内配备了网格长和户长，网格长和户长平时会去网格内的每家每户走访、了解情况，哪一家出现了矛盾就去劝说调解，实现村里网格内社会治安的动态管理和应急处置，有效地提高了管理效率。

范海平平时还负责村里一些关系到民生的事儿，如自来水管道维修、环境提升、村容村貌保持等。自来水管道维护关系到村民的日常用水安全。村里用上自来水的时间很早，在 20 多年前就开始免费供应自来水，给村民的生活带来了很大的便利。平时只要是发现哪里管道有漏水或者故障，范海平都会在第一时间安排村里的工人前去修理，尽快解决问题，避免给村民的生活带来更大的不便。这几年自来水管道维修过很多次，但因为养护得当、维修及时，从来没有发生大的事故。曾经有过最严重的一次损坏导致全村停水 2 天，因为范海平提前通知村民们储备了足够两三天生活用水，保障了村民的正常生活。

范海平在环境改善、村容村貌提升等方面也承担了大量的工作。村里近几年也特别注重村容村貌的改善和提升。一方面，区里、镇里有要求、有指示，要做好村容村貌的提升工作；另一方面，村容村貌的提升能够大大改善老百姓的居住、生活环境，提高村民的幸福指数和生活水平。所以，村里一直非常重视这项工作。尤其是在 2012 年基层建设年，村容村貌发生了翻天覆地的变化。

在环境改善方面，范海平介绍说，大约在 20 世纪 80 年代，村里就设立了简易垃圾点，那时候的垃圾点没有搭建棚子，就在地上指定区域划定一片范围。对于这一举措，村民也比较支持，大部分村民都会就近集中倾倒垃圾，这样村民随手丢弃垃圾的现象就大大减少了。在2012年基层建设年，村里统一对垃圾点进行了美化改造，用木头搭建了棚子，既美观又干净。村里招聘了专人每天清理垃圾点的垃圾。村子东边有条水沟，叫“李思孝沟”，就是掩埋垃圾的地方。说到这条沟的名字，是以村中老支书的名字命名的，因为这条沟在新中国成立前是属于老支书家的，后来就这么叫开了。村里的水泥路和公共场所的地面，也会定期请人打扫，每隔10多天会清扫一次。

在村容村貌提升方面，为了保持美观，村里的建筑风格、外墙粉刷的颜色也是由区里、镇里统一规划的。不同时期、不同年代，对于建筑的风格和外墙的颜色要求也不同。比如说之前有一段时期要求院子外墙粉刷为明亮的黄色，而现在要求粉刷为白色。村里宣传栏的宣传画，大多是区里、镇上统一规划的，画什么内容、在什么地方画以及具体负责绘画的工人，都是由区里、镇上统一安排的。这方面的工作村里创新的地方还不是很多，范海平觉得，未来也可以朝着自主创造主题宣传画而努力。

范海平自从做了治保主任之后，家里的果树管理参与的比之前少了很多，平时工作忙，只能利用晚上的时间尽量多帮帮家里，家里家外都是依靠妻子在操持。他说自己的工作离不开妻子的理解和支持，妻子付出了很多。

在生活方面，范海平夫妇跟儿子没有明确地划分家产，但是每年的收入和支出大体上是分开的。2013年范海平的家庭收入来源主要是8亩果树的收益和他在村委会工作的工资。2013年种植果树的收入约为64000元，工资收入约为15000元，全年总收入为79000元左右（见表16－6），足够夫妻俩日常开销。

表16－6　**2013年家庭收入来源情况**　单位：元

职　业	收　入	职　业	收　入
从事种植业	64000	本乡镇就业工资	15000
从事旅游业	0	其他经营收入	0
总收入合计	79000		

数据来源：根据范海平口述整理，2014年7月。

范海平家的家庭主要生产性固定资产有2辆机动三轮车、1台水泵和1台打药机（见表16－7）。

表 16－7　　2014 年家庭主要生产性固定资产数量情况　　单位：个

卡车	拖拉机	除草机	收割机	机动三轮车	牛车	旋耕机	水泵	打药机
0	0	0	0	2	0	0	1	1

数据来源：根据范海平口述整理，2014 年 7 月。

范海平家 2013 年家庭总支出约为 44900 元，其中食品支出大约为 20000 元，生产性支出约为 8000 元，是家中最大的两项支出。范海平在村里的这些年，人际关系非常好，村里谁家有红白喜事，他都会去随份子，全年红白喜事的支出在 7000 元左右。其他方面，衣服支出约为 1000 元，看病约为 500 元，孙女的教育费用约为 2000 元，交通费约为 1000 元，通信费用约为 2400 元，住房支出约为 3000 元（见表 16－8）。

表 16－8　　2013 年家庭支出情况　　单位：元

总支出	生产性	衣服	食品	看病	教育	娱乐	红白喜事	交通	通信	住房
44900	8000	1000	20000	500	2000	0	7000	1000	2400	3000

数据来源：根据范海平口述整理，2014 年 7 月。

范海平家 2014 年家庭耐用消费品有 2 台电视机、2 台冰箱、2 台洗衣机、4 部手机，还有 3 辆电动车和 1 辆摩托车（见表 16－9）方便日常出行。

表 16－9　　2014 年家庭耐用消费品情况

项　目	数　量	项　目	数　量
电视机（台）	2	洗衣机（台）	2
电冰箱（台）	2	手机（部）	4
摩托车（辆）	1	电动车（辆）	3

数据来源：根据范海平口述整理，2014 年 7 月。

我们跟范海平交谈了差不多 2 个小时，交谈完之后他就又开始了忙碌的工作，履行自己的岗位职责。我们中大多数人的一生，都是平凡的一生。拥有一个普通的家庭，跟家人过着幸福而平淡的生活；做着一份普通的工作，在平凡的工作岗位上履行自己的职责；拥有几个知心的朋友，能够相互支持和帮助……我们相信，能够在平凡的一生中，过的不平庸，就是一种成功。

（六）勇于担当的费石庄村党支部组织委员李立丰

李立丰，男，汉族，初中文化，1978 年 2 月 11 日出生，无宗教信仰，现任费石庄村党支部组织委员。李立丰见到别人总是微笑的，即使你有多少忧愁，和他聊起来烦恼也会被忘得一干二净。但很难想象李立丰其实是残疾人，1990 年，当时李立丰在拨道洼小学五年级上学，有一次和小朋友玩耍时，被高压电线击倒，虽然村民及时发现，将其送到医院，经过医生的抢救，遗憾的是右手还是被截肢了。出院后，李立丰开始练习左手写字，靠着顽强的毅力和坚忍不拔的精神，读完了小学六年级，并且在北戴河三中初中毕业。

妻子赵静，海港城区的美丽姑娘，1981 年 1 月 21 日出生，2004 年 10 月 10 日，李立丰与赵静走进了婚姻的殿堂。一年后，2005 年 9 月 17 日，儿子李兆涵出生，更是给这个三口之家带来了幸福和欢笑。如今儿子李兆涵在海北路小学读书，妻子赵静打理家务，家里 4.5 亩桃树承包了出去。李立丰家住着 100 多平方米砖混结构的房屋，取暖设施主要是土暖气，使用村里提供的自来水，主要燃料是液化气和电。

李立丰大气、坦荡、随和、乐于帮助人的性格，铸就了他敢于担当的秉性。李立丰见到村里的人，无论男女老少，总是微笑的、谦恭的，谁家有大事小情，他总是去帮助解决，就这样村民与他的距离拉近了。他成为村民的贴心人，这也为他在费石庄村开展组织工作奠定了良好的基础。

李立丰作为村干部，扎扎实实地为村里残疾人办实事。村里的残疾人，找到李立丰，他总是不厌其烦地讲解国家对残疾人的政策，按照残疾人的政策法规，找相关部门办理残疾证，领取残疾人补助资金，申请有关部门为残疾人进行技术培训，让残疾人掌握一门技术，使其有了生活来源。他成为村里残疾人的代言人。

2012 年，是费石庄村的基建年，村里的多项建设工作同时进行。在美化村庄时，需要清理树枝柴草，对护村河进行清淤，防洪沟进行治理。而搞这项工程需要村民的配合，将自家放在院外的柴草、杂物清理走，时间紧，任务重，难度大。李立丰为了确保这项工作顺利进行，配合村委会，挨家挨户地做工作，最终得到了村民的支持。村里动用铲车、装载机、三轮车等交通工具，将村内堆积多年的垃圾杂物2万多平方米全部清除干净。

加强村级组织建设。作为费石庄村党支部组织委员，融入群众中去，促进村务公开，事务公开，组织一年两次的党员民主评议日活动。同时，对党员活动在群众中进行测评，组织党员学习上级的各项方针、政策，检查各项政策的落实情况。组织党员发挥战斗堡垒的作用，村里有难事，动员党员发挥模范带头作用，逐步达到全村人的响应，要求共产党员不怕苦，不怕累，起到示范作用。

2012年，在北戴河区、戴河镇政府的帮助下，费石庄村委会决定将村民出入频繁的果林土路，建成集运动、休闲、旅游、采摘、健身于一体的绿色通道，李立丰积极为这一民心工程出言献策，经常与设计方、施工方进行深入研究，结合村里的实际情况，最终，费石庄村的绿色通道保质保量地完成。

2014年，费石庄村开展第二轮土地承包工作，这也是继1983年，费石庄村实行家庭联产承包责任制后，又一次大的土地变动。土地承包责任制牵涉到每个村民的切身利益，工作量大，村委会要求广泛征求村民的意见和建议，李立丰深入群众内部，向村民讲解土地承包存在的问题，新的土地承包方案的好处，使土地承包方案得到绝大多数村民的理解和支持，为土地承包责任制的贯彻实施奠定了坚实的基础。

（七）积极工作的费石庄村党支部副书记（大学生村干部）刘颖

刘颖，女，汉族，大学文化，无宗教信仰，1988年2月12日在卢龙县印庄乡大横河村出生，1994年9月，在秦皇岛市海港区建国路小学读书，1999年9月，在秦皇岛市英侨中学就读初中，2008年，毕业于秦皇岛外国语职业学院英语教育专业。目前，正在攻读中国农业大学网络教育学院公共事业管理本科，在海滨居住。

刘颖有一个幸福的家，父亲刘永红，母亲张秀华，都在秦皇岛市海滨林场工作；哥哥刘京，在秦皇岛市北戴河西山园艺场工作，毕业于河北师范大学法律专业，目前攻读中国人民大学继续教育法律专业本科。刘颖和哥哥很有进取心，父母对子女非常满意，一家人生活在幸福和甜蜜中。

2008年，刘颖考取大学生村官，2008年10月，在大薄荷寨村任党支部书记助理，因在戴河镇科学发展观活动中，成绩突出，2010 年，经戴河镇副书记谢海龙的介绍，来到了戴河镇费石庄村任职至今。

刘颖来费石庄村工作后，为了工作不被动，她走村入户，了解民情，倾听民意，与村民促膝交谈，拉近与村民的距离。这一点，我们在调研时深有体会。当我们走在村庄的道路上，刘颖见到村民，总是嘘寒问暖，问问村民的身体状况、生活状况、有什么需要村委会帮助的。从她的眼神里，感觉到她对村民的关心，她一心把村民的利益放在首位。村民见到刘颖，也有一种见到女儿般的亲切感，她总是不厌其烦地传达着党的声音，宣传党的方针政策，牢记全心全意为广大村民服务。

协助费石庄村党支部书记搞好村级组织建设，这是她的工作。和全村党员一起深入学习科学发展观，在村内开展创先争优活动。在我们调研中，看到一些优秀共产党员的门口，都挂了牌子，要求共产党员发挥模范和楷模作用，从而很好地为其他村民起到示范作用。从费石庄村实际出发，分析费石庄村的优势和劣势，从中找出治理费石庄村切实可行的方案，不回避矛盾，起到一个组织者和协调者的作用，在费石庄村，刘颖自身的价值和为人民服务的信念得到了很好的发挥。

参与组织培养农村致富带头人的工作。农村村民文化程度相对较低，技术水平相对较低，为了培养农村致富带头人，刘颖协助村委会进行“新农村建设双带头人培养工程”“农村实用技术中职实验班”和“从生活困难党员家庭成员中招收技能扶助生”的工作，通过培养，新农村建设多了一些致富带头人，这些人带动其他村民，全村人致富的观念得到进一步加强。

刘颖通过深入调研，正在和村委会成员们规划着费石庄村今后的发展道路。费石庄村现有人口 200 多户，600 多人，土地 1000 多亩，经济收入主要靠林果种植，种植面积占到费石庄村土地总量的 4/5，被称为“桃树之乡”，农业占的比重较大。在调研中，我们也向她提出了一些建议，一是将费石庄的桃子贴上商标。因为费石庄村的桃子是远近闻名的，消费者比较认可费石庄村的桃子；二是可以搞果品（桃、杏、李子、苹果、梨）深加工，因为果品深加工后，附加值相对高，会增加村民收入；三是搞好农家乐和家庭旅馆。因为近几年，村民都盖了一些房屋，为家庭旅游提供了场所，再加上，北戴河旅游的品牌效应，搞好农家乐和家庭旅馆是目前村民增加收入的重要途径。

刘颖经常深入到村民中，了解民情，协助村党支部侯书记搞好村内的各项工作，成为侯书记的得力帮手。不管是村里的第二次土地承包工作，还是村里的妇女工作、文体活动，她除了自己积极参与，同时凡是在活动中遇到问题，刘颖都会主动出面与班子成员共同协商解决，使费石庄村的各项活动开展得有声有色，成为戴河镇的重点扶持对象。村民们对她的工作热情，兢兢业业的工作态度给予充分的肯定。

刘颖是位开朗、热情，对工作认真负责的村干部。特别是我们来费石庄村调研的每一天，她很早就从海滨家中赶过来，打电话联系访谈对象并亲自带着学生们入户调研，同时还要抽时间处理村里的事情。记得有一次晚上需要加班做个较大规模的入户调查，她和村委会成员及老支书一起陪我们到晚上十点多才回家。我们这次来费石庄村调研所有的工作进行得非常顺利，与刘颖和村委会全体成员的大力支持是分不开的。我们期望刘颖能够顺利完成中国农业大学网络教育学院公共事业管理本科的学业，在自己喜欢的岗位上取得更好的成绩。

（八）一心为村民的老支书李思孝

李思孝，男，汉族，1940 年 9 月出生，高中文化程度，无宗教信仰。1970 年 2 月加入中国共产党。在过去的 30 年间，曾担任多届费石庄村党支部书记和代理党支部书记，是费石庄村自新中国成立以来各项重大历史事件和重要变化的见证者和亲历者，堪称费石庄村的活字典。

早在调研组刚入村与村“两委”的干部们进行第一次座谈会之初，现任村党支部书记兼村委会主任侯亚东就向调研组成员热情推荐了老支书李思孝，将他作为我们进一步了解费石庄村村史的关键性证人。这是一位白发如雪但又精神矍铄的慈祥老者。当这位老者以其所特有的淳朴厚实而又略带低沉的嗓音将费石庄的历史向调研组成员娓娓道来时，我们都被老者异常清晰的记忆和饱含历史底蕴而又无比流畅的阐述所震惊。在接下来的调研日子里，老支书李思孝为调研组成员提供了许多无人可替代的第一手材料，其对费石庄村历史上的各种重大历史变动的悉心记录程度令调研组成员叹为观止。试想，如果不是出于对费石庄村满含深情的热爱，有谁会如此留意记录村中一年年的各种变化呢？如果要评选本村的“爱村主义”者，老支书李思孝一定名列前茅。对于这位生在旧社会，长在新中国的老人来说，他一生的经历恰好就是自新中国成立后费石庄村发展史的一个缩影。

李思孝出生于战火纷飞的20世纪40年代初，是家中的独子，此外还有一个姐姐和一个妹妹。对于出生地，李思孝至今无法确定到底是哈尔滨还是费石庄村。他依稀记得，在他幼年时，他的父亲带着全家老小在哈尔滨一直过着艰难的“闯关东”生活。他5岁那年，作为家中顶梁柱的父亲因病早逝，全家人在东北再也没法待下去了，于是李思孝的奶奶便带着全家从哈尔滨回老家费石庄村，投奔李思孝的伯父。

在李思孝10岁那年，村里发生了两件大事，一件是村里进行了土地改革，这算是村里改天换地的一件大事了，但那毕竟是大人们的事。对于童年时期的李思孝而言，更重要的一件事就是村里成立了费石庄村初级小学。这对李思孝的人生来说是异常幸运的一件大事，因为他终于能够入学识字了。要知道在旧社会，上学对于农村的普通农民家庭的孩子来说是一件想都不敢想的事情。中国共产党的这种打破官僚地主的教育资源垄断、坚持把教育“办在贫下中农的门槛上”的精神与旧社会统治阶级垄断教育资源、力图保持人民群众的“睁眼瞎”状态以方便统治的愚民之术相比简直是天壤之别！从那时起，李思孝就开始认识到，中国共产党是劳动人民的政党，是为了全天下劳苦大众得解放而不懈奋斗的政党。

在费石庄村初级小学上完四年级后，李思孝又上了拨道洼小学和拨道洼中学。19岁那年李思孝参加了中考，以全校第一名的好成绩考取了秦皇岛市第三高级中学。在读高中的暑假期间，李思孝在村里的扫盲班当起了义务扫盲教师，教村干部和村民识字。1962年李思孝高中毕业，因为家里经济比较困难，交不起大学学费，就没有参加当年的高考，而是直接回到费石庄村务农。

20世纪60年代初，像李思孝这样的高中毕业生已经完全称得上是“知识分子”了，这样的优秀人才村里自然要人尽其才，于是李思孝就被任命为费石庄生产大队第二生产队的会计兼生产大队团支部书记。

恰逢中央提倡人民公社的核算体制是“三级所有，队为基础，生产队是基本核算单位”，生产队会计的角色在这一体制中的重要性开始凸显。因此李思孝丝毫不敢马虎，总是以兢兢业业的态度去努力管好生产队的账目。正当李思孝准备踏踏实实提高工作技能服务好生产队时，一场无妄之灾降临到了他的头上。

1963年村里开始进行以“清账目、清仓库、清工分、清物资”为内容的社会主义教育运动，亦称“粗线四清”。1964年又开始以“清组织、清思想、清政治、清经济”为内容的“细线四清”。“粗线四清”在费石庄并没有掀起多大的波澜，但到了“细线四清”时，整个费石庄生产大队都被上级派进来四清工作队。据李思孝回忆，当时四清工作队采用的是有罪推定的“抓坏人”模式，首先工作队一进村就断定费石庄生产大队的干部们是有严重政治、经济问题的，还没和村干部开始接触就先动员普通村民积极充当“勇敢分子”，揭发村干部的各种问题，把有问题的坏干部揪出来。然后工作队就开始根据手上掌握的村干部们的“黑材料”开大会批斗村干部，所有的村干部每一个都得挨批，这叫“有事没事先打三杆子”。然后问题严重的村干部都要进行“洗澡下楼”，即通过群众当面上台揭发批判和自我检讨，再重新回到领导岗位，其他问题较轻的村干部也要“顺水洗手”，多做自我批评。大多数村干部通过自我检查和群众帮助，取得了群众的谅解，顺利通过了“洗澡下楼”。但是，也有的经过多次检查也无法通过“洗澡下楼”这一关，最后受到了处分。

在这场“四清”运动中，李思孝由于恰好是生产队会计，所以被工作队的队长以一种鸡蛋里面挑骨头的方式严厉批评过后，又亲耳领教了那些“勇敢分子”上台所做的公报私仇式的揭批发言。这一场运动下来，李思孝对这场“四清”政治运动产生了极度的反感情绪。明明平时在生产队里吊儿郎当不认真干活的社员，一到揭批大会就来了精神，充当“勇敢分子”上台瞎说村干部的坏话，这样居然还能得到四清工作队的高度重视，简直让李思孝感到不可思议。李思孝将这种平时在社里不爱劳动，一来政治运动就像打了鸡血一样上蹿下跳红得发紫的社员贬称为“运动红”。村里的“四清”运动于1965年结束，李思孝最终顺利过关。通过“四清”运动李思孝得出了两个结论：第一，当村干部就得老老实实做人、清清白白做事，贪污腐败是绝对的政治禁区；第二，脱离农村实际空喊极“左”口号的政治运动除制造政治冤案和培育“运动红”一类的政治投机分子外，对于像他这样坚持实事求是、坚持在日常生活中干好本职工作的人来说没有任何好处，必须躲得越远越好。所以“四清”一结束李思孝就向生产大队请辞了一切职务，开始到费石庄的果园里当一名普通社员。

事实最终证明了李思孝的远见，由于李思孝请辞了一切职务，1966年在全国范围内开展的史无前例的“文化大革命”运动对李思孝的个人生活几乎没有产生任何冲击，李思孝本人在“文革”初期做了一个逍遥的“观潮派”，可谓是恰好躲过一劫。不过李思孝也深知，村里不可能永远这么处在“天下大乱”的政治运动中，早晚要恢复日常生活秩序和行政秩序。果不其然，到1968年各级革命委员会的成立，“文革”也就进入了体制改革阶段。狭义上的“文革”即所谓的“天下大乱”式的、无政府主义式的政治运动阶段已经一去不复返了。

在1968年，费石庄生产大队下属的果树队为了“抓革命，促生产”，成立了一个五人领导小组，其中设队长1人，政治工作员1人，虫情测报技术员1人，普通小组成员1人。李思孝因其才华而被果树队的队长选中，出任五人领导小组中的政治工作员，后来又兼任了费石庄生产大队“毛泽东思想文艺宣传队”的队长一职。文艺宣传队的主要任务是以群众喜闻乐见的形式编排各种评剧、样板戏以及诗歌朗诵会等，宣传毛泽东思想，歌颂共产党，歌颂解放军，歌颂社会主义。同时为了贯彻毛主席“备战备荒为人民”的指示，费石庄生产大队成立了战备指挥室和民兵连，李思孝出任战备副总指挥、民兵连副指导员。据李思孝回忆，当时全村人都被编进民兵组织，设置了班、排、连组织，经常进行战备训练，实现了全民皆兵。他本人还负责撰写了费石庄生产大队战备计划，详细部署了一旦“苏联修正主义侵略者”入侵到费石庄地界时，如何让“苏修”侵略者陷入人民战争的汪洋大海之中。因为战备工作出色，费石庄村被评为秦皇岛市“模范战备村”。

1970年2月，李思孝因为出色完成工作，在政治生活中坚持实事求是，从不给人乱扣帽子，乱打棍子，乱抓辫子，受到了大队领导和基层群众的高度肯定，从而被发展成为一名光荣的共产党员。

1971年“九一三”事件后，北戴河区开展了“批林整风”运动，同时开始按照毛主席、周总理的指示在干部工作上进行拨乱反正，为那些在“文革”初期遭到残酷迫害的干部及群众进行平反。当时北戴河区革委会成立了“落实政策办公室”，开始大规模对冤假错案进行平反。因为平时表现出来的实事求是的工作作风，李思孝被区落实政策办公室借调，专门负责复查“文革”初期北戴河区基层农村被打成“反革命”“叛徒”的老干部们的“黑材料”。复查这样的案件，可想而知是一项十分细致，政策性又很强的工作，除了要有满腔热情的革命精神，还要坚持一丝不苟、一抓到底的工作态度。为了使复查结论符合实际情况，李思孝不怕麻烦，通过实地走访相关历史当事人，与当地群众广泛开展座谈听取意见，然后认真撰写复查意见，反复推敲修改，有些结论前后修改多次，直到既符合政策、公正客观，又使本人满意为止。通过落实党的干部政策，受过迫害的老干部们精神振奋，焕然一新；许多被落实政策的家属、子女也深切感到组织的关怀和党的温暖，对党和党的政策感激不尽；广大群众看到冤假错案平了反，分清了是非，伸张了正义，也深感党的政策英明。

在区落实政策办公室工作半年多后，李思孝圆满完成了借调任务，区革委会的同志推荐他去戴河信用合作社做会计，当时的收入是每月 30 元，比起李思孝之前在果树队的收入连一半都不到，所以没做多久李思孝就辞职回费石庄果树队了。回果树队没几天，原来的果树队队长因经济问题被公社免职了，于是李思孝接替了果树队队长一职。就这样，李思孝在果树队队长的位置上一直干了 10 年。而在李思孝的领导下，果树队的果树种植情况也越来越好，到 1982 年果树队解散时，已经用上了除草剂，并用机械喷药防止病虫害，还有一部分苹果出口到国外创汇。

1982 年遵照中央要求进一步加强和完善农业生产责任制的指示，费石庄不再进行大队统一核算，而是分为 3 个生产队进行单独核算，包产到生产队，原生产大队的果树队也就宣布解散，一分为三下放到 3 个生产队。李思孝转任其中一个生产队的队长兼大队副主任。

根据 1983 年中央 1 号文件《当前农村经济政策的若干问题》中的精神，费石庄村开始实行家庭联产承包责任制。即把村里的土地（含果树）由集体统一经营改为分户经营，按人口分到各户，自己耕种，自己收获。村民把这一制度俗称为“包干到户”“大队分家”。“大队分家”后生产队已经名存实亡，李思孝的生产队队长一职也就成了空头衔。

1984 年 4 月戴河人民公社解散，恢复戴河乡的建制。费石庄生产大队同时也复名为费石庄村，李思孝出任费石庄村副主任兼会计。接下来李思孝在费石庄村的政治仕途进入到了一个“三起三落”的传奇时期，正是在这一传奇时期，李思孝亲自领导，推动了费石庄村的多项改革事业，在费石庄村发展史上留下了他自己的印迹。

1985 年，因为工作能力突出，正值壮年的李思孝出任费石庄村村主任一职，一直到 1990 年。此外，1989 年到 1992 年李思孝同时出任了村党支部书记。这是李思孝第一次走上村党政一把手的领导岗位。

1985 年前后，面对“大队分家”后各家各户出于经济考虑纷纷改稻田为果树地的行为，当时戴河镇的领导认为各家各户大肆改种果树的行为违背了中央“以粮为纲”的精神，村里应该纠正农户的这种行为。但李思孝却认为，在种什么的问题上应该以群众的利益为重，不能什么事都上纲上线。可惜李思孝当时就是找不到什么政策来作为自己看法的依据，一时间非常苦恼。一次偶然的机会他发现国家正在推广以“科技兴农”为宗旨的“星火计划”，一下子欣喜万分，认为终于找到了种果树的依据了，这下村里发展果树种植业就名正言顺了。在李思孝的努力下，费石庄村开始承接“星火计划”项目，大力支持农户发展果树种植。村委会一方面请外地专家进村办农业科技讲座，另一方面组织村民外出参观学习外地先进经验技术，同时还为农户提供良种树苗，实行产前、产中、产后服务。各家农户也主动算经济账，逐步减少粮食作物的种植面积，开始改种市场效益好的果树。1987 年，考虑到果树的生产周期和群众的利益，村委会将土地承包合同直接延长了 25 年，彻底打消了群众的顾虑，全村掀起了全面种植果树的高潮。

到 20 世纪 80 年代末，村委会又利用村集体收入完善村里的水利设施建设，使村里的果树全部能够浇上适时水。此时费石庄村的果树种植面积在村内已经获得了压倒性的优势，费石庄村成为果树种植专业村。当时一方面村民的果品销售收入不断攀升，另一方面国家开始重视征收农林特产税①和教育附加费，两方面因素相结合使费石庄村成为当时戴河镇里的纳税大户。

关于“农林特产税”，李思孝至今怨言颇多。在他看来，这个税征收的有点不合理，按政策规定，每家每户一年必须上交好几百元的农林特产税，多少有点巧立名目搜刮民财的嫌疑。理由如下：第一，水果怎么能算特产呢？苹果和梨全国各地都有；第二，过去人民公社时期从来没听说过要交这个税，现在国家开征前也不先在农村进行调研，不征集民意，就这样贸然以一纸公文的形式下令开征新税，实在是难以服众；第三，当初“大队分家”时，村民要给国家交哪些税已经白纸黑字写在土地承包合同上了，当初村干部信誓

---

① 根据 1989 年国务院下发的《关于进一步做好农林特产农业税征收工作的通知》（国发〔1989〕28 号），全国从 1989 年起对大宗农林特产收入实行统一税率，水果收入为 10%，其中柑橘、香蕉、荔枝、苹果收入为 15%。经省、自治区、直辖市人民政府决定，还可以随同农林特产税，征收不超过纳税人应纳税额 10% 的地方附加。在保证完成中央核定农业税征收任务的前提下，农林特产税新增收入全部留给地方，主要用于发展农业，中央不参与分成。地方各级的分成比例，由各省、自治区、直辖市自行确定。

旦旦给村民承诺“交足国家的，留够集体的，剩下全是自己的”，现在突然开征新税不是出尔反尔自己打自己脸吗，不是公然违反《合同法》吗？

思前想后，李思孝认为农林特产税根本就不该收，也根本收不上来。如果村干部真的强制去收，很可能会被愤怒的村民用锄头赶出家门。于是李思孝便向镇领导反映基层的真实情况，镇领导认真听取了李思孝的意见后，也极度无奈地表示这个问题确实存在，但农林特产税是中央的政策，是政治任务，不行也得行，征不动也得征，各村的村干部如果坚持抗税，不换脑筋那就得换人，身为镇里的领导如果征不上税同样也得拍屁股走人，都是没有办法的事啊。为了帮助李思孝完成征税任务，镇政府派了专人到费石庄村帮李思孝做村民的思想工作。镇政府的工作人员一到费石庄，就召开村民代表会议，动员村民积极缴税。结果愤怒的村民代表纷纷上前痛斥镇政府的工作人员，高声抗议农林特产税是苛政，是横征暴敛，是对农民的背信弃义，镇政府的工作人员只好灰溜溜地走了。

在这种困难局面下，眼看缴税的最后截止日期就要到了，可村里仍然一分钱也没收上来，怎么办？难道真得要对村民使用暴力来征税吗？思前想后，李思孝在召集村“两委”班子开了一个讨论会后最终拍板决定，用村集体数万元的村提留款（公积金、公益金、管理费）为全村村民垫交农林特产税。这样村集体和村民之间就构成了债权债务关系，至于这些债务什么时候清偿，李思孝认为应该等到村民的负担真正减轻，生活真正富裕起来的时候再清偿。事实证明，李思孝的这一思路是当时那种进退两难的困境中唯一可行的方案。①

然而，就是这样一种唯一可行的方案居然也被村里某些村民挑刺，有村民开始在村里公开批评李思孝滥用职权，恶意挪用村提留款，企图掏空集体经济，破坏社会主义集体所有制。对于这种完全不着边际的言论，李思孝一方面觉得这完全是造谣中伤，可笑到极点，另一方面李思孝又深感在村中为官不易，即使你不贪污不腐败，一心为民谋福祉，千方百计减轻农民负担，也能被某些人造谣中伤，实在是郁闷至极。

1992 年，心灰意冷的李思孝主动辞去村党支部书记一职，次年连村里的

---

① 后来费石庄村于 2001 年取消了农林特产税的上缴。至于村民和村集体之间历年累积的债务，本届村委会（2012—2014 年）已经开始着手进行清理核实工作。

党支部委员也辞掉了，开始专心做一个普通村民和普通党员。

虽然辞去了村“两委”的一切职务，但作为一个“爱村主义者”的李思孝哪里能够真正在心里放下对费石庄村发展的热切关注呢？他知道，一旦村民和党组织需要他的时候，他还是会义不容辞地挺身而出，而这样的时机的确也降临到了他的身上。

2001 年，由于当时村“两委”班子内讧严重，相互之间不服气，最终全部集体辞职。面对这样一副烂摊子，村里没有一个人愿意主动接手。在这种情况下，上级党组织主张由一生品行耿直、作风端正的老共产党员李思孝出面收拾残局。此时李思孝已经年逾花甲，面对党组织的动员，尽管再三推辞，但最后拗不过上级党组织的晓之以理、动之以情，只得以老当益壮的精神重出江湖，担任费石庄村党支部书记，负责重组村“两委”班子，努力恢复村“两委”的战斗力，重新赢得民心。这一次李思孝在村党支部书记的位置上从 2001 年一直干到了 2005 年，这是李思孝第二次走上村党政一把手的领导岗位。

这一次重出江湖，李思孝领导村“两委”班子做了很多实事，但最值得记录的事情是首次整治村容村貌。

2002 年，村“两委”遵照上级政府的“文明生态村建设”的统一部署，将首次整治村容村貌作为当年村“两委”的中心工作来抓。整治村容村貌，具体内容就是要把村民各家各户门口堆积多年已经比人还高的土堆、粪堆、石块、瓦块、柴草、树枝全部清理掉，农户家庭日常生活中确实要用到的杂物则一律要移入自家庭院中按顺序堆好。据李思孝回忆，看似是一件小事，实际当时却让村“两委”班子成员伤透了脑筋。因为整治村容村貌涉及的其实是村民生活方式的改造，而自费石庄建村以来，六百年间祖祖辈辈都是这样生活的，早已内化成村民的一种根深蒂固的生活习惯，一旦以外力强行进行改造，村民的强烈反对和抵触情绪是必然的。

对于村委会的整治行动，有的村民采用拖延战术，“你们先去把 XX 家的挪了，我们家的过几天我们自己挪”；有的村民则是直接表明自己压根就不想挪，“挪这些干吗呀？挪院子里我们家要是失火了村委会能负责吗？”；更有甚者，有些脾气火爆的村民在争吵中差点和村委会的工作人员发生肢体冲突。整治行动一时间陷入僵局。这下怎么办？李思孝思来想去，终于想到一个好办法，他决定采用普遍施以小恩小惠的办法来引导村民改变生活方式。他把上级政府拨下来的村容村貌整治专用款分成了两部分：第一个部分用来给村民无偿发放，每家每户 40 元，鼓励村民对村委会的整治行动予以配合，至少是不要抵制村委会的整治行动；剩下的钱则通过公开招投标的方式雇用专业的清理人员，由他们负责具体的门前杂物的清理工作。通过这样的方法，费石庄村的首次村容村貌整治工作得以顺利完成。2003 年村委会趁热打铁，在村中建立了 11 个公共垃圾点，改变了过去每家每户乱扔垃圾或者将垃圾扔进自家猪圈做农业粪便的生活习惯，村民的垃圾处理方式也开始向专业处理方式靠齐。这些工作为后续几届村委会的村容村貌整治工作打下了坚实基础，村民对改造生活方式的抵触情绪也就不复存在了。

2005 年底村党支部一届任满后，李思孝因为年事已高，精力早已不复壮年，一方面自己作为长者有急流勇退的自觉，另一方面组织上对村党支部书记也有最高年龄限制，于是便卸任了村党支部书记一职。

李思孝心想，这回该是安享晚年的时候了。没想到，村里后来的形势居然又演化到需要他再度重出江湖的程度。

2006 年，新一届村“两委”班子自上任以后在村内道路硬化、落实万村千乡工程等一系列村级事务决策中不断发生内部路线分歧，“两委”班子成员之间以及村干部与村民之间的矛盾不断累积，到 2006 年底，村内某些村民与时任村党支部书记的范成林之间发生了一场剧烈冲突，范成林一气之下辞职了。一时间费石庄村又陷入了群龙无首的混乱局面。

谁能出来收拾残局？在这种情况下，上级党组织再一次想到了李思孝。的确，在费石庄村里除了这位一生品行耿直、作风端正的老共产党员，还有谁能够应对如此错综复杂的局面呢？上级党组织马上又开始对李思孝做思想动员工作。已经 66 岁高龄的李思孝深知自己目前的精力已经不再适合做村党支部书记了，但上级党组织连续做了多次思想工作后，李思孝心想，作为一名老共产党员，事到如今，难道自己还能退缩不前对村里的事不闻不问吗？最终李思孝也只能以鞠躬尽瘁的精神听从上级党组织的召唤，出任费石庄村党支部代理书记了（当时年龄超标，所以是代理书记）。这一次李思孝从 2006 年末在代理村党支部书记的位置上一直干到 2008 年。这是李思孝第三次走上村党政一把手的领导岗位时期。

这一时期在李思孝的领导下，费石庄村“两委”也做了一些事情，如完成了上届村“两委”设计的人畜饮水工程项目等。

2008 年，为了加强基层党组织的战斗力，拨道洼联村党总支成立，拨道洼村支书兼联村党总支杨文开始兼任费石庄村党支部书记，李思孝的代理村党支部书记一职自然也就取消了。

自 2008 年后李思孝已不再进入村“两委”班子，不过他仍积极参加党组织的活动，关心村庄建设。目前他还担任村民理财小组组长一职，代表村民监督村“两委”的财务开支情况。

如今回首往事，当年的风风雨雨早已远去，但值得总结的东西却有很多。李思孝本人在和调研组成员一起回顾他在费石庄村“三起三落”的传奇政治仕途时，总结了自己三次出任村党政一把手期间个人认为做得非常有意义的四件大事：

第一，承接“星火计划”项目，大力支持农户发展果树种植。

第二，开征农林特产税时为民请命，开动脑筋利用村集体收入垫支特产税，减轻村民负担。

第三，在村“两委”班子内部严重闹派系斗争，村支书撂挑子无人愿意接任的困难局面下，两度“临危受命”出来收拾残局，出任村党支部书记或代理村党支部书记。

第四，以极大的智慧和勇气圆满完成了村容村貌的首次整治，改变了村民几百年来的传统生活方式，为后来连续几届村委会的村容村貌整治工作打下了基本的雏形和良好的群众心理基础。

彻底卸任村党政一把手之后，李思孝开始平平淡淡地享受自己的晚年生活。李思孝与老伴儿费学霞共育有三个女儿，现均已经成家。目前李思孝与老伴儿及大女儿一家共计五口人在村里生活。依据李思孝的口述，其一家五口人 2013 年的家庭经济情况大致是：第一，收入情况。2013 年全家收入大约为 41200 元，其中种植业 3 万元，外出打工 1 万元，政府补贴和社会救济 1200 元。第二，支出情况。2013 年全家支出大约为 23300 元，其中生产性支出 3800 元，食品支出 7000 元，看病支出 1600 元，娱乐支出 300 元，红白喜事支出 5000 元，交通支出 5000 元，通信支出 600 元。第三，耐用消费品情况。2 台电视机、1 台电冰箱、1 台洗衣机、2 辆电动车、1 辆摩托车、1 辆农用车、3 部手机。

谈及对现任村“两委”班子的看法，李思孝表示他十分看好。他认为，以侯亚东为村党支部书记兼村委会主任的这一届村“两委”班子工作务实，善于统战，办事公道，发扬民主，班子内部彻底消除了派系斗争，目前来看可谓是政通人和，上下齐心，终于走出了费石庄村“两委”班子内讧20年的历史周期律，做到了自己任内一直想努力实现却因为各种阻碍一直未能实现的目标，实在是一个了不起的成就！

最后在谈到费石庄村的经济发展问题时，李思孝认为，目前制约村庄经济发展的关键因素就是“大队分家”之后，尤其是取消了农业税以及村提留乡统筹之后，村集体经济薄弱，村里没有钱办大事，只能依靠上级政府的转移支付和财政扶持，发展比较被动。而未来经济发展的突破口应该就是本届村“两委”班子制定的发展旅游业的产业发展规划。目前来看，由于北戴河区整个大的环境都是鼓励发展旅游业而限制其他产业发展，因此费石庄村只有围绕本村的桃树、桃花、桃果大做旅游业的文章，村集体才有可能找到增加集体经济收入的新途径。而一旦这样的设想变为现实，费石庄村村域经济的伟大复兴应该就近在眼前了。

通过在费石庄村连续多日的访谈接触，调研组成员在李思孝老支书身上深深地体会到了中国共产党在基层农村的真实力量所在。在一个有着八千多万名党员的执政党方阵里，村党支部书记处于党组织的神经末梢终端；在一个有着七亿农民的国家中，村党支部书记是走在基层群众最前面的领头羊。“上面纵有千条线，下面也要靠村党支部书记一根针。”正是因为有着千千万万像李思孝这样坚持实事求是，处处心系群众，一生坚持原则，上不愧党，下不愧民的老共产党员在村党支部书记的位置上鞠躬尽瘁、恪尽职守，用他们的忠诚和奉献书写着对党的事业的坚定信仰，中国共产党在基层的力量才得以凝聚，共产党员的光辉形象和不朽风骨在基层才得以彰显。

（九）阅历丰富的老村长范木海

范木海，男，汉族，中共党员，58岁，无宗教信仰。我们见到范木海时，他正在为地松土。范木海衣着朴素，有一双充满坚毅神情的眼睛，饱经岁月的脸上布满了皱纹。他对我们说：“这块地是北戴河的一个老板在村里承包的50亩核桃地，其中就包含我家的3亩地。土地以每亩2000元的价格租给承包商，租期是30年。”当我们反问为什么村民不自己家种植作物，却要把土地租出去呢？范木海给我们算了一笔账：假如村民用这些土地来种植玉米，除去农药、化肥，每亩玉米地最多能赚净利润500元。所以说现在种植玉米不赚钱，而且国家补助金少，只有种植规模达到要求才能有补助金。但是如果把土地租出去就不一样了。一方面大家把自己的土地租出去收租金，另一方面可以把节省出来的农忙时间去做生意赚钱，何乐而不为呢？我们不禁感叹：范木海头脑灵活，阅历丰富让人佩服。

说到经济收入方面，范木海说，农民的收入主要还是来源于土地，这也是村里大多数村民的现状，村里重新分配土地是按照家庭人口多少来分的，每人 1.5 亩地（见表 16－10）。由于自己家户口在村里的就 2 个人，所以分到了 3 亩地。按照种植桃树基本每年能收入 2 万元，可是如果仅仅靠种植业的收入肯定不够维持家里的日常开支。所以主要还是靠打工的收入，2013 年打工挣了 5 万元，这样除去日常开支，每年下来能攒一些钱（见表 16－11）。

表 16－10　　**2014 年家庭承包土地情况**　　单位：亩

总面积	水浇地面积	旱地面积	良田面积	荒地面积
3	3	0	0	0

数据来源：根据范木海口述整理，2014 年 7 月。

表 16－11　　**2013 年家庭收入来源情况**　　单位：元

职　业	收　入	职　业	收　入
从事种植业	20000	本乡镇就业工资	50000
总收入合计	70000		

数据来源：根据范木海口述整理，2014 年 7 月。

聊天中我们注意到地里刚种的新苗，只见幼苗高 30～50 厘米，树叶成黄绿色，树姿呈开状。范木海说："这些幼苗刚刚种植上去，每株成本在 100～150 元左右，长势非常喜人，2～3 年即可结果。"刚说完，范木海示意我们找个地方坐下来聊。于是，我们便朝一幢新建的居民楼走去。他介绍说："这是承包商在这儿建的新房，刚刚砌到第二层，预计完工后建筑面积有 300 平方米。"承包商还承诺将会分出几间房间给范木海夫妻俩，方便他们夫妻俩帮忙管理这核桃地。范木海微微一笑，因为承包商十分信任他，让他全权负责核桃地。现在每个月给他工资 3000 元，时不时还会给他点补贴。

当我们问及家庭其他成员的时候，他说自己有两个女儿。大女儿 30 岁，小女儿 25 岁，一个在北戴河村，一个在费石庄村。两个女儿都已经结婚生子，家庭生活幸福和谐。现在家里没有什么太大的负担，范木海开玩笑说："就算现在不出去做事，以前的积蓄吃利息也够他们夫妻俩颐养天年。"在回顾过去的风风雨雨时，范木海似乎有很多话要说。

范木海 1993 年开始在北戴河区第三建筑公司上班，最开始是做建筑公司施工员。主要是负责放线和混凝土搅拌，每天工作长达十几个小时，非常辛苦。每到夏天，他在工地施工每天都是满头大汗，有时候还会中暑。冬天手冻得红彤彤，还裂开了口子，可是他依然坚持在恶劣条件下干活。就这样风里来，雨里去做了好几年，老板见范木海诚实可靠，便让他负责组织施工和现场管理，工作相对来说轻松了很多。范木海是个老实人，施工时见自己的工友受伤了，为了不耽误工期，就会自己顶上去，因此工地的工人都特别服他，把他看作工地的领头人。久而久之，范木海自己拥有了建筑公司的股份。后来由于第三建筑公司老板负债 1150 万元逃跑，紧接着下面有几千名员工出来闹事。而范木海是公司里资历比较老的员工，在他的组织下，事情得到了圆满解决，每位工友也获得了 15 万元的赔偿金。

2008 年他便开始在建筑公司挂职，自己出来单干。他联合 10 个工人建立了一个彩钢瓦厂，主要是负责采购彩钢瓦，给新建房屋加工顶子。刚开始效益非常好，因为建房屋的人多，所以收入也颇丰。范木海说，因为自己在建筑公司有股份，建筑公司每月发 1400 元工资，年终有 2.5 万元奖金。加上自己开彩钢瓦厂的收入，一年能净挣 10 万元左右。但是由于这项工作富有危险性，工人们爬上屋顶时，随时有可能从屋顶或悬梯上摔下来。轻则骨折，重则丧命。正在我们聊天时，进来了一位 30 岁左右的年轻人，原来是范木海的工友。他说："去年有个工友就出事了，从屋顶上滑落下来，粉碎性骨折。面对高昂的医药费，现在还瘫痪在家里，无法医治。"范木海解释说正是因为这个原因，从 2013 年开始他就退出了彩钢瓦厂。因为现在国家对于伤亡事故的赔偿标准也发生了变化，2013 年以前发生伤亡人员事故，最低赔偿标准是 20 万元。可是从 2013 年起，伤亡事故最低标准是 60 万元。我们问为什么不给工人们上保险呢？他说："保险公司在理赔的时候总是尽可能少赔，最终被保人得到的理赔费少之又少。自己辛苦大半辈子，到时候万一出个安全事故，这一生就毁了。"交谈中，我们发现范木海为人踏实谨慎，聪明能干。

在做彩钢瓦厂的时候，范木海还曾经担任过第六届村民委员会的主任。说起担任村主任的经历，范木海显得格外兴奋。范木海说，我们刚进村看见的那个蓄水池，就是自己担任村主任的时候建的。以前，村民主要靠井水来解决用水问题。可是后来下了几场大雨，大部分村民家的井被雨水冲塌了，根本无法解决正常的用水需求。大家便只能上隔壁村借水喝或者买水喝，可长此以往也不是办法。范木海看到这个情况，立即召开两委班子会议。在会上，有村民提出可以买深水泵建蓄水池，给村里集体供水。大家都觉得这个方法可行，频频点头。范木海回想起以前在建筑工地工作的场景，敢想敢做，马上以村委会的名义买来了深水泵，建了个自来水池。这个自来水池水源非常丰富，连续抽了16天水都没抽干。没过多久，村里的各家各户就通上了自来水，解决了村民的用水问题，大家都对范木海竖起了大拇指。范木海每当想到这些，就觉得自己以前的辛勤付出是值得的。正如他所说："打井修路是利国利民，造福子孙后代的工程。"

现在范木海基本都在村里做事，当我们问他为什么不再外出打工时。他微笑着回答说："现在一方面年纪大了，另一方面想离家近一点，这样也方便照顾家里。"他的生活依然过得很充实，自己帮承包商管理核桃地。核桃地里雇了10个工人帮忙负责松土，如果自己空闲，就亲自去除草松土。自己哪天想休息了，就雇人帮忙干。妻子一般在家照顾小外孙和外孙女，如果这边比较忙，就会到核桃地来帮忙。现在核桃地灌溉用水主要是蓄水池，蓄水池就在离核桃地不远的村口。蓄水池的水来自地表的泉水，水量很大。正是由于这附近自然环境十分优越，老板才选择在费石庄承包土地种植核桃。现在住的房子也十分宽裕，前后2套，总共6间，建筑面积达到240平方米。本来想加盖第2层，虽然批文下来了，但是由于一直没有时间还没动工。家里电器设备也一应俱全，有2辆汽车，1台机动三轮车，2台电视机，2台电冰箱等（见表16－12和表16－13）。

表16－12　**2014年家庭主要生产性固定资产数量情况**　单位：个

其他	拖拉机	打草机	收割机	机动三轮车	牛车	马驴车	水泵
0	0	0	0	1	0	0	0

数据来源：根据范木海口述整理，2014年7月。

表 16－13　　2014 年家庭耐用消费品情况

项　目	数　量	项　目	数　量
电视（台）	2	影碟机（台）	1
电冰箱（台）	1	电动车（辆）	1
洗衣机（台）	1	小轿车（辆）	2
照相机（台）	1	电话（部）	0
组合音响（套）	1	手机（部）	2
摩托车（辆）	1	自行车（辆）	2

数据来源：根据范木海口述整理，2014 年 7 月。

家里每年也需要一笔巨大的开支，光生产性支出就得 1 万多元，这个是必不可少的。因为老两口平日没怎么种菜，所以在食品上面的开支也得 1.5 万元。在看病方面的支出，由于参加了新型农村合作医疗，所以节省了不少钱。范木海打心底里感谢党和政府，现在都是政策好，才能过上好日子。红白喜事支出自然也少不了，由于全家忙于生计，所以基本没有娱乐活动时间。范木海闲暇时喜欢看看电视、找朋友和家人聊聊天，在和我们交谈中可以发现他对国家大事了解得很清楚。交通费和通信费更是必不可少的。话音未落，传呼机那边传来了妻子的声音。有时候，他们也用传呼机进行沟通。2013 年家里具体的支出情况（见表 16－14）。

表 16－14　　2013 年家庭支出情况　　单位：元

总支出	生产性	衣服	食品	看病	教育	娱乐	红白喜事	交通	通讯	住房
43240	10000	0	15000	1600	0	0	5000	9600	2040	0

数据来源：根据范木海口述整理，2014 年 7 月。

当谈及国家对农民的政策时，范木海说国家的政策总是好的，但是由于执行力度不够，有些官员还谋取自己的私人利益，农民真正能得到的实惠很少。现在农民要想真正做到大规模种植，还得需要国家政策的扶持。而范木海心中，始终有自己的一番大抱负。交谈中我们发现，他对现在有些乱占用耕地的现象表示不满。普通农民想违规建房基本都行不通，违规建筑的都是关系户。他站在老百姓的角度考虑，耕地建房是有严格的审批程序和比例控制的。可是现在乱占用耕地建房的现象太严重了，国家本来有一个标准，按照道理来说100亩耕地最多允许3亩耕地用来建房。以前有“三打办”（打击非法建筑、打击非法占地、打击非法用地）来惩治这些违法乱建的现象。而现在违规建筑之所以存在都是由于后面有利益群体撑腰，长此以往必将扰乱国家政策。范木海希望这个问题能早日解决，还老百姓一个公平。我们曾围绕费石庄桃园转了一大圈，桃林深处依稀可以看到正在建的楼房，这可能就是范木海所说的乱象。

范木海是一个阅历相当丰富的人，从改革开放到现在，他亲眼见证了费石庄从贫穷落后发展到比较富裕。曾经担任过村主任的他，对费石庄有比别人更深的感触。问到对费石庄的发展还有什么看法时，范木海沉吟片刻，诚恳地说：“费石庄这几年的发展确实比较快，村民的生活也有了很大的改善。但是村里的问题也不少，总结起来有几个方面：首先是村里一些农民思想老旧，不能用科技致富。只知道用原始的方法来进行耕种，而现在这个时代讲究的是技术，不是一味地苦干。其次，村干部必须要起模范带头作用，做好村民的榜样，带领村民过上幸福的日子。”

虽然范木海现在不再担任村主任了，但是他那颗热情为人民服务的心依然没有改变。我们也期待着费石庄村在村干部的带领下自力更生，艰苦奋斗，创造更加美好的明天。

十七、为费石庄村民办实事的人

（一）开朗能干的会计李丽玲

美丽大方，这是会计李丽玲给我们的第一印象，穿着时髦却不失礼数，时尚的卷发泛着沉稳的棕褐色。作为我们组的联络人，聪明能干是她留给我们的第二印象，她与村民相处融洽，这在很大程度上提高了我们的工作效率。在慢慢接触的过程中，活泼开朗是她留给我们最深的印象，她能说会道，性情开朗，经常惹得我们开怀大笑，我们相处在一起的几天都相谈甚欢。

还记得初次见面是在我们座谈会结束后，李丽玲面带笑容地走过来跟我们说，她以后就是我们的联络人，有什么事找她就行。李丽玲从2012年开始担任费石庄村的会计，生于1972年，42岁，女，汉族，高中文化，无任何宗教信仰，普通话非常流利。她从小就活泼开朗，非常擅于交际，与同学、老师都相处很好，深受同学和老师的喜欢，从小学开始就一直担任班干部。在采访的深入了解过程中，我们发现李丽玲不管是在生活、学业还是工作中，她的经历一直精彩不断，就像一幅丰富多彩的油彩画。

李丽玲家中共有兄妹3个，她是家里最小也是最受宠的女儿，从小就聪明顽皮，虽说是个女孩却有着男孩子大方爽朗的性格。她8岁开始在费石庄小学上一年级，由于费石庄小学只有两个年级，三年级后她就在邻村的拔道洼小学（现改名为海北路小学）上学。她成绩拔尖且一直担任班长，对自己的学习成绩也特别自豪，在我们看来，这段经历对她后来的工作和生活影响很大。在我们采访期间，不时有人来找她拿材料、拿报告，她的工作非常繁忙，就在我们刚聊了不到5分钟的时间里，她就接了3~4次电话，全是关于工作的。这与我们以前的想法可能有点出入，以前总觉得村委会的干部都比较清闲，没事总爱聚在一起聊天，不谈正事。这次亲眼看见她们的工作状态，果真是百闻不如一见，许多事还是必须要亲眼所见才能真正了解。李丽玲虽说只是一个只有200多户村庄的会计，但是工作确实非常繁忙，这在一定程度上也体现了她对工作认真负责的态度。李丽玲算是费石庄村少数受教育水平较高的女子，这得益于她父亲重视教育的态度。她从小成绩优秀，但由于性格好动、好玩，偶尔会耍点小聪明，对待学习不够踏实，这也是导致她后来高考失败的一个原因，正所谓“学而不思则罔，思而不学则殆”。

虽然学习成绩没有达到理想的状态，但李丽玲的校园生活却一点也没有因此失去色彩。男孩般的性格使她与运动结缘，自小她就是体育健将，参加各种体育项目比赛，包括50米、100米和跳远，最值得一提的是她一直都是短跑运动员，每年都代表学校去参加区里的运动会，并且每次都获奖，最好的一次是获得了区运动会第二名。更让我们意想不到的是李丽玲曾经还是校足球队的队员。在她读初三那年，学校选拔了一批高二的学生组织了校女子足球队，她凭借着自己优异的体育才能在一批高二学生中脱颖而出成为足球队中年龄最小、个子最小的足球运动员。虽说当时是以替补队员的身份加入足球队的，但她依然热情高涨地参加训练，从来不曾担心可能不会上场比赛而消极对待训练。功夫不负有心人，正是她对体育的这份热爱才使得她终于在抚宁县举办的市足球赛上如愿上场。虽说比赛结果因为时间的久远已不大记得，但这一经历成为她学生时代最美好的记忆。

正是因为她体育成绩优秀，家里人和老师都有意让她走“体育路”。而当时李丽玲本人比较想上中专，因为在20世纪80年代中专或师范才是特别让人羡慕的学历，那时候人们都觉得有一技傍身，未来生活才有保障，而且只有成绩特别优秀的人才能考上。李丽玲因为差了10多分没考上，最终选择了上普通高中，并听从家里人的意见成了一名体育特长生。她的学业生涯虽说丰富多彩，却也是历经波折。在她读高二那年，学校曾有一个捐资助学的机会，即只要花9000元就能上师范，她当时特别想读师范，想当一名人民教师，但最终未能如愿。

有时候机会一旦错过，人生的轨迹就有可能因此而改变。1990年6月，李丽玲因高考失败最终未能继续她的学业，同年9月份来到海滨上班，正所谓山不转水转，她来到刘庄小学当了一名临时教师，也算是圆了她的教师梦。虽然时间比较短暂，只干了半年，但当她提到这段经历的时候，那种发自内心的喜悦让我们感同身受。理想很丰满，现实很骨感。虽说能做自己喜欢的事是人生的一大幸事，但生活还得继续，作为一名临时教师，不知何时才能转正，工资也不高，前途堪忧。

她是一个有主见、有远见的人，懂得审时度势，在看不到未来的情况下及时转了行。1991年她来到北戴河彩印厂上班，当时的她心性单纯，不懂人情世故。在厂里上班时，带她的是个70多岁的老师傅，师傅已经带了一个小徒弟，但由于李丽玲脑子灵活，手脚麻利，很得师傅喜欢，老师傅就把自己毕生的经验和技术倾囊相授，却把他的小徒弟调到别的车间了。这一举动无意间伤害了那个小徒弟，但最终李丽玲以她自己的善良大方感动了对方，两人还成了好朋友。人总是在一件件事中慢慢长大，慢慢成熟，因为这件事，她也慢慢懂得了人情世故，慢慢学会去处理人际关系，知道做任何事都不能再由着自己的性子来。

机会总是留给有准备的人，一次次的选择，一次次的改变，每一次她都走在时代的前端，每一次她都抓住了最有前景的机会。1993年，正赶上秦皇岛经济开发区招商引资，她看准机会来到秦皇岛经济开发区换了一份新工作，做了一名包装工人，主要是做计算机软盘检验，这在产品质量检查程序中是比较关键的一环。新的工作环境，虽然工资提高了，但工作条件比较艰苦，由于产品检验是产品出厂的最后一道程序，她经常一个人在大车间里加班，只为尽心做好自己的工作。上班时间也不是朝九晚五，那时候工作时间是三班倒制，有白班、小夜班和大夜班，经常要通宵熬夜，工作十分辛苦。

苦尽甘来，这是李丽玲婚姻生活的写照。1994 年 12 月，她与青梅竹马的男朋友携手走进了婚姻的殿堂，共同开创了幸福美满的家庭生活。她的丈夫叫吴建军，今年 43 岁，是一名个体工商户，曾经是与她同一届的体育生，两人一直关系特别好，机缘巧合下，她的体育老师促成了这段美好姻缘。两人育有一个漂亮可爱的女儿叫吴迪，今年 18 岁，刚参加完高考，成绩相当不错。走近李丽玲家，最让我们印象深刻的是她家那条有一人高的金毛犬，一见到我们，它就十分热情地扑过来，当时着实把我们吓了一跳，不过处了一会儿后才发现这条金毛犬对人非常热情。

结婚以前的她一直在尝试不一样的生活，一直在不停地漂泊，结婚后善良贴心的丈夫给她提供了可以停靠的港湾。当她提起自己丈夫的时候，那种由内而外散发出的甜蜜幸福可真是羡煞旁人。她跟我们说，改变女人命运的方式有很多种，虽说她没有如自己所愿读师范学校，但她选择了一位可以一起共同努力创造更好未来的老公。

疯玩好动的她结婚以后逐渐沉稳起来，1995 年她开始自学会计，为自己谋划了一份稳定的事业。结婚以后，她在二建一公区企业上班，这个企业是镇属企业，当出纳管理现金。因为从来没有接触过这个行业，一开始干的时候心里发怵，挺没自信，但聪明的她在别人的指点下很快掌握了其中的规律。在工作期间，基于镇属企业的要求和自己兴趣所向，正好北戴河区财政局有统一报名培训的机会，于是李丽玲一边工作一边学习会计，考取了会计上岗证，从此再未离开过财务这个行业。后来二建一公区被私人买断，集体企业成为私营企业，从一开始的建筑行业转为多种经营，效益逐渐变差，在福利方面没有给予员工足够的保障。她由一开始的全天制上班变为兼职，即每月月初和月末报账即可，工资不高，于是她再一次选择了别的朝阳行业。她擅于利用自身所具有的一切优势，将这些优势资源充分发挥起来，她的能言善道和广交朋友的性格使她在保险行业游刃有余。此后，她一边照顾家庭，一边在会计和保险这两个行业中穿梭。2012 年村委会换届以前，费石庄村的会计由村支书兼任。

2012—2013 年是基层建设年，政府拨款给村里发展了很多建设项目并且下派了工作组驻村工作，这时候村委会缺少一个专业会计，于是现任村支书侯亚东邀请李丽玲一起加入他们的工作队伍。2012 年，李丽玲正式开始在费石庄村担任会计，她是一个对待工作非常细心踏实的人。以她的经验来说，做财务这行就必须心细，一点都不能马虎，必须做到日清月结，今日事今日毕，不管再忙都不能把事情堆积到一起，千万不能形成拖拉的习惯。正所谓明日复明日，明日何其多。现在农村的财务机制一般是村财镇管，她现在的工作相当于出纳，她告诉我们："干出纳这个工作，必须记账及时，否则丢一张票就相当于丢钱，必须做到谨小慎微，对待工作必须认真谨慎。"在她担任会计这段时间，村里的建设项目非常多，工作一直比较忙。在聊天过程中我们了解到一些主要的建设项目：第一个项目是村委会办公室的搬迁，一开始他们在平房里办公，工作环境比较差，而且办公室外面有一个小泥塘，堆满了垃圾，天气一热就很容易散发让人难以忍受的臭味；第二个项目就是改造小泥塘，治理排水渠，把垃圾都清理干净了，并聘请了专门的垃圾清理人员；第三个项目是村里道路硬化，以前都是泥泞路，现在基本都是水泥路直通各家；第四个项目是村里的绿化美化，每条道路都种着各种花花草草，非常漂亮。在政府的扶持下，费石庄村近几年发展得越来越好，村民的生活水平逐渐提高，这在一定程度上得益于会计把村里的财务管理得井井有条，才使得各个项目在资金方面能平稳运作。

在村里担任会计，对李丽玲来说是一举两得的好事。俗话说："家有一老，如有一宝。"4 年前父亲去世以后，李丽玲的母亲就从老房子搬过来与李丽玲的两个哥哥一起住，但两个哥哥因工作繁忙很少能顾得上母亲，74 岁的老母亲经常一个人很是孤单。于是李丽玲就在两个哥哥的房子附近新盖了一个大概 100 多平方米的两层砖混结构的楼房，楼房在外观上属于村里第三代比较新的房子结构，内部装修高端大气，是一套别致的三室两厅一厨一卫的套房，各种设施一应俱全（见表 17－1）。与村里别家不同，她家采用的是地暖，冬天特别暖和。当我们走进屋里的时候，看见墙上和门上都挂着一些精致漂亮的装饰品，沙发上还摆放着一只毛茸茸的泰迪狗，再加上一条活泼聪颖的金毛犬，整个房子让人感觉温馨舒适。

表 17－1　　2014 年家庭耐用消费品情况

项　目	数　量	项　目	数　量
电视机（台）	2	小轿车（辆）	2
电冰箱（台）	1	影碟机（台）	1
洗衣机（台）	1	电动车（辆）	1
照相机（台）	1	组合音响（套）	1
自行车（辆）	1	手机（部）	3
摩托车（辆）	0	电脑	1

数据来源：根据李丽玲口述整理，2014 年 7 月。

她的丈夫是拔道洼村的，2012 年决定回本村担任会计，一方面是基于对家乡的深厚感情，另一方面是考虑到能就近照顾和陪伴自己的母亲。据李丽玲说，近几年由于村里建设项目多，加上缺乏集体经济，已经好几年没给她开工资了，家里收入基本都是来源于丈夫吴建军。吴建军经商 8～9 年，在北戴河村开办了一个生产墙体保温板的厂。家里经济条件在村里来说是比较富裕的，一年收入有 10 多万元。她家人口少，家里只有 4.5 亩地，全是旱地，因为她的户口在费石庄村，有 1.5 亩地，剩余的 3 亩地属于丈夫和女儿，都在拔道洼村。依据国家退耕还林政策，3 亩地都种了杨树，国家每年补贴 400 元，2013 年杨树长大后卖树收入有 3000 元，一棵大树只能卖到 20～30 元。由于家里劳动人口少，生活富裕，收入基本不靠种植，地里除了杨树没有种其他的农作物，2013 年总收入 103400 元（见表 17－2）。此外，家里除了一条宠物狗，没有任何牲畜和家禽，也不存在影响农副业收入增长的制约因素。

表 17－2　　2013 年家庭收入来源情况　　单位：元

职　业	收　入	职　业	收　入
从事种植业	3000	政府补贴和社会救济	400
从事旅游业	0	其他经营收入	100000
总收入合计	103400		

数据来源：根据李丽玲口述整理，2014 年 7 月。

表 17－3　　2013 年家庭农作物、牲畜和家禽情况

种类	亩数	折算价值(元)	种类	亩数	折算价值(元)	种类	个数	折算价值(元)
大豆	0	0	杨树	3	3000	禽类	0	0

数据来源：根据李丽玲口述整理，2014 年 7 月。

表 17－4　　2014 年家庭承包土地情况　　单位：亩

总面积	水浇地面积	旱地面积	良田面积	荒地面积
4.5	0	4.5	4.5	0

数据来源：根据李丽玲口述整理，2014 年 7 月。

李丽玲是一个注重生活品质的人，因此她家人口虽少，但开支却不少，2013 年总支出 85862 元（见表 17－5）。她是一个追求时尚的人，每年都会和朋友出去旅游，所谓读万卷书不如行万里路，许多地方只有身临其境才能感受它的美好。近几年她去过香港、澳门、大连、云南、青岛等许多地方，去年旅游大概花费了 8000 元，在我们调研的最后一天，她邀请我们将来一起去内蒙古大草原骑马。一年下来主要的开支是买衣服、食品支出和教育支出这三大项，一年四季每个季节都得添置新衣服，去年花费了 1 万元左右，食品支出则花费了 2 万元左右。家里 3 口人都参加了新型农村合作医疗和社会养老保险，村里有医疗室，如有需要医生一般都会上门来问诊，看病很方便。丈夫吴建军由于常年工作比较忙，患有轻微的腰椎间盘突出，看病花费了 1000 元。女儿吴迪去年正在昌黎县读高三，功课多，压力大，李丽玲对她照顾得无微不至，在学校旁边租了房子陪读，每个月得花费 400 多元的补课费，一年花费 4800 元；每月给女儿 400 元的零花钱，一年 4800 年；再加上学费、课本费和文具费，一年在女儿的教育上得花费 1 万元。每天下班后她都要开车去昌黎县，车程大概 40 分钟，一年下来加上汽车保险，家里两台车一年得花费 3 万元。中国有个习俗就是遇着亲朋好友家的红白喜事得随份子钱，去年一年随了 2200 元。家里 3 个人每人一部手机，每月花费 260 元，一年花费 3120 元；费石庄村每家每户的自来水都是免费提供，电费每月大概得 50 元，一年 600 元；夏天用液化气比较多，105 元一罐，大概每月用一罐，一年 630 元；冬天用煤炭比较多。另外每年看电视的收视费每月 26 元，一年 312 元。

年轻时候的李丽玲好玩好动，现在经历多了，阅历丰富后也越来越沉稳了，闲暇时会跟亲朋好友去 KTV 唱唱歌，陪妈妈在家聊聊天，看看电视。

表 17－5　　2013 年家庭支出情况　　单位：元

总支出	生产性	衣服	食品	看病	教育	娱乐	红白喜事	交通	通信	住房
85862	0	20000	1000	1000	10000	8000	2200	30000	3120	1542

数据来源：根据李丽玲口述整理，2014 年 7 月。

表 17－6　　2013 年家庭外出劳动力情况

姓名	性 别	年龄	外出距离（公里）	备注
吴建军	男	43	5	个体商业户

数据来源：根据李丽玲口述整理，2014 年 7 月。

态度决定一切，细节决定成败。她对工作认真负责的态度决定了她在事业上的一帆风顺，她对家人的细心体贴决定了她在生活上的如鱼得水。

（二）村民信得过的红白理事会会长樊志民

今天我们在村委会的会议室采访了费石庄村的红白理事会会长樊志民。樊志民，男，68 岁，1946 年生人，汉族，小学（高小）文化，无宗教信仰。樊志民看着极为年轻，不像 68 岁。我们询问樊志民有什么保养诀窍和长寿秘诀，樊志民笑道："可能是每天下地干活吧，在不超过体力范围内，起到了锻炼的作用，因此身体较为硬朗，很显年轻。"樊志民向我们介绍道，他 15 岁高小六年级毕业时，由于当年的条件比较艰苦，处于非常时期的政府要求必须退学，大家尽量都选择务农。樊志民家里有两个儿子，两个孙子，两个儿子的家也都在费石庄村。现在儿子们虽已经分家单过，但是由于儿媳妇们上班比较忙，没时间做饭，所以大部分时间都是到樊志民家中吃饭。樊志民的两个儿子都有稳定的工作。长子 46 岁，在中煤炭的培训中心当会计，次子 43 岁，在北戴河区公安局的后勤部门做厨师。值得自豪的是，樊志民的两个孙子都是大学生。樊志民的大孙子已经大学毕业，小孙子今年刚结束高考，报考了一个三本的院校。在村里大学生不多的情况下，樊志民两个大学生孙子给家里增了光。

樊志民家共有8口人，每人1.5亩地，共有12亩地，老两口由于年事已高，现在已经不种地，所以将自己的土地分给两个儿子，每个儿子家6亩地。樊志民家的12亩地，之前还有一些苹果、梨树，现在已经全部种植为桃树。换树的原因有两点，首先是因为现在农村的苹果、梨打药较多，成本较高，管理也比较辛苦，相对来说，桃树的管理较为简单。其次是因为价格问题，桃子的售价一般在5～6元每斤，去年大部分为3～4元每斤，而苹果的价格相对较低。出于以上两个原因，樊志民家将苹果树和梨树砍掉，全部种植了桃树。樊志民家的桃树品种齐全，市面上能看到的品种全都有。在桃树的管理方面，日常灌溉主要靠降雨。

樊志民家的房屋是新式的钢筋水泥房，建筑面积为127.5平方米。两个儿子家的房产较多，房屋建筑面积较大，三家合起来共有830平方米。冬天屋内的取暖设施主要是直接烧煤的火炕和暖气。在冬天特别冷的时候，也会使用电暖气取暖。饮用水主要是自来水，方便卫生。做饭的燃料是液化气。家里家电齐全，电视机、电冰箱、洗衣机等，应有尽有。樊志民的大儿子家中有2辆汽车，二儿子没有汽车，但有1辆摩托车和1辆电动车，樊志民家也是以摩托车和电动车为主。樊志民参加了新型合作医疗和社会养老保险。两个儿子都已过不惑之年，早已成家立业，除农村的土地之外都有稳定工作，所以老人们没有任何后顾之忧。

在红白喜事方面，我们了解到，现在农村的人情来往过程中的礼比较重。像樊志民这样和两个儿子已经分家单过的情况，在遇到随礼时就要随三份礼。根据与办喜事者的关系远近，最少随100元，多则300～500元，每年下来也是一个不小的支出。但好在人情费用是礼尚往来，所以长远来看，负担不是很重。

鉴于樊志民是费石庄村的红白理事会会长，因此，我们请他讲述了许多红白事方面的习俗。在红事方面，“文革”之后的婚礼又有了新的变化，如婚事不再吹喇叭而改为放鞭炮，彩礼嫁妆的花样也更加丰富多彩了。费石庄村自由恋爱的少，大多数还是经过介绍认识的，本村内结婚的有但比较少，和外村结婚的比较多。结婚之前要先订婚，商定彩礼，本村的彩礼比外村要少，一般1万～2万元。订婚时，两方父母会商议选择一个黄道吉日举行结婚仪式。现在村里很多年轻人在外地工作，工作地点离家较远，因此一般不回来办婚礼。

关于结婚之前是否存在定亲的情况，我们了解到，现在费石庄村定亲的情况虽然还存在，但是不算太多。大部分情形是两人确定关系以后，举行一个小小的仪式，双方的主要亲戚到男方家吃一顿饭，吃饭期间，男方根据条件给点定情物或者是钱。有的给 101 元，现在多数为 1001 元，有的甚至会给 10001 元。从百里挑一到千里挑一甚至万里挑一，这体现了人民群众生活水平的提高和改善。婚礼作为两位新人的人生大事，一定要挑选一个佳期吉日。首先要求农历是双日，其次最好在周六或者周日，或者是重大节日、黄道吉日吉时。在接亲方面，男方所选择的接新娘的车辆也是用双不用单，即都是双数的婚车。结婚当天需要男方过去接新娘，接新娘需要多去车，把新娘家的亲属接过来，到新房看一下布置的情况。接完新娘后，会去北戴河与南戴河逛一下，拍几张婚纱照的外景。之后去新郎家，其中有一个特色是新郎从家里带来新的被子，新娘要坐在被子上，这叫“坐福”，再带到新郎家，还需要第二次坐在被子上。这些被子需要童男童女（即我们通常说的伴郎伴娘）抱着被子，童男童女的年龄不限，从 5 ~ 26 岁，只要没结婚即可。费石庄村小孩子比较多，这也是长久流传下来的风俗习惯。婚礼酒席多则 50 ~ 60 桌，少则 8 ~ 10 桌。这取决于新郎新娘双方亲友的数量。以前婚宴都在家请厨子做饭，现在都在饭店举行。费石庄村村民的婚宴一般在牛头崖的饭店举行。牛头崖有 3 个饭店，去那里办婚礼的人比较多，现在婚礼宴席的花费最便宜的是每桌 800 元，等婚车到达饭店，开始放礼炮；礼炮完毕，新郎新娘进入饭店，换礼服准备仪式，礼服一般有几套；到中午 11∶58 分婚礼准时开始，司仪主持，新郎登场，接下来的仪式跟我们平常看到的婚礼场景非常相似，新婚夫妻喝交杯酒，给父母敬茶，然后由父母代表讲话致辞，仪式一般在半个小时以内。到 1 点多钟宾客基本上就散场了，整个婚礼也就结束了。

吃完午宴后，多数新人会闹洞房。20 世纪五六十年代，不论多大年纪的人都会去，现在基本上都是和新郎新娘年纪相仿的年轻人来闹洞房。婚后第三天吃和气饺子，意取“和气生财、早生贵子”之意。

几十年前，婚礼的仪式常会邀请樊志民参加，担任主持人，并承担婚庆公司的部分工作。现在婚礼举行的方式更为现代化，因此樊志民的工作几乎被婚庆公司分担了。樊志民做主持长达 40 年之久。我们问樊志民，这些习俗职责是否有师傅教授。他说农村的风俗习惯都差不多，之前看就看会了，也没有特意去学习。樊志民又向我们讲到当初他结婚的时候，条件艰苦，只用了一辆自行车就将妻子从邻村带了回来。那时候办红白喜事，生产队会预支一部分钱，每人给 50 元，双方共有 100 元，这样就将事办完了。现在随着生活水平的提高，各种方面的花样层出不穷，因此开支也持续增加。

白事方面，樊志民介绍道，人死后，一般情况下是先放三天，如果老人是在夏天去世的，则将逝者放入专门的冷冻棺材里保存，防止腐化。晚上的时候，要点上一盏照尸灯，保持昼夜长明（照尸灯通常是自己家做的，用高粱秆等制作，用棉花捻出一个心，倒入少量花生油点上）。此外还要准备七个小菜，白菜、豆腐、肉等，趁逝者刚逝世，将寿衣穿上。三天时间到了之后，会进行火化，火化之前，条件好一些的会雇吹喇叭的乐队。如果是老喜丧，即岁数比较大的人去世了，会从下午一点吹到晚上十点。第三天火化之前，要出殡，即逝者的直系亲属披麻戴孝跟在送葬的车之后在庄里面走。穿大孝衫的亲属都是嫡亲，常为儿子、儿媳、女儿，其次为孙子、侄子，再次为女儿、女婿。亲戚关系越远的孝就越轻，根据亲属关系远近的不同来确定戴孝的程度。有经验的外人可以根据戴孝的程度来判断亲人和逝者的身份。

在先人去世之后，还有一项工作是需要立即完成的，即写殃榜。殃榜，顾名思义，就是帮先人往阴间报户口。亲属写好殃榜后，贴到门旁边。此外，不管前门后门，都贴上小方块白纸。殃榜上要写上先人出生及去世的年月日。殃榜不是一直贴在门上的，在出殡之前，要取下来，把殃榜放入斗里，和逝者一起埋葬到土里，这项工作就完成了。而其他贴在门上的小方块白纸，不需要刻意撕下来，随时间流逝自然脱落即可。

随着时代的发展，白事也发生了许多变化。樊志民向我们介绍道，在许多年之前，那时费石庄村还有小庙，即五道庙。有人去世，直系亲属要去庙里，携带方盘和酒壶，向庙里的神仙祷告，告诉阴间有鬼魂前来报到。随着前些年“除四旧”，附近村庄的五道庙都被拆或破坏了，因此报庙这一习俗在此时也消失殆尽。

消失的习俗远不只这一项，还有曾经记录家族成员的宗谱和平日里供奉灶王爷等现象。农村之前都会在锅台的墙上安一块板子，上面贴一张灶王爷的像。俗语常说，二十三，祭灶天。说的就是在每年腊月 23 日这一天，过小年的时候，灶王爷要上天庭汇报各家各户一年以来的大事小事。因此为了得到一个好的评判结果，家家户户都要祭祀灶王爷。除灶王爷的像之外，还有祖宗板，祖宗板上摆的是香炉之类的贡品，供奉的是各家各户的列祖列宗。樊志民年轻的时候见过家里的长辈供奉过祖宗，只不过现在随着时代的发展，也早已消失不见。

我们感慨于樊志民对民俗的了解之多，认识之深。通过对樊志民人生经历的探讨，我们找到了原因。樊志民在69年的人生历程里，一直在费石庄村生活和工作，生活和工作丰富了他的人生阅历。早在1970年到1981年，樊志民在村里担任过12年的生产队长。从1981年到1984年，担任了4年的大队长。大队长和生产队长略有不同，费石庄村当年分为两个生产队，樊志民最开始只是生产队长之一。大队长则是全村的负责人，管理两个生产队长。后来从1984年到1986年，樊志民卸下了大队长的职务，卸任之后，费石庄村的工作也瘫痪了两年，各项生产生活都跟不上，在镇里的村子排名中比较落后。后来县委派人下来调查，经过实地走访分析，决定还是让樊志民继续主持村里的工作。后来又通过选举，从1986年到1988年，担任村里的村主任一职。之后，樊志民离开费石庄村，外出务工，在集发观光园做过两年葡萄观光的技术员。又在建筑队担任机修工，修理建筑机器，一直做到现在。

樊志民在向我们讲述他的人生经历时，说到自己的缺点是太认真，并强调这点不好。但在我们看来，认认真真、踏踏实实，这才是在一个人生命中最需要保持的两项品质。也正是因为这种品质，樊志民才能不论是在改革开放之前还是改革开放之后，二十多年来如一日的担任村里的干部。也正是因为这种品质，樊志民才能在即使卸任之后，依然受到村民爱戴，担任村里最有威望的红白理事会会长一职。因此，认真，这一品质，是樊志民传授给我们的最宝贵的人生财富，也是值得我们在未来的人生道路中一直保留下来的珍贵品质。

（三）热心助人的费石庄村“赤脚医生”刘艳芝

“赤脚医生”是20世纪60—70年代，“文化大革命”中期开始出现的名词，是人民公社时期农村合作医疗制度下农村社员对“半农半医”的农村医疗人员的亲切称呼。他们掌握一定的卫生知识，可以诊治大部分常见病，被挑选出来的人会到县级医院或者卫生学校接受短期培训，之后成为“赤脚医生”，培训机构授予他们购药证进行药品选购，由于他们不像纳入国家编制的正式医生可以领取定额工资，而是会继续从事农业生产，很多人仍会光着脚种田，“赤脚医生”由此得名。刘艳芝从结婚之前就被选中作为“赤脚医生”并参加培训，结婚之后机缘巧合成为费石庄村的“赤脚医生”，一直干到现在。

刘艳芝，女，汉族，1952 年出生于秦皇岛市抚宁县刘家马坊，1977 年与家住费石庄村的李力军结婚，并育有两个儿子。大儿子李源今年 36 岁，二儿子李满 32 岁，两个儿子各自都已经成家立业。李源与妻子都在海滨有正式工作，并有 7 岁即将上二年级的儿子李仲达，一家三口在海滨工作、生活和上学。李满和妻子常年在外面打工，李满自己开过烧烤店，现在开发区驾校做教练，每月收入 2000 元左右，夫妻二人也有个 6 岁的儿子叫李仲轩，最近由于家里需要搬迁，便临时和刘艳芝老两口居住在一起。现在，只有 3 个人的户口在家里，分别是丈夫李力军，刘艳芝，还有二儿子李满，所以今年第二轮土地承包，按照每人 1.5 亩分配，他们家分得 4.5 亩地。

以前家里人多，分得的地也比较多，但近十年刘艳芝觉得自己干不动，于是多转让给别人种。最早分地时，她家有 300 多棵树，桃树苹果树都有，桃树多为“久保”，40 多岁的时候她开了个养殖场，养貉子，养殖场占了很大一块地，所以剩下的果树地便少了许多，转让给别人一部分地之后，果树便更少了。她家在剩余的空地里种植了玉米，约有 2 亩，去年收成 2000 斤左右，每斤能卖 1.06 元左右，总共收入 2000 元左右。至于果树收入，在地多时每年能收入 3 万多元，果树少了之后，2013 年只卖了 1 万多元。貉子去年只有 40 多只，也没有给家里带来太多收入，2013 年一年收入 5000 多元，貉子一年一繁殖，现在已有 100 多只。2014 年分地比往年少很多，她家又保留了养殖场，除去养殖场占地，仅剩 20 多棵桃树。与费石庄村其他村民一样，她家每年可以得到少量的粮补和综合直补；刘艳芝和丈夫都已经年满 60 岁，每人每月可领取 55 元养老补贴。费石庄村比较小，并不能指望做医生可以收入太多，冬天感冒的人多一些，平时会有一些人得肠胃炎或感冒，她给人看病每个月平均收入 1000 元左右（刘艳芝家 2013 年家庭收入情况见表 17 -7）。她从来也没指望通过看病赚钱，所以她平时还是要下地干活，只是因为村里没有人接班，她才一直坚守着村医的岗位。

表 17－7　　2013 年家庭收入来源情况

职业	收入（元）	职业	收入（元）
从事种植业	12000	从事养殖业	5000
各种补贴和补助	1500	卫生室收入	12000
总收入合计	30500		

数据来源：根据刘艳芝口述整理，2014 年 7 月。

刘艳芝小学毕业时正赶上“文化大革命”，便没再继续读书，一般农村的孩子停几年之后大部分都不会继续上学了。由于自己太小，所以她还不能在生产队挣工分。当时主要就是帮着喂猪，帮母亲做家务。抚宁县的刘家马坊不像费石庄村种植果树，而是主要种植高粱、玉米、番薯等粮食作物。据刘艳芝回忆，当时生产队开辟出一个 2 亩地左右的大场，所有粮食都分类堆到场里，当时已经有机器用来统一打谷子和高粱，粮食打完以后队里统一分粮，每人拎一袋子，分谷子时排队领谷子，分高粱时排队领高粱，领完之后做记录，大人和小孩会划分割线，大人每年口粮 400 斤，小孩每年口粮 300 斤左右，所领粮食仍有皮，社员将皮磨掉之后才可以做饭吃。1969 年，她 17 岁，开始下地干活挣工分，多做拉耧、推垄等比较轻松的事，每天可以挣 5 分，如此持续一年左右。那时候刘家马坊经常有很多初中生聚在田间讨论马列主义以及中国的前途命运，由于自己是个小学生，听了几次不明白也就没再参与了，她很怀念这段时光。她下地干活一年左右之后便被选中做“赤脚医生”。

1970 年，她 18 岁，农村要求每个生产队必须有一个“赤脚医生”，村里的领导看她老实、稳重、勤奋，出身是贫下中农、成分好，于是推选她参加“赤脚医生”培训班①，培训班由抚宁县组织，由抚宁县、海港区、北戴河区等地抽调出来的医生组成。全国各个地方培训周期会有一定的差别，一年左右居多。刘艳芝培训了 3 个月，其中 1 个月时间以授课形式讲授医学基础知

① 1968 年 9 月，《红旗》杂志发表了一篇题为《从“赤脚医生”的成长看医学教育革命的方向》的文章，1968 年 9 月 14 日，《人民日报》刊载。随后《文汇报》等各大报刊纷纷转载。当时，毛泽东主席看到这篇文章后，在文章的眉头上批示：“赤脚医生就是好”。这个批示经报刊公开发表之后，当年的中国大地上立即掀起了一股学习“赤脚医生”的热潮，全国都在搞“赤脚医生”培训，几乎各个县级组织都会从各大医院抽调医生组成培训班。

识，剩余2个月组织他们去医院实习，刘艳芝被指定到秦皇岛传染病院实习2个月。刚实习时她很害怕，她说“我是农村孩子，之前什么都没见过，离家最远就是去牛头崖赶集，第一次去医院见到病重的人非常害怕。”实习主要是例行查病房，或者自己一人，或者跟护士一起，一般是给病人量体温或测血压。她实习期间第一次查房是独自一人，病房有一个肝硬化腹水晚期的病人，50多岁的男士，“瘦的眼睛跟骷髅一样，肚子因为积水特别大”，当时把她吓得手都凉了，顾不得给病人测量血压就跑了出去，医生问她病人血压多少，她才意识到自己被吓得忘了这些，并向医生反映不敢自己一个人去，第二天她便跟护士一起去查，还是害怕，只是在一边远远地看着，始终不敢上前，后来她再没去过那个病房，也不知道病人最后怎么样了。由于害怕不敢再去病房，她便一直待在门诊，观察医生怎么诊断，开什么药，像她这样来实习的“赤脚医生”没有资格独立进行诊断，自然也不能给病人开处方。由于是在传染病医院，患儿童肺炎的特别多，她在旁边看，大夫看完病就会告诉她，肺炎听诊时是什么声音、有什么症状等，待大夫都讲完，她便自己听一下是不是这个声音，症状符不符合等。

2个月的实习期结束，她成为正式的“赤脚医生”，买了些药放在药箱里回到家就开始给社员看病了。轻微的病如感冒，社员就直接去她家里的卫生室，如果遇到发烧或者走不了的她就背上药箱去社员家里，一般情况下她去社员家里看病比较多。人民公社时期，农村实行合作医疗制度，药品由生产队统一出钱购买，她给社员看病也是工分制，相对平常下地的社员她的工分会稍微多点，下地干活，男同志最多给10分，女同志最多给8分，但她下地一般挣不了8分，她看一天病生产队会给她记8分。社员看病也不付钱，只是记账，最后在工分里扣除。那时候赤脚医生不脱产，一般每个村会有2个大夫，每个大夫或者出诊半天，下地半天；或者出诊半个月，下地半个月，两个人轮换。她们队里除了她还有两个医生，二人是姐弟俩，姐姐比刘艳芝要早，后来姐姐年纪大了并且调到了卫生院，姐姐去卫生院之后，弟弟像刘艳芝一样接受了3个月培训，之后便接了姐姐的班，这样队里就一直有两个“赤脚医生。”

刘艳芝要根据队里社员情况选择药品种类和数量，购药需要购药证，刘艳芝实习期结束之后，医院发给她购药证。一开始，她和另一个村医要坐火车去留守营购药，由于车次很少，冬天去购药，回来时每次天都黑了。在牛头崖镇上，那时候叫牛头崖公社，有个牛头崖医院，是抚宁县医院分院，从1973年开始，牛头崖医院为了方便“赤脚医生”买药，实行医院统一购药，“赤脚医生”随时都可以列一个药单给医院，医院购药之后，她步行也能把药带回来，从家到医院有6000米，每月去2次，那时需要的药主要是一些常用的感冒药、肠胃药等。当时还没有一次性注射器，注射器都是玻璃管的，需要医生自己进行消毒。从医院买回来时，针管、针头单独放，她有个电炉子，电炉子上放一个小盆专门用来煮针头和针管并消毒；晾干之后，把针头、针管装好；打针之后，用水冲一下，继续煮、消毒，以便下次再用。一般情况下，她每次要买50个针头，针管有很多种类：2毫升、5毫升、10毫升和50毫升。一般2毫升和5毫升的每次各买10个，10毫升用得比较少，预备几个就行；那时农村不让输液，只能静脉注射，所以也会预备一个50毫升的，如果病的严重直接注射50毫升的药。费石庄村十几年才换了一次性注射器。

1973年，刘艳芝经人介绍认识了丈夫李力军，1977年嫁到费石庄。刘艳芝的姥姥是费石庄村的，表嫂刘淑英介绍她和丈夫认识，那时候提倡晚婚，所以他们认识了好几年才结婚。结婚之后，她在生产队只干了几天活，由于怀孕，生产队就没再派给她重活，主要帮队里看一些鸡、鸭、麦苗等。1978年6月，她刚生完孩子坐完月子，由于镇里卫生院缺人手，村里老医生侯彦民调到了卫生院，村里亟须一个人接班，于是她又顺理成章地成为费石庄村的“赤脚医生”，开始在费石庄村行医，与在刘家马坊时一样，不脱产，两个医生轮流看病。表嫂刘淑英也是费石庄的“赤脚医生”，她们姐妹俩每人出诊半个月，下地半个月。1984年表嫂脑出血去世，村里只剩刘艳芝一个医生，一直干到现在。

1982生产队解散，费石庄大队分成了三个生产小组，1983年彻底推行家庭联产承包责任制，土地分给个人使用，随着家庭联产承包责任制的推行，农村合作医疗制度瓦解，从1982年开始，生产队不再管社员看病，所以村民看病不再记账，而是直接付钱。农村合作医疗制度瓦解后，“赤脚医生”失去了政治与经济依托，大多转变为个体经营者，1985年卫生部宣布取消“赤脚医生”的名称，乡村医生被置于市场经济的格局中，他们将关注的重点放在疾病的治疗上，而原来属于“赤脚医生”职责范围的计划免疫、爱国卫生等工作性质的遭到削弱，农村基层卫生防疫网络基本瓦解。生产队在解散的时候，把各个社员的工分算清楚，就这样分了家。当时她手里还剩下一部分药，她便用400元把剩下的药都买了下来。当时生产队有果树队、农业队、车组，三种队收入不同，一般情况下果树队收入最高，她们家就属于果树队。由于生产队集体的生产水平高，效益不错，收入相对比较多，当时分家时，队里大部分人都是抱着观望的态度想看一下家庭联产承包责任制到底行不行，所以一开始分地的合同只签了3年，大部分人以为3年之后还要回归集体，所以她的这些药费没有结清，只是记在账上，说好分几年还清，也确实隔了几年才把药钱还清。试行3年之后，到1986年，才又续签了27年合同，这样费石庄村的第一轮土地承包合同就从1983年开始到2013年结束总共30年。

以前生产队没解散的时候，出诊一次给0.02元的处方费，没有额外的出诊费，看一天病记8个工分。生产队解散推行家庭联产承包责任制之后，村民看病需要交钱，他们“赤脚医生”收入也不多。大队规定出诊费是每次0.20元，她去村民家里给人看病每次收0.20元。海滨那边由于收入高，“赤脚医生”的出诊费和收入也高；那时进行最多的是儿童防疫，打疫苗会给一些补助，根据地区工资给补助，所以山南、山北标准不同，山南提0.20元，山北提0.10元。每当有新疫苗，镇卫生院会把各个村的“赤脚医生”召集过去开会、领疫苗，“赤脚医生”们要向卫生院汇报各个村的情况，比如0～6岁的儿童有多少，上报之后卫生院给他们疫苗，各个村的村医们碰到一起时会交流意见并向卫生院反映自己的意见，卫生院收集了这些意见之后，再向卫生局反映。生产队解散之后三四年，1987年卫生局统一规定出诊费为0.50元，并允许收取0.20元注射费，再后来随着工人工资上涨，卫生局政策也在调整，出诊费涨到过1元，注射费涨到过0.30元。1990年之后，不再限制“赤脚医生”的收费，收入慢慢多了一些。

由于村里没有人接班，刘艳芝作为费石庄村唯一的村医一直干到现在。由于费石庄村民比较忙，多数情况下是村民给她打电话，她挎着药箱去村民家里看病。村委会大院还没修建之前，卫生室就在她家的一间屋子里，后来村委会重建，留两间屋子做卫生室，一间用来坐诊、开药，一间用来打针、输液，但她不在卫生室坐班，因为专职做医生收入太少，平时还要下地干活，所以一般情况下是有人需要看病就打电话给她，看完病之后，村民家里如果有人，就会跟她去卫生室或家里拿药，如果家里除了病人没有别人，她就把药给村民送到家里；村民一看完病就会付钱给她。家里没人照看的老人或病人一般会去村委会大院的卫生室输液，需要她一直照看。做村医这么多年，没有遇到过很棘手的大病，多是感冒、发烧、肠胃炎等普通病，如果遇到病情严重、打针吃药效果不明显、自己处理不了的，她就立刻让病人去医院诊治。

在村里做村医经常会遇到病危的老人，老人的家人多会让她去看一下或者陪一下，也好有个主心骨。这些年来，她经历了四五个病危的老人，随着自己年龄增长，经历增多，她变得不那么害怕了。据刘艳芝回忆，早在 1984 年，她仅 32 岁，当时表嫂刘淑英还在世，那天表嫂没在家，一位老人的家人便叫她去帮忙，那是她第一次遇到这种情形，费家老太太 80 多岁，个子很高，她去的时候看到老太太一直抽搐、瞪眼、咧嘴，还一直叫喊，她没敢给老太太看，便直接告诉老太太家人说她不会处理，建议找别人看一下。那时候“赤脚医生”只允许在本村看病，如果遇到处理不了的情况，可以请上级医院的医生来看病，但医生不允许串村，那时候她根本没有遇到过这种情况，好在后来老太太缓解了一些，她便回家了，老太太在四五天之后就去世了。1995 年，她也经历了一个类似情况，但随着年龄和见识的增长，她没有之前那么害怕了。当时也是有一位老太太，得了胰腺癌，他们家有从镇卫生院开回来的药，有一天半夜 12 点左右，侯家老太太家人敲她家的门，让她去帮忙打针，侯家老太太也是一直抽搐，就像做仰卧起坐一样幅度很大，由于第二天早上 3 点钟就要起来去卖桃，所以她给老太太打完针，侯家人就让她先回家了，第二天早上老太太就去世了。

在费石庄村做了 30 多年的村医，她见证了费石庄村的医疗、卫生以及村民的健康状况。以往 7、8、9 月是村里痢疾的多发期，但最近几年，很明显地感觉到肠胃病少了，各种常见病也少了，因为现在村里卫生状况逐渐变好，村民饮用的自来水越来越干净，并且随着生活水平的提高，村民对卫生、饮食更加讲究。但近些年来，村里糖尿病人变多，遗传性的少，多数是后来得的，据她分析应该是喝酒过多或者饮食不规律造成的。她的卫生室降压药比较少，所以村民一般都会去医院开药或者打针，听她说，村民最常去医院开的治疗糖尿病的药是一种进口药，叫作格列喹酮，虽然很贵，但很管用。

农村合作医疗制度的瓦解和“赤脚医生”定位的转变曾一度使得农村本就不健全的卫生保健体系陷入困境，农民失去了最基本的医疗保障。而随着医疗体制的商业化改革，越来越多的人看不起病，医疗成为与教育、住房并列的“新三座大山”，人们对医疗现状的无奈和不满曾一度引发人们怀念“赤脚医生”。

（四）乐观开朗的文艺骨干李丽芝

李丽芝原本不是我们要采访的对象。她是复员军人费志平的妻子，在采访费志平的时候，调研组的1名成员去里屋跟李丽芝聊天，发现李丽芝原来是村里的文艺骨干，她身上也有很多值得我们深入了解的东西。于是两天之后我们就再一次来到了李丽芝家，

他们居住的两层小洋楼和后排闲置的老房子之间是个不大不小的院子，约有40平方米。院子里种满了各种蔬菜和花花草草，只在中间留出了一条不到1米的小路方便进出。小路铺设了暗红色的地砖，东面是一片郁郁葱葱的菜园，用半人高的铁丝网做了围栏，还搭建了高高的藤架，方便藤本植物生长。菜园里面有各种应季的蔬菜，豆角、黄瓜、莴笋、生菜等，绿意盎然。菜园的外围两侧摆放了10多盆花草，有芦荟、百合、兰花等。小路的西面有棵核桃树，树底下摆放了几盆仙人掌、仙人球，旁边还有几株生长茂盛的绿萝。可以看出李丽芝和费志平都是很会生活的人，一个普通的院子在他们的打理下别有一番风情。

在交谈中我们发现，李丽芝是一个非常乐观、开朗的人，她总是乐呵呵的，不管以前生活多么的艰苦、遇到多大的困难，她都不会怨天尤人，她说："凡事都要想得开，想开了才能活得高兴。"她一直是这么积极乐观地生活的。

李丽芝，汉族，1945年生人，今年69岁，初中文化；她的丈夫费志平是一名复员军人，1944年生人，今年刚满70岁，初中文化。俗话说"人生七十古来稀"，现在生活水平提高了，两位"古稀"老人身体非常硬朗，看着比实际年龄要年轻10岁。

李丽芝小时候是生活在姥姥家的。她的姥爷是河北沧州的农民，18岁那年，挑着担子，带着简单的行李和家里人的期望，从沧州来到北戴河讨生活。北戴河车站当时是交通枢纽，也是小商品聚集地，很多从外地来讨生活的人都在这里摆摊做小买卖，李丽芝的姥爷就是其中一员。姥姥和姥爷结婚后，生意也越来越好，他们就拿出积蓄买了间门面房扩大经营。再后来，随着生意越做越大，挣的钱也越来越多，在新中国成立前几年，姥爷在车站旁边的杨各庄村买下了一座院落和10多亩耕地。李丽芝就是在那个院子里出生的。新中国成立后，姥爷家被划成了富农和资本家，住房和耕地在土改时被分出

去了，店面也在公私合营时改成了国营的百货公司，姥爷就在百货公司上班。没多久，姥爷因病去世，舅舅和舅妈接替了姥爷进入百货公司工作。

李丽芝说姥爷和舅舅、姨妈家都是城市户口，舅舅退休前是北戴河区政协副主席，姨妈一家现已定居北京，只有李丽芝一家在农村生活。她本来有很多次机会可以改变自己的命运，但是最终因为母亲的干涉而未能如愿。她的母亲是 1924 年生人，家里排行老大，下面还有 3 个妹妹和 1 个弟弟。1943 年父母结婚。父亲是天津纺纱厂的工人，1948 年因病去世。1951 年母亲改嫁，继父是运输局工人，在运输局赶马车跑运输，是局里的劳动模范。母亲和继父又生了 5 个孩子。1962 年，为了疏散城市人口，很多家庭被迁移到周边农村，李丽芝家就是这个时候迁到杨各庄的，他们家的户口也一起迁到了农村，变成农业户口。第一次改变命运的机会来自李丽芝的奶奶。父亲去世后，李丽芝的奶奶很挂念孙女，想把孙女的户口迁回家，这样李丽芝就可以当“城里人”了。但是奶奶的好意被李丽芝的母亲拒绝了，因为户口迁走之后家里就会少分 1 个人的口粮，母亲不愿意接受。于是李丽芝失去了第一次改变命运的机会。

李丽芝从小好奇心就特别强，也特别好学，学习成绩一直很好。1962 年初中毕业之后，考上了秦皇岛三中，这是李丽芝第二次改变命运的机会。可是没想到母亲想让她在家照顾弟弟妹妹，不愿意让她去读书。李丽芝很孝顺，听了母亲的话，在家里边干农活边照顾弟弟妹妹。热爱读书的李丽芝没有彻底死心，两年之后，她不顾母亲的反对报考了昌黎师范学校，又被录取了。倔强的母亲还是不让她去读书。李丽芝说虽然有点儿不甘心，但她还是能够理解母亲的，母亲从小生活条件比较好，到农村之后，母亲心里还是有落差的，觉得生活过的不如以前，也不如其他亲戚朋友，母亲不想日子过得太辛苦，就指望李丽芝能帮衬家里。虽然当时心里也有些不高兴，但懂事的李丽芝还是听从了母亲的安排，放弃了继续读书的梦想，也放弃了第三次改变命运的机会。

李丽芝就一边在生产队挣工分，一边操持家务照顾弟弟妹妹。她很能干，挣的工分比父亲都多。那时候一般男同志每天最多可以挣 10 个工分，女同志最多挣 8 个工分，李丽芝每天都是挣满 8 个工分。除此之外，因为她有文化、爱学习，人也勤快，成分又好，一直很受生产队长的器重，还让她担任了仓库保管员、会计，额外再挣 5 个补贴工分。这样李丽芝每天可以挣 13 个工分。日出而作，日落而息，乐观开朗的李丽芝很快从不能读书的苦闷中走了出来，每天都非常有干劲，快乐地生活。

“文革”时期，李丽芝成为宣传队队员，每年过年的时候都会参加文艺演出，也总跟守桥部队进行军民联欢。演出形式很丰富，背毛主席语录、打快板、打腰鼓、唱革命歌曲等。她也特别乐于为大家服务，承担了很多保障后勤工作，深受大伙的喜爱。

就这样又过了几年，李丽芝到了结婚的年纪。经同学介绍，见到了刚复员回家的费志平。两人其实是老相识了，小学的时候曾经同班3年，只是那时候还很小，彼此也不太熟悉。1969年10月，李丽芝跟费志平结婚了，嫁到了当时贫穷而闭塞的费石庄村。费志平家里条件不太好，婚后他们没有自己的房子，只能跟老人住在一起。后来费志平的弟弟们也渐渐长大，家里住不下了，1971年，他们先是在村里租房子住，作为临时的过渡；1972年秋天，开始自己动手盖房子，到1973年秋天盖了两间石头房；又过了几年，分了块宅基地，他们盖起了几间平房，石头房就给了费志平的弟弟当婚房；1990年，在平房的前面，盖了现在住的房子。李丽芝和费志平靠自己的双手，一点点积累出不算丰厚但足够生活的家业。

婚后李丽芝和费志平生育了2个孩子，一儿一女，儿女双全，很是幸福。费志平也是非常乐观的人，复员之后在村里当干部，人老实本分，人缘很好，也讲原则，在村里很有威信。他平时工作也特别忙，逢年过节的时候还会领着一帮年轻人排节目、参加演出。费志平工作忙起来的时候顾不上家，家里的事情和两个孩子基本上都由李丽芝来照顾，因为家里条件不好，加上费志平有时候出去参加学习、培训，一走就是半个多月，家里经常缺米少粮，她一个人拉扯大两个孩子很不容易。但是李丽芝不觉得苦，也不觉得累，她觉得一家人健健康康、平平稳稳地过日子就很好，生活得开心、快乐就足够了。

李丽芝生了女儿之后，由于操劳过度得了产后风，落下病根，经常全身疼痛这让李丽芝的身体一直不太好，还有腰椎间盘突出的毛病。2007年她患了糖尿病，伴随而来的糖尿病并发症也一直折磨着她，光是脚肿胀病，就治了7年，后来腿也开始疼、麻，一直在吃药接受治疗，现在虽然逐渐好转，但是因为有糖尿病，其他病也不太好治。

李丽芝能够成为村里的文艺骨干，跟她长年治病有很大的关系。2010年，李丽芝因为糖尿病并发症住院。她是个喜欢活动的人，不爱总躺着、坐着，病情稍微好转了之后，她就开始在医院里散步。正好看到了一些病人的家属在跳舞，她很感兴趣，就跟着一起学、一起跳，不亦乐乎。出院之后，李丽芝热情不减，买了很多教广场舞的光碟回来自学舞蹈。学会了几种舞蹈之后，她开始教村民跳广场舞。从那以后，李丽芝就成了村里的文艺骨干，农闲的时候就带着大家跳广场舞、扭秧歌、跳健身操。大家很愿意跳舞健身，参与的人也很多，一般会有30多人，村里给大家提供了跳舞的场地，人少的时候就在室内的场地，就是村委会的一间活动室，人多的时候就在村委会东边的空地上。一般从晚上7点开始，陆陆续续有村民加入进来，能玩到9点，有时候甚至玩到晚上11点。有年轻人也有老人，大家很享受一起交流的过程，愿意跳舞的跳舞，不愿意跳舞的就坐在旁边聊聊天，说说家长里短。2011年，戴河镇组织了两次广场舞比赛，李丽芝带着大伙认真排练，精心准备了很长时间，后来虽然没有取得很好的成绩，但是大伙儿都很高兴，重在参与。再后来，由于李丽芝腿脚的毛病严重了，不能再跳舞，她就在一旁指导大家跳，帮着大家纠正不规范的动作，继续发挥余热。直到去年，村里另外一位很热心的大妈开始领着大家跳舞，李丽芝才慢慢地参与的少了，她说等自己的腿脚好了，还要跟大伙一起跳舞。

对于自己的生活，李丽芝觉得很知足。虽然大多数的时候，家里只有他们夫妻俩，但他们感情很好，很少吵嘴。他们的女儿嫁到海滨刘庄村，在刘庄开了个家庭旅馆，不忙的时候经常回家看望他们。儿子以前在阀门厂工作，2010年买断工龄之后自己开了个小厂子，做车床加工。儿媳妇一个月前开了个超市，离儿子的厂子也比较远，儿子、儿媳妇的店里都离不开人。孙女在衡水上寄宿中学，全封闭军事化管理，一个月才放一天假。老两口很少能见到儿子一家。李丽芝说很理解儿女的辛苦，他们养家、供养自己的孩子开销很大，生活压力不小，老两口尽量不给子女增加负担。

费志平这几年在村里做清洁工，每个月有900元的收入。家里的桃树也在管理，现在正是桃子成熟的季节，每天下午老两口就一起开着“三马车”下地摘桃，第二天运到海滨去卖，桃树每年带来的收入约为15000元。2013年李丽芝拿到了1000元的大病补贴，加上老两口的养老金和粮食直补的收入，去年政府补贴总共为2840.80元。三笔收入加在一起，李丽芝家2013年家庭收入为28640.80元（见表17－8），足够他们日常开销了。

表 17－8　　2013 年家庭收入来源情况　　单位：元

职　业	收　入	职　业	收　入
从事种植业	15000	本乡镇就业工资	10800
从事渔业	0	政府补贴和社会救济	2840.8
总收入合计	28640.80		

数据来源：根据李丽芝口述整理，2014 年 7 月。

2013 年，李丽芝没有饲养牲畜和家禽，农作物方面，在 8 亩果树地里套种了大约 1 亩玉米和 0.5 亩大豆，玉米折算成人民币大约为 1400 元，大豆折算价值约为 300 元（见表 17－9）。

表 17－9　　2013 年家庭农作物、牲畜和家禽情况

种类	亩数	折算价值(元)	种类	亩数	折算价值(元)	种类	个数	折算价值（元)
玉米	1	1400	花卉	0	0	牛	0	0
大豆	0.5	300	果树	8	13300	禽类	0	0

数据来源：根据李丽芝口述整理，2014 年 7 月。

李丽芝家 2014 年家庭主要生产性固定资产不多，有 1 台机动三轮车和 1 个水泵（见表 17－10）。

表 17－10　　2014 年家庭主要生产性固定资产数量情况　　单位：个

其他	拖拉机	除草机	收割机	机动三轮车	牛车	旋耕机	水泵
0	0	0	0	1	0	0	1

数据来源：根据李丽芝口述整理，2014 年 7 月。

李丽芝家 2013 年家庭总支出在 31850 元左右。由于李丽芝身体不大好，2013 年治疗糖尿病及并发症等疾病总共花费了 17000 元。夫妇二人生活比较节俭，食品支出约为 7200 元，生产性支出约为 4000 元，红白喜事支出约为 1500 元，交通费支出约为 300 元，通信支出约为 350 元，住房支出约为 1500 元（见表 17－11）。

表 17－11　　2013 年家庭支出情况　　单位：元

总支出	生产性	衣服	食品	看病	教育	娱乐	红白喜事	交通	通信	住房
31850	4000	0	7200	17000	0	0	1500	300	350	1500

数据来源：根据李丽芝口述整理，2014 年 7 月。

李丽芝家 2014 年家庭耐用消费品有 2 台电视机，其中 1 台坏了很多年；有 1 台影碟机，平常腿脚不疼的时候，李丽芝就用它播放广场舞的光碟，跟着学习跳广场舞；还有 1 台冰箱、1 台洗衣机、2 辆电动车和 2 部手机（见表 17－12），极大地方便了夫妇二人的日常生活。

表 17－12　　2014 年家庭耐用消费品情况

项　目	数　量	项　目	数　量
电视机（台）	2	影碟机（台）	1
电冰箱（台）	1	电动车（辆）	2
洗衣机（台）	1	手机（部）	2

数据来源：根据李丽芝口述整理，2014 年 7 月。

整个交谈的过程中，李丽芝一直在微笑，发自内心笑得很开心。她说自己是个乐天派，相信日子怎么过都能过得好，抱怨解决不了问题，只能徒增烦恼，凡事想开了就好。李丽芝乐观开朗的性格和积极生活的心态深深地感染了我们。很多人被生活所累，在遇到挫折的时候，抱怨命运的不公，却很少尝试着说服自己快乐生活，失去了很多生活的乐趣。人生在世就那么短短的几十年，没有过不去的坎，只有想不通的人。

（五）多才多艺的吹喇叭艺人郭向东

今天上午，我们冒雨来到了离村委会很近的民间艺人郭向东的家里。郭向东家分为前后两排，前排是平房，现在是郭向东和妻子儿子居住；后排是两层小楼，是父亲和母亲两人居住。郭向东的家井井有条，是我们走访的众多农户中非常整洁的一家。房子外面是白色、一人高的围墙，院门是一道蓝色的铁门。从门外的路边看过去，映入眼帘的是白色围墙、蓝色大门、红色砖瓦合黄色房屋，围墙外的泥地里还种有一些豆角，沿着细细的竹竿攀爬上去，恰逢雨天，各种颜色交织在一起，构成美丽的乡村住宅景色。推开大门，走进里屋，只见地上的米色瓷砖一尘不染，塑钢门窗擦拭得格外明亮。此外，我们发现郭向东家中的卫生间是坐便器式样的，属于村里比较现代的方式。一进入后排的房屋，首先映入眼帘的是宽大的沙发，右手边的卧室里带一个单独卫生间。屋内的炕上被褥枕头摆放的极为整齐。地上放有一台白色电风扇，墙边是白色的暖气片。卧室中有两张桌子，一张放置有电视机和钟表，另一张摆放有家人的温馨合影。其中，有郭向东和妻子结婚时全家人的合影，郭向东的外甥满月和周岁的照片等，几张照片将家里衬托得更为暖心。

表 17－13　　2014 年家庭耐用消费品情况

项　目	数　量	项　目	数　量
电视机（台）	2	小轿车（辆）	1
电冰箱（台）	2	手机（部）	3
洗衣机（台）	1	固定电话（部）	1
照相机（台）	1	影碟机（台）	1

数据来源：根据郭向东口述整理，2014 年 7 月。

刚进入郭向东家中拜访的时候，一不小心还闹了笑话。我们将郭向东的父亲错认为是受访对象郭向东，一直在向郭向东的父亲提问。等我们提问到关于吹喇叭方面的问题时，老人家连忙摆手道：“吹喇叭的不是我，是我儿子。”这个时候，我们才注意到旁边一直站着一位高高大大的男士。于是，我们带着尴尬的笑容，开始分头采访两位对象，由郭向东的父亲为我们介绍家庭的基本情况，而真正的郭向东则接受关于吹喇叭方面的采访。

郭向东，男，29 岁，汉族，初中文化，无宗教信仰，无明显口音，普通话流利。郭向东家中一共有五口人，郭向东一家三口加上父亲、母亲。郭向东的父亲今年 55 岁，初中文化，毕业后就一直在老家务农。母亲闲时在家中务农，暑期旅游旺季时，就在北戴河区的宾馆当服务员，因此当天我们去采访时没能见到。郭向东还有一位已经出嫁的姐姐，在秦皇岛市区上班。姐姐很孝顺，经常回家探望老人。郭向东和妻子是自由恋爱，2011 年结婚，2013

年 5 月，两人诞生了爱的结晶——一个可爱的小男孩，孩子现在已经一岁零一个月。妻子不工作，在家专心照顾孩子，做一个幸福的家庭主妇。

由于郭向东父亲老家是秦皇岛市抚宁县的，全家只有郭向东母亲一人的户口在费石庄村，因此郭向东家的土地只有 1.5 亩。地里种植桃树，在地边上也会种植一些豆子、蔬菜、黄瓜、茄子，供家人食用，其他蔬菜都需要去集市或者超市购买。桃树种植过程中需要一些农药化肥，灌溉则全靠降雨。共有 50 多棵桃树，每棵桃树能结 200 斤左右的果实，一年下来能结果 10000 斤。地里的桃子品种有“久保”、蟠桃等，成熟之后郭向东的父母会进行采摘，然后拿到海滨去卖。蟠桃能卖到每斤 2～3 元，每年卖桃子也有一定收入。家禽家畜方面，郭向东的家中只养了一条看家护院的小狗，没有养其他的动物。

郭向东家的房是 2012 年新建造的，楼上楼下加起来有 200 平方米，属于钢筋混凝土的住房。取暖采取的方式是暖气，冬天烧煤即可，做饭都是液化气，饮水是自来水。卫生间里有洗澡的设施，方方面面都营造出一种非常现代化的生活。家里也没有蚊子，很是卫生整洁。家用电器方面，家里一共有 2 台电视机、2 台电冰箱（前屋后屋各一套）。洗衣机、照相机、影碟机、组合音响等家电一应俱全。郭向东一家的娱乐方式不多，冬天休息的时候，主要就是看看电视，和邻里聊聊天，也不打牌、不打麻将。我们一再称赞屋里收拾的整洁明亮，很好奇到底是谁一直在收拾家务。郭向东的父亲笑道，家里的屋子平时是老两口一起收拾，谁有时间谁就多收拾。由于小孙子刚一岁多，正是需要人照顾的时候，自己平时帮忙带孩子，郭向东的母亲下班回来之后也会帮忙照顾孩子。郭向东的父亲又调侃道：“这不，孩子都一岁零一个月了，马上就会走路了，到时候正是调皮捣蛋、担惊受怕的时候，两个人都不一定看得住。”说这段话的过程中，老人笑容满面，掩盖不住发自内心的喜悦之情。

支出方面，2013 年的食品支出在 20000 元左右，去年看病的费用在 2000 元，红白喜事的费用在 3000 元，交通费用在 3000 元（见表 17－14）。郭向东一家全都参加了新型合作医疗，除孩子之外，成年人都参加了社会养老保险。家里各方面都有保障，没有任何后顾之忧。

表 17－14　　2013 年家庭支出情况　　单位：元

总支出	生产性	衣服	食品	看病	教育	娱乐	红白喜事	交通	通信	住房
32400	2000	0	20000	2000	0	0	3000	3000	2400	0

数据来源：根据郭向东口述整理，2014 年 7 月。

说到吹喇叭的历史，郭向东侃侃而谈。郭向东初中毕业后没有继续读书，而是选择了吹喇叭这个行业。吹喇叭需要进行拜师学艺，最少进行三年的专业学习才能出师。郭向东小时候有一个比自己年长两岁的朋友是吹喇叭的，两人总在一起玩，郭向东跟着朋友学了一点吹喇叭的皮毛。学过之后，郭向东发现自己特别喜欢这种乐器，由兴趣爱好慢慢发展，后来下定决心要从事此行业，于是又正式拜师学习。郭向东学徒时是去的邻村蔡格庄，从 15 岁初中毕业开始学，总共学了三年。所谓吹喇叭，指的就是红白喜事时演奏乐器的队伍。每当村里有老人逝世，死者家属会聘请礼仪队在家中演奏乐曲，或者举办婚礼的时候，为烘托喜庆气氛而展示的演奏。但是现在婚礼上聘请礼仪队进行展示的情况减少了。原因是民乐常跟民俗相搭，以前结婚是骑马坐轿的形式，因此常有民乐配合。现在都是新式婚礼，如果耳边响起民乐的声音就不是特别匹配。所以目前是礼仪队参加白事的情况较多，郭向东就是礼仪队中的一员。郭向东会的乐器特别多，除本行喇叭之外，还有萨克斯、鼓、嚓、笙和电子琴等。吹喇叭讲究拜师学艺，要出师就必须得拜高人，得有高人的传授才能从事此行当。郭向东的师傅就是远近闻名的“喇叭王”“鼓王”，数次获得过政府的奖励和慰问。有了高人的指导，郭向东才能更顺利的从业。

北戴河区白事活动时聘请礼仪队的时间有讲究，一般是从下午 1：30 到晚上 9 点，这算两场，中间晚饭时间礼仪队会两人一组进行换班，从而可以保证音乐不停歇。第二天办丧事的家庭会早起出殡，还需进行从早上 7 点到 10 点的一场演奏，总共进行三场。郭向东向我们介绍道，吹喇叭是一项体力活，每次遇到白事活动，三场接连吹下来，体力耗费很大。此外，吹喇叭讲究团队合作，需要多人共同完成，一个人吹不了，最少也需要两个人。参加白事活动时，没有具体服装要求，但服装的颜色以暗色为主。如果是村里、镇里、区里的晚会、音乐节等正式登台演出，则需要穿登台时要求或者提供的服装。郭向东作为镇里的艺术人才，经常代表镇里参加区里的春节联欢晚会。

我们对乐器比较好奇，就请郭向东拿出几件乐器展示一下，郭向东爽快地答应了。一会儿，郭向东为我们从另一个房间里取出几件乐器，一件是他平时常吹的喇叭，另一件是现在很少见到的笙，还有一件是电子琴。我们请郭向东演奏一两首曲目，他为我们吹了一段笙，没有吹喇叭。郭向东解释道："笙的声音不大，因此可以尝试吹几下让你们听听。喇叭的声音比较嘹亮，一听到喇叭的声音大家就会联想到白事，担心附近邻居不喜欢，所以在家基本上不吹喇叭，也请你们见谅。"我们除恍然大悟外，也对郭向东的善解人意和对他人的尊重表示敬意。

关于吹喇叭的今昔对比，郭向东向我们介绍道，他当年学的时候还比较容易，名师还愿意收徒。现在经过十几年的变化，拜师不好拜，学艺也很难学。因此目前吹喇叭这项非物质文化遗产的传承与发展存在一些困难，也希望国家给予一定重视和支持。我们问郭向东有没有志向成为像他师傅一样优秀甚至比他师傅还要优秀的艺人、甚至艺术家。郭向东笑道："暂时没有那么大的志向，毕竟自己还年轻，经验不足，即使想取得一定成绩也得在几十年之后。"我们问郭向东有没有收徒的意愿，他谦虚地说："从事我们这行的，要收徒也得等到50岁以后。到了一定年龄，有了一定威望之后才能收徒。现在还年轻，离收徒还早得很，还是先踏实干两年吧。"通过与郭向东的谈话，我们相信以他的实力，在不远的将来一定会成功收徒。

吹喇叭是一门技术，也是一门艺术，是属于民间的事物。人们常说，学艺比学习还要辛苦。我们问郭向东在三年的学艺以及后来的从业过程中，有没有遇到什么困难挫折想要放弃的时候，郭向东回答道："既然想学，就得学好，这个跟学习一样，学了就是学了，就要坚持下去，不能半途而废，要把手艺学出来。过程中吃了不少苦，学习的时候，每天都得练习几个小时，但是在练习的过程中，也要掌握度和量。不能过度演奏，要保证体力。"现在由于郭向东吹喇叭的时间已经比较长，所以不需要每天长时间练习，隔一天吹一小段时间就可以。郭向东的班子有固定的练习场所，重大演出之前，班子成员会聚在一起进行排练。并且由于现在聘请的人员比较多，最近每年有150～220场次的白事演出，平均为200场次，所以基本上可以保证练习的连续性，不会出现因为长时间不练习而导致技艺生疏的情况。因为演出不同，所以演奏曲子的种类也有很多。白事的时候会吹老喜丧，演奏一些白曲和老歌曲。如果逝者的年纪较大，在七八十岁，常会演奏《四季歌》和《苏武牧羊》，如果是五六十岁的老人，可能会点《父亲》《母亲》之类的曲目。郭向东还向我们说到，并不是所有白事都会聘请礼仪队吹喇叭。“黑发人送白发人”的现象比较正常，因此这种情况下常会采取传统习俗，聘请礼仪队吹喇叭。如果是40岁以下的年轻人去世，尤其是意外死亡的情况，家人一般不会请礼仪队来吹喇叭。这也可以说是一种区别和默默形成的习俗。

在郭向东现在的班子里，年纪最大的成员已经70多岁，年纪小的刚刚20出头。吹喇叭的成员不仅仅局限在费石庄村，附近哪个村庄的都有，但是成员的家都相隔不远，彼此出行也方便照应，有活动的时候大家就组织一起过去。礼仪队的人员不定，有时8人，有时10人。人数最多的时候，队伍的规模可以达到十几人，甚至二十几人。

作为学艺的人，往往都会有处女秀，因此，我们询问郭向东当初第一次参加白事演出时的年纪，是否记得当年演出的场景。郭向东回忆了一下，当年首次演出时也就十七八岁，刚学出师就跟着师傅出去了。具体场景由于年月已久，已经忘记。后来我们又转换话题，打趣他当时谈恋爱的时候，有没有采取浪漫攻势，吹一吹喇叭等乐器来俘获美人心。郭向东笑道：“没有。”我们说：“可以适当为媳妇儿表演一点嘛，多浪漫啊。”郭向东说道：“哈，她不爱听，所以我也没吹过。”说完之后，大家也都哈哈大笑。

在一片欢声笑语中，我们结束了对郭向东一家的采访。郭向东既是演奏中国传统乐器的一员，也是传承中华灿烂文化的一分子。当前国人从小培养孩子学习的乐器普遍是钢琴、小提琴等西洋乐器，或是古筝、二胡等传统中国乐器。像喇叭、唢呐等民间乐器的继承者实在少之又少。身为中国人，我们每个人都有义务、有责任为中华文明的源远流长做出一份贡献，每个人也应该感激无数为传承中华文明做出贡献的像郭向东一样的普通人。

（六）用祖传验方治病救人的张春民

之前就听说村里有一位民间验方能人，外地有很多人慕名而来，于是我们也很想采访一下这位民间奇人。张春民家距离村口比较远，穿过好几条小路终于到了他家。房子是老式的砖瓦房，收拾得非常干净。院里有拖拉机，打药机等农用设备（具体见表17－15、表17－16），可以看出张春民是个踏实肯干的人。但是我们到他家时，只有他妻子在家。女主人热心地把我们迎进屋，房间里摆着很多画，细问才知道是她女儿画的。我们说明了来意后，女主人便和我们聊了起来。

表 17－15　　2014 年家庭主要生产性固定资产数量情况　　单位：个

其他	拖拉机	打草机	收割机	机动三轮车	牛车	马驴车	水泵
0	1	0	0	1	0	0	0

资料来源：根据齐凤荣口述整理，2014 年 7 月。

表 17－16　　2014 年家庭耐用消费品情况

项目	数量	项目	数量
电视（台）	1	手机（部）	1
电冰箱（台）	1	电动车（辆）	2
摩托车（辆）	1	自行车（辆）	0

资料来源：根据齐凤荣口述整理，2014 年 7 月。

张春民，男，61 岁，汉族，初中文化水平。妻子齐凤荣，61 岁。夫妻俩育有一儿一女，都已经结婚生子。女儿是学美术的，画画非常不错，曾经多次获奖，毕业后就找到了满意的工作。女儿和女婿现在秦皇岛工作，平时工作比较繁忙，主要是过年过节时回家。而儿子就在离家不远的工地上开吊车，负责帮忙拆迁旧式建筑。由于往返距离比较远，所以儿子每天都是骑电动车上班。夏天早晨天气比较凉爽，儿子每天早上六点不到就会去工地，安排人员，调度车辆，开始一天的工作。到了中午，工地的温度和蒸笼一般。儿子开吊车看起来是粗活，实际上却容不得半点粗心，马虎大意就会出事。如立支架，如果立足不稳，就容易出事故。有时候夫妻俩看到儿子下班回家后，头上的汗水顺着安全帽往下滴，身上的衣服就像被水刚刚浇过一样，都湿透了，实在是不忍心。儿媳妇帮父母打理门诊药店。儿媳妇家离费石庄不远，有时候儿媳妇那边遇上患有肝病的病人，也会介绍到这边来。儿子儿媳育有一个儿子，孙子现在 12 岁，正在上初中，特别聪明，这也是让老两口引以为豪的。让夫妻俩最值得一提的事，便是孙子那会儿刚上小学一年级，骑自行车去上学途中，结果自行车发生故障了。孙子并没有像其他同龄人一样只会坐在地上哭，马上就近找了一户人家把车子存好。自己跑步去上学，等到放学了，他找到存放自行车的人家，并且打电话给父母来接。通过这件事，老两口觉得孩子特别聪明。现在一家人的生活，可以说其乐融融。村里重新分配了土地，除了女婿的户口没在费石庄，其他家庭成员都分到了地。所以现在家里总共10.5亩地（见表17－17）。

表17－17　**2014年家庭承包土地情况**　单位：亩

总面积	水浇地面积	旱地面积	良田面积	荒地面积
10.5	10.5	0	0	0

资料来源：根据齐凤荣口述整理，2014年7月。

老两口平时主要种植桃树、玉米、大豆等作物，由于老两口的辛勤劳作，所以收成不错。2013年家庭总收入除种植业收入20000元之外，丈夫和儿子一年在外的纯收入也有50000元（见表17－18）。而家里的支出则是能省则省，除生产性的支出10000元之外，家里没有什么特别大的支出。因为自己丈夫和儿子都在外做工，所以基本上人情往来相对来说少一点。关系好的，有事才会去。关系一般的，就没怎么走动。所以随份子基本上就2000元。除掉一年的开支，家里还能结余不少。详细情况见表17－19。

表17－18　**2013年家庭收入来源情况**　单位：元

职　业	收　入	职　业	收　入
从事种植业	20000	本乡镇就业工资	50000
从事旅游业	0	其他经营收入	0
总收入合计	70000		

资料来源：根据齐凤荣口述整理，2014年7月。

表17－19　**2013年家庭支出情况**　单位：元

总支出	生产性	衣服	食品	看病	教育	娱乐	红白喜事	交通	通讯	住房
15000	10000	0	1000	0	0	0	2000	1000	1000	0

资料来源：根据齐凤荣口述整理，2014年7月。

聊天中，齐凤荣还不断地向我们介绍自己孙子的学习情况。齐凤荣说："我孙子现在正在上初二，之前学习成绩一直还行。自从他妈妈给他买了 ipad 之后，就一直沉迷于玩游戏。有时候吃饭都要叫好几次，正是因为如此孙子的成绩退步了好多。"我们看到这个情况，也给出了自己的建议：现在孩子还小，正处于青少年时期。还不知道学习对于未来的重要性，而游戏能够给他带来快乐。所以现在爱玩游戏也是正常的，只是我们要进行正常的引导。教育孩子可以利用游戏放松，但是不能沉迷于游戏。现在最好的解决办法就是找一个比他年纪稍微大一点的哥哥姐姐好好引导，让他明白学习的重要性同时能够进行自主学习。齐凤荣对于我们的建议很是感谢。她说，自己一家人之所以这么努力工作，都是为了更好地培养孩子。如果孩子不好好学习，自己会很担心。自己的儿子每天开吊车其实非常辛苦，这么辛苦就是为了多存点钱，让孩子不用为教育费用发愁。我们听后感叹：真是可怜天下父母心！

说到自己家种植的作物，齐凤荣说自己种植桃树很多年了。最开始种植桃树，在全村是比较早的，收入也比较高。初次尝到了种桃树的甜头，齐凤荣继续扩大种植面积，但是说起来容易，做起来难，毕竟文化不高，没有系统的种桃致富经验，想要种好桃、创高产、取得好的经济效益，就必须掌握科学的种桃技术、具备不怕吃苦的勇气和不断探索求新的精神。齐凤荣从栽种到修枝，打药都是自己动手，她为的是不希望耽误丈夫和儿子工作的时间。说着说着，她介绍起自己抹芽的经验：宜早不宜晚，太晚了不仅不容易抹去而且容易留下伤疤，导致流胶病的发生，并增加防治费用，影响果品质量。这样结出来的桃不仅味道不好，而且外形难看很难卖个好价钱。

当我们还在询问女主人，如下雨的天气是否会影响作物的收成？女主人以其耕种的经验告诉我们，这样的雨水天气不但不会影响作物的生长，反而会促进作物结果。因为费石庄平时灌溉用水比较少，这次充沛的雨水肯定给作物能带来好收成。只要不刮大风，影响植物授粉，今年的收成肯定好。当我们都在为女主人丰富的种植经验而钦佩不已的时候，女主人和我们说起了他们的民间验方。

说起这个民间验方，她从嫁到张家，就知道有这个验方了。之前验方都是由她公公婆婆负责，公公婆婆去世之后就把验方传给他们夫妻俩了。夫妻俩开始接手这个验方也有七八年了，验方主要是针对乙肝、丙肝、大小三阳等肝脏疾病。由于肝脏疾病病因多，而且易传染，每年有不少患者为此而送命。因此每年慕名而来求医的人非常多，夫妻俩也非常热心地帮助了他们。

前两年秦皇岛市有一个病人，特地一大早从秦皇岛赶来他们家。这名患者因为得病非常瘦，眼睛很黄，精神也很差。为了治病，去了全国多家专门治疗肝病的医院都未果。夫妻俩见状，便开始用中医看病的办法：望、闻、问、切。见病人脸色发黄，看到化验结果显示的是肝硬化，夫妻俩便马上去医药公司抓药，回来自己配方。根据病人的病症，夫妻俩用药剂量也略微加重了一下。经过 3 个月的连续服用，病人完全康复了。为了答谢夫妻俩，病人用重金酬谢他们，但是被夫妻俩拒绝了。女主人说："我们只收基本的药材费，多余的钱我们不要。公公婆婆和我们说了，绝对不能利用这个赚钱。"听了这番话，我们都被夫妻俩无私奉献、治病救人的精神感动不已。

说到具体的配方，齐凤荣却闭口不提。我们当初还有点不理解，当齐凤荣说明他们夫妻俩的想法后，我们也表示理解。齐凤荣说："一方面，这个验方是自己祖上辛勤劳动的结果，是祖祖辈辈汗水的结晶，不能轻易外传。另一方面，主要还是怕配方外传，有人利用这个配方牟取暴利，这样就违背了他们验方的本意。他们的验方主要是治病救人，而不是以此为商机。"说完之后，齐凤荣给我们看了具体的用药。这个验方由多种中草药配制而成，主要是由苦丁香，白丁香等一些中草药。每次抓药的工作都是由齐凤荣来完成，虽然看起来简单，但是跑那么远去抓药，而且药剂量都不能有错，工作容不得半点含糊。而具体配方则只有丈夫张春民知道，连妻子齐凤荣也不知道。配成的药主要是有两种，一种是口服用药，药的大小只有黄豆那么大，每次用茶水送服即可。而另一种是放在鼻子上，用鼻子闻一下即可。药品呈黄色，粉末状，有明显的草药气味。齐凤荣向我们介绍说，每年放寒暑假都会让自己的孙子外孙女回来闻一下，因为在学校传染病高发，而且这个药普通人闻了都能起到预防作用。

正是由于夫妻俩热心助人，他们有民间验方的事迹也传开了。每年有很多人慕名而来，大部分都是外地来的。最远的病人还有来自韩国，由于来去往返距离太远，所以夫妻俩每次把药配好了都会给病人寄过去。而且收费也不贵，每月一个疗程才 300 元，经过 3 个月的连续服用，这个病人的乙肝病转好了。据统计，7 年来张春民夫妻俩共为北戴河及其周边的千余名患者用偏方治病，这些患者在服用了张春民提供的偏方后，疗效甚佳，有百余人获得了痊愈。不仅仅是患者慕名而来，很多医院听到他们的事迹都上门请夫妻俩去帮忙治病。秦皇岛市第三人民医院曾经就以高薪聘请张春民去医院坐诊，但是被张春民婉言拒绝了。张春民说：自己用这个验方主要是为了治病救人，而不是成为医院牟取暴利的工具。他希望通过自己的力量，能够拯救更多的病人。

现在老两口平时除了治病救人，丈夫张春民在农闲时节也会出去帮忙打点零工，主要是在工地上帮忙做散工。一家人现在都在靠自己的双手挣钱，这也是让女主人非常欣慰的事。女主人向我们介绍说，平时看到新闻上有哪些人突然发了横财，自己一点儿都不羡慕。因为他们坚信，只有通过自己辛勤付出换来的成功，才会让人更加珍惜。虽然一家人现在住在600平方米的砖瓦房里，没有像村上的其他人家盖那么高的楼房。家里的家用电器也不如其他人家齐全，只有2辆电动车、1台拖拉机、1辆摩托车、1台电视、1台电冰箱。但是一家人生活得非常幸福，我们相信在他们全家人的共同努力下，他们的生活肯定会更加幸福，同时，他们那颗治病救人的心，也永远不会改变。

十八、费石庄村的能人

（一）多种经营的致富能人单利民

单利民，男，汉族，53岁，初中文化水平，无宗教信仰。妻子李国英，1962年出生，初中文化水平。单利民身体强壮，皮肤黝黑，一看就是勤劳的干活能手。刚刚见到单利民时，他很热情地招呼我们。一见面便向我们询问为什么他家种植的桃树有个别桃树长出来的果实偏小，是不是因为维生素不够。这让我们大吃一惊，对只有初中学历的他产生了油然的敬意。他留给我们的第一印象不仅仅是一个踏实肯干的种植户形象，更是一个头脑灵活、虚心学习的能手。

单利民有两个女儿，大女儿单静30岁，已经结婚并有一个儿子，儿子现在在崔各庄上学。小女儿单月22岁，在唐山上班，一个月左右回家一次。平日里，大女儿工作繁忙，小外孙年纪尚小，往返学校途中安全问题令人担忧。所以，接送小外孙上学的任务便落到了单利民的身上，单利民却任劳任怨，接送小外孙上学风雨无阻。一家人生活和睦，日子过得非常幸福。单利民告诉我们，他家整个房屋及庭院面积总共260平方米，自己家有3台电视机、2台电冰箱、2台电动车、1台洗衣机，除小外孙之外，家里每人还拥有1部手机（见表18－1和18－2）。

表18－1　　2014年家庭主要生产性固定资产数量情况　　单位：个

汽车	拖拉机	打草机	收割机	机动三轮车	牛车	马驴车	水泵	其他
0	1	0	0	2	0	0	0	0

数据来源：根据单利民口述整理，2014年7月。

表18－2　　2014年家庭耐用消费品情况

项目	数量	项目	数量
电视（台）	3	小轿车（辆）	4
电冰箱（台）	2	电话（部）	4
洗衣机（台）	1	组合音响（套）	4
电动车（辆）	2	手机（部）	4
摩托车（辆）	1	自行车（辆）	0

数据来源：根据单利民口述整理，2014年7月。

表18－3　　2013年家庭支出情况　　单位：元

总支出	生产性	衣服	食品	看病	教育	娱乐	红白喜事	交通	通信	住房
23400	10000	0	1000	0	1000	0	8000	3000	400	0

数据来源：根据单利民口述整理，2014年7月。

对于家庭支出（见表18－3），单利民坦言主要把钱花在了生产性支出上，即购买种子、化肥的支出以及红白喜事的费用。虽然自己平常收入不少，但是人情往来比较多，所以开销也比较大。

当被问及种植了哪些作物的时候，单利民抑制不住喜悦之情。原来，单利民匠心独运，种植了多种桃树，经常根据市场行情更新换代，保证不错的收益。由于村里基本都种植了桃树，而且种植的桃树品种基本差不多，所以市场竞争力不够，大家收益相对来说都差不多。但是对于像单利民这样头脑灵活的人来说，致富的机会却无处不在。他不仅在种植桃树方面有自己独特的方法，而且根据市场行情不断更新桃树品种，种植了多种桃树。他现在种植桃、玉米、花生、白薯、向日葵、蔬菜等多个品种，收入颇丰，走在了费石庄的前列。

自费石庄进行土地重新分配以来，每家每户允许自留一块地，其余的按照民主决策，进行土地重新分配。而单利民利用村里这次土地重新分配之后留下的荒地种植向日葵。本来无人问津的荒地，却在单利民手上成了致富的又一法宝。这在整个戴河镇，甚至整个北戴河区都是比较少的。由于刚开始对向日葵的种植技术了解得不多，所以单利民也是“摸着石头过河”。刚开始种植向日葵的时候，由于不熟悉向日葵种植的过程，产量也不多。同时向日葵种子市场上参差不齐，当地种植主要以二代葵花种子为主，该种子商品性差，产量低，收入少。为了买到高产量的向日葵种子，单利民不辞辛苦跑到60多千米外的山海关区买种子。同时向日葵是喜肥水植物，而村里的灌溉用水几乎没有，基本都是靠雨水灌溉，限制了向日葵的种植面积。他综合考虑了这些因素，种植了1亩多向日葵，经过他的悉心培育，一亩地能产300斤，而向日葵出油量在45%左右，自家食用一部分，其余的拿到市场上去卖，赚取一些收入。由于葵花籽油含镁比较高，中青年人食用非常健康，同时还含有维生素E，有助于促进毛细血管的活动，改善循环系统，从而防止动脉硬化及其他血管疾病。所以葵花籽营养丰富，在市场上能卖到每斤10元左右，这可是一笔可观的收入。单利民抓住机遇、再加上勤劳智慧，在葵花上的种植也使他收益不少。

走访了很多桃树种植户，我们发现大多数农户种植的桃树品种几乎都差不多。主要种植的是“早凤凰”“春雪”“早春蜜”等品种。而种植户们都把自己的桃拿到市场上去卖，同样的品种供给量非常大，自然价格也卖得不高。单利民种植这些老品种也有10多年的历史，看到了这一点，他想如果能够种植一些新品种，这样市场上供给量小，就能够赚取更多的收入。他特地去辽宁锦州购买了“701”品种。单利民发现这个品种一方面能够迎合市场的需求，因为大多数人爱吃甜食。而现在市场上7月中旬成熟的桃大多为酸桃，口感并不是特别好。每当7月中旬，大量桃进入市场，相比普通的桃而言，“701”品种口感较甜、皮脆，存放时间较长。另一方面这个品种易种植，成活率较高。单利民算了一笔账，“701”品种每株幼苗7元一棵，成活率在

80%～85%。与普通桃树幼苗成本相比高不了多少，但是亩产量非常高。每当进入桃成熟的季节，当大多数种植户还在发愁怎么样为桃子找销路时，单利民的桃早就被预订了。

单利民不光是在种植桃树方面摸索出了一条道路，在玉米种植方面也有自己独特的经验。当大家都在种植甜玉米时，他却到中国农业科学院购买了“京糯3000”的玉米种子。村民很是费解：大家都种甜玉米，成本低，购买种子也方便。去北京买种子，往返车费都不便宜。但单利民却是看到了更长远的利益，“京糯3000”相比普通的玉米种子来说，虽然种子的成本略高一点，但是亩产量非常高，而且市场销量好。现在他种的玉米地，1亩地种植3300株，每株能结1～2棒。这样算下来，一亩地最少能收3000棒左右，而市场上1棒最少能卖1.7元。除去购买种子费用50元，化肥150元，一亩地能净赚4900元。而普通玉米，一亩地最多能产800斤，每斤1.08元，总收益也才不过864元。单利民把他的经验总结为：首先要了解消费者的市场需求，市场需要什么，我们就种植什么。其次要因地制宜，根据实际情况，选择种植适合的品种效益最高。从2013年单利民家庭收入情况来看，高达6万元（见表18－4），不愧是致富能手。

表18－4　　2013年家庭收入来源情况　　单位：元

职业	收入	职业	收入
从事种植业	60000	本乡镇就业工资	0
从事旅游业	0	其他经营收入	0
总收入合计	60000		

数据来源：根据单利民口述整理，2014年7月。

表18－5　　2014年家庭承包土地情况　　单位：亩

总面积	水浇地面积	旱地面积	良田面积	荒地面积
12	12	0	0	0

数据来源：根据单利民口述整理，2014年7月。

单利民平常也爱看新闻，经常关注国内外大事。他看到电视上其他种植户种植的绿色食品供不应求。一方面，现代人越来越关注饮食健康与安全，希望能够购买到绿色食品；另一方面，绿色食品种植成本相对来说较低，如果能开展大规模绿色食品种植，会是一笔不错的收入。因为北戴河是个旅游城市，经常有外地的游客过来，而旅行过程中由于游客水土不服，吃的食物比较杂，难免会有肠胃不舒服、上火的情况。于是他开始试着种植白薯，因为白薯富含纤维素，可促进肠胃蠕动，清理肠腔内滞留的腐败物，对于促进消化有很好的功效。在白薯成熟的季节，他便用拖拉机将白薯运到海滨去卖，十分受市场欢迎。经常还有人打电话提前向他订货，形成了自己的品牌知名度。还有一些机关单位的老干部身体消化不好，也会向单利民订购白薯。我们问单利民是否有大规模种植味道甘甜、受人喜爱的紫薯时，单利民回答说种得少，主要是自己家留着吃。看来单利民对农作物品种的选择还真是别具一格。单利民说："我现在还种了一些蔬菜，像豆角、黄瓜，因为人们永远不会停止对蔬菜的消费，孩子们也爱吃，北戴河区有为老百姓提供的无偿摊位可以贩卖蔬菜。这样看来种植蔬菜既能满足自己需要，又能换取收入，何乐而不为？"

访谈中单利民也不忘向我们询问为什么自己种植的桃树，同一棵桃树差异特别大。果实大的有得像碗那么大，果实小的如豆子般大小。他说到自己也请教了村里很多的种植户，可是一直找不出原因。可见，单利民的好问好学是他能勤劳致富的重要因素。

单利民是根据桃树产量以及市场对不同品种桃子的需求来更新桃树品种，桃树有15~20年的，也有3~5年的。"早春蜜"比其他品种的桃儿甜，个儿大，市场需求量大，现在就种了很多"早春蜜"。我们问单利民关于桃树品种的更新换代是村民一起换呢，还是他最先洞察到市场行情，率先行动呢？单利民说："他得起模范带头作用，只有你种好了，有了收益了，老百姓才能跟着你一起换桃树品种。"他说起了桃树的种植成本，打一次药需要600元左右，桃树一般得打6次药。

现在在地里干活儿就夫妻两个人，可以说这一代人把自己的一切都贡献在了土地上。单利民还跟我们解释自己没有种棉花和小麦，因为棉花和小麦对土质有要求。

我们问单利民平时的蔬菜能自给自足吗，还是需要去市场上买？单利民说："这些蔬菜都有，但鱼、肉还得去市场上买。这几年一直用不着看病，身体很好。可见相对健康合理的饮食习惯是很必要的。”

在活儿不忙的时候，单利民会看电视消遣，偶尔会打牌。单利民抽烟，差不多一天一包，平时也喝点儿酒。问到单利民一年出行、贩售农产品的交通费用时，单利民诚实地回答说，他没数。在问到单利民的电话费用时，单利民说家里都是联网的，平时和家人就在互联网上联系，更加省钱，一个月就 30 多元。

采访完毕，单利民还礼貌地对我们表示感谢，其实是我们应该感谢单利民教会了我们一些农产品种植的知识。在地形不够平坦的丘陵地区，小麦和棉花等粮食经济作物不能种的情况下，单利民还能独辟蹊径，因地制宜地种植玉米、桃树、蔬菜，使全家人过上快乐并且富裕的生活。

这一行很开心，从单利民身上我们学到了很多，祝单利民一家身体健康，庄稼丰收。

（二）不断创新的大棚种植能手李晓东

在村委会西南边不远的地方，有 2 个种桃树的大棚，常听村干部们说那是村里的致富能手李晓东家的大棚，效益非常好。李晓东是我们的联络人、村里的会计李丽玲的大哥，去采访的路上李丽玲就说他哥哥是个很有想法的人，也很健谈，非常会聊天，他身上有很多故事，一会儿我们可以和他好好聊一聊。

到李晓东家门口的时候，是上午 10 点钟，阳光正好。李晓东家的房子建得很漂亮，房屋周边的环境也很美观。门前有一棵大柳树，树下盛开着黄色、紫色和白色的小花；前排房屋是平房，房顶上摆放了 10 多盆花花草草。平房总共有三间，东头一间是卫生间和浴室；西头一间是车库，里面停放着一辆面包车，后墙边还有个工具架，摆放着各种各样的零件和维修工具，车库面向马路的一侧安装了银白色的电动卷帘门，车辆进出十分方便；中间一间是门厅，一进门就看到 10 多个筐整齐地摆放在墙边，这是装桃用的，几乎每个种果树的农户家里都有。穿过门厅进去之后，经过一片很小的院子，一幢二层的小洋楼出现在我们面前，这是李晓东家日常生活的地方。小洋楼的楼顶是中间略高两边略低的构造，铺着红色的彩钢，不仅方便排水，还能隔热，村里近些年盖的房子大多都是这样的结构。

李晓东的岳父母从辽宁老家搬过来和他们一起住，家里总共5口人。李晓东，汉族，1968年生，今年46岁，大专文化，无宗教信仰。妻子高秀华，是辽宁满族人，1971年生，今年43岁，无宗教信仰。夫妻二人特别能吃苦，起早贪黑地忙活，一般凌晨4点起床，夫妻俩先把桃送到海滨，高秀华留在那里摆摊卖果，李晓东再赶回家去干农活。就像今天，我们到的时候李晓东刚从地里回来，高秀华还在海滨卖桃。他们的儿子李崇远，1994年出生，今年20岁，刚参加完高考，最近在考虑填报志愿，出门找朋友玩去了。李晓东的岳父出门去了，岳母在隔壁房间看电视，听到我们在交谈，不时地搭上几句话，东北口音非常明显，人也很爽快。

正如李丽玲所说，交谈中我们发现，李晓东很健谈，很注意遣词造句，李丽玲笑称“大哥是受过高等教育的文化人”。在开始种植果树之前，李晓东的经历特别丰富。

李晓东是家里的长子，他的父亲非常注重子女的教育，尤其是在他身上倾注了很多心血，一心希望李晓东能够出人头地。李晓东在学生时代虽然在学习上算不上出类拔萃，但也顺顺利利地一路升上了高中。1988年从秦皇岛一中高中毕业之后，考试成绩不是很理想，没有考上大学，父亲不愿意让他就这么失去读书的机会，于是自费给他报了燕山大学的大专。就这样，李晓东开始在燕山大学读英语，开始基础比较差，但是他自己很有兴趣，花了很多时间去背单词、背句型，慢慢地学得还不错。学了一年半的时间，1990年初，李晓东取得了大专结业证书。

大专毕业之后，李晓东去他的母校拨道洼中学做了一名代课老师，每个月能挣90元。代课教师的生活安稳而单一，但是转正的机会很渺茫，李晓东不想这么过一辈子。没过多久，同学开的公司需要人，给他开出了比当老师高得多的工资，在同学的怂恿和“高薪”的诱惑之下，1990年下半年，他去了同学的公司卖汽车配件。过了半年，李晓东对自己的现状还是不满意，他觉得自己的英语特长没有用武之地。于是半年之后，1991年春天李晓东再次跳槽，去了经济开发区一家做出口贸易的公司工作。那家公司主要出口健身球，他负责做业务，和老外用英语交流、谈判都很顺畅，因为工作需要，他还考取了报关员证。那段时间他过得很充实，觉得自己的所学没有白费，能够学以致用。但是好景不长，那家公司后来调整了业务内容，不再做出口贸易，改为发展实体产业，当时就引进了白酒过滤机，并很快投入生产。李晓东成了一名车间工人，他的英语专业又没有了发挥的空间。那几年白酒过滤机销量也不太好，工人的收入也随之下降。年轻的李晓东很苦恼，他那颗不安分的心开始躁动起来，他第一次开始认真思考自己的出路问题。

1994 年元旦，李晓东和高秀华结婚了，同年底，儿子李崇元出生。儿子的出生让李晓东意识到自己有责任、有义务照顾好老婆和孩子，照顾好这个家，他觉得自己是时候再做出一些改变了。1995 年初，李晓东换了份工作，他去了同学开的生产水磨石板的公司做了一名仓库保管员。李晓东在自己专业的道路上越走越远，英语也就慢慢落下了。1997 年香港回归，李晓东记得很清楚，自己在做仓库保管员，内心翻起了波澜，香港都回归了，为什么我还在一成不变？李晓东想改变自己。李晓东不再想给别人打工，不想让别人压榨自己的剩余价值，他想自己做自己的主。李晓东开始思考是不是要回家做一名“专职”农民。

在成为一名有抱负的“专职”农民之前，李晓东可以说是一名比较称职的“兼职”农民。1983 年分地之后，家里开始种果树，李晓东当时在上中学，平时课余的时候也帮着家里管理果树，算是开始涉足果树种植业。那时候果树管理投入比较少，需要掌握的技术也不多，农药和肥料使用也比较少。一方面是虫害、病害没有那么严重，另一方面，市面上的农药毒性比较大，一不小心就会损伤果树。肥料一般就施农家肥，经济实惠又环保，肥力足、效果好。20 世纪 80 年代果树管理的设备也很简单，除草用锄头，打药用很原始的手压型打药器，还没有现代化的设备。桃子成熟之后运到海滨的市场上，交一些管理费之后，就可以摆摊卖桃。

有之前种桃树的经验，李晓东丝毫不担心自己管理桃树的能力。1998 年，李晓东辞了职，成为一名地地道道的“专职”农民。他相信是金子总会发光的，不管在哪里，总会发挥作用，他要做一个出类拔萃的农民。

刚开始种桃树那会儿，李晓东也没有太多的经验，不知道应该怎么管理。桃子生病了也分不清是细菌性病害和真菌性病害，不知道该如何对症下药，这样种出来的桃子成熟之后很多都裂开了，根本卖不出去。后来他逐渐掌握了一些基本的技术，如要给桃子套袋，可以防虫害、防病菌，这样就能避免连续阴雨天、雨水大或者冰雹天气桃子感染病菌；他开始研究各种虫害、病害的防治方法，桃树管理水平大幅度提升。善于不断创新的李晓东还是不满足于现状，总是想寻找机会改善生活。

1998—2002 年，在种果树之余，李晓东开始养牛，养了两头奶牛和两头小牛。平时就卖牛奶，产崽之后就卖小牛。可是养牛的效益也不高，基本上没挣到钱。这期间还有一头牛生病死了。那段时间李晓东心情有点低落，养牛花了很多时间和精力，但是付出和收获却没有成正比。李晓东决定不再发展其他副业，一门心思种果树，一定要在种植业上做出一番成绩。

2002 年开始，李晓东一直在探索怎么样能够增加果树的收成，不久之后，他把目光投向了经济效益比较高的大棚桃。起初他也犹豫了很长时间，一是大棚桃前期投入比较大，二是自己对大棚种植技术也没有了解，很担心会干不好。但是勇于创新的李晓东没有被潜在的困难吓倒，2005 年，他决定开始种大棚桃。

作为村里第一户大棚桃，李晓东也没有经验，但没关系，技术可以学习，经验可以积累。他请妹妹李丽玲帮忙从附近的盛鑫农场请了一位技术员来讲解传授经验，从大棚选址、选材、搭建到桃树树苗选取、种植间距处理、日常管理等方面都进行了全面细致的指导。2005 年李晓东建起的第一个大棚占地 0.7 亩，钢架结构，成本 3 万多元。在选种方面，李晓东很有眼光，引进的第一批桃树是“春雪”桃，果树质量非常好，桃的口感特别好，深受顾客的喜欢，当时“春雪桃”在秦皇岛还是刚刚引进，没有大面积种植，李晓东家的“春雪”桃是北戴河区头一家，销路特别好。高投入换来了高回报，第一年就带来了 8800 元的收益，第二年收益 16000 元，第三年收益 17000 元，只用了 3 年的时间，李晓东就把第一个大棚的成本收了回来，还有了几千元钱的利润。尝到了甜头之后，李晓东开始扩大经营，2006 年又追加投资新建了一个占地 0.6 亩的大棚。这次采用了混凝土结构，节约了成本，只花了 2 万多元。第二个大棚的成本只用了 2 年的时间就全部回收。2008 年开始，两个大棚开始收益，每年能挣 4 万多元，基本上都是纯利润了。前期的投入换来了丰厚的利润，李晓东心里舒坦了很多。

李晓东介绍说，大棚桃品种和普通地里种的桃没什么区别，它的优势在于错季生长，每年 11 月开始管理，元旦左右开花，5 月成熟，成熟时间早，比普通桃早成熟 2 个月，可以卖个好价钱。在管理技术方面，浇水、施肥、防虫害等都是最基本的，技术含量会高一些。但是由于是冬、春季管理，相对来说虫害的威胁会少一些。李晓东也是在摸索中积累经验，在技术人员的指导下，通过自己的学习、摸索、创新，不断实践，逐渐掌握了大棚种植技术，成了村里的“能人”。

桃树的品种很多，更新换代也特别快，李晓东记性好，他按照引进的先后顺序向我们详细介绍了自己地里都有哪些桃树品种。他说桃树分为油桃和毛桃。油桃的品种主要有“曙光”“中油五号”“中油四号”“极早红”和“晴朗”等，大多数都是从外地引进的。毛桃的品种主要有“京红”“春雪”“春蜜”“京春”“庆丰”“白凤”“早凤王”“久保”“绿化九”“京艳”和“北京晚蜜”等，其中久保桃是从日本引进的，村里大部分桃树都是这个品种。其他村民家桃树品种的引进主要是靠昌黎果树研究所从外地引进，而李晓东则喜欢自己研究。

李晓东平时很关注果树种植的消息，空闲的时候喜欢在网上找资料，也经常翻阅果树种植相关的书籍，还会自费去外地考察。看到哪里培育了新品种，他就想去尝试。李晓东为人很和善，心眼儿好，有新品种的消息他从不瞒着大家，总是主动告诉那些感兴趣的村民，张罗大家一起去购买，2013 年他组织了 10 多户去外地购买桃树新品种。自己去找的品种，有的确实是好品种，有时候也会遭遇以次充好或者冒牌的品种，但这并不影响李晓东的热情，他会一如既往地去尝试、去创新。

李晓东家 2013 年总共承包了 20 亩地，主要是种桃树，也有少量的梨树、苹果树、杏树和李子树。果树地里还套种了玉米、大豆等农作物，提高了土地的利用率，也增加了家中的收入。套种的玉米大约 0.8 亩，折算价值大约为 650 元；套种的大豆约 0.2 亩，折算价值大约为 100 元。李晓东家还养了 13 只鸡、3 只鹅，折算价值大约为 610 元（见表 18－6）。

表 18－6　　2013 年家庭农作物、牲畜和家禽情况

种类	亩数	折算价值(元)	种类	亩数	折算价值(元)	种类	个数	折算价值(元)
玉米	0.8	650	花卉	0	0	牛	0	0
大豆	0.2	100	果树	19	170000	禽类	16	610

数据来源：根据李晓东口述整理，2014 年 7 月。

李晓东家 2013 年的家庭收入来源主要是种植果树。20 亩的果树给他带来了 17 万元左右的收入（见表 18－7）。

表 18－7　　2013 年家庭收入来源情况　　单位：元

职　业	收　入	职　业	收　入
从事种植业	170750	从事养殖业	610
从事旅游业	0	其他经营收入	0
总收入合计	171360		

数据来源：根据李晓东口述整理，2014 年 7 月。

作为种植大户，李晓东家农用设备相当齐全。2013 年家庭主要生产性固定资产应有尽有，交通工具方面，有 1 辆卡车和 3 辆机动三轮车，用来运送农用物资。其他生产性设备有 2 台打药机，是现代化的半自动打药机，极大地提高了给果树打药的效率；有 1 台旋耕机，用来翻地、松土，精细化作业；还有 3 台水泵和 1 台卷帘机（见表 18－8），都是种植的好帮手。

表 18－8　　2014 年家庭主要生产性固定资产数量情况　　单位：个

卡车	拖拉机	打药机	卷帘机	机动三轮车	牛车	旋耕机	水泵	其他
1	1	2	2	3	0	1	3	0

数据来源：根据李晓东口述整理，2014 年 7 月。

在家庭支出方面，除了生产性投入和食品开销比较大以外，李晓东家 2013 年在住房方面也花销很多。家中土地面积比较大，生产性投入相对来说也较大，全年支出约为 25000 元。在食品方面，全家 5 口人的日常饮食既注重营养搭配又节俭，全年的支出约为 3 万元。住房方面总共支出 21600 元，其中房子装修花了 13000 元，购买家具花了 7000 元，安装太阳能花了 1600 元。交通方面支出约为 8000 元，主要用于支付家中那辆卡车的保险、日常养护和燃油，以及李晓东外出考察果树品种的往返费用。李晓东的儿子李崇元在读高中，一年的教育费用约为 3600 元。其他方面的支出还有衣服约为 2500 元、看病约为 2000 元、红白喜事约为 2000 元以及通信费用约为 2100 元。2013 年李晓东家的总支出在 96800 元左右（见表 18－9）。

表 18 - 9　　2013 年家庭支出情况　　单位：元

总支出	生产性	衣服	食品	看病	教育	娱乐	红白喜事	交通	通信	住房
96800	25000	2500	30000	2000	3600	0	2000	8000	2100	21600

数据来源：根据李晓东口述整理，2014 年 7 月。

李晓东是一个很“时尚”的人，手机、电脑这些相对来说比较新鲜的东西他很喜欢使用。家中的家电、交通工具一应俱全。2014 年李晓东家的家庭耐用消费品主要有 2 台电视机、2 台冰箱、1 台洗衣机、1 辆电动车、4 辆摩托车、1 部固定电话、1 套组合音响、3 部手机、2 辆自行车和 2 台电脑（见表 18 - 10）。

表 18 - 10　　2014 年家庭耐用消费品情况

项　目	数　量	项　目	数　量
电视机（台）	2	固定电话（部）	1
电冰箱（台）	2	组合音响（套）	1
洗衣机（台）	1	手机（部）	3
电动车（辆）	1	自行车（辆）	2
摩托车（辆）	4	电脑（台）	2

数据来源：根据李晓东口述整理，2014 年 7 月。

我们和李晓东聊得很投机，直到中午 12 点半了还意犹未尽。李晓东的经历让我们很受启发，一个人不管是什么年龄，不管从事什么行业，都应该遵从自己的内心，知道自己真正想要的是什么，然后为了自己的目标和理想去奋斗。不断创新、努力奋斗的人生，才是有意义的一生。

（三）勤奋好学的种植能手范木胜

志存高远，胸怀大志，勤奋好学，这是我们对范木胜的印象。当年年轻有为的他因父亲的意外过世，放弃自己的事业回到农村，从对农业的一无所知到现在的如数家珍，他用宽阔的肩膀为自己的家撑起了一片蓝天。劳动是财富之父，土地是财富之母，在农村只有用勤劳的双手才能从土地中获得财富。

2014年7月1日清晨，旭日东升，我们迎着温暖的阳光，沿着费石庄村新修的宽阔水泥马路，欣赏着村里美丽的绿化风景，心情十分愉悦。不知不觉中来到一座气派的两层小楼房前，我们不由自主地停下脚步，仔细打量着这精致的小楼。房子大概有400平方米，被一个大院子包围着，院子里的景象也是丰富多彩，院子中间有一条1米宽的道路直达房子前的台阶处，顺着台阶往上走，有一处平台。站在平台上，院子的全景尽收眼底，院子西侧有一间存放农具的小房间，房间里摆放着拖拉机、三轮车、打药机、旋耕机等许多必备的农具。院子东边种着正开着小黄花的黄瓜，黄瓜藤沿着搭好的木架蜿蜒而上，往下看还有一株不太起眼却花开正艳的芍药，有种红花衬绿叶的意境；院子右边堆着成垛的木柴。走进室内，一层是两室一厅，客厅宽敞明亮，除了一张吃饭用的桌子并没有摆放其他用品。这时范木胜听见声响，从左侧的卧室走出来，并请我们进去坐，卧室里有一张大炕、一台电视机和两把椅子，屋里的摆设如范木胜本人一样，简单大方。

范木胜，男，汉族，52岁，高中文化，无任何宗教信仰，普通话流利；妻子叫刘秀敏，51岁，汉族，高中文化。他家一共4口人，一儿一女，女儿曾就读于河北师范大学，现在秦皇岛开发区上班，儿子现在秦皇岛河北建材上大学，学的是预结算专业，一家人生活简单，温馨和睦。“家有一老，如有一宝”，范木胜家还有一位90岁的母亲，一直和范木胜一家人一起生活，人生不如意事十之八九，健朗的母亲在我们采访前10多天突发心脏病，现卧病在床。如今，老人的7个孩子轮流在家照顾母亲，每人照顾一天一宿。在我们采访那天，正好碰见范木胜的两个姐姐在母亲床前照顾，我们真心希望老人能早点好起来，继续作为这个大家庭的珍宝健康地活下去。范木胜是7个兄弟姐妹中排行最小的，我们之前采访过的范木生，是他的亲哥哥。范木生是家里的老大，当年为了弟弟妹妹放弃学业，几位弟弟妹妹也没有辜负大哥的一片苦心，如今都事业有成，家庭美满。正在照顾母亲的两位姐姐都是人民教师，现在已经退休在家。范木胜与范木生的性格迥然不同，范木胜是一个能说会道，有理想，有抱负，对生活充满热情的人，范木生却是一个不善言谈，对生活安于现状的人，两个人的性格应该与后来的经历有很大的关系。

范木胜18岁高中毕业，在当时的农村是高学历，他学习成绩优秀，毕业以后便在外参加了工作。他告诉我们，毕业后，他在海滨的一个教学仪器厂当供销员，每月工资40元；作为一名供销员他全国各地都得跑，工作性质类似于现在的销售员，他经常要去东北和北京等地方做销售。年轻好胜的他对待工作干劲十足，耿直认真的他很受领导重视，事业蒸蒸日上，虽然每天出差奔波，但他一点儿都不觉得辛苦，工作生活简单快乐，轻松自在。

天有不测风云，人有旦夕祸福。1984 年的清明节，范木胜的人生出现了极大的转折，生活给了他沉重的一击。1984 年 4 月 3 日，正是清明节前两天，年轻有为的范木胜回家扫墓，没想到身体一向硬朗的父亲早晨出门时在家门口突发脑溢血去世了。回想起当时的情景，一股悲伤之情笼罩着范木胜，父亲临走前跟他说的最后一句话是让他上地里瞧瞧去。当年的他对农活懵懂无知，如今却与土地结下了不解之缘。听到丈夫突然去世的消息，范木胜当时 60 多岁的母亲因承受不了如此沉重的打击也病倒了。一个幸福的家庭突然失去了顶梁柱，生活好像突然失去了重心和方向，年轻的范木胜也茫然不知所措，但逝者已逝，活着的人能做的只有生活得更好，才能让逝去的人安心。坚强的范木胜很快就调整了自己的心情，从悲伤中走出来，他毅然决然地辞去了工作，不顾厂长的挽留，放弃了自己的理想，决定回家继承家业并照顾自己的母亲。从此，范木胜便踏踏实实地在农村待着，用他的话说，就是成为一名“真农民”了。但是与其他农民不一样，他虽然在家务农，却是一个思想活跃、勇于创新的人，他并不甘心于仅守着父亲留下的一亩三分地，不断承包别人的土地，把种田当成自己毕生的事业做大、做强。

费石庄村是 1983 年开始实行的家庭联产承包责任制，承包以后全村人根据政府规划都种上了桃树，1984 年家里的果树还是小树苗。因父亲去世回到家种地的范木胜，由于从小一直在学校读书，毕业以后又直接参加了工作，对农活一窍不通。面对自家种的桃树他头疼不已，头两年管理下来收入仅有 1200 元，生活非常拮据，对于农活一切都得从零开始学习。祸不单行，一场暴雨过后，一夜之间地里所有的小树苗全倒了，家里居住的房子屋外下大雨，屋里下小雨，生活和事业双双不如意。即使困难重重，拥有雄心壮志的他依然毫不畏惧，依然勇往直前。冷静下来以后，他决定要做的第一件事就是修缮自己家的老房子，给自己和母亲创造一个温暖舒适的居住环境。第二件事就是慢慢学习管理果树，这是一件需要时间和精力慢慢去做的事情，毕竟“慢工出细活”，学习是一个循序渐进的过程，欲速则不达。正好他赶上了村里第一轮家庭联产承包，一切都刚刚好，一切都需要从头开始。“书中自有黄金屋，书中自有颜如玉”。酷爱看书的他为了学习管理果树，一边在别人的经验指导下慢慢学习，一边自己去图书馆借阅农业种植方面的书籍查看，慢慢地他喜欢上了种地。如今村里的人在种植方面遇到不懂的问题经常会询问他并找他帮忙，他也是一个心地善良、乐于助人的人。

从一无所知到慢慢精通，从门外汉到行家的转变，范木胜这一路走来坎坷不断，生活经历了翻天覆地的变化，心态也逐渐变化着。辞了工作回来那年，他与母亲两人相依为命，守着一所破旧的房子，为了修缮所居住的老房子，范木胜每天除了下地干活，早晚还得抽空整理屋顶漏雨的地方。虽然家里兄弟姐妹很多，但都已成家，能抽出时间来帮忙的人并不多，坚强好胜的范木胜也不想增加哥哥姐姐们的负担，再累再辛苦都自己扛着，从不抱怨。生活的艰难并没有阻碍这位年轻人对爱情和婚姻的追求，1986 年范木胜的三姐给他介绍了一位同村的姑娘，两人一见倾心。有情人终成眷属，这位勤劳朴实的姑娘后来成了范木胜的妻子，两位年轻人学历背景相当，在一起有很多共同语言。古人云："成家立业。"先成家才能立业，因为成家意味着必须独当一面，意味着真正的成长，意味着懂得了责任和义务，有了责任和羁绊再去立业，才会有更明确的目标。范木胜就是成家立业的典型例子，当我们问他："成家以后发生了什么？"他笑着说："成家以后就想着创业，想着为家庭提供更好的生活。"果然成家以后有些想法才会真正的付之于行动，虽然之前他也很有志向，很有想法，但总是缺乏动力，婚姻给了他压力，也给了他动力。

"隔行如隔山"。刚转行的范木胜对果树种植一无所知，看着果树叶子脱落却不知道怎么回事，想请教有经验的师傅，有的人不愿相告，有的人没时间。求人不如求己，于是他自己跑到北戴河区的图书馆去查阅，终于弄清楚原来叶子脱落是因为果树生病长虫了。问题接踵而至，弄明白了叶子脱落的原因，知其然还得知其所以然，还得清楚叶子为何脱落？应该如何防治？比如今年桃树产量不高，很大一部分原因是天气干旱导致桃树长了蚜虫。据范木胜说，前几年桃树也会长蚜虫，打了一种叫"一遍净"的农药后，蚜虫就可以被清除，并不会影响果树的生长，而今年打了好几次治蚜虫的药，桃树依然生长不好。他说，据他观察和推测，有两个原因导致打药不管用，一是药的除虫性不如往年好，二是连年打相同的药，果树对农药产生了抗体。

一路磕磕碰碰，坎坷不断，烦琐的农活使得对种地没兴趣的他偶尔会怀念以前单纯快乐的生活，怀念以前轻松自在的工作环境，二者的天壤之别使他抱怨过命运的捉弄。但发泄过后，他会更认真地生活，付出总会有回报，他一直保持着这样的理念，用心踏实地对待着“财富之母”。夫妻俩文化程度都较高，许多事情两人能互相商量，虽然日子艰辛却充满希望，尤其是在有了孩子以后，夫妻俩感情越来越好，孩子成了生活的希望和奋斗的目标。经过不断地学习和摸索，范木胜逐渐对种果树产生了兴趣，兴趣是最好的老师。当种果树与他本身爱看书的爱好相结合，理论能联系实践，这使他在种果树方面积累了丰富的经验，学会了果树的人工授粉、嫁接技术。说起这个嫁接技术，也是一番坎坷，他以前都是去昌黎果树农科所买小桃树苗，但有时候买回来的果树苗长大后发现竟然不是自己想种的品种。如果就此放弃，成本太高，于是他就去请教师傅并看书自学会了人工嫁接的技术，合理利用资源。

去年没分地的时候，他家一共有 16 亩地，包括自己家的土地和承包别人的土地，种植了各种果树，包括桃树、苹果树、梨树和李子树，今年还种上了核桃。桃树种了 15 亩，是收入的主要来源，去年销售价格好，一年收入 9 万元左右；其他树加起来一共 1 亩地，收入 1 万元左右；一年果树的毛收入估计 10 万元左右；粮食直补和农资综合补贴去年一年是 290 元；去年总收入 100950 元（见表 18－11）。政府支持补贴农民购买新型农具，今年他家购买了一台旋耕机，方便以后扩大种植规模使用，一切都机械化，能提高效率，事半功倍。今年重新分地后，他家一共有 9 亩地，这将是他种植生涯的另一个转折点，也是另一个起点。他跟我们说，他准备再观察一段桃树的市场，正在筹备种植大棚果树的一些事宜，主要包括技术学习和资金的周转。对于技术学习他已经非常有经验，费石庄村委会还设立了一个农家书屋，看书比较方便，碰到一些疑难杂症，如果在书里一时找不到答案，他会上网查询并经常上网与人交流种植经验。现在关键问题是资金，他告诉我们，他希望能获得一些贷款帮助，如果要扩大规模，需要的资金量会很大，自家资金周转不过来。

表 18－11 **2013 年家庭收入来源情况** 单位：元

职　业	收　入	职　业	收　入
从事种植业	100000	政府补贴和社会救济	950
从事旅游业	0	其他经营收入	0
总收入合计	100950		

数据来源：根据范木胜口述整理，2014 年 7 月。

表 18－12 2013 年家庭农作物、牲畜和家禽情况

种类	亩数	折算价值(元)	种类	亩数	折算价值(元)	种类	个数	折算价值(元)
水稻	0	0	梨树	0.5	5000	马	0	0
苹果树	0.5	5000	桃树	15	90000	禽类	0	0

数据来源：根据范木胜口述整理，2014 年 7 月。

表 18－13 2014 年家庭承包土地情况 单位：亩

总面积	水浇地面积	旱地面积	良田面积	荒地面积
9	0	9	9	0

数据来源：根据范木胜口述整理，2014 年 7 月。

表 18－14 2014 年家庭主要生产性固定资产数量情况 单位：个

卡车	拖拉机	除草机	收割机	机动三轮车	牛车	旋耕机	水泵	电动三轮车
0	1	0	0	1	0	1	1	1

数据来源：根据范木胜口述整理，2014 年 7 月。

2013 年生产性支出和食品支出是家里的两大项支出，因为去年家里承包的地比较多，一年下来买化肥、农药加上果树的管理费用为 1.5 万元；食品支出包括柴米油盐酱醋茶，去年花费了 2 万元。夫妻两个都很节俭，平常都在家干农活，很少添置新衣服。两人身体都很健康，全家人都参加了新型合作医疗和社会养老保险，目前他母亲正在领取每月 55 元的养老保险；儿子正上大学，一年学费为 5200 元，每星期的零花钱为 150 元，一共 7200 元；2013 年红白喜事花费 1000 元。闲暇时，一家人坐在一起看电视，家里有两台电视，收视费全村统一征每年 312 元，上网费一年 600 元，电费一年 1000 元；自来水村里提供，不收费；因为家里没人会开汽车，所以他家没有面包车，只有 1 台拖拉机、1 台机动三轮车和 1 辆电动三轮车，一年燃油费 2000 元；家里有 3 部手机，每月花费 150 元，一年 1800 元。总的说来，去年家庭总支出 54112 元（见表 18－15）。

表 18－15　　2013 年家庭支出情况　　单位：元

总支出	生产性	衣服	食品	看病	教育	娱乐	红白喜事	交通	通信	住房
54112	15000	0	20000	0	12400	912	1000	2000	1800	1000

数据来源：根据范木胜口述整理，2014 年 7 月。

表 18－16　　2014 年家庭耐用消费品情况

项　目	数　量	项　目	数　量
电视机（台）	2	手机（部）	3
电冰箱（台）	1	自行车（辆）	1
洗衣机（台）	1	固定电话（部）	0
摩托车（辆）	2	电脑（台）	1

数据来源：根据范木胜口述整理，2014 年 7 月。

说起平时娱乐，范木胜告诉我们，目前儿子还在上大学，家里就夫妻两个劳动人口，除了桃树挂袋的时候会雇人，其余的活都是两个人在干，夫妻俩一年四季都在忙碌着，基本没有闲暇时间。范木胜是一个很懂生活的人，虽然每天农活不断，但依然忙里偷闲坚持自己的爱好，每天都会关心政治时事，最爱看凤凰卫视的新闻。业余爱好也很丰富，忙累了就听听音乐放松自己，他最爱的歌手有老歌手张雨生，也有现在炙手可热的年轻歌手李宇春，他的爱好和生活方式与时俱进，是一个时代感很强的人。

土地是金，科技是金。懂技术的范木胜对土地已经有了感情，在他看来，土地是有感情的，只要你付出了就一定会有收获。在土地里，他收获了自信，收获了兴趣，收获了快乐，收获了经验。他的人生继续着，他的梦想也继续着，他对人生有自己宏伟的规划，也在慢慢努力实践着。

（四）费石庄村的电工侯占奎

阴雨天气对我们来说是福音，由于正值农忙时节，晴朗天农民都下地去了，所以不容易找到人，下雨了，地里没法去了，农民只得休息，我们的采访也才好进行。上午 9 点左右，我们在村干部的带领下进村入户，今天上午去采访老电工侯占奎，他是青年楷模侯东良的父亲。侯占奎住在村里的最后一条街上，离村委会较远，我们上沿下坡，左转右拐一路泥泞地来到他家。大门开着，屋门也开着，叫了半天就是没人答应，村干部打电话也没人接，我们估计门开着，老爷子肯定走不远，可能在附近哪家跟人聊天呢，不出所料，我们在邻居家找到了侯占奎。听说我们要采访他，他非常高兴地带我们去他家。我们看到他带了个牌，而且胳膊上还有个红袖标，上面写着治安巡防员。我们问他负责村里什么工作？他说，现在他是村里的网格长，每天巡逻几次，多注意陌生人以及行为可疑人员，反恐防恐。村干部说，老爷子工作特别认真负责，是村里几个网格长中干得最出色的。我们一边走一边聊，我们说，昨天采访了他儿子侯东良，儿子是村里的青年楷模，特别优秀，有道是“虎父无犬子”，家庭教育肯定比较好，他父亲的角色做得很成功，所以今天专程来采访他。不知不觉一会儿工夫，我们就到了侯占奎家的院子里。

院子左手边是一个小菜园，种了些蔬菜，有黄瓜和茄子等，右边是两间平房，里面放了些杂物。他们家的住房是二层小楼，从外面看和其他人家的差不多，没有特别之处，但是一进门才发现，里面很宽敞，长有 10 多米，是 3 间房的格局。我们惊奇地说，怎么这么大啊。他介绍说，这房子是后接的，原来是水泥顶的平房，打了圈梁加上一层，也往后加长了一部分，本来以前后面有个小院，现在都盖上楼和前屋连在一起了，小院基本上没有了。他说着推开后门，让我们看一下后院的情况。他家后面就是农田了，小院现在就有两三米的样子，用砖墙围起来，有一个大铁门对外开。我们问，可以去楼上看看吗？他说可以，说着就带我们从楼梯往二楼走。他说，二楼平时没人住，当儿孙们来了时才在这里住。二楼有一个大厅，很宽敞，让我们惊奇的是居然有 1 台跑步机。我们说，这跑步机一般农民家里都没有。他说是儿子给买的，冬天或下雨天，不出门就可以在屋里锻炼。说话间，老爷子走上跑步机，打开开关，向我们展示起来。他特别熟练地操作机器，看来他经常用跑步机。我们问，这个机器是否安全。他说，很安全，有一个安全措施，万一操作不当，可以自动切断电源，所以老年人玩跑步机也没问题。二楼有两个卧室，一间是带卫生间的套房，另一间里有一铺炕。他说，冬天二楼取暖用地暖，烧电的，楼下是烧炉子的土暖气。这都是他儿子设计的格局，儿子在建筑公司上班，负责电路安装，现在已经是个小领导了。他家的这栋二层小楼，每层 150 多平方米，两层共 300 多平方米。他儿子在村里还有一幢三层的新楼，也有300平方米。儿子侯东良不在村里住，在北戴河区里住，在海滨有一套160平方米的楼房。我们想，他们家真是村里的大户了，几处房子都值不少钱了。老爷子侯占奎说，这房子虽然很大，但是没花多少钱，由于儿子是搞建筑的，所以建房子比别人家省不少钱。他们老两口在一楼住，二楼平时没人住，过年过节有客人来了，或者儿孙们来了就在二楼住。

侯占奎说，家里现在就老两口，老伴去儿子的院里拔草了。老爷子今年71岁，1944年生，初中文化程度，汉族，没有宗教信仰。老伴68岁，也是初中毕业。夫妻二人育有一儿一女，女儿今年44岁了，在北戴河区做生意，特别孝顺，他说老两口平时吃的油盐菜等，女儿都给买，可谓是无微不至。外孙今年20岁，去当兵了，走了一年了，是空军地勤。他说每周外孙都给他打电话，外孙小时候经常来家里住，爷孙俩感情特别深。部队是个大学校，很能锻炼人，年轻人应该不怕吃苦，对以后成长有利。儿子今年41岁，在北戴河区建筑公司上班，从事电工的工作，现在已经是项目经理了。儿媳在海滨开了家店，卖些旅游纪念品等东西，儿子与儿媳是同龄。孙子今年15岁了，在秦皇岛职业中学学习，学的是计算机专业，现在去北京实习一年，是北京的公司来学校招人去的。孩子们都很孝顺，不让老两口种地，把他们的3亩地包给了别人，怕累坏了老人。现在，侯占奎是村里的网格长，算是有了一份新工作，每天围着村子巡视几圈，有事做，也不觉得生活无聊，还可以锻炼身体。另外，他还是村民小组长，负责几十户的组织和联络工作。我们采访期间为了做一个全村的调查问卷，特意在晚上来村里以便各家各户都有人在，村里安排各村民小组长带领我们入户，村干部怕天黑路不好走，累着老爷子，所以本想不让他老人家带路了，但他却说没问题，执意带我们走了几十户人家。他这种对工作认真负责，任劳任怨的精神令我们肃然起敬。因为我们来时家里没人，但大门和屋门都开着，我们问他，是不是由于各网格长巡视工作做得出色，治安环境良好的原因。他说，费石庄村只有200多户，600多人，算是一个小村，再说位于山坳里，离着大路稍远，外来人口较少，村风淳朴，村民互相熟悉，关系处得很融洽，大家出去不关门是经常的事。

在我们聊天的时候，侯占奎的老伴干活回来了。她也是将近70岁的人了，头发花白，衣服上面沾满了泥。我们赶紧站起身来跟老人家打招呼，她一边让我们坐下，一边去冰柜里拿冰棍让我们吃，她待人非常热情，说话也很直爽。我们说，我们昨天采访了她儿子，今天特意来拜访一下老爷子侯占奎。一提到她儿子侯东良，她老人家的话就滔滔不绝了。她说，那孩子心眼好，对别人有求必应，先人后己，爱帮助人，越是穷人他越喜欢帮助，越是有钱人他反而不愿去应酬，在外边人际关系搞得特别好。他小时候家里困难时，家里来个乞讨者，由于自家也不富裕，大人想把乞丐打发走了事，而他却说给他点钱，自家少吃点。邻居盖房子，他主动劝人家盖就盖高点，盖个二层楼房，从长远考虑，否则会后悔。对于这一点我们特别理解，因为农村人由于传统小农意识的作用，都喜欢自家的房子比别人家的高一点，不希望自己的房子比别家矮小。她还说，儿子不跟人家斤斤计较，别人占他们家一点便宜，他不去跟人家打架争吵，而是礼让人家，占就占了吧。由于农村宅基地比较有限，村民都想占人家一寸半点的便宜，邻里之间为此打架斗气是非常普遍的。通过老人家说的，还有我们前一天刚刚采访了侯东良，我们确实切身感受到侯东良是个慷慨无私的人，待人处事非常大气，心眼好，热心肠。

侯占奎，1944 年出生，今年已经 70 周岁了。1962 年，当时 17 岁的他初中毕业。他说，当时自己想考高中，但是政策规定农村户口不能考高中，毛主席号召上山下乡，年轻人到农村接受再教育，所以毕业后就回家务农了。当时还是在生产队集体劳动，由于他不喜欢种地，但对电特别感兴趣，以后想当一名电工，所以一边种地，一边看书，自己学习与电相关的知识。他说，他父亲是个电工，自己喜欢电可能是有遗传。新中国成立前他在父亲所在的电厂当电工，后来才回家种地，但父亲并没有让他接班干电工的意图，而是尊重他自己的选择，没有主动教他与电相关的知识。他说，电工完全是靠自己自学的，书是从商店买的，当时几毛钱一本书，价格并不贵，都是小单行本，自己一边看书，一边动手摸索，在自家里敢动手敢实践。他说，只要鞋绝缘就可以，手摸电也没事，不产生回路就电不着，穿上胶底鞋或者脚踩木头板都行，干木头是不导电的，在家里自学了 3 年，看了很多书。由于北戴河疗养院缺电工，而费石庄村离海滨就几里路，经熟人推荐他就去疗养院干电工了。因为自己喜欢做电工，再说干电工比务农挣钱多，工作环境也好，所以能去疗养院干活也算是如愿以偿吧。在国务院疗养院干了 5 年，然后在中直干了 3 年，在省办疗养院干了 2 年。他说，当时工资是每天 3.02 元，是 6 级电工待遇。后来去了山海关采石场当电工，一干就是 7 年。1983 年，厂子倒闭了，人员解散了，自己又回家种地了。我们问他为什么没在一个地方连续干，他说，当时是临时工，不是正式工，都是夏天干活，冬天没活就回家了。20 世纪 70 年代，实行的是推荐制度，去从事某一非农的工作，必须得有人推荐才能去，当时临时工连续干 10 年就能转为正式工人。由于工作表现出色，所在单位也想留下他，但是人事方面没有相关的指标，所以只能是年终解雇，过一段时间再重新雇用，以便使其工作没有连续性，这样就与转正的制度不冲突了。由于没能转为正式工，现在也没有退休金。村里从 20 世纪 70 年代开始发展果树种植业，从疗养院回家后，当时还是生产队，他就去干与果树相关的活。他说，1983 年自己就彻底不当电工了。1983 年村里分地搞家庭联产承包责任制，当时是 4 口人，分了 6 亩果树。他是 1971 年结婚，女儿 1972 年出生，儿子 1974 年出生。20 世纪 80 年代时家里的地全种果树，吃的东西全都花钱买，种果树比种粮食产出大。卖水果是去北戴河区，老伴去卖，他负责下地采摘和运输，当时水果很容易就卖光了。干了几年农活后，从 1990 年开始，自己组织工程队去包工程，他雇用了五六个人，自己是包工头。工程有疗养院的，也有电厂给的。找活也得靠熟人，工程干得多了，电厂也直接找他活干。工程都是些装电缆以及变压器的活。有的工程比较大，一干就是 3 ~ 4 年。说到收入问题，他说 90 年代工资普遍是 500 ~ 600 元，他已经能挣到 1500 元了。包工程一直干到 2007 年，由于自己年纪大了，公司担心出事故，儿子也不想让老人家干了，所以不干工程也就 7 年时间。由于出去包工程，没时间照顾家里，地里的活都是老伴干。他老伴是个非常勤劳的人，虽然近 70 岁了，但还想种地。儿子非常孝顺他们，把地包了出去，让老两口休息享福。现在他老伴由于长期劳累，落下了脚疼的毛病。

侯占奎说，儿子侯东良现在建筑公司每年能挣到 20 多万元，已经是个小领导了。儿媳在海滨开店，一年收入也不错。夫妻二人特别孝敬父母，啥东西都往家里买。女儿更是父母贴心的小棉袄，对二老的照顾更是无微不至，连家里的盐都给买。现在二老生活很幸福，儿女又孝顺。但是，侯占奎老伴说，现在唯一的不称心之处是姑爷 2005 年出车祸去世了。村干部说姑爷也非常孝敬二老，不比儿女差。一提到姑爷的事，老太太眼泪止不住地往下流，声音都哽咽了。侯占奎说，当时女儿女婿夫妻二人骑摩托车去北戴河买东西，半路上被 6 路公交车撞倒身亡，事故是公交车的责任大。姑爷也是干电工的，和他儿子侯东良早就认识，二人关系特别要好。老太太说，现在最担心的是女儿，由于夫妻二人关系很好，事故发生得太突然，虽然已经过去了近 10

年，但她女儿还是没从阴影中走出来，至今未重新选择组织家庭。姑爷的离去也是这个大家庭至今的痛，本来是幸福美满、家庭和谐的生活，却有了缺憾，伤痛至今未能抚平。

儿子侯东良是老两口的骄傲，不但工作出色，认真负责，收入丰厚，而且乐于助人，人品好，无愧于村里的青年楷模。他说，儿子是个要强的人。初中毕业后就去疗养院打工了。由于年纪小干的是浇花工作，但干活有眼力，又勤快，大人们都特别喜欢他。由于每天才挣 1 元多，为了多挣钱儿子决定去工地干活。做小工时干的是和沙子、水泥以及搬砖一类的活，比较累，由于年纪小换管吊车开关的活，但他又感觉太轻了。后来，在工地学电工，跟着侯占奎的师兄学，侯东良天资聪明，又勤奋好学，现在在建筑公司已是一名管理人员了。现在不在村里住，在海滨有一套 160 平方米的房子，村里有一栋新盖的 300 平方米的三层楼房，以一年 1 万元的价格租出去了。虽然侯东良已经不在村里住了，但是村里哪家有活需要帮忙，他就回来帮着干，不收钱。为村委会安装灯，只按成本价收钱。有天晚上村里的电缆坏了，村主任打电话给他，他二话没说就从区里赶回来，帮着接好电缆。我们采访侯东良时，他说现在想做的事就是把生态园建好干大，现在生态园正在筹划中，自己投入了土地和资金，希望多挣些钱让父母过上好日子，父母一辈子不容易。侯东良确实是年轻人学习的榜样，自己虽然富裕了，但是没忘了村里的父老乡亲，他更是孝敬父母，是德才兼备的社会栋梁。

侯占奎可谓是与电结缘，年轻时就自学与电相关的知识，后来从电工到包工程都是和电打交道。他的父亲也是一名电工，儿子也是电工，姑爷同样也是电工，可以说是电工世家了。俗话说，“男怕入错行，女怕嫁错郎。”作为男人能从事自己喜欢的工作，是人生一大幸事，而侯占奎正是这样的人。从事电工这一行可以说改变了他的命运，也改变了一家人的命运。因为在农村绝大部分从事农业生产，有一技之长的人并不多，从经济学角度考虑，从事农业的人口多，技术要求低，竞争激烈，接近完全竞争市场，农民收入较低。而技术人员稀缺，供不应求，收入远超农民。侯占奎一直是一名电工，用他的话说就是比种地强多了。现在的生活更是美满幸福，衣食无忧。唯一的遗憾就是没能成为一名正式电工，从电力行业退下来，现在也没有退休金。但是老人家并没有为此抱怨，而是非常知足。现在是村民小组长和网格长，年纪大了还要发挥余热为村集体工作，可谓是精神可嘉，充满了社会责任感，体现了人生的价值。如今老两口住在一个小院里，家里有 2 辆电动车，屋里还装上了空调。他们两人的 3 亩地包了出去，每年有 6000 元收入，老爷子是网格长一年也有几千元的收入，二老都参加了医保和养老保险，儿女特别孝敬，支出方面基本都由孩子们支付，晚上二人一起出去散步，可以说过着幸福的晚年，真心祝愿二老身体健康，福寿康宁。

（五）虚心好学的青年电工侯东良

侯东良，男，汉族，1974 年 2 月出生在美丽的费石庄村，无宗教信仰。儿时的侯东良顽皮淘气，经常与同村的小朋友一起玩游戏，顺利地读完小学后，1989 年 7 月，在北戴河三中初中毕业。

1989 年 8 月，侯东良在海滨疗养院干一些零活，有了自己的收入，他不怕苦、不怕累，勤于思考，善于学习别人的长处，初入社会的侯东良，在这里得到了历练，他深深地感受到，要提高自己的生活水平，光靠打零工是不能长久的。

一年后，侯东良开始在海滨建筑公司学习电工技术，电工对于他来说，是个外行，再加上文化知识水平只有初中的他，难度可想而知，但就是在这样的环境下，克服重重困难，虚心向电工师傅学习，在这里他的业务能力得到了空前的提高，能够独立安装楼房的电线、电灯，为他更好、更熟练地掌握电工技术创造了条件。

1993 年，侯东良调到北戴河第六建筑公司，独立承担该项目部的所有电业工作，成为项目部的电业专家，施工图纸是电业难度较大的工作，但他总是下功夫，想办法，深入研究，弥补自己的不足，克服一道道技术难关，出色地完成了各项电业任务，得到了同行的好评，被施工方领导认可。

1996 年与爱人苏伯清结婚，婚后，苏伯清在海滨区从事旅游纪念品销售工作，每年收入 4 万元左右，如今，侯东良全家住在滨海城区。1997 年 7 月，儿子侯天琪出生，为这个家庭带来了欢乐和笑声，也为侯东良增加了创业的干劲，在我们调研时，侯天琪正在秦皇岛职业中学读书。

1997 年，侯东良进入大为房地产开发有限公司，从事滨海小区的电业工作。由于他工作热情高，积极肯干，善于解决电业中存在的问题，攻破了电业的一些技术难关，为该公司节约成本，提前完成工作进度，从不拖后腿，在年度奖励时，侯东良一次性获得奖金10万元，这是对他工作的物质奖励，也是对他工作能力的认可。

侯东良虽然住在海滨城区，但是在费石庄村盖了380平方米的三层别墅，偶尔回农村度假，使用土暖气取暖，饮用村里配套的自来水。在自己的宅基地上，还种了一些无污染的蔬菜、水果，平时，由他的父亲种植、施肥、除草、采摘，老人平时的生活也由侯东良照顾，拥有一个田园式的生活。

侯东良虽在城里工作，可是村里的事从来没有忘记，谁家有个红白喜事，他总是找时间回来帮忙。村民盖房，难免有接电线的活，只要找到他，他总是乐于帮忙，即使自己很忙，他也会派别人来干活。村委会电业的修缮，侯东良也总是从不推脱，有一天夜晚，村里的变压器坏了，村委会干部给侯东良打了一个电话，侯东良二话没说，及时赶赴现场进行抢修，保证了村民及时用电。侯东良乐于助人多次积极为地震灾区捐款，为村民排忧解难，受到大家的爱戴。

（六）退休老电工蔺英杰

临近下午6点，大学生村干部刘颖带领调研组来到了蔺英杰家，蔺英杰是费石庄村的退休老电工，是农村中没有通过上学和当兵两条途径而走出去的正式职工，当我们到达他们家门口时，留给我们印象最深的是他家近百年的老房子。四个石板阶上去是一个很小的黑色木头大门，大门两边挂着两个比较显眼的红色金属牌：共产党员户和十星级文明户，蓝色的门牌位于木门框右上角，上面标着他家的门牌号：费石庄村34号。推开大门，可以看到很多道门，一条特别长的路把各个门连接起来，这条狭长的路也是由石板铺成的，路的两边是面向石板路的老房子，听蔺英杰说，房子总长34米，是太爷留下的祖宅，太爷有三个儿子，房子分属于三个儿子。从第一道门到第二道门之间的房子属于他二爷爷家那一股，现在已经破旧不堪，很久没人住了。进了第二道门才到达蔺英杰的家，大门正对的是堂屋，狭窄的院子里有一个偏房，堂屋的门框是特别古朴的木质结构，脚下有门槛需要跨过，门槛的右下角还有一个出水的小洞；踏进堂屋的门口，屋内仍然是一个过道，过道两边是两间大屋子，与堂屋的正门相对是堂屋的后门，出了堂屋的后门有一个比较明亮宽敞的大院子，院子里种了些蔬菜，院墙有一段是石头砌的老墙，也有用红砖砌起来的新墙，院子里有一个石头垒起来的厕所，院子的尽头有一个铝大门，打开铝大门是村里的一条小路，这是蔺英杰家唯一感觉“现代”的地方，除了这个略显“现代”的铝大门和红色砖墙，蔺英杰家的其他地方都略显陈旧，所有的门窗都是年代久远的黑红色木质结构，非常古典。

蔺英杰的妻子暴文侠，腿脚不太灵便，看到我们到来也非常热情地领我们进入他们平时活动的屋子里，那是他们的客厅和卧室。进入这间房需要经过堂屋的过道，过道的墙皮很多已经脱落，由于年久，墙面已经黑得不成样子了。过道内有做饭需要的灶台、液化气、抽油烟机，自来水管下面接着一个大水缸，另外还有其他一些生活用品和生活用具。他家有一辆电动车，蔺英杰平时出门骑，也有洗衣机。堂屋内，过道的另一边，与他们卧室相对的那间房内也有一铺炕，炕上堆满了杂物，屋里还有一个电冰箱，里面装着一些啤酒和矿泉水，这间房子本是属于他三爷爷这一股的，但三爷爷无儿无女，后来年龄大了便成了村里的五保户，三爷爷去世以后，那间房归村集体所有，他便花 8000 元从村里把那间房买了过来。

参观完这些，我们进入老两口的卧室，这间屋子是他爷爷留下来的，两间房加中间的过道大约有 53 平方米。屋内有吃饭用的桌子，一个小写字台，一铺大炕，一个特别大的红色木柜子，一台小电视机就放在柜子上，电视机是儿子单位淘汰下来以后拿回家的（蔺英杰家耐用消费品情况见表 18 - 17）。靠墙的炕上方有一特别大的窗户，两扇像门一样的红黑色木质古典窗户向屋内敞开，上半部分的一个个小方格子上还是纸糊的，还有一扇满是大方格的窗户向上支起，原先也是纸糊的，后来纸坏掉并且为了冬天更保暖，便用塑料纸镶在窗户上。他家的地面都还是土的，墙壁由于被多次修补显得有些杂乱。冬天取暖会烧土炕和土暖气，做饭冬天用煤，夏天用液化气。喝的是大队统一提供的自来水。由于像他家这样的老房子很少见，村外经常有人来他家拍照。蔺英杰家由于缺乏劳动力并没有种地，30 年前的第一轮土地承包他们家分得两口人的地，有三四亩，但蔺英杰在外面上班，地没有人打理，因此很早就把地转给了别人管理。今年第二轮土地承包时，由于二位老人身体都不硬朗了，因此村里也就没再给他们分地。一些果农常用的生产资料他们家基本都没有。

表 18－17　　2014 年家庭耐用消费品情况

项　目	数　量	项　目	数　量
电视机（台）	1	吊扇（个）	1
冰柜（台）	1	固定电话（台）	1
洗衣机（台）	1	手机（部）	1
电动车（辆）	1	电脑（台）	0

数据来源：根据蔺英杰和暴文侠口述整理，2014 年 7 月。

我们进屋里坐下后，由于屋里的吊扇开关坏了，老电工蔺英杰修理起了电风扇开关，妻子暴文侠则跟我们聊了起来，她说他们家这个老宅子跟她姑婆同岁，已经整整 80 年了，这还是从经过翻新时算起，他们家老一代人在 1930 年前后对房子进行过翻新，变成了今天这个样子，后来再没动过。家里除了老两口还有一个儿子，由于儿子常年外出打工，现在已经做到了大厨，所以就在外面定居了，只有老两口住在老宅子里。暴文侠 1947 年出生于抚宁县，初中时要到曹东庄上学，每天来回路程有 10 千米，所以初中上了半年就退学了。老伴蔺英杰 1943 年出生于费石庄村，只上过小学，两人都是汉族。儿子蔺伟，今年 40 岁，儿子一家三口在城里工作，也就定居到了城里，儿子现在是一家酒店的厨师长，儿媳妇比儿子长一岁，现在是银行的经理，孙女今年 14 岁，已经上初中了，学习不错，尤其是外语特别好，儿子一家让暴文侠特别骄傲。

我们到达蔺英杰家的时候已经接近下午 6 点，正好赶上她家的饭点，暴文侠催促老伴去做饭熬大米粥，并热情地留我们吃饭。暴文侠身体一直不太好，去年脑血栓住院半个月，12 月才出院，总共花费近 1 万元，合作医疗报销 5000 多元，自己花费 4000 多元，对此，她还称赞了新型农村合作医疗制度，如果不是合作医疗报销一部分，他家生活就窘迫了。由于脑血栓，她的眼睛和耳朵也受到影响，家里的事一般都是老伴照料，连做饭都要老伴做。暴文侠感慨自己是一年不如一年了。

家里没有劳动力，收入主要是靠老伴每月 1800 元左右的退休金，由于蔺英杰是北戴河纫具厂的正式退休职工，纫具厂是北戴河的集体企业，虽然后来倒闭，但他的退休金属于社会统筹，由北戴河劳动局发放。另外就是暴文侠在村里每月有 55 元养老补贴。今年分地之前，他们家还有两口人的 3 亩多地，虽然自己不种，但政府每年会给他们200元左右的粮食补和综合补。暴文侠对仅有的这些收入表示，随着物价升高，根本不够花，一碰上有病住院就会把积蓄用光，但他家并不属于贫困户、低保户，暴文侠说村里还有比她家困难的，自己还算凑合。由于收入有限，他们平时花钱很少，就怕生病，前年蔺英杰患肺结核在秦皇岛住了2个多月院，花费2.5万元，所以一般舍不得花钱，要想办法给自己攒点医药费以备不时之需。两人从来不买衣服，都是儿子儿媳买，暴文侠还说夏天的时候，老两口还会搭着穿。柴米油盐酱醋茶一般也都是儿子买，有时候自己也会买一点，所以吃的喝的每个月也就花100元左右；红白喜事是必须花的钱，对他们家来说是大头，如村里有人结婚，以前100元就不少了，现在200元总觉得拿不出手，这些每年需要1000元左右。他家有个固定电话，有一个手机，两个电话的费用每月接近50元。去年新修院墙，花了1600元，是家里亲戚帮忙砌的，所以没要工钱，只是花了些砖和水泥费用。蔺英杰家2013年家庭收入、家庭支出情况见表18－18和表18－19。

表18－18　**2013年家庭收入来源情况**　单位：元

职　业	收　入	职　业	收　入
从事种植业	0	退休金	21600
粮补和综合直补	200	养老补贴	660
总收入合计	22460元		

数据来源：根据蔺英杰和暴文侠口述整理，2014年7月。

表18－19　**2013年家庭支出情况**　单位：元

总支出	食品	看病	红白喜事	通信	住房	煤/气/电
10400	1200	5000	1000	600	1600	1000

数据来源：根据蔺英杰和暴文侠口述整理，2014年7月。

蔺英杰修完电风扇之后就开始跟我们聊起了他的一生，他出生在动荡的1943年，当时家里是种地的，主要种植玉米。那时候费石庄村还没解放，他们家属于中农，日子过得还算舒心，后来由于社会动荡、家庭困难，爷爷就带着他们一家人逃到了东北，到东北后一家人仍然以种地为生。兄弟三人中，爷爷是老大，老二、老三还在家。蔺英杰的父亲是爷爷唯一的儿子，蔺英杰还有一个妹妹。蔺英杰11岁时，他的父母和祖母都死在了东北，妹妹和老伴暴文侠同岁，今年也有67岁了，妹妹嫁到了外村车站那边，但经常来他家串门，我们去的时候他妹妹刚从他家回去。新中国成立后尤其是合作制以来，费石庄村发展势头不错，1956年，爷爷带着他和妹妹回到费石庄村。费石庄村1953年开始的初级合作社，1954年就到了高级社，他们回来时村里已经成立了高级社，回来后爷爷在高级社做会计，1959年爷爷去世，他就撑起了这个家，1959年下半年，由于算盘打得好，他被选中去太平乡做了民政助理，那年他才16岁。1961年体制调整，他便回到费石庄村做起了生产队的会计，还做过保管员，看管生产队的仓库。1963年，费石庄村响应中央号召开展小"四清"运动，在人民公社和农村基层干部中进行经济上的"清理账目、清理仓库、清理财物、清理工分"，他做了四清干部。到1964年底，费石庄村又根据中央精神，进行清政治、清经济、清思想、清组织的大"四清"运动，开始对社队干部的"四不清"问题进行斗争、清理和解决，他作为原来的生产队干部"下楼"① 了，之后他一直在生产队劳动到1969年。由于在1963年毛主席就发出过"一定要根治海河"的号召，他在1969年下半年被招去修海河一直做到1972年，才被调回秦皇岛，在秦皇岛石河水库工作，从水库开始他就零星地做一些电工的活。1985年，他被调到北戴河钟表厂，在供销科工作1年多。后来，北戴河纫具厂需要供销人员，他就在1986年被调到北戴河纫具厂继续做供销工作，直到2003年正式退休。电工工作是他的爱好，从1972年回到秦皇岛开始一直到退休，他在做好本职工作的前提下都会兼做单位电工的活，不论单位怎么变，不论工作岗位怎么变，他一直没有放弃电工的爱好，因此他退休后，村里人一直管他叫"老电工"。

退休之后，他年龄大了，妻子暴文侠腿脚又不好，他便没再出去打工或者干别的，只是在家专职照顾妻子和家里的大小事宜。他虽然很瘦小，但身体一直不错，只是有些耳背，我们跟他说话时他经常听不到，妻子跟他说话都要很用力地大声说。2012年，身体一直硬朗的蔺英杰查出有肺结核，在秦皇岛住院2个多月，花费25000多元，现在基本好了，最近身体一直很硬朗。

① "洗澡下楼"即对生产队干部进行清理，让干部交代"四不清"问题。

妻子暴文侠仍然头疼与她常年不利索的腿脚，去年那场突如其来的脑血栓更是让她心有余悸。夫妻二人性格互补，妻子暴文侠开朗爱说活，蔺英杰则沉默寡言但很勤快。

老伴老伴就是为了老来有个伴，年轻时，蔺英杰在外面赚钱养家，妻子暴文侠照顾家里家外，把孩子抚养大；现在年纪大了，妻子身体不好，蔺英杰则相对硬朗，所以换蔺英杰照顾妻子和家里家外。儿子一家很孝顺，两位老人虽生活清苦，但也算老有所依，祝愿两位老人身体健康。

（七）三轮车修理工张东升

张东升，男，1970 年出生，汉族，中共党员，无宗教信仰，家里 3 口人，妻子杨敏茹，1973 年出生，贤惠、勤劳，还有一个可爱的女儿，1999 年出生，初中毕业，正准备读高中。我们在调研时，张东升不时地提起女儿，总是很高兴的神情，女儿也是全家人的骄傲。

张东升的住房面积有 40 多平方米，砖混结构，家里的宅基地有 1200 平方米，一部分种植蔬菜，一部分用来修理三轮车，是个典型宽敞明亮的四合院，取暖设施主要有炉子、火炕、土暖气，房间干净整洁，饮用水主要是井水，因为他家的宅基地距离费石庄村居民区有几百米的距离，暂时还没有通上自来水。全家人参加了农村新型合作医疗，没参加社会养老保险。

张东升是个修理三轮车的能手，在附近是出了名的，他在费石庄村附近开了一家三轮车修理部，生意兴隆，每年收入至少 7 万元，家里生活相对比较宽裕。然而 2013 年 10 月 31 日，河北省政府召开全省治理淘汰黄标车的动员大会，全面部署治理淘汰黄标车工作，对张东升的收入产生了一定的影响。这里有必要说明一下什么是黄标车，黄标车就是黄色环保标识的机动车，发放黄色环保标识的部分机动车，是由于汽油车的污染物排放达不到“国一”标准和柴油车污染物达不到“国三”标准。有人测算，一辆黄标车污染物排放量，相当于 25 辆“国四”标准车的排放量。河北省政府计划 2013 年年底，淘汰 57.8 万辆黄标车，到 2014 年 6 月底河北省所有县市城区和高速道路禁行黄标车，同时，河北省公安厅制定了黄标车限行规定，到 2013 年底，各省区市、省直管县（市）、城市建成区全面禁止黄标车通行。此外，对外地转入河北省的车辆，2013 年未达到“国四”排放标准的，2014 年未达到“国五”排放标准的，一律停止办理机动车相关业务。这项规定下发后，张东升的修理部生意日益惨淡，后来索性将所有的设备都搬回了家。

2014 年上半年，张东升改变了经营模式，由固定修理部改为流动修理点，修理三轮车工具放在家里，附近有修理三轮车的车主，直接到他家去修理，一般都是通过熟人介绍，还有就是回头客，同时以电话预约的方式进行承揽业务，接到电话后，张东升便开着车带上工具，去预约的地方进行修理，或者电话预约去车主的家里修理。这种修理模式的特点是比较灵活、方便，减少了固定修理部的房租、一些税费，但是，由于流动性的特点，没有牌匾，修理的车辆数量较以前要少一些，相对应的收入相比以前也减少了一些。

费石庄村进行第二轮土地承包，张东升家里分到桃树 9 亩，妻子杨敏茹主要是种植经营桃子，在桃子上市的季节，就去城区附近销售，这样比直接批发给商贩的收入会增加一些，张东升在不忙的时候也会帮助妻子干些农活，桃子的收入每年大约在 4 万元。家中主要的消费就是女儿的教育费、学费，亲朋好友之间红白喜事的花销，每年在 1 万元左右。张东升对于生活充满信心，计划明年建一个暖棚，种植一些蔬菜，提高自己的家庭收入，准备参加明年 11 月陕西杨凌的农业科技博览会，选一些好的品种，探索科技致富的路子。看到这个年轻人，对于自己未来的规划，我们感到他是一个有思想、有干劲、有朝气的年轻人，他的创业路还很长。

（八）费石庄村小超市老板潘学玉

费石庄村的农户多以果树种植为生，潘学玉家是为数不多的不种果树的农户，她自己经营了一家小超市，她家这个店已经有近 30 年的历史。费石庄村人不多，而且大部分人都能自给自足，所以市场不大，总共 6 家个体工商户，除了去海滨做生意的 3 户和 1 个批发户，针对村内市场的就只有 2 个小超市，潘学玉家是其中之一。

潘学玉家的超市很显眼，透过一扇很大、很明亮的窗户能看到屋里的各种货架和货物。听潘学玉说，以前的店是个特别小的屋子，只能进两三个人，去年重新盖了大房子。新房子上、下两层共 250 平方米左右，花费 20 多万元，直到现在还没装修完。这个店有近 30 年的历史，从开业到现在，家里很多人都参与过这个店的经营。现在，超市业务很多，客流量多，每天可以进账五六百元，但利润不好说，一般利润在10%左右。除经营百货之外，店里还可以帮村民充电话费，我们去采访期间就有2个村民充话费。另外她们家买了几张麻将桌对外经营，每张麻将桌花费1000元左右，农闲的时候人会多一些，收费不高，一般每次每人收2元。

除此之外，她们家还有一项很特别的业务：助农金融服务点。刚进屋坐下，我们就看到她家后院的门上挂了一个金黄色的牌子“河北省助农金融服务点”，编号9010050。后来仔细询问才知道，银行在店里安装了一台POS机，村民可以在这里刷卡取款，取款的时候，潘学玉先垫付，也可以在这里刷卡消费，每次交易银行会给一点手续费，村民消费或者取款的金额可以通过这种方式从消费者自己的账户中转到潘学玉的账户里，银行会定期来维护刷卡机。这种形式是为了方便村民消费，一开始推出的时候是针对进城农民工。农民工的工资一般会打到工资卡上，农民工如果把现金取出来带回家很麻烦也不安全，助农金融服务点的推出就是为了方便农民工持卡消费，持卡就地取款。2012年，银行的人找到潘学玉，让她家做这个金融服务点，她当时想这样也挺方便，因为村里没有银行，村民急用钱的时候就可以不出村在她这里取款，并且她也可以获得一定的手续费，自己先垫付就当自己存钱了，所以就同意了，但是安装上以后还没有进行过一次交易。村里人外出打工的很少，收入多为现金，所以用存折存款的人比较多，但用卡消费的人很少，所以至今还没有发生过业务，她到现在对于这个服务点的具体操作也不是很熟练。因为这是一家30年的老店，信誉比较好，所以充电话费的业务是移动公司和联通公司主动联系她的；助农金融服务点更是需要信誉好、靠得住的商户，银行也选中了她，这在一定程度上也反映出潘学玉的诚信经营。

潘学玉，女，汉族，1948年生，初中文化程度，现在家里只有2口人，她和哥哥潘学忠一起生活，照顾哥哥的饮食起居。哥哥潘学忠从小就是聋哑人，一生没有结婚，之前由母亲和姐妹们一同照顾，潘学忠今年已经77岁了，和潘学玉生活在一起。潘学玉有一个34岁的儿子袁宇，已经成家立业，在桥梁技校毕业后就留在山海关桥梁厂工作，与妻子吴燕结婚并有了女儿袁吴睿涵，现在也已经上一年级，一家三口工作、学习和生活都在山海关，但几乎每周都会过来探望潘学玉和哥哥。潘学玉家是一个相当团结、特别和谐的大家庭。

潘学玉1979年经人介绍与家住山海关的丈夫结婚，随后便过起了在山海关和费石庄村两边跑的日子。丈夫去世后，公公和小姑子都非常照顾她们娘俩，公公今年92岁了，从经济上一直帮助自己，直到现在，公公和小姑子也会经常来费石庄村探望她。潘学玉家兄弟姐妹共5人，除聋哑哥哥，还有两个姐姐和一个妹妹。四姐妹谁有空或者谁在家住，谁就经营商店和照顾哥哥。潘学玉从2007年开始回到费石庄村直到现在。现在姐妹们年纪都大了，大姐潘学珍虽在费石庄村，但地里的活太多，总有农忙抽不开身的时候；二姐潘学英在秦皇岛，妹妹潘学琴在海滨，她们都有自己的家庭，用潘学玉的话来说，现在就她清闲点，负担轻一点，自己一个人，不然也没有时间回来照顾哥哥。平时农闲，哥哥会去姐妹家串门，姐妹们也会回家看哥哥。姐妹们很照顾聋哑哥哥，连外甥女都很照顾、很孝顺，一大家人关系非常好。

潘学玉的一生坎坷而丰富，虽然她过着艰难的日子，但是她很乐观。最终盼到儿子长大成人、成家立业，她艰辛的生活有了转机，现在积极、满足，依然乐观。

1979年，她和家住山海关的丈夫相识并结婚，时年31岁的她已经属于晚婚晚育了。当时潘学玉的姐姐已经到市里工作，姐姐恰巧认识丈夫的姨妈，便介绍两人认识。所以准确地说，山海关才是潘学玉的家，费石庄村这个超市所在地是母亲的家，她结婚时已经嫁去山海关，儿子现在生活在山海关，由于要照顾哥哥她又回到费石庄村，丈夫是城市户口，当时户籍制度特别严格，农村户口很难转为城市户口，所以结婚以后，她的户口仍在家里，家里只有母亲和哥哥，所以从结婚开始她就往返于山海关和费石庄。

1980年底，儿子袁宇出生，为这个家庭带来了无限的乐趣。由于结婚时婆婆早已去世，而公公还在桥梁厂上班，丈夫家里实在没有人照顾潘学玉，所以由母亲照顾她在费石庄村做了月子。由于户籍制度严格，她和儿子的户口都在费石庄村，丈夫也在村里开拖拉机拉点沙土养家糊口，就近照顾她们母子。1982年，村里第一轮土地承包，她家4口人，母亲、哥哥、她自己还有儿子，分得的地也不少，那时候口粮地是每人九分六，除此之外，还分得一些果树。当时分果树的时候是按照果树的好坏来分的，如果某些树特别好属于十成，这样分得的地就少；如果某些树特别差可能只有两成，这样分得的地就多。至于她家具体多少亩地，多少棵树她也不是很清楚。

1985年，潘学玉开了小卖店，这个近30年历史的超市的起点从她手里起步了。这样，她经营着小卖店，丈夫开拖拉机赚点运输费用，她和丈夫帮着母亲和哥哥种植桃树，并在山海关和费石庄两地奔波。虽然辛苦，但很踏实，日子过得也算富裕。这样的日子仅持续了1年多，丈夫去世。

1987年，儿子刚刚6岁多，平静的日子有了很大的变动，丈夫在村里开拖拉机的时候，遭遇拖拉机故障，翻了车，丈夫不幸身亡。这对于潘学玉来说是晴天霹雳，为了儿子和家庭，她坚强地撑起了这个家，一个人把儿子抚养成人。儿子需要回城里上学，她便离开费石庄，回到城里，照顾儿子上学。这段日子是她最艰苦的日子，她在省属国企山海关食品厂做了10年临时工，临时工的工资少得可怜，一开始她只有55元的工资，后来涨到80多元，最多的时候也仅有200元左右。这点微薄的工资是不够养活母子二人的，幸好公公在丈夫去世后一直在经济上支持母子二人的生活，公公是桥梁厂的正式职工，挣的工资比她多，所以能经常给她们一些作为补贴，潘学玉感慨道："要不是公公经常接济，我们娘俩根本生活不下来。"那期间，她还要抽空回家经营桃树。由于家里没有什么劳动力，母亲和哥哥身体都不好，自己又要照顾儿子，所以分给他们家的地后来都转给了别人。一开始的时候还是自家经营，由于没有劳动力管理，所以只是找别人帮忙管理，但自己会去卖桃，自家没车便搭乘别人家的拖拉机去卖，由于缺乏管理，每年只能收入五六千元。她一般都会在儿子放暑假的时候带儿子回费石庄村，卖一个月的桃子，然后儿子回去上学，自己再回去上班。那时候母亲和哥哥不能去卖桃，姐姐妹妹都有正式的工作，大姐还有自家的大片果园需要管理，而自己是临时工，可以随时回来，所以每年她必须回来一个月卖桃。这样往返于两地，照顾孩子上学、做临时工、卖桃子相伴随的日子持续了10多年，后来自己实在忙不过来，桃子不卖了，所有的地也都给了外甥种植。

1997年，山海关食品厂宣布破产，她的临时工生涯被迫结束，但她这种忙碌的生活状态并没有结束。儿子还在上学，她还不能完全回到费石庄村，所以她也没有接手小卖店的经营，她仍然往返于两地之间，既要照顾母亲和哥哥，又要照顾儿子。母亲身体不好，姐妹们没有时间的时候她就回来照顾家，经营小卖店；不需要自己照顾的时候，她就回到山海关，但她也没有闲着，而是做了点小买卖，主要是推着小车出去卖吃的，如豆芽、咸菜、酱类等，赚的钱不多，也很辛苦，这种生活状态持续到2000年前后。小买卖维持不下去以后，她就专职照顾孩子。由于没有收入，他和儿子的生活更是要靠公公接济，小姑子袁春娥上班之后更是非常照顾他们。潘学玉非常生动地向我们描述："小姑子能照顾我们到什么程度呢：她在山海关上班，家是秦皇岛市里的，相隔这么远，有时她还会做好饭菜给我带到费石庄村。"母子二人在山海关的时候更是如此，小姑子"说来就来，经常带着菜就来了"。公公和小姑子直到现在也经常和儿子袁宇一起来探望潘学玉。

2000 年前后，儿子 19 岁，在桥梁技校毕业并分配到山海关桥梁厂上班，儿子上班以后她的生活有所好转，有了转机，儿子时不时还可以补贴一下自己。人生中最艰难的时刻终于熬了过去，虽然生活很艰难，但她一直很乐观地面对生活。每当特别难过的时候，她都会告诉自己，"不然怎么办？面对现实吧"，于是她又打起精神坚强地继续自己的生活，直到现在她仍然每天乐呵呵的。

今年第二轮土地承包，每人 1.5 亩地，她和哥哥两人共分得 3 亩地，由于自己年纪大了，哥哥又是残疾人，所以他们家也没有种植果树，分得的地就用来种一些豆类、花生等粮食作物，除自己吃之外还可以卖一点。超市的收入不多但也够用，家里只有两个老人，这些收入完全够了，儿子不仅用不到她的钱还经常给她一些，所以她对现在的生活很知足，毕竟这样可以随意一些。她和哥哥都过了 60 岁，每个月可以领取 55 元的养老保险。虽然多年来她家的地都给了外甥，兄妹两人都没再种地，但二人每年还是可以领取自家地的粮补和综合补，合计 200 元左右。哥哥是聋哑人，作为重度残疾人，属于一级残疾，每月可以领取 100 元生活补贴。哥哥还是村里的五保户，每年会有 5300 元的补助，但潘学玉没有取过这些钱，而是帮哥哥攒着。除此之外，她还在家里的院子里养了 7 只母鸡，种了些玉米和蔬菜，再加上店里经营着些水果蔬菜，村子里水果熟了邻居还会送她一点吃的，所以基本不需要买什么东西。去年的新房子花费了 20 万元，这是这些年来她们家花费最大的一笔钱，除此之外家里唯一需要支出的也就是每年 2000 元左右的煤气电费，每月 20 元左右的电话费以及 1000 元左右的红白喜事随份子的钱。潘学玉家 2013 年家庭收入、家庭支出情况见表 18－20 和表 18－21。

表 18－20　　2013 年家庭收入来源情况　　单位：元

职　业	收　入	职　业	收　入
从事种植业	0	养老保险金	1320
经营性收入	18000	残疾人补助	1200
粮补和综合直补	200	五保户补助	5300
总收入合计	26020		

数据来源：根据潘学玉口述整理，2014 年 7 月。

表 18－21　　2013 年家庭支出情况　　单位：元

总支出	住房	红白喜事	通信	煤/气/电
203240	200000	1000	240	2000

数据来源：根据潘学玉口述整理，2014 年 7 月。

现在的潘学玉家庭和睦、生活幸福，平时会有很多村民来串门聊天，孩子们也经常回来探望她和哥哥，儿子基本每周都会带孙女回来一次。我们去的那周，孙女要准备期末考试，山海关老龙头有个长城节，孙女还要表演节目，因为要去排练，所以没回来看望潘学玉。但潘学玉笑言，她在山海关住了这么多年，从来没去过老龙头。对于生活，她只希望姐姐妹妹们生活幸福、身体健康；儿子好好工作，好好生活。我们也衷心地祝愿潘学玉和她的家人生活美满，超市生意越来越红火。

十九、费石庄村的复员军人

（一）参战复员军人李永生

这段时间是果树收获的季节，村民们几乎一整天都在忙碌着，摘果、卖果、操持家中的大大小小事务，忙得不可开交。李永生家也不例外，我们约了 3 次才终于在一个天气晴朗的上午 10 点半见到了刚从果园里干完活回家的李永生。

推开院门走进去，一幢干净的二层小洋楼映入眼帘，洁白的墙面上用瓷砖勾勒出红色和灰色的规则的线条，生动活泼。洋楼的前面，西侧是两间厢房，东侧是一小片菜园，绿意盎然。李永生邀请我们进屋。房间里收拾得很整洁，每个角落都精心打扫过，仿佛在向我们诉说主人的勤劳。

李永生，汉族，1950 年生，今年 64 岁，小学肄业，无宗教信仰；妻子张桂芹，和李永生同岁，无宗教信仰。夫妻二人生育了 1 个儿子和 1 个女儿，儿女都早已成家。现在老两口带着正在读中学的 13 岁小孙子一起住。

我们到的时候只有李永生一个人在家。张桂芹一大早去海滨卖果还没有回来，小孙子去上学了。李永生说，家里人少活多，前几年他还在外工作的时候，都是妻子一个人在忙活，特别辛苦。下岗之后，他想尽量分担一些，通常都是妻子出去卖挑，他负责每天下午去果园里采摘熟透了的果子，同时操持家务，洗衣服、做饭、收拾房间、接送孙子等。

在交谈过程中，我们发现李永生很健谈，普通话很流利，对很多问题也都有自己的见解。他对国家大政方针很关注，每天都收看新闻联播，了解国内外时政要闻；他对现在年轻人的婚恋问题也有自己的见解，他说自己和妻子是复员之后经人介绍认识的，觉得合适就结婚了，不像现在自由恋爱的年轻人，考察期太长，时间长了就容易把对方的缺点放大，容易产生矛盾，不懂得相互理解，也就不容易相处下去；他说话很幽默，还不时蹦出几个英文单词。

李永生是一名复员军人，1970—1975 年当了 5 年兵，参加过抗美援越、抗美援老战争。说起当兵的经历，李永生觉得自己和部队很有缘分。家中共有兄弟姐妹 5 个，他排行第 3，小时候家里穷，上不起学，小学没毕业就辍学了。辍学之后先是跟着大伙一起在生产队挣工分，这时候家中除了大哥其他人都在务农。大哥去部队当兵了，偶尔写信提及的军旅生活让李永生很羡慕，他也想去当兵。过了 1 年多，1968 年，他刚满 18 岁，去东山当了工人，那里当时驻扎着 9416 部队，他就跟着一起修建国防工事。李永生感慨地说，那时候工作辛苦，基本上都靠肩扛人拉，机器很少，不像现在科技进步了，社会发展了，国家也越来越注重人才的培养，他相信中国梦一定会很快实现的。修建国防工事工作过程中和部队的士兵接触很多，部队的纪律严明、作风硬朗给他留下了非常深刻的印象，更加坚定了他想要成为一名光荣的中国人民解放军战士报效祖国的信念。2 年之后，1970 年，某部队要在北戴河征兵的消息传来，李永生很振奋，赶忙去报名。宣传队的人跟大家说要“一颗红心，两手准备”，能够通过选拔要“走得高兴”，不能通过选拔也要“留得愉快”。

李永生希望自己是“走得愉快”的那一个。功夫不负有心人，经过一系列考核，由于家庭成分好，身体素质也好，李永生顺利地入伍了，他是那年村里唯一通过考核的。

那年秦皇岛总共有300多人入伍，其中北戴河区的80多人全是汽车兵。他们去的是中国人民解放军总后勤部某汽车团，团部驻地在云南昆明，李永生所在的营驻地在中国与越南、老挝边境。从北戴河到昆明，几乎从南到北贯穿了大半个中国。在铁路系统还不是很发达的20世纪70年代初，李永生清楚地记得，他们坐了1个星期的火车才到达昆明。乘坐的火车是新兵专列，不是现在客运常用的硬座车或者卧铺车，而是货运专用的“大闷罐”，没有座位也没有窗户，大家就在车厢里铺上稻草或者棉被，席地而坐，卧地而眠。沿途会有各个地方的新兵上车，大家都是十八九岁的年轻人，带着报效祖国的满腔热情来当兵，所以没有人叫苦也没有人喊累，大家很高兴地相互认识，相互交流，分享着即将成为战友的喜悦。

到了部队之后，所有人都被编入新兵连，参加3个月的新兵集训。新兵连的训练任务主要是整顿纪律、学习内务、锻炼体能等，3个月下来，李永生已经完全能够适应部队生活了。新兵集训结束后，李永生跟着第一批汽车兵在教导队参加集中培训。先是学习驾驶理论，等熟练掌握理论之后，就可以上车学习驾驶技术。部队的驾驶培训非常严格，培养出来的驾驶员的驾驶技术十分过硬。掌握了驾驶技术之后，他们被分配到各个连队，开始参与作战任务。为了保证人员和物资安全，没有实战经验的新兵是不能独立承担作战任务的，到了连队之后必须由1名经验丰富的老兵带着一起出任务，一对一、手把手地传授经验。李永生进了连队之后，被所在排的排长选中，他就成了排长的徒弟，跟着排长出任务。

李永生参军的那几年，正是越南战争和老挝战争打得如火如荼的时候。他向我们介绍了越南战争和老挝战争的一些情况。越南战争从1964年到1973年打了10年。1964年8月5日，美国借口所谓的“北部湾事件”，发动侵略战争，军用飞机侵入中国海南岛地区和云南、广西上空，投掷炸弹和发射导弹，打死、打伤中国船员和解放军战士，威胁中国安全。1965年4月，越南劳动党请求中国支援。毛泽东主席决定向越南提供全面无私的援助。从1965年6月到1970年7月，在越南战争最激烈、最艰难的阶段，中国派出部队支援，在越南北方执行防空作战、修建和抢修铁路、机场、通信工程等军事任务。1973年1月签订停战协定，同年3月，侵越美军部队开始撤出越南南方。8月，在越执行抗美援越任务的中国支援部队全部撤回国内，抗美援越战争结束。20世纪60—70年代美国在扩大越南战争、策动柬埔寨政变的同时，又在老挝制造动乱，对老挝人民进行残酷的“特种战争”。中国政府应老挝民族团结政府的要求，先后派出了11万余人的筑路工程大军到老挝修建公路，以利于援老援越物质的运输。为了保障筑路工程的顺利进行和施工人员的安全，根据老挝人民党的要求和中老双方协议，中国派出作战部队担负援老筑路工程的防空作战任务。

李永生所在的部队参与承担了抗美援越、抗美援老的后勤保障任务，他也多次承担物资运送任务。起初是跟着排长一起去，跟着学习经验。李永生的学习能力很强，技术提高很快，跟着排长出了2次任务之后就被任命为1班班长，开始带新兵徒弟出任务。每次出任务往返至少得1个多月，从国内装上武器、弹药、补给、建筑材料等物资，运送到老挝、越南前线去。那时候边境路况很差，基本都是没有经过修缮的泥路，路途很奔波，再赶上下雨，泥泞不堪更加危险。现在回想起来，李永生觉得当时就是“把脑袋拴在裤腰带上”。和一些战友相比，李永生觉得自己很幸运，出任务的过程中没有遇到过敌人的袭击，同部队的战友有些人就在运输途中遭遇埋伏，在跟敌人的交火中牺牲。我们问起李永生对这两次战争的看法，他说非常认同国家的决定，毛泽东主席高瞻远瞩，把敌人挡在门外，不让国土受损。

李永生在部队时思想觉悟很高，主动要求进步，积极向党团组织靠拢，1971年9月加入共青团，同年12月加入共产党。成为党员之后的李永生更加严格要求自己，逐渐成长为一名合格的共产党员、一名优秀的军人。李永生当了班长之后，带了3年新兵，一年带1个，总共带了3个徒弟，他和徒弟的关系非常好，这些年还经常走动。由于表现优异，上级开始对李永生进行考察，准备给他提干。就在这个时候，尽管很舍不得，但由于身体原因，李永生还是提出了复员申请。得到批准之后，李永生回到了家乡。

复员之后，同批复员的战友都被分配到秦皇岛市公交总公司工作，很多战友都去那里开大客车了，每个月39.78元，李永生没有去。经过一番权衡和比较，他拒绝了很多事业单位的邀请，选择进了待遇比较高的纤维厂，一家集体企业。计划经济时期，纤维厂给蓄电池做配套材料，销往全国各地，供不应求。厂子当时的效益非常好，在当地是数一数二的。李永生在供销科负责供销，既送货也催货款、跑业务，他进厂的时候就是 3 级工，每个月 47 元，后来一直做到供销科科长，属于厂里的中层领导，工资也成倍地增长。工作期间，他经常全国各地跑，除了新疆、西藏和港、澳、台，其他省份都有他的足迹。东北那边公司业务联系比较多，李永生去得也比较多。他很喜欢东北人的憨厚实在，说话直截了当，他觉得南方人太含蓄，说话喜欢兜圈子，不好打交道。改革开放之后，南方的企业，尤其是江苏那边的企业迅速做了起来，厂子的效益开始下降，到了 2002 年前后，厂子倒闭了，他也就下岗了。

下岗之后，李永生已经 50 多岁，年龄也大了，就没再出去工作，在家帮着妻子一起操持家里的事务。他说很喜欢在家的生活，很自由、很随意，愿意多干就多干点，愿意少干就少干点，忙活了大半辈子，也应该在家过几年舒坦日子了。

李永生家 2013 年的家庭收入来源除种植果树以外，还有他的退休工资和复员军人补贴。2013 年种植果树以及套种的少量农作物给他带来了约 41100 元的收入。李永生每个月可以领取 2800 元的退休工资，全年总共是 33600 元。复员军人补贴每个月 300 元，全年总共是 3600 元。2013 年，李永生的家庭总收入为 78300 元（见表 19－1）。

表 19－1　**2013 年家庭收入来源情况**　单位：元

职　业	收　入	职　业	收　入
从事种植业	41100	退休工资	33600
复退军人补贴	3600	其他经营收入	0
总收入合计	78300		

数据来源：根据李永生口述整理，2014 年 7 月。

李永生是非农业户口，没有地，早年又一直在外工作，家里的事情基本上都是妻子张桂芹在打理。他对家里的支出情况不是很了解，表 19－2 中的 2013 年家庭支出情况是他估算出来的。根据李永生的估算，2013 年的主要家庭支出约为 43000 元，最大的 2 个项目是食品支出和生产性支出，食品支出大约为 2 万元，生产性支出大约为 1 万元。其他支出方面，李永生夫妇人际关系很好，亲朋好友之间交往比较密切，红白喜事支出约为 4000 元；家中有 1 辆汽车，每年交通费约为 3000 元，便于日常出行；通信费约为 5000 元，用于支付手机话费和有线电视费用；他们很少添置衣服，全年在购买服装方面的支出约为500元；李永生夫妇身体也很好，去年没有得过大病，看病支出约为500元。

表19－2　　2013年家庭支出情况　　单位：元

总支出	生产性	衣服	食品	看病	教育	娱乐	红白喜事	交通	通信	住房
43000	10000	500	20000	500	0	0	4000	3000	5000	0

数据来源：根据李永生口述整理，2014年7月。

李永生家2014年家庭主要生产性固定资产不是很多，但是基本可以满足日常生产、生活需要。有1辆汽车，用于运输农用物资、农产品和远途出行；有2辆机动三轮车，平时多用于卖桃；还有3个打药机，用于果树的管理。

表19－3　　2014年家庭主要生产性固定资产数量情况　　单位：个

汽车	拖拉机	除草机	收割机	机动三轮车	牛车	旋耕机	水泵	打药机
1	0	0	0	2	0	0	0	3

数据来源：根据李永生口述整理，2014年7月。

李永生家的家庭耐用消费品数量较为齐全。家电方面，有2台电视机、2台电冰箱、1台洗衣机、1台影碟机、1套组合音响、3部手机和1台电脑；交通工具方面，有2辆电动车、1辆摩托车和1辆自行车，用于日常出行（见表19－4）。

表19－4　　2014年家庭耐用消费品情况

项　目	数　量	项　目	数　量
电视机（台）	2	组合音响（套）	1
电冰箱（台）	2	手机（部）	3
洗衣机（台）	1	自行车（辆）	1
电动车（辆）	2	影碟机（台）	1
摩托车（辆）	1	电脑（台）	1

数据来源：根据李永生口述整理，2014年7月。

李永生对自己现在的生活很满意，他说老百姓就得踏踏实实干活，老老实实生活，自己和老伴儿身体都不错，闺女、儿子都有自己的生活，不能全指望他们，老人就得做一些力所能及的事。

（二）心态平和的复员军人费志平

神采奕奕、精神矍铄的老人费志平是我们在采访过程中遇到的一位值得敬重的退伍军人，他是我们好不容易才找到的采访对象。当我们来到他家时，他正在院子里修理打药机的发动机，满手的柴油，一听我们要采访他，他十分不情愿，一直推托自己没时间。终于在我们锲而不舍的坚持和保证不耽误他工作的情况下，他才勉强答应让我们坐在院子里采访他。见他终于松口，我们悬着的心总算放下，并围着他坐下来，然后跟他聊起来。费志平，男，汉族，1944 年出生，初中文化，无任何宗教信仰，普通话流利。

费志平一生坎坷不断，说起自己的军旅生活，沉默寡言的他突然打开了话匣子，从一开始的不情愿到采访结束后的意犹未尽。1964 年是费志平人生中的一个转折点：1964 年以前，从拔道洼中学毕业以后的费志平一直在家务农，在生产队干活；1964 年应征入伍，在沈阳军区三十九军第一一五师，从此过着艰苦却快乐的部队生活。说起自己的部队生活，费志平非常兴奋，特别自豪地跟我们说，他以前是尖子兵，在部队表现非常优秀。虽然那段时光已远去，但这或许是他一生中最美好的记忆。

人生苦短，奥斯特洛夫斯基说过："人最宝贵的东西是生命，生命对于人只有一次。一个人的一生应该这样度过：当他回首往事的时候，他不会因虚度年华而悔恨，也不会因碌碌无为而羞耻。"费志平的一生虽然没有什么大作为，但 6 年的军旅生活值得他回味一辈子，当他回忆这段日子的时候绝不会因为自己的碌碌无为而悔恨。因为他把自己最美好的年华献给了伟大的祖国，献给了中国最伟大的事业。

部队的生活虽单调却不乏味，日子过得丰富多彩。1964 年，作为一名新兵，他到达部队以后的第一件事就是新兵训练，学习部队的纪律，学习基本内务并且参加各种体能训练，培养军人的身体素质和精神面貌。他告诉我们，当年他们学习的主要著作就是毛泽东著作和毛泽东语录，他非常崇拜毛泽东。年轻好胜的他对部队生活充满憧憬，在新兵连的时候表现非常出色，一直都是“五好战士”，即政治思想好、三八作风好、军事技术好、完成任务好、锻炼身体好，并获得了“五好战士”奖章。新兵训练1个月以后，所有新兵都得下连队，当时费志平被分往机枪连所在地辽宁省西南部的盘锦种植水稻。他们住在老百姓家，每个新兵都积极肯干，平常大家都抢着干活，都希望自己成为表现最好的那个兵。由于费志平各方面表现都非常优秀，经上级领导决定，1964年上半年被选为通讯员，主要任务是传达上级命令，收取上级文件和报纸。费志平说：“虽然部队等级分明，但连长、指导员与战士之间关系非常好，彼此之间经常打成一片。”尤其是他们连的连长，是个湖南人，后来被提拔为营长，他非常关心战士，把战士们当成兄弟看待。1964年下半年费志平又在辽宁岫岩当给养员，主管后勤，主要负责去市场采购部队的生活用品，每天完成任务都是自己最大的荣誉。除了给养员的工作，他们每天还要挖山洞、挖工事，工作辛苦却不忧愁。

1965年，老班长退伍回家后，费志平出色的表现得到上级的青睐，上级有意培养他，于是派他到师里参加军事训练集训队。集训3个月以后，任命他为4班班长，在他的带领下，4班一直都是“四好班级”，在各方面表现得非常优秀，这对于刚入伍不久的他来说是极大的荣誉。他告诉我们，当时的他能在短时间内成长那么快，除了自身努力，老班长对自己的影响也颇深。老班长一直对自己言传身教，虽然严格却非常爱护他们这些新兵，凡事都手把手地教会他们，从不吝啬，从不保留，只是很遗憾老班长复原后回四川老家了。因为当时通信不发达，两人也因此断了联系。费志平虽然当了班长，但他并没有沾沾自喜，而是更加勤奋努力，一心只为报效祖国。

1966年，整个连队要回营房，当时其他班都是带着自己的行李乘坐客车回营房所在地大连。而费志平所在的4班因为长期表现好被评为“四好班级”，上级交给他们特殊任务，让他们押着当时的军用拖拉机、军用汽车和军用文件等军用器材回营房。对他们来说，这是特殊的荣耀，只有上级看重你、相信你，才会交给你任务，他们班的人也是不负众望，安全顺利地把东西运回了营地。同年，费志平出色的表现获得上级的青睐，上级领导决定提拔他为排长，但因为在对他家进行政治审查时发现他姥爷家曾被划为地主成分，在当时属于家庭出身不合格，他因此受到牵连，从此只能当一名普通士兵。

当时的他听到这个消息以后，十分失落，感叹着命运的不公，但心性单纯的他失落过后，依旧勤恳踏实地做着自己分内的事。他告诉我们，尽管因为外在因素自己没有提干，但仍然觉得部队生活是公平的，没有钩心斗角，没有尔虞我诈。每个人的提拔靠的都是自身的综合素质，只有思想道德品质高尚，军事技术过硬并且生活作风优良的人才能成为领导。生活继续着，费志平直到最后复原回家也没有提干，一直是一名普通士兵。即便理想落空，费志平也依然用心做事，用心教人，当班长的他手把手地培养了一位士兵弓吉民。费志平复原回家以后，弓吉民便接任他当了班长。弓吉民是吉林丰满人，两人一直都是好战友，复原以后的弓吉民在吉林铁路局疗养院当司机，现有一儿一女，孩子都事业有成。滴水之恩当涌泉相报，当年他主动找到了在家的费志平并且经常带着儿女互相串门，两家人私交非常好。

在部队，军人仍是以训练备战为主，即便是和平年代也不能放松懈怠。回到营房以后主要任务就是训练，他们属于机枪连，一个连有三个排，其中两个排是重机枪，另一个排是轻机枪，每天练习投弹、射击等，主要以战术训练为主。那时候的部队相对落后，军事装备非常落后和匮乏，一个班 10 多个人只有一挺重机枪加一匹马。虽说是和平年代，不用打仗，但他们的工作同样很危险。费志平告诉我们："当年在大连海边为方便快艇进入军事基地，需要在海边挖山洞工事，有一夜突然塌方，10 多个人被埋遇难。"

1968 年正值"文化大革命"时期，毛泽东提出"人民解放军应是一个大学校"。这个大学校，要学政治，学军事，学文化，又能从事农副业生产，又能从事群众工作，参加工厂、农村的社会主义教育运动；社会主义教育运动完了，随时都有群众工作可做，使军民永远打成一片，号召战士们学军、学农、学工。于是部队响应号召，全体动员在黑龙江小兴安岭建立大农场。初到此地，生活条件非常艰苦，没有房屋，没有宿舍，整个机枪连 90 多个人住在一个拖拉机修理厂，一人一床棉被铺成大通铺睡觉。东北的冬天异常寒冷，在没有暖气、没有火炕的条件下，整个连队带着满腔热情生活得其乐融融。他们每天冒着严寒，到林区砍伐森林边的杂树用于建农场；农场建立以后，所有士兵开始学习种小麦、玉米、大豆和花生等农作物，大家都学会了一身本领。他告诉我们，当时建立农场的目的是备战备荒为人民，因为部队永远是中国和平事业的坚强后盾。

1 年多以来，他们一直在黑龙江省各个地方伐树建农场，从未离开过黑龙江。"铁打的营盘，流水的兵。"一直没有提干的费志平年龄大了，部队需要注入新鲜血液，于是他在 1969 年复员回了家。当时我们很好奇，为什么他复员回家以后直接参加生产队种地而没有分配工作？他听到我们的询问，叹了口气说："唉！这就是一个人的命，没办法改变。"他说当时中国共产党山西省昔阳县大寨村的支部书记陈永贵的人战胜天灾的艰苦奋斗事迹被上级领导重视，毛泽东号召全国人民要"工业学大庆，农业学大寨，全国学人民解放军"，费志平复员那年正赶上陈永贵当副总理，陈永贵提出：解放军都是精英，不应该全都分配到城市去，应该多留点在农村，让精英们带领农民致富，提倡解放军应该实行哪儿来回哪儿去的政策。这个消息对费志平来说又是一次沉重的打击，只能感叹命运的捉弄，却无法改变命运的安排。兜兜转转一圈，当兵六年，表现优秀，渴望在外闯荡的费志平终究抵不过命运的安排，又回到了费石庄村。

听到这里，我们也暗自叹息。没想到在我们情绪还未缓过来的时候，费志平已经平静下来，他说："当时虽然很不情愿，但是这么多年过去，人早已把一切看淡，功名利禄都抵不过一家人在一起的幸福快乐。"即使这段军旅生涯坎坷不断，但他依然受益匪浅，获得了终身取之不尽、用之不竭的精神财富。他笑着对我们说，他觉得自己当兵没当够，那段生活让他意犹未尽。回想起自己在解放军这所大学校里的生活，他觉得正是这所大学校磨炼了他的意志，使他逐步形成了坚定的革命人生观，并教会了他如何做人，如何做事。

上帝在你面前关上一扇门的同时，也会为你打开一扇窗户。费志平虽然没有如愿成为一名工人，但回家以后他娶了一位好妻子。妻子李丽芝，汉族，1945 年出生，初中文化，无任何宗教信仰，普通话流利。1969 年复原回家以后，费志平在村里算是大龄未婚男青年，他与李丽芝自小就相识，两人曾是同班三年的小学同学，只是因为当时年纪小，长大后各忙各的，两人再未见过面。李丽芝是一个乐观开朗的人，是村里的文艺骨干，很懂生活情调。走进她家，我们发现，虽然房间不大，家具大部分是旧的，但客厅、厨房、卫生间都收拾得井井有条，十分干净，让人赏心悦目。尤其是她家的小菜园，各种蔬菜应有尽有，所有的农具都整齐地摆放在一个角落里，院子外侧还摆放了一排盆栽，整个菜园一派绿意盎然的景象，让人看着心情舒畅。

表 19-5　　2014 年家庭耐用消费品情况

项　目	数　量	项　目	数　量
电视机（台）	2	影碟机（台）	1
电冰箱（台）	1	电动车（辆）	2
洗衣机（台）	1	手机（部）	2

数据来源：根据李丽芝口述整理，2014 年 7 月。

表 19-6　　2014 年家庭主要生产性固定资产数量情况　　单位：个

汽车	拖拉机	除草机	收割机	机动三轮车	牛车	旋耕机	水泵	其他
0	0	0	0	1	0	0	1	0

数据来源：根据李丽芝口述整理，2014 年 7 月。

表 19-7　　2013 年家庭农作物、牲畜和家禽情况

种类	亩数	折算价值(元)	种类	亩数	折算价值(元)	种类	个数	折算价值(元)
玉米	1	1400	花卉	0	0	牛	0	0
大豆	0.5	300	瓜果	0	0	禽类	0	0

数据来源：根据李丽芝口述整理，2014 年 7 月。

能者多劳，回到村里的费志平一直担任村干部，他勤劳踏实，讲究原则，言出必行，为村里人办了不少实事，很受村民尊重。1970 年生产大队考虑费志平在部队待过多年的经历，推荐他去西坨头村工作队当民兵指导员。当时根据毛泽东强调要突出备战问题的精神，全国上下响应毛泽东“深挖洞、广积粮、不称霸”的指示，广泛开展群众性的挖防空洞和防空壕的活动，各个村庄都在挖地道，费志平便根据以前的经验指导村民挖地道。在西坨头村干得时间并不长，只干了一个冬季，回到村里以后，费志平便接任了民兵指导员的工作。工作没多久，当时的民兵连长升任党支部副书记，他便从指导员转任为民兵连长兼村党支部副书记。多年后还担任了几个月的村委会主任，之后当了 2 年村党支部书记。

虽说当了那么多年村干部，但费志平干得并不是十分开心。他告诉我们主要原因有 3 点：一是工资低，收入很难维持家里的正常开支。二是不爱干，

村里烦琐的事情太多，农民每年都得向国家交农业税和向村集体交租，很多村民本来收入就不高，更不愿意交税。村干部很难把费用收齐，而且费石庄村的集体经济一直都十分薄弱，根本没钱给村干部发工资，向往简单生活的费志平每次处理完这些事都很心烦。三是人际关系太复杂，难处理，他只想过简单的生活，这样的心态与他在部队的生活经历有关。部队生活简简单单，每天上课、训练，生活按部就班，不用费太多心思在处理人际关系上，但是村里人多事多，家长里短，每天都有许多繁杂的事。当了 2 年村党支部书记以后，他就坚决不干了，而是专心务农，培养两个孩子上学。1983 年，费石庄村实施家庭联产承包责任制，家里的土地种上了桃树，他开玩笑说道："30 年过去，人老了，树也老了。"

他家除果树以外还种了许多蔬菜，是村里比较少见的，家中每天都有各种绿色蔬菜可以食用。由于李丽芝有糖尿病，每天都要打胰岛素，去年申请了 1000 元的慢性病补贴，但每年还得花费 1 万多元。已经年过 70 岁的费志平每天除了摘桃、卖桃，还兼职了村里的垃圾清理工作，每月 900 元工资，但是村里的集体经济太薄弱，已经好几年没发工资了。儿女工作都很忙，很少有空回家看望两位老人，但是两位老人非常能理解孩子们的生活和苦衷，明白他们都是为自己的家奔波。两位老人从不抱怨孩子们回家少，他们勤俭节约，尽量自食其力，不给孩子们增加负担。家里虽然有 8 亩地，但劳动人口太少，只有费志平一个人能下地干活，真正能种的地也不多，一年卖桃收入只有 15000 元，加上粮食直补和农资综合补贴 520.8 元，2013 年总收入 28640.8 元（见表 19－8）。

表 19－8　**2013 年家庭收入来源情况**　单位：元

职　业	收　入	职　业	收　入
从事种植业	15000	本乡镇就业工资	10800
政府补贴和社会救济	2840.8	其他经营收入	0
总收入合计	28640.8		

数据来源：根据李丽芝口述整理，2014 年 7 月。

表 19-9　　2014 年家庭承包土地情况　　单位：亩

总面积	水浇地面积	旱地面积	良田面积	荒地面积
8	0	8	8	0

数据来源：根据李丽芝口述整理，2014 年 7 月。

2013 年总支出是 31850 元，食品支出和看病支出是 2 个主要支出。由于李丽芝年轻的时候太过劳累，如今落下一身病痛，一年看病要花费 17000 元；家里的地不多也不少，一年的生产性支出要 4000 元。家里虽然种了很多蔬菜，但大米、油盐酱醋和荤菜一年要花费 7200 元。红白喜事去年花了 1500 元，家里有 1 辆燃油的机动三轮车，平常摘桃的时候使用，一年燃油费大概 300 元。此外，冬天烧煤和夏天的液化气以及用电一年花费 1500 元，两部手机一年消费 350 元（见表 19-10）。

表 19-10　　2013 年家庭支出情况　　单位：元

总支出	生产性	衣服	食品	看病	教育	娱乐	红白喜事	交通	通信	住房
31850	4000	0	7200	17000	0	0	1500	300	350	1500

数据来源：根据李丽芝口述整理，2014 年 7 月。

树欲静而风不止，子欲养而亲不在。虽说两位老人心态平和，从未埋怨过子女不常回家，但我们还是希望费志平的儿女能常回家看看，多关心两位老人的生活。尤其是李丽芝身体不好，常年吃药打针，虽然她乐观开朗，但她心里应该还是很期待子女能常回来看看。老人们希望孩子们能给的不是富裕的物质生活，如今农村生活条件改善了，两位老人也参加了新型农村合作医疗和社会养老保险，每年两人都能领取 1320 元养老补助，他们期望更多的是精神慰藉，对于这些空巢老人来说，生病的时候有子女在身边照顾是一件十分温暖的事。

（三）安享晚年的复员军人李立田

今天我们要去采访一位退伍军人，从小我们对军人都有一种崇高的敬意，所以我们的心情也格外兴奋。刚走到李立田家门口，就看到门口悬挂着“共产党户”公示牌。村干部向我们介绍说：“这是村里开展的共产党员户挂牌活动，亮明共产党员的身份，让党员发挥模范带头作用的同时自觉接受群众监督。”女主人看见我们，马上起身迎接我们，说道：“这块牌子，既是责任，又是荣誉，以前觉得自己和普通群众一样，现在感觉心里沉甸甸的。我们要对得起这份责任。”我们注意到她身材偏瘦，满脸笑容，给人印象非常淳朴善良。

刚一进门，就有一条3米长的“葡萄长廊”，葡萄藤上硕果累累，串串葡萄挂满枝头。仔细一看，葡萄藤蔓爬满了支架，生长得十分茂盛。女主人招呼我们在葡萄藤荫下坐，还拿出了自家的冰棍给我们解渴。坐下之后女主人开始向我们介绍起家里的情况。

丈夫李立田，1950年出生，初中文化，中共党员，退伍军人。自己名叫杨幼贤，1950年出生。家里有2个儿子，大儿子38岁，小儿子34岁。儿子都已经成家立业，一家人生活得其乐融融。因为两个儿子都在海滨工作，大儿子平常回家的时间比较少，除了节假日基本很少回家。而小儿子上班时间比较自由，每到周五，小儿子就会把孙子送过来让老两口照看，周日再接回去。杨幼贤说：“现在趁着身子骨硬朗，带带孩子，既能享受天伦之乐，又能给儿女减少后顾之忧，更增添了老来的乐趣。”

由于丈夫之前当兵的时候，户口从村里迁到部队。所以现在自己家按人口数量分土地，就只有1.5亩（见表19－11）。而这1.5亩的土地，主要种植了玉米、大豆等一些作物，以供自己食用。玉米的品种是孩子们特别爱吃的黏玉米。种植的葡萄，外观非常喜人。今年还是小年（作物收成不好的年份），要是赶上大年，收成会更加好。自己家种植的葡萄主要是用于馈赠亲友。

表19－11　　**2014年家庭承包土地情况**　　单位：亩

总面积	水浇地面积	旱地面积	良田面积	荒地面积
1.5	1.5	0	0	0

数据来源：根据杨幼贤口述整理，2014年7月。

我们进屋仔细观察了一下，和村里的其他村民一样，李立田家也有三轮车、电动车、电冰箱等一些家用电器（见表 19-12、表 19-13）。但是家里也装了空调，这在村里可以说是非常少见的。女主人向我们介绍："这台空调平时开得也少，因为夏天北戴河最高温度也就 35 度左右，基本不用开空调。但是到了冬天，因为家里的土暖气烧得不热，担心孙子孙女着凉感冒，就会把空调打开。"我们可以看到老两口对孙子孙女是非常喜欢，给予了无微不至的关怀。

表 19-12　**2014 年家庭主要生产性固定资产数量情况**　单位：个

汽车	拖拉机	打草机	收割机	机动三轮车	牛车	马驴车	水泵	其他
0	0	0	0	1	0	0	0	1

数据来源：根据杨幼贤口述整理，2014 年 7 月。

表 19-13　**2014 年家庭耐用消费品情况**

项　目	数　量	项　目	数　量
电视（台）	3	小轿车（辆）	4
电冰箱（台）	2	电话（部）	4
洗衣机（台）	1	组合音响（套）	4
空调（台）	1	手机（部）	4
摩托车（辆）	1	电动车（辆）	2

数据来源：根据杨幼贤口述整理，2014 年 7 月。

说到家里的支出情况，女主人坦言由于自己家就靠种植玉米等作物，所以基本支出有时候靠儿子帮忙分担一点（见表 19-14）。家里最大的支出主要也是人情往来的支出，一般邻居亲戚有个事，都得随份子钱，一年基本上要 5000 多元。而家里因为没有种植桃树，所以生产性支出相对来说比较少。接下来最大的支出应该属于看病支出了，因为自己和丈夫都已经年迈，时不时有点小毛病，所以看病支出也不少。7 年前，自己就得了胃病。当时情况还比较严重，每天得吃药来治疗，花去了家里的大部分积蓄。不过现在稍微好一点了，因为参加农村新型合作医疗，可以分担很大一笔费用。现在自己有胃窦炎，也干不了重活。丈夫最近一段时间就因为说话有点结巴，不是特别流畅，刚刚上医院检查了，检查结果还没有出来。而交通费和通信费，则是老两口必不可少的。因为老两口年纪大了，如果一个人单独出去，就必须带着手机，以方便联系。而家里现在用得最多的交通工具就是电动车，这是老两口平时赶集用的交通工具。老两口平时喜欢去赶集，买一点生活必需品。赶集的地方人很多，大街上摆满了农副产品，令你眼花缭乱。集市上一是产品丰富，各式各样的生活必需品都有。二是因为相对于小商店来说，价格便宜，选择也多。集市里还有卖镰刀、镐头、布、柳条筐等生产用品和生活用品的。三是集市上的摊主都很热情。赶集的时间每个月都是固定的。集市距离费石庄村有好几千米的路程，因为老两口腿脚不便，所以一般由李立田骑着电动车或者三轮车载着妻子去赶集，这也是老两口最幸福的日子。

表 19－14　　**2013 年家庭支出情况**　　单位：元

总支出	生产性	衣服	食品	看病	教育	娱乐	红白喜事	交通	通信	住房
12000	800	200	1000	2000	0	0	5000	2000	1000	0

数据来源：根据杨幼贤口述整理，2014 年 7 月。

正在我们聊到兴头上的时候，李立田骑着电动车回来了。李立田虽然已经 64 岁了，但是走起路还是昂首挺胸。他脸色黝黑，眼睛炯炯有神，给人感觉非常严厉。但是当他看到我们时，非常热情。我们起身迎接，他连忙招呼我们坐下，和我们讲起了他当兵的经历。

1969 年他开始在石家庄武警部队当武警。当时他们属于机动部队，主要是执行突发事件以及抢险救灾。而平时在部队以训练学习为主，李立田回忆起当时的日子：当天还未亮的时候，就已经起来叠被子、打扫卫生、整理内务。每次听到嘹亮的哨音的时候首先是立正，然后就是习惯性地跑步。因为表现出色，李立田被调到连队担任通讯员。他的任务是负责命令的上传下达。主要是步行送信，往上送到师，往下送到营。所送的信，有的是文件，有的是口信。送口信时，先由通讯参谋传达，然后他进行复述，一字不落地复述，直到说得准确无误、滚瓜烂熟，通讯参谋让走时才能走。虽然那时也配了自卫的手枪，但是起初李立田心里还是不太愿意的。干了一段时间，工作得到了上级的肯定，他坚定了自己努力工作的决心。当时所在的连队是负责 30 所中学的安保工作，关系到每一个师生的生命安全。而作为通讯员的李立田，必须要及时、准确地传递指示和报告，熟悉有关单位的位置和路线。他每次都能出色地完成任务，没多久他就被调到营部担任班长。他说："班长责任重大，扮演的角色是举足轻重的兵头将尾。遇到事情，班长都是要冲在第一线。平常巡逻的时候，一旦出现紧急情况，就必须立刻处理。"这也造就了李立田处事果断的能力，之后他便留在连队当军政教员，给初级班的学员讲军事常识以及马克思列宁主义理论。这也是他第一次当教员，他当时十分紧张，总担心胜任不了工作，怕辜负首长的希望。因为那时讲课，没有现成的讲义，都是脱稿讲课。而且每年有200多课时的教学任务，教学任务十分繁重。就这样，李立田一直默默耕耘在教员这个岗位上，一直到1976年退伍，军旅生活才画上了圆满的句号。

当我们问他退伍之后从事什么工时，李立田炯炯有神的眼睛放出了兴奋的亮光。退伍之后他便到村里担任民兵连长，负责村里的保卫工作。之后被选配到秦皇岛市玻璃厂（现奥格玻璃集团）工作。李立田向我们介绍起在玻璃厂当工人的场景：玻璃厂工作环境十分艰苦，从制瓶、下杯到烧氧，火红的玻璃杯从压机流入退火窖，那时的景象可以说是一派热火朝天。有时候距离煤气发生炉还有好几米的距离，扑面而来的热浪都会让人喘不过气来。而且干活的时候，得穿上厚厚的工作服，用浸满冷水的毛巾裹住头，戴着眼镜、口罩，除面颊微露之外，身体的其他部位都包裹得严严实实以防止被烫伤。要是在炎热的夏天，衣服粘在身上。用手擦擦汗水，就会感觉被烧伤了。当我们询问李立田这样的工作强度他能否承受的时候，李立田微笑着说："在部队那么苦的日子都过来了，这个不算什么。"想必李立田现在黝黑的皮肤便是常年累月下的风霜在他脸上留下的深刻痕迹。

妻子杨幼贤说："那些日子他真的吃了不少苦。最难受的还要数每天早上从家里骑自行车到秦皇岛市，直线距离就有36千米。风里来，雨里去。天天如此，月月如此，年年如此，不觉已过去了30多个春秋。夏天还好，遇上下雪的冬天骑自行车很不安全。下雪天，路滑，有时摔一跤，身子骨摔疼了，车子摔坏了，也是在所难免。但如遇到不遵守交通规则的摩托车、小三轮等，它们横冲直撞，将你撞倒，逃之夭夭，你只能摇头叹息，自认倒霉。"我们可以看出妻子对于丈夫工作辛苦的体恤，让人心生敬意。

就这样李立田凭着自己踏实肯干的工作态度，从最开始的工人、工长，最后做到了车间主任。李立田非常清楚地记得：当时他每个月的工资是39.7

元，已经算是比较高的工资了。尽管当时收入还不错，但是那会儿物质条件没有现在这么好。过年过节也没有现在这么丰盛的米、面和蔬菜，就是吃高粱米。李立田说："这还是得感谢党和政府的好政策，让人民的生活水平上了一个新的台阶。"

2005 年他从玻璃厂退休后，就一直待在家中。平日主要在地里种植一些作物，有时候出去钓钓鱼。我们看到院子里养了很多花，品种多样，其中不乏风信子、紫罗兰等农村比较少见的品种。老两口说："种花一方面是为了陶冶情操，一方面也是为了消磨时间。和这些花花草草打交道，自己的心情也好了很多。"而现在的生活收入来源，除了种植作物的收入，还有每个月的退休金 2000 元，基本够老两口的生活开支（见表 19－15）。而且两个儿子收入都比较稳定，过年过节都会给老两口一些零花钱，生怕他们不够用。其实老两口现在最希望的就是儿子们能够安心工作，不用为他们的晚年生活操心。

表 19－15　　**2013 年家庭收入来源情况**　　单位：元

职　业	收　入	职　业	收　入
从事种植业	20000	本乡镇就业工资	0
从事旅游业	0	其他经营收入	0
总收入合计	20000		

数据来源：根据杨幼贤口述整理，2014 年 7 月。

访谈结束后，老两口还特别热情地送我们，对我们的到来表示感谢。我们也衷心祝愿老两口能够颐养天年，在劳累了大半辈子之后能够好好享享清福。

二十、费石庄村的"外来女婿"

（一）以劳动为荣的孝顺女婿郭树密

可能是费石庄村的风土人情比较好，也可能是费石庄村的经济前景比较广阔，仅有 200 多户、600 多人的小小费石庄村吸引了很多外来女婿在这里定居落户、生根发芽。据村干部李立丰介绍，费石庄村的外来姑爷有十几户，每一户都很孝顺，每一户都很能干，所以这十几户里的每一户都是村里的富裕户。可能是老家的条件太差，吃过很多苦，所以到了费石庄村之后比别人更能吃苦，上进心更强，更容易勤劳致富。郭树密就是费石庄村的入赘姑爷，通过自己的努力成了村里的富裕户。

郭树密，男，汉族，家有 7 口人，妻子范秀娟是岳父母的大女儿，岳父、岳母一直和跟他们一起生活，夫妻二人对两位老人都非常孝顺。现年 31 岁的儿子郭志家已经结婚并育有一子，孙子现在 2 岁。一家人和和睦睦，非常幸福，称得上是“父慈子孝，兄友弟恭”的模范家庭。由于给我们领路的村干部李立丰提前跟他打好招呼说我们要去采访他，他便一下午没有下地，在家等我们调研组的到访。看得出来，郭树密性格很温和，一直面带笑容，说话时有一股浓浓的唐山口音，当被问到有没有什么宗教信仰，会不会烧香拜佛时，郭树密表示“什么也不信，就信劳动致富”。他家现有 3 套房子，儿子儿媳单独住了一套近 220 平方米的二层砖混房；还有一套也是二层的砖混房，有 200 多平方米，现在是近 80 岁的岳父母住；我们去采访郭树密时，去的是他家去年才盖的新砖混房，有 100 平方米左右，室内还没有来得及好好装修，他和妻子暂时住在这栋新房子里。一对不太高的银灰色铁大门已经生了锈，进门有一辆电动自行车，是平日下地、出门的主要交通工具，一些下地的农具和几个摘桃的竹筐整齐地放置在院里，竹筐内部大都覆盖上一层厚厚的编织袋，以防止桃子放到筐里时划伤。屋子内陈设也比较简单，只有几件简单的家具：沙发、茶几、低组合柜上有台不太大的电视机；炕的外围贴了白瓷砖，炕正面装有屋里电灯的开关，方便睡觉的时候可以随手关灯。

据郭树密介绍，他们家还有 2 辆汽车，都在儿子住的那边，以前有辆面包车，由于接送孩子不方便于是又买了一辆小轿车；电视机 4 台，儿子那边 2 台，新房和岳父母现住的地方各有一台；有 3 个电冰箱，也是一边一个；2 个洗衣机；儿子那边应有尽有，照相机、影碟机、组合音响、电脑什么都不少；由于电脑装宽带，儿子那边也有个座机；而自己这儿和岳父母则只有手机；家里还有一辆电动车和一辆摩托车。另外还有一辆桃农打药拉水的拖拉机、2 辆柴油三马车、1 辆电动三轮车和一辆电动自行车。郭树密家生产性固定资产、耐用消费品情况见表 20－1 和表 20－2。

表 20－1 **2014 年家庭主要生产性固定资产数量情况** 单位：个

汽车	拖拉机	打草机	收割机	柴油三马车	电动三轮车	牛马驴车	水泵
2	1	0	0	2	1	0	1

数据来源：根据郭树密口述整理，2014 年 7 月。

表 20－2 **2014 年家庭耐用消费品情况**

项　目	数　量	项　目	数　量
电视（台）	4	农用车（拖拉机）	3
电冰箱（台）	3	电动三轮车（辆）	1
洗衣机（台）	2	小轿车（辆）	1
照相机（台）	1	固定电话（部）	1
影碟机（台）	1	组合音响（套）	1
电动车（辆）	2	手机（部）	5
摩托车（辆）	1	电脑（台）	1

数据来源：根据郭树密口述整理，2014 年 7 月。

郭树密的个人经历比较丰富，入赘后，做过装卸工、搞过运输、做过市政维修，还是桃树种植能手，他唯一的爱好就是劳动。1959 年，他出生并成长在唐山市乐亭县，与中国共产党早期领导人李大钊是同乡，只上过小学，之后便在老家的生产队干上了农活。1978 年，他 19 岁，生产队解散，土地分产到户，由于父亲身体不好，他的家庭条件很差，兄弟姐妹也比较多，所以他选择外出打工贴补家用。他的第一份工作便是秦皇岛码头和铁路的装卸工，装卸工是个非常辛苦的差事，计件取酬，多劳多得。郭树密从小就懂事，为了能过上好日子，也顾不得辛苦了。

1985 年，他 26 岁，妻子范秀娟的父母要招一个姑爷，此时的他在秦皇岛做装卸工已有 7 个年头。由于他勤劳朴实、善良诚恳，便经人介绍与妻子相识并结婚，从此便定居到费石庄村并承担起赡养岳父母的主要责任。费石庄村风气很好也很和谐，作为外来女婿，他并没有受到村里人的歧视或欺负，村里人对他都很好，他自然把村里人的好都看在眼里、记在心里，所以当村里人需要他帮助时，他也是毫不犹豫。郭树密结婚后并没有马上放弃他在秦皇岛的装卸工工作，婚后又继续做了7年，为的是多一些收入，为将来的发展提供一些资金。通过他做装卸工的经历，他接触了很多做运输的司机，通过和司机们的交谈，他看到做运输更有发展前途，比做装卸工收入要高很多，而且做运输比进入一个全新的领域创业要相对容易一点。

1992年，他33岁，已经积累了些资金，看准了运输这条发展道路之后，花1万多元买了一辆四轮车，开始了他的运输之路，依托自己在市政打工、做装卸工的关系，他专门为市政建设和市政维修进行短途货运：拉土方、施工材料等。可能很多人会觉得是郭树密脑筋灵活、敢于冒险才会转行做运输，但据他介绍，做运输不是他脑筋灵活，而是他能吃苦、肯受累，做运输并不比做装卸工轻松多少，很多人都知道拉土方可以赚到钱，但并不是所有人都能吃得了这份苦，受得了这份罪。搞运输的时候，每天一结算，拉得多便收入多，功夫不负有心人，一年下来郭树密可以收入14万~15万元。就这样，郭树密的运输从1992年一直做到了2008年，做运输的时候，一直比较顺利，也没遇到过什么棘手的事情。但由于自己做运输的手续不是很齐全，也被交警和工商管理人员查到过几次，被罚过一些钱，每次他都欣然接受，毕竟自己没手续，被罚是在所难免的。其间，他也没有放弃桃树种植，家里还有15亩地，一早一晚他还是会下地劳动，这么大面积的桃园，这么忙碌的运输生活，仍然没有雇人而是自己家人在经营桃园。白天在外忙碌一整天，晚上回家会喝点儿小酒解解乏。当被问到做运输这么辛苦，收入又已经很高了，为什么还要种植这么大面积的桃园时，郭树密回答："一闲下来就不舒服，就想找点儿事儿做，就想劳动。"

2008年，他48岁，由于公路管理、交警管理更加严格，而他的四轮车运输手续又不是特别齐全，于是他决定放弃运输业，卖了车，开始一心一意经营桃园，每年净收入也能在8万元左右。细心的人会发现，费石庄村人虽大都以种桃为生，但收入会有很大的差别，即使在土地面积相差不大的情况下，收入也会有很大的差距。这与地理位置和土壤肥力有一定的关系，但关键不在此而在于对桃树的管理。对桃树的管理是很有讲究的，不同的树形可以接受不同的光照由此可以生长出形状、色泽、甜度等极不相同的桃子，不同的树形也能决定每棵桃树结出多少桃子，这就需要桃枝的修剪等管理。另外，对于害虫、坏桃子、土壤、杂草等的处理也会在一定程度上影响桃子的收成。在同样打药、施肥的情况下，如果上述的管理程度不一样，不仅收成会有很大的不同，桃子的价钱也可以有很大的差别，有的可以卖到每斤 5 元，有的只能卖到每斤 1 元。郭树密把劳动当作自己的乐趣，“闲不住，并且喜欢下地，没事儿就去地里看看，修剪修剪桃枝，这是我的爱好”，所以他种桃子的技术活都没有问题，喷药、剪枝、施肥等都很熟练。但桃子卖不了是不能储藏太久的，所以当天必须卖掉；如果赶上桃子太多，去海滨卖不了的情况，他便去秦皇岛市里卖。虽然是零卖，但秦皇岛人比较多，一般情况下桃子都能卖完。2014 年桃子便宜，只能卖到每斤 2 元左右。郭树密家的桃园管理算是比较好的，以往的 15 亩地毛收入可以达到 10 万元左右，净收入可以达到 8 万元左右。

除了一心一意经营管理桃园，以劳动为爱好的郭树密在农闲的季节也闲不住，所以在种植桃树之余，也会外出打打零工。他已经陆续为海滨市政打了 20 多年的零工，停止搞运输之后，他一般会等到开春之后去打 3 ~ 4 个月工，仍然是在市政做公路养护和维修，每月收入 5000 元左右。到暑期和农忙季节就不再打工，专心经营桃园。据郭树密描述，近几年市政施工时间也比较短，仅剩下市政院内属于市政管辖之内的区域需要施工维护，因此活比较少，2014 年只干了 2 个月左右。儿子不爱种地，当然他和妻子管理桃园就足够了，所以也不需要儿子下地，但到了农忙季节需要卖桃的时候，儿子会开车帮母亲去市场卖桃，儿子的收入一般都是自己支配，所以对于儿子的收入和支出，他也不多过问。除了桃子收入和打工收入，费石庄每家每户都会接受一定数额的粮补和综合直补，2013 年费石庄村粮补每亩 7. 1 元，综合直补每亩 57. 1 元，每亩地可获得 64. 2 元的补贴。郭树密家在 2014 年第二轮土地承包之前共有 15 亩地左右，第二轮承包之后，家中 7 口人，每人分得 1. 5 亩地，共计 10. 5 亩地。对此，包括郭树密在内的费石庄村村民都表示理解，毕竟相对于 30 年前，村里的人口变多，而土地并没有增加，所以原本每人可以分得 2 亩多地，如今每人只能分得 1. 5 亩地也是情理之中的。2013 年，郭树密家的 15 亩地可以获得 1000 元左右补贴，但郭树密表示自己也记不清楚了，他笑道“家里一般是妻子理财，大事一家人一起商量，小事妻子做主”，所以家里的花费自己也不太清楚。

但有些大的支出项目郭树密还是清楚的，新房子是去年 10 月盖的，支出 8 万元左右。除了这两年盖房子花费比较多，以往郭树密家每年都可以剩余不少的积蓄。每年种植桃园基本会有农药、化肥、柴油等 1 万多元的投入。郭树密平时会抽点烟，喝点酒，不出门打工只在家修理桃园的时候，一天会喝两次小酒，但每天两三元的酒就足够了；几乎每天抽一包 6 元的中南海；夏天还不时喝点儿啤酒，平均下来，每天的烟酒支出在 10 元左右，每年共支出 3000 元左右。其他的支出就更少了，孙子还太小不知道跟他要钱；家里原有的菜园子在盖新房子时没有了，所以平日里妻子会买点儿菜还有一些必备的生活用品，每月 300 元左右，每年 3000 元就够了。另外就是 5—10 月农忙时用来做饭的煤气液化气，一般每个月用 1 罐左右，每罐 105 元，用完了打电话就会有人来家里换，冬天则是烧煤和木柴，煤炭每年花费在 1000 元左右，每年电费也在 1000 元左右。现在郭树密老家的父亲母亲都去世了，但和兄弟姐妹们联系还是比较密切的，现在老家两个姐姐、两个兄弟，身体都很好，孩子也都成家立业了，所以现在近亲的红白喜事不多。费石庄村不大，人不多，所以村里的红白喜事也不多，每年 2000 元足够了。但这些花费都是他估算出来的，因为平时没有记过账，而且大部分开支都是妻子支出的，自己并不太清楚具体金额。当被问到平时有什么休闲娱乐活动时，郭树密表示，自己一点儿都不喜欢打麻将、打牌，并打趣道："关于这一套，自己脑子太笨，不好这个，所以不爱去"，郭树密对自己的概括就是"不爱吃、不爱穿、不爱玩，就爱下地干活"，所以基本上不买什么衣服，更没有什么娱乐开支。勤奋、不爱玩又有个好脾气，他必定会有个幸福的生活。郭树密家 2013 年家庭收入和家庭支出情况见表 20－3 和表 20－4。

表 20－3　　2013 年家庭收入来源情况　　单位：元

职业	收入	职业	收入
从事种植业	90000	本地就业工资	20000
粮补和综合直补	1000	其他经营收入	0
总收入合计	111000		

数据来源：根据郭树密口述整理，2014 年 7 月。

表 20－4　　2013 年家庭支出情况　　单位：元

总支出	生产性	食品	烟酒	看病	红白喜事	交通	通信	住房	煤/气/电
110000	12000	3000	3000	6000	2000	600	400	80000	3000

数据来源：根据郭树密口述整理，2014 年 7 月。

郭树密的孝顺是有目共睹的，岳父母年纪大了以后，他和妻子细心照顾岳父母的饮食起居，帮岳父母盖了房子，岳父母生病时他也总是照顾有加。比如去年，岳母生了场大病，算是老毛病，肺部有问题，上了岁数，肺病就容易犯，由于病发比较突然，家里人比较着急，所以郭树密很快便买了一些非处方药缓解了岳母的病症，后来送岳母去住了医院，除去新农合报销的一部分，一共花了5000多元。妻子还有两个妹妹，每个人都很孝顺父母，但自己是大姐夫，又是入赘女婿，理应承担起赡养老人的义务，“既然当时奔着这边来的，就应该一心一意地对待老人”，所以他对岳父母非常孝顺。

现在的郭树密没有什么大的奢求，只希望一家人健健康康。他每天都很快乐地劳动，到了收获的季节就可以享受劳动的果实。没有什么休闲娱乐活动，劳动就是他的乐趣，但晚上吃饭时会看看电视，他不看足球也不看电视剧，就喜欢看新闻，从新闻中或多或少能获得一些桃子市场的信息、农民致富的途径，最爱看的还属农民频道中一些介绍养殖经验、农民致富途径等的节目，虽然自己没有时间搞养殖，但他很感兴趣，而且农民频道也经常会介绍一些农作物的新品种或者新技术，能够从中受点儿启发，这也算自己的爱好。

郭树密喜欢早起，一般每天早晨4点半就早早地到桃园去修剪桃枝、打药等；中午12点左右回来吃午饭，喝点儿小酒，睡个午觉，下午再去地里劳动。我们去的6月底7月初属于桃子刚刚开始成熟期，一部分早桃开始熟了，还不是郭树密最忙的时候，再过几天，就到了桃农最繁忙的时间，那时候连喝酒、睡午觉都顾不上，摘了桃，就要去海滨或秦皇岛市里卖，如果运气好桃子卖完了，回到家，他也不闲着，还会去地里收拾收拾桃园。一天忙完，晚上回来，再吃点饭、喝点酒，看看电视，看看新闻就该休息睡觉了，因为早上起得早，所以晚上就会早睡一些。

“觉得一天累吗?”“不累，这样充实，很开心。”这是我们调研组与郭树密最后的对话，郭树密的回答朴实中透着满足。在对郭树密的采访过程中，我们接触到的都是“正能量”。这个以劳动为爱好的朴实劳动者，在劳动中获得了满足，也通过自己的劳动过上了幸福的生活。对郭树密的采访结束后，我们深深地被他的朴实、忠厚、吃苦耐劳的精神感动，我们由衷地祝郭树密一家永远幸福、快乐!

（二）敢想敢为的上门女婿张焕明

2014年7月2日，大雨过后，头顶的太阳没有往常那般炙热，凉风习习，是农户下地干活的好天气，但这对我们入户采访却是极大的障碍。如果农户不在家，我们将去何处采访？虽然出发前已预料到很多农户可能不在家，但我们依然带着碰碰运气的想法敲开了第一家、第二家、第三家农户的门。果不其然，农户趁着天气凉快，有的下地摘桃了，有的出去卖桃了。失望而归，我们待在村委会的办公室有点焦虑，没想到我们的联络人李丽玲偶然碰到了在附近工作的张焕明。喜从天降，于是我们直接把他请进办公室开始采访。

张焕明，男，汉族，1964年出生，初中文化，无任何宗教信仰。刚见面时，他就一脸和气地笑着问我们调研内容，于是我们简单向他说了此行的目的。他虽然谦虚地说道："我就是个大老粗，啥也不会说"，但我们发现他其实是一个擅长与人打交道，很懂人际交往，生活阅历很丰富的人。于是我们便打趣让他给我们讲讲他的人生经历，他倒也坦荡，很快就打开了话匣子。

原来他是上门女婿，老家是河北张家口的。我们采访过程中发现费石庄村的上门女婿比较多，于是我们好奇地问道："为什么当初愿意离开家乡来到异地安家落户？"他告诉我们，他喜欢北戴河这个地方，觉得这个地方占据了天时、地利、人和。具体说来，北戴河区离北京近，各种资源都能共享，获取信息的速度快、渠道多，劳动者的素质技能比较高；虽说都是农民，但费石庄村的村民普通话流利，与他们沟通完全无障碍。此外，费石庄村地属平原地带，农业灌溉方便；靠近海边，与北京的干燥气候不同，空气湿润，环境优美，非常适宜人居住。尤其是这几年，北戴河区的旅游业发展得特别好，费石庄村也正在逐步发展生态旅游，今年还举办了第一届桃花节。阳春三月，费石庄漫山遍野，桃花盛霞，梨花如雪，风景如画，吸引了成千上万的游客纷至沓来。村委会希望能以花为媒，吸引游客，促进本村的生态旅游，繁荣本村的经济发展。

张焕明是个具有前瞻性眼光的人，有思想、有魄力，头脑灵活，敢想敢为。1984年张焕明的哥哥在抚宁县当兵，他来看望哥哥的时候，顺便在北戴河游玩。从那时候开始，环境优美的北戴河便在他的心里留下了深刻的印象。机会总是留给有准备的人。23岁那年，他再一次来到北戴河，从此便决定走出张家口山区，留在北戴河打拼，决定在这个新的环境中干出一番自己的事业。他告诉我们："只要勤劳踏实再加上自己的聪明才智，在这天时地利人和的地方一定能干出一番自己的成就。"然而，初到此地，虽有满腔热情却举目无亲，他有点茫然不知所措，但聪明大方的他很快就遇见了贵人。机缘巧合，他认识了费石庄村的一位老村支书李印和，这位老书记给张焕明介绍了一个女孩，也就是他的现任妻子杨惠君。1988 年张焕明结婚以后，家中一贫如洗，生活十分穷苦。他告诉我们，当时家里穷得连盛水的水缸都没有，可谓是家徒四壁。说起那时的生活，张焕明感觉十分心酸，但他并没有因此就对生活灰心，反而像一个斗志昂扬的勇士，心中只有一个信念：我要发展，我要让生活好起来。

在这份执着信念的支持下，1988 年北戴河区成立了第一家保安公司，他报名参加应聘，身强力壮的他被聘用了。虽然工资不高，但当时的他对这份工作很满意，毕竟，这是他离家以后的第一份工作。公司给他提供食宿，当时的他不在乎工资的高低，觉得只要能先在北戴河区站稳脚跟就行。工作一年以后，处事踏实可靠的他，广交朋友，人缘关系非常好，在公司很受领导重视。但胸怀大志的他觉得，一直当保安不仅工资太低而且自己本身对这个行业并无太大的兴趣，这个想法使他一度陷入迷茫。他将苦恼告诉身边的朋友，自己也想着换个工作，付出总有回报，善良的他遇上了生命中的第二个贵人——保安公司的科长。科长知道他的想法以后，便询问他："以前干过什么，有没有什么特长？"他告诉科长，他以前在老家干过水暖工，但技术并不娴熟，只会一些基本技术。老科长怜惜人才，于是便托自己的老同事把张焕明介绍到了一个施工团队，该团队主要从事电焊和水暖。刚加入施工队的他是个给别人打下手的小工，但聪明好学的他在打下手时细心观察着师傅们干活，一年以后技艺有所提升，他也由小工转成了大工。尽管地位有所提升，但他并未沾沾自喜，止步不前，仍然谦虚好学，踏踏实实地学会了电焊和水暖，成为一名真正的技术工人。工作 3 年以后，青出于蓝而胜于蓝的他成为施工队的领头人物，带领团队到处接活，期间换了好几家公司，生活也逐渐步入正轨。

不断奔波的张焕明终于在 1993 年找到一家经营规模大，发展稳定的大公司——集发公司，一干就是 16 年。据张焕明介绍，集发公司是一家私营企业，实行多种经营，公司业务涉及建筑、旅游、观光、茶饮等。很巧的是我们调研期间居住的西古城村的农家院旁边就是集发观光园，里面种植了各种绿色蔬菜，还有水果采摘园和游乐设施，各种娱乐项目一应俱全。头脑灵活，颇具领导风范的他在公司一直都是班长，带领过许多施工队，北戴河区许多建筑的水暖和钢构都是他带领安装的。他很自信地跟我们说，他干过的活基本都是最好的。他说："要做就要做到最好，否则不如不做。"荣誉与责任是相等的，作为一名领头人，外人看来风光无限，但背后的辛苦却无人能知。作为一位领导，并不是所有人都会服从你，很多人会在背后使绊子。张焕明很会处理各种人际关系和社会关系，虽说文化程度不高，但他总能用坦荡大方的行为打动别人，让别人打心眼里敬佩他，服从他。他告诉我们，他自己也是从苦日子里过来的，尝过穷人的艰辛，知道人性都是善良的，只不过很多人的很多行为都是被生活所逼。不管别人怎么对他，他都非常理解，他试图去包容别人，试着去感化别人，而不会以恶报恶。"宰相肚里能撑船"，只有心胸宽阔才能干成大事业。

2008 年以后，积累了丰富经验、人际关系和资金的张焕明离开了集发公司，决定自己单干。这几年他带队干过水暖和钢构等许多工程，许多事情也是边学边干，事业做得风生水起，生活如鱼得水。据他所说，刚学钢构的时候，他从来没接触过这个行业，图纸都看不懂。后来自己看书学习加上实践练习，慢慢地学会了看设计图纸，现在如果有工程队找他安装，他只要一看图纸，安装步骤已是了然于心。张焕明告诉我们，他觉得自己天生就是做这行的料，干别的可能不行，但对于这一行，他特别有兴趣，很容易就学会了。据他自己介绍说，他从小就是一个非常聪明的孩子，小学每次考试成绩都是双百。他告诉我们，有次区里举办数学竞赛，他因为一些特殊原因没去参加，后来比赛结束后老师把试卷给他做，他当时考了 94 分，而当时竞赛的第一名才 83 分。说到小时候的成绩，张焕明非常自豪。不过，生活总是没有那么完美，一分付出一分收获。初中以后他特别贪玩，不爱学习，从此学习一落千丈，导致他初中毕业以后就离开了校园，这也是他这辈子最大的遗憾。

正感慨着当年的遗憾，突然有人跑过来打趣他，两人关系看着甚是亲近。我们没忍住好奇心，便询问了一句，原来都是村里人，张焕明虽说是外来女婿，但在村里的人际关系相当不错。他自信地跟我们说："来村里这么多年，从来没有人挑过我的毛病，不信你可以去问问。"当时我们只是笑笑，并未说话，后来了解到原来他这个人特别有爱心，乐于助人，村里不管谁家有事情找他帮忙，他必定有求必应，言出必行。比如有人找他帮忙安装水暖或电线出问题找他修，因为白天工作忙，他就利用下班以后的时间去帮忙，而且从来不收费。在他看来，大家有缘住在同一个村，彼此间就应该互相帮助，不必太过计较金钱利益。

回忆起自己的经历，张焕明一时感慨万千，想起自己当年孤身一人来到费石庄村时的艰难。如今苦尽甘来，既娶了善良贤惠的妻子，还有一个聪明漂亮的女儿，女儿今年 14 岁，马上读初二，成绩优秀，生活总算是幸福圆满。如今，费石庄村也如当年他所看好的那样，越变越好。道路硬化、绿化、美化了，站在村委会大院往村子深处看去，远间碧草萋萋，如草甸子般铺向远方，时而可见野花点缀其间，红色或白色，淡蓝或深紫，掩映其间，村里的房屋散落在这美丽的景色中。说到村里的绿化，原来张焕明是这个项目的监工，村委会的楼房也是他负责设计装修的。他告诉我们，能为村里办点实事，他非常开心，想当初他初来乍到，村里各家的光景都不太好，虽然没有帮过大忙，但也没有排挤他这个外来人，他心里非常感激。

生活总是不断给人出各种难题和考验。2013 年 7 月，他被查出心脏病，确诊为冠状动脉堵塞。听到这个消息以后，一向心态平和的他深受打击，开始抱怨命运的不公，整日愁眉不展，忧心忡忡，觉得生活和他开了一个巨大的玩笑。他抱怨老天："为什么自己那么认真地生活，得到的结果竟是这样？为何上天如此不公平？"那段时间他整日郁郁寡欢，有点自暴自弃，甚至差点发展成为抑郁症。幸亏有妻子和女儿的鼓励，他慢慢接受了自己生病的事实，逐渐清醒过来，既然老天给了他这样一个考验，他就决定接受并打倒它。他开始接受治疗，病魔就是这样，你强它弱，你弱它强，冠状动脉堵塞是比较严重的心脏病，严重时容易导致心肌梗死，致死率很高。自从发病后，直到 2014 年 7 月，他一共住了 5 次院，总共花费了 30 多万元。我们觉得奇怪，身体一向健朗的他怎么就突然患上心脏病了呢？细问才知道，由于妻子身体一直不太好，结婚 10 年后才怀孕生下一个女儿。10 年间两人遍访名医，各大医院都跑遍了，钱花了不少，但并没有查出问题，两人尤其是妻子内心十分焦虑。由于看病支出太大，张焕明工作压力大，烦闷的时候会抽烟，虽然抽得不多，但在某种程度上还是影响了身体健康。事实上，如果不是细心的他敏锐地感觉到了自己身体的变化，这个家可能真的已经失去了这个顶梁柱。2013 年上半年，正在上班的张焕明察觉出自己身体隐隐有不适感，他并没有忽视这种感觉，立即去北戴河医院做了检查。第一次查完以后并无大碍，但心脏处传来的不适感促使不放心的他又去了秦皇岛市的医院检查，结果竟查出了冠状动脉堵塞。幸好发现及时，医院安排了手术，为他的心脏植入了冠状动脉支架，挽回了他的生命。虽然一开始他埋怨过，不过渐渐摆正了心态，积极接受治疗，手术后一直坚持吃药恢复，现在身体恢复得很不错。他告诉我们，如果我们早来两个月，他根本不可能坐在这儿跟我们聊天，他的身体是这两个月才恢复得比较好，能出来干点活，之前一直在家休养。身体是革命的本钱，我们真心希望他以后能在饮食和休息上多注意，保养好自己的身体。

家里只有张焕明一个劳动力，由于生病，去年只有上半年有收入，再加上粮食直补和农资综合补贴 292.95 元，去年总收入 80292.95 元（见表 20－5）。家里今年分得 4.5 亩地，都承包给了岳父，妻子身体不好，2013 年患了肾炎，不适宜干重活，就在家照顾孩子的生活起居。家里收入来源单一，但收入比较高，家境较富裕。因为当天在村委会办公室对他进行采访，我们没有机会去他家。据张焕明描述，他家是一座 300 平方米的两层钢筋水泥楼房，屋内家具设施一应俱全，厕所和其他人家一样都是改造过的。家里冬天用煤炭和木柴烧炕取暖，夏天主要用液化气和电做饭，家里有 1 辆面包车、1 辆拖拉机和 2 辆电动三轮车。

表 20－5　**2013 年家庭收入来源情况**　单位：元

职　业	收　入	职　业	收　入
外出打工	80000	政府补贴和社会救济	292.95
从事旅游业	0	其他经营收入	0
总收入合计	80292.95		

数据来源：根据张焕明口述整理，2014 年 7 月。

表 20－6　**2014 年家庭承包土地情况**　单位：亩

总面积	水浇地面积	旱地面积	良田面积	荒地面积
4.5	0	4.5	4.5	0

数据来源：根据张焕明口述整理，2014 年 7 月。

表 20－7　　2014 年家庭主要生产性固定资产数量情况　　单位：个

面包车	拖拉机	除草机	收割机	机动三轮车	牛车	旋耕机	水泵	电动三轮车
1	1	0	0	1	0	0	0	2

数据来源：根据张焕明口述整理，2014 年 7 月。

由于去年生病花费比较高，两人一共花费 211000 元。虽然两人都参加了新型合作医疗和社会养老保险，但并不是所有药品都能报销，总共才报销了 30000 元。由于家里不种地，生产性支出为零，一家三口买衣服花费不少，去年花费 5000 元，食品支出一年 10000 元左右。女儿正在上初中，张焕明很注重孩子的教育，他不想女儿留下和他一样的遗憾，一年花在教育上的支出有 7000 元。他常年在外带队，人缘好，一年各种红白喜事花费 8000 元；再加上常年在外奔波，汽车油量的消耗也很大，一年下来加上保险一辆汽车花费了 17060 元；而且经常需要联系业务，他一个人一年手机费需要 4800 元，加上妻子和女儿的，通信费一年在 6000 元左右；家里人口少，用电比较节省，一年 1000 元左右；家里做饭液化气每月一罐，平均一年 1050 元，去年总支出 263422 元（见表 20－8）。

表 20－8　　2013 年家庭支出情况　　单位：元

总支出	生产性	衣服	食品	看病	教育	娱乐	红白喜事	交通	通信	住房
263422	0	5000	10000	208000	7000	312	8000	17060	6000	2050

数据来源：根据张焕明口述整理，2014 年 7 月。

表 20－9　　2014 年家庭耐用消费品情况

项　目	数　量	项　目	数　量
电视机（台）	2	手机（部）	3
电冰箱（台）	1	自行车（辆）	2
洗衣机（台）	1	固定电话（部）	1
照相机（台）	1	电动车（辆）	1
摩托车（辆）	1	面包车（辆）	1

数据来源：根据张焕明口述整理，2014 年 7 月。

表 20－10　　　　2013 年家庭外出劳动力情况

姓名	性 别	年龄	外出距离（千米）	备注
张焕明	男	50	2	

数据来源：根据张焕明口述整理，2014 年 7 月。

张焕明是一个业余爱好丰富的人，虽然朋友多但他不喜欢出去喝酒、吃饭、打牌和唱歌，平常喜欢在家看看电视，尤其爱看新闻，钟爱 CCTV－1、CCTV－4、CCTV－9、CCTV－10、CCTV－12 这几个频道，也爱和邻居聊聊天，偶尔会下棋，是一个很懂生活、很会生活的人。

附录1　加强基层建设年活动驻费石庄村工作组工作安排

根据省、市、区委关于深入开展加强基层建设年活动的总体部署和要求，由区住建局、区水务局和区疾控中心3家单位派出干部组成驻费石庄村工作组，以“强班子、促发展、惠民生、保稳定”为工作主题，重点从基层组织建设、精神文明建设、农村产业发展、基础设施完善、人居环境改善等方面帮助费石庄村解决一些实际问题。

2月24日驻费石庄村工作组正式进村，通过座谈走访，充分听取村两委干部和村民的意见建议，并仔细了解查看了村情村貌。3月22日，市委常委、区委书记曹子玉同志深入到费石庄村蹲点调研，区委常委、区委办公室主任赵启伟同志、驻村工作组成员及所在单位主要领导、戴河镇主要领导、相关部门负责同志、村两委成员及部分党员村民代表参加了调研和座谈。曹书记就扎实开展基层建设年活动，特别是对费石庄村帮扶工作提出了明确具体的要求。

按照省市区文件精神和曹书记指示要求，戴河镇党委主持召开了费石庄村帮扶工作协调会，驻村工作组及所在单位负责人、相关单位负责同志参加。会议议定了开展加强基层建设年活动帮扶费石庄村的主要工作安排并明确了责任部门，主要有以下几个方面：

一、加强基层组织建设

通过加强基层组织建设夯实党在农村的基础，不断增强农村基层党组织的创造力、凝聚力和战斗力。一是要通过召开村两委会、民主生活会、党员大会、村民代表会议，及时传达上级的各项方针政策；二是村“两委”班子要加强自身建设，认真学习，虚心向老同志学习、向先进村学习。村两委要加强团结，心往一处想、劲往一处使，找出一条适合村庄发展的好路子；三是要健全和完善村务管理的各项制度，搞好党务公开和村务公开，接受群众监督。

二、加强精神文明建设

通过加强精神文明建设，不断提高村民素质和进一步发挥党员的先锋模范作用。一是要认真开展六五普法教育活动，加强法律宣传，提高村民遵纪守法意识；二是增建党员及村民活动场所，经常开展文化体育活动，丰富村民的业余生活（所需资金20万元，由区住建局负责筹集，区体育局负责提供一套健身路径）；三是要开展道德模范评选活动，使村民的思想行为、个人修养、道德水平得到进一步提高；四是要完善农家书屋，增加科普、法律宣传、实用技术类图书（所需资金由区文化局予以支持）。

三、确定产业发展思路和村庄整体规划

根据区域特点和村情实际，借鉴外地经验，形成一条建设绿道（与人为开发的景观相交叉的一种自然走廊，集环保、运动、休闲、旅游等功能于一体），发展乡村旅游的产业思路。在此基础上，要积极协调区、市规划部门确定与产业规划相应的村庄整体规划。年底前根据规划在年终土地重新发包时预留戴河2号路和产业发展所需土地。在村口与高速引线交叉口设立村庄标示牌，在其附近设立乡村旅游接待中心，要尽快形成接待能力（约需资金10万元，由区旅游局负责筹措解决）。

四、加强基础设施建设改善人居环境

通过利用开展加强基层建设年活动项目帮扶财政奖补政策和驻村工作组所在单位及相关部门积极筹措资金加强村内基础设施建设改善人居环境。一是对1000延长米长、3米宽的村内道路进行硬化（约需资金30万元，由区住建局负责筹集）。二是对村民生活用水管网改造。该村管网建设于20世纪80年代，早已不敷使用，村民限时供水，吃水非常不便（改造约需资金60万元，由区水务局负责争取专项资金支持）。现已经摸清管网具体情况，条件成熟时施工，当前重点抓好管护，确保村民基本生活需要。三是对村委会东北侧河塘进行景观化改造，清淤并垒砌护坡。4月12日清淤工作正式开始，投

入2辆挖掘机、6辆运输车辆（约需资金10万元，由水务局负责筹措解决）。四是整治村容村貌，绿化美化村庄。环境整治是改善人居环境，建设生态村的需要，费石庄村内外生活垃圾和建筑垃圾随处可见，已多年未清理（需资金5万~8万元，由疾控中心负责筹措解决）。3月26日，环境整治工作正式开始，日用工25人次，投入挖掘机一辆，运输车7辆，已初见成效。在村内道路两侧及空闲地栽种树木、绿化美化环境（由区园林局根据实际需求予以支持）。村内路灯由路灯处帮助解决并负责安装，人工费由财政局统一考虑解决。五是解决村民所需宅基地问题，村拟建设宅基地统建楼（5+1住宅）为80户符合条件的村民解决住房问题（需宅基地指标约20亩，由区国土资源局和区规划局负责解决）。六是建设村卫生室，考虑村内实际拟与家庭诊所合办，由区卫生局予以支持。

2012年5月

附录2　费石庄村“一村一品”特色产业发展规划

发展“一村一品”，是市场经济条件下农村经济发展的战略，是实现农业产业化的必然选择，是主导产业开发的载体，是农民增收的重要来源，也是我村实现经济发展的主要抓手。

一、本村现状

费石庄村位于联峰山北侧，紧靠北戴河高速引线和205国道，毗邻乔庄葡萄酒堡，地理位置优越。2013年全村共有人口284户653人，总占地面积1750亩，果林面积1424亩。因村民祖祖辈辈皆以种植果树为生，桃类为主要品种，村庄地势较低且果丰林茂掩映于大片桃林之中，又有“桃花源地费石庄”的美称。2013年人均收入8341元。

二、存在的问题

近年来，由于农产品肥料价格上涨和果树品种更新换代不及时以及缺乏专业组织等原因，村民普遍收入低，增收渠道窄，种植积极性不高。此外，村内青壮年大多以外出务工等补充收入，也造成了村庄劳动力外流、村内传统种植产业滞后和无从开发等现状。

三、确定的主导产业发展思路

2013年，费石庄村面临新一轮的土地承包分配，村“两委”干部以此为契机，把握机会、创造财富、发展特色、富裕乡亲，推动设施农业建设，在1424亩果林基础上做文章：一是发展乡村旅游经济，开办农家旅馆，实现果品采摘村内销售；二是培育大棚果品生产，打破节气规律令村民四季都有水果销售。

1. 基本原则。坚持市场导向的原则；坚持科技创新的原则；坚持农民自愿的原则；坚持规模发展的原则。

2. 接受情况。经过对村内现有2个果树大棚的调查了解，村两委和几位代表村民感到发展大棚经济效益明显、收入可观，对于果品的错季上市时节好掌控，能够实现增收，适宜推广。此外，考虑到目前我区不断向前发展的乡村旅游和自身良好的生态环境、便捷的交通优势，以及倚靠乔庄葡萄酒堡的临近地位特点，管好土地，用好资源，开展特色果品种植，不仅可以借势分担客源，激活农村经济，还能吸引游人前来参观或进行果品采摘，丰富群众增收渠道。

3. 衍生产品。一棵桃树全身是宝，桃花、桃果、桃叶，甚至榨汁之后的桃渣都可以成为深加工的原料。借鉴北京平谷地区的先进桃管理经验，以桃文化为基本点，可以开发出以桃木、桃花、桃叶、桃根、桃核等为载体的桃工艺品，面向市场销售。此外，还可以经过生物技术萃取提炼桃花精油，制成桃花软胶囊，研制桃花酒、桃花茶等系列食品，深度开发桃系列健康产品，促进形成产业化发展。

四、近五年发展目标

依托现有果树，发展大棚经济，挖掘温室效益，发挥采摘经济，促进果品推陈出新，营造特色小产业，形成优势产业片区，同时加大科技共管力度，选择品种适宜、品质高、周期短、耐病害、群众易接受的大棚桃。实现促进实现本地劳动力就业，保障农民收入。预计初步建成10个果品种植大棚，达到10亩的种植规模，形成白桃、油桃、黄桃和蟠桃等4大种植系列。如果能取得较好的经济效益，预计将带动更多的村民参与种植，带动更多的村民致富。

五、采取的措施

1. 规划原则。本着因地制宜、科学合理、立足现实、着眼长远、逐步推进、效益永续的原则抓好我村“一村一品”的产业发展工作，为积极发展现代农业扎实推进社会主义新农村建设夯实牢固的经济基础。

2. 规划目标。总体目标：在近5年内实现全村范围大棚种植产业的全覆盖，分别形成4大系列桃果“板块”。做到相对集中，各显特色，相互带动，快速发展。

具体目标：以桃类为主的种植业在现有规模的基础上尽可能增加流转面积，打造新的就业岗位，使全村广大务工人员尽可能地实现本地就业务工，做到规模进一步扩大，实力进一步增强，效果进一步明显。同时，个性化产业作为我村发展规划的一项新型主导产业，通过发动群众、引进良种、广泛种植等环节，在村里进行大户带动散户。

发展“一村一品”，促进农民增收，振兴农村经济，是积极发展现代农业，扎实推进社会主义新农村建设十分重要的内容之一，也是农民致富、农业振兴、农村发展的一项伟大工程。

2013年1月14日

附录3　费石庄村的十个亮点

一、村庄林果盖被（林果覆盖率）

费石庄村总占地1750亩，村址占地271.4亩，果树（含林）1200亩，其他270余亩，林果覆盖面积近70%。村民以桃树种植为主，杂以其他多种果品，其中桃树占果树总量的90%以上。

二、保持农村原有风貌

费石庄村隶属北戴河区戴河镇，北接北戴河北部新城，南靠乔庄度假庄园和华贸松石滩高端旅游项目，村庄并没有因周边环境的改变而进行城镇化改造。农村原有风貌保持较好，村民世代以种植果树为生，桃类为主要产出品种；民居改造实施传统村落及古建筑保护工程，严格保护具有历史文化价值的传统民居，按原貌整修破损部分，使其得以活化利用，保持村庄浓郁的风土韵味。

三、村风淳朴和谐

费石庄村民风淳朴，邻里互助和谐，社会治安稳定。

四、桃树种植、果品采摘

结合“绿道”项目，根据区域特点和村情实际，费石庄村因地制宜利用现有桃林，打响果品采摘特色品牌，发展乡村旅游产业。

五、特色观光绿道

费石庄村利用本村地域特点，打造了一条完整的环形封闭型绿道。绿道南起高速引线村庄入口处，北至拨道洼永洪水库后绕村回至高速引线入口处，全长 10 千米。绿道片区建有磨盘广场、休闲木屋、桃林观景台（3 座）、村内停车场、高速引线口小市场、公厕（2 座）等多处观赏景观及服务设施。沿着绿道可以骑行或步行至桃林深处，春季赏桃花、夏秋季采摘，既能赏美景，又可品果香，林中小憩，远离尘嚣，品当地特色菜肴，住乡村旅店，享受农家热炕，市民、游客来此放松休闲，定能感到身心愉悦、不虚此行。

六、养殖大户

费石庄村在发展桃树种植的同时还大力发展养殖业，养殖品种主要有貉子和小尾寒羊，还有少量的猪。村里有 3 家养殖貉子的农户，养殖规模在 2000 只左右，其中单志明是养殖大户，总计养殖 1200 只貉子；潘学海家养殖小尾寒羊 50 只；为了保护环境，近些年来，戴河镇不再支持养猪，猪的数量也逐渐减少。

七、休闲垂钓

费石庄村内有水库 3 座，分别为永洪水库、北沟水库和桃李沟水库，可以体验以休闲垂钓和原生态为主的“渔趣”人家生活。

八、大棚科学种植

在费石庄村主要有 2 种桃树种植方式，一种是我们常见的大田桃，另一种是大棚桃。大棚桃主要是根据温室效应原理，合理采光时段理论，利用太阳光的热量，在不加温的条件下，应用所设计的温室，使桃树不受低温危害和光照不足而影响正常生长发育。费石庄村民王小东种植大棚桃 1.3 亩，总计 2 个棚，种植的品种是春雪桃和黄油桃，还有其他村民也有不同品种的大棚桃种植。

九、变频供水、自给自足

费石庄村有一套全新 24 小时变频供水设备，为农户铺设 1000 米供水管道，保障村民全天用水。

十、厕所改造、干净整洁

费石庄村对农村露天户外厕所和旱厕进行了改造，建立了双瓮漏斗式、三格化粪池式、三联通沼气池式和下水道水冲式厕所，推进粪便无害化处理，保证村庄环境干净、整洁。

中央民族大学经济学院调研组整理

2014 年 7 月

参考文献

[1] 刘永佶．农民权利论 [M]．北京：中国经济出版社，2007.

[2] 刘永佶．官文化批判 [M]．北京：中国经济出版社，2011.

[3] 刘永佶．经济文化论 [M]．北京：中国经济出版社，1998.

[4] 刘永佶．中国政治经济学主体 主义 主题 主张 [M]．北京：中国经济出版社，2010.

[5] 刘永佶．民主新论 [M]．北京：中国经济出版社，2012.

[6] 刘永佶．劳动主义（下卷）[M]．北京：中国经济出版社，2011.

[7] 吴金明．农村改革与农业产业化 [M]．长沙：湖南科学技术出版社，1998.

[8] 李云才．小城镇经济学概论 [M]．长沙：湖南人民出版社，1994.

[9] 蒙世军．城镇化与民族繁荣 [M] 北京：中央民族大学出版社，1998；方志出版社，2008.

[10] 朱玉湘．中国近代农民问题与农村社会 [M]．济南：山东大学出版社，1997.

[11] 于长年，菁 菁．桃树栽培技术问答 [M]．天津：天津科学技术出版社，1989.

[12] 秦皇岛市地名办公室编．秦皇岛市地名资料汇编 [M]．秦皇岛：秦皇岛市地名办公室，1983.

[13] 山海关旧志校注工作委员会编．山海关历代旧志校注 [M]．天津：天津人民出版社，1999.

[14] 董耀会主编．秦皇岛历代志书校注（第三卷）[M]．北京：中国审计出版社，2001.

[15] 秦皇岛市北戴河区地方志编纂委员会．北戴河区志 [M]．天津：天津人民出版社，1994.

[16] 河北省秦皇岛市地方志编纂委员会编．秦皇岛市志：简本 [M]．

北京：方志出版社，1999.

［17］秦皇岛市北戴河区地方志编纂委员会编．北戴河志［M］．天津：天津人民出版社，1994.

［18］秦皇岛市北戴河区地方志编纂委员会编．北戴河志：1988—2003 年［M］．天津：天津人民出版社．

［19］刘永佶．论中国农村土地制度的改革［J］．中国特色社会主义研究，2014（01）．

［20］廖运凤．对合作制若干理论问题的思考［J］．中国农村经济，2004（05）．

［21］王小映．土地股份合作制的经济学分析［J］．中国农村观察，2003（06）．

［22］刘畅．推进农村集体产权股份合作制改革［N］．光明日报，2014－08－09.

［23］苏小艳．农户参与土地股份合作制意愿的影响因素研究［D］．武汉：华中农业大学硕士学位论文，2013.

［24］钟志华．小农意识是中国社会主义现代化事业的障碍［J］．社科纵横，2005（20）．

［25］文小才．论小农意识与新农村建设［J］．南阳师范学院学报（社会科学科学版），2009（08）．

［26］蒲艳萍．经济增长产业结构与劳动力转移［J］．数量经济技术经济研究，2005（09）．

［27］国务院研究室农村经济司课题组．关于加快小城镇发展的对策研究［J］．经济研究参考，2000（03）．

［28］《北戴河区土地利用总体规划（2010—2020 年）》．

［29］陈铁雄．在全省规范宅基地管理破解农民建房难工作现场会上的讲话［J］．浙江国土资源，2014（01）．

［30］费石庄村委会．费石庄村新一轮土地承包办法［R］．秦皇岛市北戴河区：费石庄村委会，2014.

后　记

2014 年 6 月 28 日至 7 月 8 日，中央民族大学经济学院村庄调研小组来到美丽的海滨旅游城市秦皇岛市北戴河区戴河镇费石庄村进行了为期 11 天的村庄调查。此次村庄调查选在北戴河区戴河镇费石庄村是基于自 2013 年河北省启动实施美丽乡村建设以来，北戴河区先后有 10 个村获评省级美丽乡村，费石庄村是北戴河区美丽乡村建设最有代表性的村庄之一，2015 年成功入选中国特色村、河北省美丽乡村。

此次调研受到中共北戴河区委的积极支持和关心。区委常委、办公室主任、包村干部赵启伟同志在暑期繁忙的工作中，经常抽时间亲临指导，协调安排调研小组到戴河镇各有关职能部门座谈、搜集资料。区委办公室孟健同志，除了每天带我们进村并协调好一天的调研任务，还要随时为我们提供调研所需要的各种数据资料，为后期的费石庄村调查写作顺利进行提供了丰富、实用的数据资料。同时，费石庄村党支部书记兼村委会主任侯亚东同志、驻村工作组组长党支部第一书记王启辉同志、戴河镇驻村党支部副书记李素芬同志积极支持配合我们的村庄调查，召开驻村干部、村委会全体成员与调研小组的座谈会，全面介绍费石庄村的情况，安排部署入户调查等工作。费石庄村党支部组织委员李立丰同志、宣传委员范海丰同志、党支部副书记（大学生村官）刘颖同志、妇女主任范昌滨同志、治保主任范海平同志以及村会计李丽玲同志，高度重视此次调研，亲自带领调研组成员入户调查，百忙中抽出时间接受我们的专访。特别是费石庄村原党支部书记李思孝同志，认真耐心，非常详细地给我们讲述了费石庄村的过去和现在，让我们对费石庄村的政治、经济、文化有了比较深入的了解。在此，对调研中各级领导的关心、支持与相关村民的鼎力配合一并表示衷心的感谢。

美丽乡村建设对于中国农村是一项重大而深刻的社会变革，是适应和引领经济发展新常态的重要举措，是统筹城乡发展的有效途径，是国家工程，更是惠民工程。我们对费石庄村过去、现在的发展状况进行总结，期望费石庄村能够沿着创新、协调、绿色、开放的康庄大道，发展得更好，并为全面建成小康社会提供有益的宝贵经验。

费石庄村经济调查组

2017 年 6 月